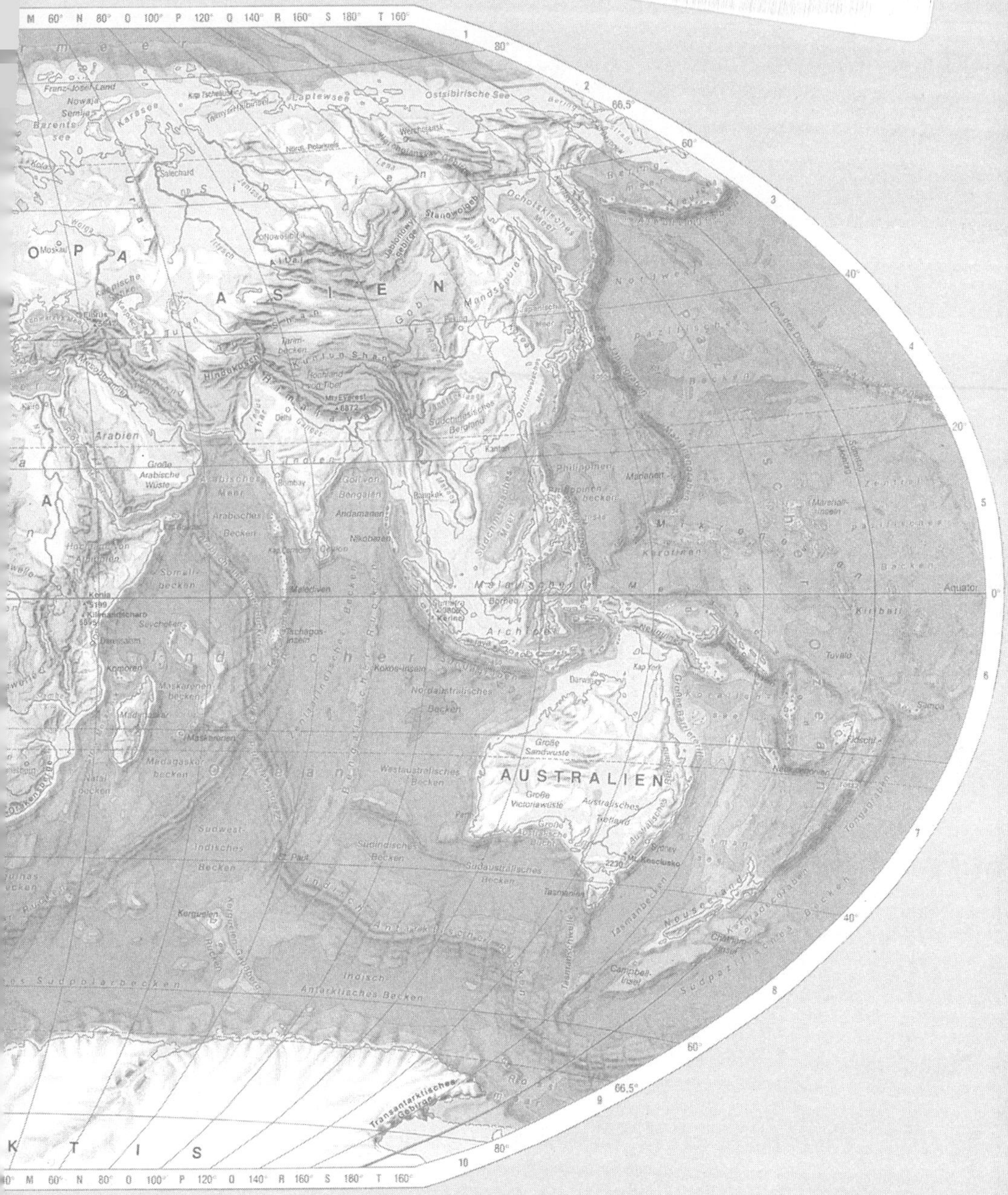

Martin Freksa · Das verlorene Atlantis

Martin Freksa

Das verlorene Atlantis

Die Geschichte der Auflösung
eines alten Rätsels

Klöpfer & Meyer

Die Deutsche Bibliothek – CIP-Einheitsaufnahme

Freksa, Martin : Das verlorene Atlantis : die Geschichte der Auflösung eines alten Rätsels / Martin Freksa. – Tübingen : Klöpfer & Meyer, 1997
ISBN 3-931402-17-7 Geb.

Autor und Verlag bedanken sich beim Westermann Schulbuchverlag, Braunschweig, für die freundliche Überlassung der Weltkarte aus dem Diercke Weltatlas.

Zum Titelbild:

Zeichnung von Athanasius Kircher aus seinem Werk:
Mundus Subterraneus (Untergegangene Welt), Amsterdam 1678, S. 82.
Das von Kircher in nord-südlicher Blickrichtung gezeichnete Bild wurde im Sinne heutiger Konvention (fotomechanisch) um 180 Grad gedreht, die Texte etc. wurden ummontiert. Der lateinische Text am Bildrand heißt übersetzt:

> Lage
> der einstigen Insel Atlantis,
> der vom Meer vereinnahmten,
> nach ägyptischer Überlieferung
> und wie von Platon beschrieben

© 1997 Klöpfer & Meyer Verlag Tübingen GmbH
Alle Rechte vorbehalten
Lektorat: Hubert Klöpfer, Tübingen
Umschlag: Werner Rüb, Bietigheim-Bissingen
Herstellung: Klaus Meyer, Tübingen
Satz: IPa, Vaihingen/Enz
Druck: Gulde Druck, Tübingen
Einband: Heinrich Koch, Tübingen

*für die Generation
von Malte und Jenny*

Inhalt

Erster Teil: Annäherung

Zweiter Teil: Einkreisung

Anhang

Erster Teil: Annäherung

1. Umrisse

Ein Gedankenexperiment: Angenommen, die jetzige Menschheit würde sich vernichten, wozu verschiedene Mittel seit jüngster Zeit ja reichlich vorhanden sind;
zudem aber auch angenommen, irgendwelche Gruppen von Menschen – zu denen der Leser vielleicht ebenso dazugehören möchte wie der Schreiber – würden
das zivilisationsvernichtende Ereignis aus irgendeinem Grund überleben: Was
würden wir tun? Wir müßten uns zunächst einmal mit den primitivsten Mitteln
durchschlagen; zu intakten Wasserstellen wandern, Feuersteine sammeln … Sobald wir ein wenig Ruhe gefunden haben, würden wir darüber nachsinnen, was
geschehen ist und wie es dazu kommen konnte. Doch was könnten wir unseren
Nachkommen darüber mitteilen? Ihnen wäre ja die ausgelöschte Zivilisation, die
wir noch im Kopf haben, völlig unbegreiflich. Und doch würden wir bestimmt
sehr viel daransetzen, unseren Kindern von jenem Ereignis und seinem Hintergrund wenigstens das Wichtigste mitzuteilen. Was wir unseren Kindern aus eigenem Erleben sagen können, würde ihnen wahrscheinlich glaubhaft erscheinen,
auch wenn sie es nicht nachvollziehen können. Aber schon in der ihnen folgenden Generation könnte das Überlieferte in Frage gestellt werden; denn was in der
Überlieferung in schwer verständlichen Worten über eine früher existente Zivilisation gesagt wird, würde nicht mehr aus erster Hand stammen und hätte mit der
immer noch ziemlich primitiven Lebenswelt der dann Lebenden kaum etwas gemein. So würden, während sich Zivilisationen wieder entwickeln, in vielen Generationen die alten Überlieferungen fortgeschleppt werden; dabei würden sie in
manchen Zeiten mißachtet werden und in Vergessenheit geraten, in anderen Zeiten würden sie wiederentdeckt werden und zu neuen Forschungen anregen.

Was könnte man dann herausfinden? Vielleicht soviel, daß es früher einmal
große Verdichtungen gab (fraglich, ob dafür der Begriff »Städte« angewandt werden kann), in denen die sogenannte eckige Betonbauweise vorgeherrscht haben
muß, mit Klotzbauten von zig Ellen Höhe und mehr – unerklärlich allerdings, wie
die damaligen Menschen das herbeischaffen konnten. Daneben würde man auch
andere Grundrißformen entdecken, die man verschiedenen Arten von Heiligtümern zuordnen würde. Diese ›Verdichtungen‹, vielleicht würden die archäologischen Befunde auch das hergeben, waren über ein großes Gebiet ausgebreitet: in
der Hauptsache diesseits und jenseits des Atlantik, mit Ausläufern in andere Erd-
regionen. Weil die Zeichen der vergangenen Zivilisation so auffällig vor allem dies-

seits und jenseits des Atlantik auftauchen (die Obskurbücher würden in erster Linie Abendländer namens Europa und Amerika nennen), würde man der ausgelöschten Zivilisation den entsprechenden Namen geben: »Atlantische Zivilisation«.

Eine interessante Frage wäre, wie die Menschen der beiden Hauptgebiete damals miteinander verkehren konnten, wo doch der Ozean, eben der Atlantische, dazwischen lag. Eine der heiß diskutierten Hypothesen würde besagen, daß die Menschen sich damals durch Telepathie über den Ozean hinweg verständigt haben – und sich so die Lebensverhältnisse angeglichen hatten. Auch in anderen Fragen, die die Technik in der Atlantischen Zivilisation betreffen, würde es diese Spekulation und jene Spekulation geben. Und wie die damalige Zivilisation wohl untergegangen ist? Gerüchte über Gerüchte.

Unter Umständen könnten die gedachten zukünftigen Forscher auch wesentlich mehr über uns herausfinden. Es hinge allerdings maßgeblich davon ab, inwieweit jene Forscher aus ihren eigenen Lebensverhältnissen heraus unsere Lebensverhältnisse überhaupt nachvollziehen könnten. Je ähnlicher sich die jeweiligen Lebensverhältnisse sind, desto leichter können sie natürlich nachvollzogen werden. Das Subjekt-Objekt-Verhältnis, d. h. in diesem Fall das Verhältnis zwischen dem Entwicklungsstand einer untersuchenden Zivilisation und dem Entwicklungsstand der von ihr untersuchten Zivilisation, wird auch in der vorliegenden historischen Untersuchung eine große Rolle spielen.

Ein flüchtiger Blick zurück

Wir heutigen wissen es besser als jene zukünftigen, die sich in dem Gedankenexperiment nach Jahrtausenden ihre Gedanken über uns machen. Zumindest über die Ausbreitung unserer Zivilisation wissen wir soviel, daß während der letzten fünf Jahrhunderte durch einen neu entwickelten transatlantischen Schiffsverkehr – in jüngster Zeit dann ergänzt durch Flugverkehr – vor allem europäische Auswanderer nach Amerika gekommen sind und auf Kosten der indianischen Bevölkerung eine der europäischen entsprechende Lebensweise entwickelten, wodurch sich die Lebensverhältnisse auf beiden Seiten des Atlantik angeglichen haben. Bevor man vor einem halben Jahrtausend begann, den Atlantischen Ozean zu überqueren, galt dieses Meer als ausgesprochen undurchsichtig. Je tiefer man, in Jahrtausendschritten, in die atlantische Geschichte zurückgeht, desto mehr stößt man auf Berichte, wonach dieses Meer einstmals geradezu ein »Schlammassel« gewesen ist, oder anders gesagt, ein Schlammeer. Die Seefahrer, die zu weit über die Küstenbereiche hinausfuhren, konnten sogar im Dickicht landen, aus dem sie nicht wieder herauskamen. (Dies gilt speziell für die vor der westeuropäischen und der nordafrikanischen Küste segelnden Atlantik-Fahrer, während die nordischen Seefahrer seit jeher relativ weit von ihren Küsten aus in den Nordteil des Atlantik hinausfahren konnten.)

Vor zweieinhalb Tausend Jahren, als uralte ägyptische Überlieferungen über das Inselreich Atlantis durch den Athener Solon von Ägypten nach Griechenland gebracht wurden und etwas später dann von Platon festgehalten wurden, in dieser Zeit gab es für die Kenner der Materie eine Erklärung für die ansonsten unerklärlichen Berichte von dem gewaltigen Schlamm im Atlantik. Er stammte, wie bei Platon nachzulesen ist, von dem plötzlichen Untergang der großen Insel Atlantis. Danach, auch das sagt die klassische Atlantis-Theorie, war der Atlantik – eben wegen seiner lange anhaltenden Verschlammung – nicht mehr durchfahrbar. Mit dem angesprochenen Schlamm im Atlantik haben wir eine von den sehr zahlreichen Spuren von Atlantis, um deren Darstellung es in diesem Buch gehen wird. So handgreiflich die Schlamm-Spur (für Seefahrer) offenbar gewesen war, sie ist es nicht mehr. Und so verhält es sich nahezu mit sämtlichen Spuren, die auf Atlantis weisen. So gut wie alle diese Spuren sind nur im menschlichen Geist erhalten geblieben. Deshalb kommt es in erster Linie darauf an, die geistigen Facetten zu durchleuchten, in denen diese Spuren gespeichert sind.

Die klassische Atlantis-Theorie entstand in der Zeit, die der Philosoph Karl Jaspers vom Standpunkt des 20. Jahrhunderts aus die »Achsen-Zeit« genannt hat. Sie steht gerade in der Mitte zwischen unserer Zeit und den Anfängen von »Geschichte« (im Unterschied zur »Vorgeschichte«), wie sie das 20. Jahrhundert im allgemeinen versteht. Das von Jaspers als Achsenzeit angesprochene 6./5. Jahrhundert v. Chr. war eine große länderübergreifende Krisenzeit, die große Blüten des menschlichen Geistes trieb; allein in Griechenland brachte sie Menschen wie Heraklit, Pythagoras, Sokrates hervor. Auch der weise Solon, dessen ägyptische Kenntnisse dann an den Sokrates-Schüler Platon weitergingen, gehörte dieser Zeit an. Aus ihr kam das Wissen von Atlantis, das in Europa eine Zeit lang weitertradiert, dann ignoriert, anschließend sehr lange vergessen und, seit Beginn der Neuzeit, erneut tradiert wurde. Es wird in diesem Buch die Auffassung vertreten werden, daß die in der Achsenzeit bzw. im klassischen Griechenland entstandene Atlantis-Theorie in keinem Punkt korrekturbedürftig ist; gleichwohl kann sie wesentlich erweitert werden und in ihren ungelösten Problemen sogar auf den Punkt gebracht werden. Letzteres allerdings erst – und die Bedingungen dafür werden eingehend zu erörtern sein – nach zweieinhalb Jahrtausenden, d. h. in unserer Zeit. Eines der ungelösten Probleme der klassischen Atlantis-Theorie war die Datierung des Endes von Atlantis geblieben. Abgesehen von einer etliche Jahrtausende umfassenden Zeitspanne, in der dieses Ereignis eingegrenzt ist, findet sich bei Platon dazu keine Datierung. Gelegentlich ist Platon allerdings anders gelesen worden, teilweise mit erheblichen Konsequenzen für den Gang der Forschung. Der Grund liegt in einem Übersetzungsproblem eines Halbsatzes, einem nicht unwichtigen Detail, das mit Hilfe des griechischen Originaltextes zu einer Klärung geführt werden wird. Auf das Ganze gesehen weit wichtiger ist allerdings die Frage, wie man zu einer hinreichend genauen Datierung des Untergangs von Atlantis gelangen kann. Dazu gibt es mehrere Wege, die im Laufe der Darstellung aufgezeigt werden; sie alle führen von der Achsenzeit aus gesehen zweieinhalb Jahrtausende zurück, gerade an die Schwelle, für die das 20. Jahrhundert (n. Chr.) die Zäsur von »Geschichte« und »Vorgeschichte« zeitlich fixiert hat. Anders ausgedrückt endet an dieser Schwelle das Geschichtsbewußtsein und beginnt das Geschichtsunterbewußtsein.

Diese für die Menschheitsgeschichte überaus bedeutsame Schwelle läßt sich vergleichen mit dem Trauma, das ein Individuum von einem schweren Unfall davongetragen hat, an dem es sich irgendwie schuldig fühlt. Auch in einem solchen Fall kann das Erinnerungsvermögen bis an die Unfall-Zeit zurückreichen, während das bis zum Unfall führende Geschehen wie ausgelöscht erscheint; und es kann eine lange, womöglich sehr lange Zeit des Reifens in Anspruch nehmen, bis das Individuum in die Lage gesetzt ist, etwas von dem in seinem Bewußtsein scheinbar Ausgelöschten wiederzuerinnern. An der hier nur flüchtig bezeichneten historischen Schwelle liegt ein in höchstem Maße zerstörerisches Geschehen, von dem die ältesten und geheiligtesten Quellen der Menschheit in all ihren großen Traditionen etwas zu berichten haben, so auch in den Überlieferungen von der Großen Flut. Diese Schwelle wird in der gesamten Darstellung unter immer wieder neuen historischen Aspekten beleuchtet werden. An der besagten Schwelle begann auch, wie sich übrigens aus einem im 19. Jahrhundert von Heinrich Schliemann entdeckten und bis in das 20. Jahrhundert streng gehüteten Dokument ergibt, die Atlantis-Forschung, die in allen Zeiten an keiner Frage mehr interessiert war als daran, was sich hinter dem Untergang von Atlantis verbirgt. Erst nach rund 5000 Jahren, vor ein paar wenigen Jahren, konnte dieser dunkle Punkt in perfekter Übereinstimmung mit der klassischen Atlantis-Theorie erhellt werden – nicht von mir, wie ich gleich hinzufüge; ich habe den gravierenden Punkt aufgegriffen und verarbeitet, wodurch die Durchdringung des komplexen Stoffes zweifellos sehr erleichtert wurde.

Zur Gestalt der vorliegenden Schrift

An einer reißerischen Aufmachung dieser Schrift ist mir nicht gelegen. Wenn der Lesende Sensationen wahrnimmt, kleine oder große, so sollte ich am wenigsten darüber erstaunt sein. Allerdings möchte ich hier sagen, daß es mir letztendlich um das Gegenteil dessen geht, was im landläufigen Sinne ›Sensation‹ genannt wird; es geht in jeglichem Sinne um Besinnung.

Der Gang der Darstellung ist ein historischer. Von Kapitel zu Kapitel liegt der Schwerpunkt der Betrachtung in aufeinander folgenden Zeitaltern oder auch nur Epochen, wobei die Frage immer ist, was der betreffenden Zeit zur Thematik bekannt war und was ihr bekannt sein konnte; von daher ist die Behandlung der jeweiligen Zeitumstände und ihrer charakteristischen Denkweisen sehr wichtig. Der Form nach ist der Text ein Leitfaden, d. h. die Thematik wird zusammenhängend in ihren großen Zügen dargelegt; dabei werden (zumal in den Anmerkungen) etliche Anregungen gegeben in der Hoffnung, daß nur gestreifte Aspekte von anderen näher beleuchtet werden. Nach meinem Verständnis hat das Buch eine doppelte Funktion. Es soll als Lesebuch ebenso dienen können wie als Studierbuch. Im Anhang, der nach und nach mitbehandelt wird, sind einige Textauszüge zum Thema abgedruckt, die aus der sumerischen Tradition, aus der vorklassischen und klassischen Tradition Griechenlands, aus der indianischen und aus der indischen Tradition stammen. Ein Teil dieser Texte und ebenso einige weitere wertvolle Quellen sind der neueren Atlantisforschung, soweit ich sie überblicken kann, nicht bekannt.

Die Reise durch die Weltgeschichte kann beginnen.

2. Sumer
oder die Frage nach dem Anfang der Zivilisationen

Leonard Woolley, der große Archäologe des 20. Jahrhunderts, hat in reiferem Alter die bedeutendsten Augenblicke seines Forscherlebens so lapidar geschildert, wie es wohl nur ein britischer Weltbürger tun konnte. Als er seinen aufregenden Fund seiner Frau zeigte, die gerade am Ausgrabungsplatz vorbeikam, und fragte, was sie davon hielte, sagte sie nicht minder trocken: »es ist natürlich die Flut.«[1]

Woolley war der Leiter der britisch-amerikanischen Expeditionen, die nach dem 1. Weltkrieg viele Winter lang den Ort Ur im Land Sumer (im südlichen Irak) ausgruben. Woolley wußte, daß dieser Ort 1854 von J. E. Taylor als das chaldäische Ur identifiziert worden war, Heimat des biblischen Abraham. Ebenso war Woolley vertraut mit den Entdeckungen des George Smith, einem jungen Autodidakten, der 1872 beim Keilschrift-Entziffern im Britischen Museum auf Andeutungen einer Sintflut-Geschichte gestoßen war und dann tatsächlich die wesentlichen Ergänzungsstücke zu dieser Geschichte im Sande von Ninive (nördlicher Irak) ausgraben konnte. Die Leistung von Woolley und seinen Mitarbeitern bestand zunächst darin, daß sie Schicht um Schicht ausgrabend auf die Königsgräber von Ur stießen, die reiche frühe Zeugnisse einer schnell aufgeblühten Zivilisation bargen, die heute im allgemeinen als die »erste« unter den frühen Hochkulturen gilt. Woolley wollte im Jahr 1928 aber noch tiefer gehen: Sie fingen an, einen kleinen Schacht zu graben, der am Anfang noch die gleichen Schuttreste enthielt, in die auch die Königsgräber eingelagert waren. Doch dann hörten die menschlichen Spuren plötzlich auf, und es erschien ein reiner, vom Wasser abgelagerter Lehm. Woolley ließ trotz Protest weitergraben. Zweieinhalb Meter dick war die fragliche Schwemmschicht und hörte plötzlich wieder auf. Darunter traten Produkte der sogenannten el-Obed-Kultur zutage, die als nicht-sumerisch bezeichnet wird.

Der Fund, den Woolley seiner Frau zeigte, war also die Schwemmschicht zwischen zwei gänzlich verschiedenen Schichten menschlicher Besiedlung. Dazu Woolley:

> »Die von Wasser abgelagerte Lehmschicht (...) konnte nur das Ergebnis einer Flut sein; keine andere Kraft konnte eine Erklärung bieten. Überschwemmungen kommen in Untermesopotamien häufig vor. Aber kein gewöhnliches Anschwellen der Flüsse hätte etwas hinterlassen, was dem Umfang dieser Lehmschicht nahegekommen wäre: zweieinhalb Meter Ablagerung setzen eine sehr große Wassertiefe voraus,

und die Flut, welche die Lehmschicht abgelagert hat, muß von einer Mächtigkeit gewesen sein, wie sie in der Geschichte Mesopotamiens nicht ihresgleichen hat. Weiter wird dieser Tatbestand dadurch bewiesen, daß die Lehmschicht einen entscheidenden Bruch in der Stetigkeit der örtlichen Kultur markiert. Eine ganze Zivilisation, die vorher existierte, fehlt über der Lehmschicht und scheint von den Wassern bedeckt worden zu sein.

Wenn wir alle Tatsachen in Erwägung zogen, so konnte kein Zweifel bestehen, daß die Flut, von der wir so den einzig möglichen Beweis gefunden hatten, eben die Flut der sumerischen Geschichte und Erzählung war, die Sintflut, auf der die Geschichte von Noah beruht.«[2]

Woolley wollte sich mit dem einzigartigen Fund noch nicht begnügen. Und so ließ er im folgenden Winter an aussichtsreicher Stelle einen sehr großräumigen Schacht graben. Hier fanden sie in der oberen Schicht u.a. eine Töpferscheibe und im Tiefergehen einfache, d.h. ohne Töpferscheibe hergestellte Keramik. Dann kam wieder die Zwischenschicht von reinem Schlammboden, die diesmal dreieinhalb Meter dick war. In der unteren Schicht kamen wiederum el-Obed-Produkte zum Vorschein, inmitten mehrerer Fußböden und gebranntem Lehmverputz. Dazu Woolley:

>Es war der Verputz von den Wänden der Schilfhütte (…) wie wir sie schon in el-Obed gefunden hatten. In ähnlichen Hütten wohnen auch die heutigen Marschland-Araber.«[3]

Woolley tat auch noch ein Drittes. In einem größeren Gebiet hoben sie eine Reihe von kleineren Schächten aus. Dabei stellte sich heraus, daß die Dicke der Schwemmschicht beträchtlich variierte und daß ihre Konzentration auf eine Seite des Stadthügels von Ur wies; dort war der Widerstand gegen die Strömung des Wassers offenbar relativ groß gewesen. Obwohl Woolley, wie man sieht, sehr systematisch arbeitete, hielt er die Entdeckung selbst für Glück, »denn eine Flut lagert natürlich nicht überall Schlamm ab; im Gegenteil, wo die Strömung am stärksten ist, kann sie sogar eine aushöhlende Wirkung haben«.[4]

Woolley hielt die zwischen zwei Zivilisationen gelagerte Schwemmschicht von Ur also für ein Dokument der »Sintflut«. Er hielt dieses Dokument zwar für untauglich, um irgendein Detail der Sintflutgeschichten zu beweisen; wohl aber hielt er es für ein taugliches Beweisstück dafür, daß sich die Große Flut ereignet hatte (das Sanskrit-Wort »sint« heißt »groß«). Dies hat – im 20. Jahrhundert – heftige Diskussionen ausgelöst. Viele Fragen blieben offen, vor allem aber die eine: Welche Bedeutung hat die Sintflut?

Hier in diesem Kapitel dient die Entdeckung Woolleys als eine Spur, die direkt in die Zeit vor rund 5000 Jahren führt, direkt in die »Schwellenzeit«, wie ich sie einfachheitshalber jetzt nennen will. Nach anfänglich erheblichen Schwankungen in der Datierung (auch bei Woolley selbst) ist inzwischen weitgehend akzeptiert, daß die Funde in der unteren Schicht von Ur, die zur vorsumerischen el-Obed-Kultur zählen, in das 4. Jahrtausend v. Chr. gehören, während die Funde ›sumerischen‹ Ursprungs in den oberen Schichten von Ur bis in die Anfänge des 3. Jahrtausends v. Chr. zurückreichen.

Schematisch sieht das folgendermaßen aus:

Obere Schichten:	›Sumerische‹ Funde	Frühes 3. Jahrtausend v. Chr.
	Schwemmschicht von Ur	
Untere Schicht:	›Obedische‹ Funde	Spätes 4. Jahrtausend v. Chr.

In diesem Bild erscheint die Zwischenschicht (Schwemmschicht) als ein Abbild der Schwellen-Zeit. Aus meiner Sicht liegt die große Bedeutung der Ausgrabungen von Ur, für die der Name Woolley steht, darin, daß dort auf dem Boden Sumers die Schwelle der sumerischen Zeit überschritten worden ist. Die sumerische Zeit steht aber für die Anfänge der ersten Zivilisation bzw. Zivilisationen, auf die unsere eigene Zivilisation sich, nach den Grundlagen fragend, gerade noch beziehen kann. Und es fragt sich: Was konnten die früheren und was können wir von dem wissen, was vor dieser (sumerischen) Zeit mit der Menschheit geschehen ist? Auf diese abgrundtiefe Frage werde ich unter immer wieder neuen Gesichtspunkten, die sich aus dem Gang durch unsere Geschichte ergeben werden, viele Male zurückkommen.

Die Sumerer – ein Volk ohne Herkunft?

Über die Geschichte der Sumerer, und selbst schon über deren erste Periode (bis zur Mitte des 3. Jahrtausends v. Chr.) sind inzwischen enorm viele Details bekannt. Aber über die Herkunft dieses Volks können die einschlägigen Geschichtsbücher nichts bestimmtes sagen.

Man kennt die Städte dieses Volks, z.B. Ur, Eridu, Uruk, ebenso die Tempelbezirke in ihnen wie die darin herrschenden Priester-Könige. Man weiß von ihren Göttern, die von Stadt zu Stadt nicht immer die gleichen sind; von An (auch Ea, dem ›höchsten Himmelsgott‹), von Ischtar (der ›Fruchtbarkeitsgöttin‹), von Enki (dem ›Gott des Süßwassers‹), von Enlil (dem ›Sturmgott‹) und Erra (dem ›Unterweltsgott‹). Bekannt ist auch das Rechensystem, ein Sexagesimalsystem (Kombination des Sechser- und Zehnersystems). Man weiß ferner, daß die Sumerer einen weitläufigen Handel, der bis nach Indien reichte, entwickelten.

Am besten werden die Sumerer vielleicht von den Amerikanern verstanden, weil diese etwas vom Pioniergeist verstehen. So schrieb der amerikanische Keilschriftgelehrte Samuel Noah Kramer das Buch »Geschichte beginnt in Sumer«, in welchem er die den Amerikanern so wohlgefälligen »Firsts« beschrieb, lauter Erstmaligkeiten: Von den ersten Schulen über den ersten Fall ›milder Bestechung‹, dem ersten Bücherkatalog usw. Die rasante Entwicklung Sumers während seiner ersten Periode ist bis zu einem gewissen Grade tatsächlich vergleichbar mit der ebenfalls knapp fünfhundertjährigen Entwicklung des neuzeitlichen Amerika. In beiden Fällen scheint es auch besser zu sein, von einer Völkerschaft zu sprechen als von einem Volk. Doch findet die Vergleichbarkeit auch schnell wieder ihre Grenzen. Denn von den weißen Amerikanern ist ziemlich genau bekannt, woher sie stammen und was sie aus ihrer Alten Welt mitbringen konnten, beispielsweise die unentbehrlichen Feuerwaffen. Dagegen liegt bei den Sumerern, wenn wir unseren heutigen Geschichtsbüchern folgen, sowohl ihre Herkunft als auch das, was sie aus ihrer Alten Welt mitbringen konnten, völlig im Dunkeln.

Doch können wir uns vortasten. Die Sumerer lebten im Flachland segensreicher Flüsse, vor allem des Euphrat und des Tigris. Welche Regionen ihrer Herkunft kommen überhaupt in Betracht?

Daß sie aus *Europa* stammen könnten, auf diese Idee ist mit Recht noch niemand gekommen. Europa war in der in Frage kommenden Zeit zwar reich an Steindenkmälern, aber kolossal arm an sonstigem Leben. Von dem Dunkel, in das Europa damals eingehüllt war (auch im wörtlichen Sinne!), wird noch zu hören sein. *Ägypten* kommt ebenfalls nicht in Betracht. Denn die streckenweise parallel laufende Kulturentwicklung Ägyptens ist etwas jüngeren Datums als die Sumers, soweit dokumentiert etwa ein Jahrhundert jünger, eher weniger. *Indien* wird in der Literatur verschiedentlich ins Spiel gebracht. Und man kann sehr wohl davon ausgehen, daß in der Mitte des 3. Jahrtausends v. Chr. ein reger Handelsaustausch zwischen Sumer und Indien (Industal) stattgefunden hat. Überhaupt neigen Kenner der indischen Entwicklung zu einer Parallelisierung der indischen und der sumerischen bzw. ägyptischen Entwicklung. Doch die Verbindung zu Indien führt in der Frage der Herkunft der Sumerer nicht weiter. Denn wenn die Sumerer aus Indien gekommen sein sollten, woher sollten dann wiederum die Inder gekommen sein, bei denen sich das gleiche Problem stellt? Aus Sumer? Die Spekulationen würden sich im Kreise drehen. Die *Chinesen* haben relativ stringente Chronologien überliefert. Die Anfänge ihres »Entwicklungssprungs« geht danach etwa in die gleiche Zeit wie die Ägyptens. Eine Abkunft der Sumerer von den Chinesen ist aber völlig indiskutabel.

In der neueren Literatur über die Sumerer ist immer wieder auch eine Herkunft »aus den Bergen« in Betracht gezogen worden. Dieser Gedanke wird sich als fruchtbar erweisen; man muß ihn nur präzisieren. Den gleichen Gedanken hatte in allgemeinerer Fassung auch G. W. F. Hegel, als er für seine Geschichtsphilosophie die Anfänge der ägyptischen und der chinesischen Entwicklung studierte (von dem noch nicht ausgegrabenen Sumer konnte er im frühen 19. Jahrhundert noch nichts wissen). Ihm fiel auf, daß man beim Zurücksteigen in die Geschichte Ägyptens in die Höhe steigen muß, ohne daß er davon eine Deutung zu geben versuchte. Bekräftigt hat Hegel diesen Gedanken mit dem Wissen der Chinesen um ihren »Kulturbringer« Fu-hi, der »von den Bergen herab« stieg. Übrigens gilt das gleiche auch für die alten Überlieferungen der Inder, wonach »Manu« ebenfalls von den Bergen herabgestiegen ist. Für die Herkunft der Sumerer bietet sich die Spur, die in die Berge führt, wirklich an. Man muß nämlich von den fruchtbaren Niederungen des Euphrat und des Tigris ausgehend nur den von diesen Flüssen bezeichneten Weg rückwärts beschreiten und kommt dann schließlich in ein Bergland, dessen höchster Gipfel der Ararat ist. In die gleiche Gegend führen die Spuren der »ersten« Völker, die der hebräischen Tradition bekannt waren oder bekannt sind.

Die »ersten« Völker nach dem Buch Genesis

Die grundlegende Schwierigkeit in der Ausdeutung des Alten Testaments wie überhaupt der heiligsten Schriften liegt im allgemeinen in der Frage: Was ist historisch und was ist allegorisch, also sinnbildlich, zu deuten? Bei der sogenannten Völkertafel in »Genesis« (1. Buch Mosis) hat man es mit dieser Schwierigkeit nicht zu tun. Hier liegt vielmehr eine Liste der Namen von Vätern und Söhnen und deren Söhnen vor, die alle die Stammväter sich ausdifferenzierender Völker sind. Die Namen dieser Völker sind in vielen Fällen allerdings nicht die ursprünglichen (eigenen) geblieben oder ihnen ähnlich; in vielen Fällen haben sich Bezeichnungen, wie sie bei großen Nachbarvölkern üblich waren, durchgesetzt, und dies besonders in der Zeit, als die Griechen den Mittelmeerraum beherrscht haben. Die Schwierigkeit der Deutung besteht also darin, die in »Genesis« gegebenen ursprünglichen Namen mit bestimmten uns noch bekannten Völkern, deren Wohngebiet und evtl. Wanderweg in Verbindung zu bringen. Mit Hilfe antiker Forscher, vor allem dem jüdisch-römischen Historiker Josephus, teilweise auch moderner wie insbesondere von Ranke-Graves ist eine derartige Identifizierung weitgehend möglich. Beim Nachweis der betreffenden Völker verzichte ich auf Vollständigkeit und bringe nur diejenigen, deren Identität mir selbst klar erscheint.

Nach »Genesis« kam Noah mit seinem Anhang von dem Gebirgsland jenseits der Quellen von Euphrat und Tigris, wobei der Ararat, der höchste Gipfel dieser Gegend, genannt ist. (Nicht-biblische Texte, darunter sumerische, nennen im gleichen Zusammenhang andere Namen von Bergen bzw. Gebirgszügen.[5])

Zur Familie des Noah und seiner Frau gehörten laut »Genesis« die Söhne Shem, Ham und Japhet mit ihren Frauen. Sie alle zogen von dem genannten Gebirgsland hinab in die von Euphrat und Tigris bewässerte Ebene von Shinear (Sennaar). Möglicherweise ist dieser Name mit dem Namen »Sumer« verwandt; zumindest aber bildete das Land Sumer einen Teil jener Ebene (etwa zwischen Babylon und Ur, das in seiner frühen Zeit die Grenze zu dem noch unbewohnbaren Wasser- oder Sumpfgebiet des südlichsten Teils Mesopotamiens darstellte). Von Shem, Ham und Japhet, die also vom Gebirge kommend irgendwo entlang dem Euphrat und Tigris siedelten, zweigten sich nach »Genesis« drei große Linien ab: die *Linie des Shem* (Sem) oder die Völkerschaft der Semiten, die *Linie des Ham* oder die Völkerschaft der Hamiten und die *Linie des Japhet* oder die Völkerschaft der Japhetiten.

Die Linie des Shem   Shem hatte nach »Genesis« fünf Söhne:

– Der erste Sohn hieß Elam; sein Stamm, die Elamiter, besiedelte das südöstliche Mesopotamien vor dem Hochland von Iran; nach Josephus gehörten die Elamiter zu den Vorfahren der Perser.
– Der zweite Sohn, Assur, siedelte mit seinem Stamm im mittleren Mesopotamien am Tigris; dieser Stamm, der sich nach Norden ausdehnte, war der Keim der späteren Assyrer.
– Der dritte Sohn, der für die jüdische Tradition wichtige Arpachschad, wohnte mit seinem Stamm zwischen den vorgenannten Stämmen am Tigris in der Nähe von Bagdad. (Diese Gegend ist wahrscheinlich das ursprüngliche Chaldäa.)
– Vom vierten Sohn, Lud, stammten die Lyder ab, die im südwestlichen Kleinasien seßhaft wurden. (Der bekannteste von ihnen wurde – später, zu Solons Zeiten – der Fürst Krösus.)
– Von Aram schließlich, dem fünften Sohn, stammten die Aramäer ab, auswärts Syrer genannt. Ihr Siedlungsgebiet lag bei Damaskus und erstreckte sich in späteren Zeiten etwa vom Toten Meer bis nach Armenien, einem Gebiet, in dem sich auch ihre Sprache als Alltagssprache durchsetzte. (Noch Jesus von Nazareth soll aramäisch gesprochen haben.)

Damit sind die ersten Siedlungsgebiete der Linie des Shem benannt. Zwei weitere Gebiete kommen dann hinzu, und zwar durch die von der jüdischen Tradition besonders beachteten Nachfahren des Arpachschad: Zunächst einmal das Volk Ebers, die Hebräer, die den nördlichen Teil der arabischen Halbinsel besiedelten und dann auch noch in die Gegend des Toten Meers vorstießen.

Desweiteren ein Zweig der Abkömmlinge der Hebräer, die »vielen Söhne Jok-
tans«, die nach Indien zogen, vermutlich in das Gebiet vom Industal bis Kaschmir
im Land Arien (Land der Arier), wie Josephus sagt.

Das gesamte Siedlungsgebiet der semitischen Völker umfaßt somit Teile des
nördlichen, des mittleren und des südlichen Mesopotamien, den südwestlichen
Teil Kleinasiens, einen Teil des nördlichen Arabiens und auch einen Teil Indiens.

Die Linie des Ham Die Hamiten entfernten sich von den Semiten zunächst in
westlicher Richtung und kamen dann teilweise mit den Semiten wieder in
Berührung (Kriege und Vermischung).

- Kusch (Chus), der erste Sohn des Ham, zog von Mesopotamien (über das untere Niltal) in das Gebiet des oberen Nils und wurde Stammvater der Chusäer,
  in hellenisierter Sprache »Äthiopier« bzw. ein Teil von ihnen. Ein Nachfahre des
  Kusch, Nimrod (vielleicht identisch mit Sargon I.), zog mit Kriegsvolk wieder
  zurück nach Mesopotamien und wurde ein bedeutender Herrscher im babylo-
  nischen Raum. Andere Nachfahren des Kusch setzten in den Südteil der arabischen Halbinsel über, wieder andere wanderten entgegengesetzt in Richtung Su-
  dan.
- Der zweite Sohn des Ham, Mizrajim (Mestraim; Mestor; Menes), begründete
  Ägypten, und zwar im oberägyptischen Teil in der Nachbarschaft der Äthiopier. Von den Ägyptern zweigten sich die Philister (Palästinenser) ab, die ursprünglich zwischen dem unteren Nil und Gaza siedelten.
- Von Put (Phutes), dem dritten Sohn des Ham, stammten die Phuter ab, uns bekannt als Libyer, ihrerseits in Nachbarschaft der Ägypter. (Eine Abzweigung
  der Libyer, die dem Ludim zugehörenden Luditer, siedelten weiter westlich in
  der Gegend Tunesiens. Auch die späteren »Mauren« sollen den Libyern entstammen.)
- Der vierte Sohn des Ham, Kanaan, besiedelte das ursprünglich seinen Namen
  tragende Land zwischen Gaza und dem Libanon. Kanaans erster Sohn Sidon
  gründete die gleichnamige Stadt, die zu einer der bedeutendsten Hafenstädte
  Phöniziens wurde (heute Libanon). Ein weiterer Sohn war Het (Chettäus), der
  weiter nordwärts zog und dem zwischen den semitischen Lydern und
  Aramäern in Kleinasien wohnenden Volk der Hethiter seinen Namen gab.

Insgesamt besiedelten die Hamiten also das Nilgebiet (im weitesten Sinne), Teile
des Mittelmeer-Küstenlands von Nordafrika bis zum südlichen Kleinasien, das
nördliche Mesopotamien und den Süden der Arabischen Halbinsel.

Die Linie des Japhet Der dritte Sohn des Noah war »Genesis« zufolge Japhet (griech. Japetos). Seine Linie entfernte sich von den Linien des Shem und des Ham relativ weit und ist uns Europäern relativ nah.

– Der erste Sohn des Japhet war Gomer. Dessen Volk, die Gomerer – später auch »Galater« genannt –, siedelte ursprünglich in dem Gebiet zwischen dem Schwarzen Meer und dem Kaspischen Meer (möglicherweise am Fluß Kura). Zu den Abkömmlingen der Gomerer zählen die südöstlich vom Schwarzen Meer wohnhaft gewesenen Phryger (Stammvater Togarma).
– Von Magog, dem zweiten Sohn Japhets, stammten die Magoger ab, auch (Königs-)Skythen genannt; ihr Wohngebiet lag ursprünglich in südlicher Nachbarschaft der Gomerer, dem Kaspischen Meer zu.
– Wiederum südlich davon wird das Stammland des dritten Sohnes, Madai, angenommen; er dürfte der Stammvater der (iranischen) Meder gewesen sein.
– Nach Jawan, dem vierten Sohn des Japhet, wurden die Jonier benannt; deren Nachfahren hatten großen Anteil an der Besiedlung der Mittelmeer-Inseln und der Entwicklung der dortigen Schiffahrt. Die Stämme des Elischa bzw. Elysas und des Kittim galten als die anfänglichen Bewohner Zyperns, der Stamm des Tarsis (Tharsos) als Besiedler Siziliens, von wo aus auf der Iberischen Halbinsel das (südspanische) Tartessos wahrscheinlich als Ableger entstand. Was Kreta betrifft, so taucht der Name »Japetos« bzw. eines Abkömmlings von ihm im Zusammenhang mit dieser kulturgeschichtlich so wichtigen Insel öfters auf; in »Genesis« gibt es aber auch eine Verbindung von der hamitischen Linie her über Kaphtorim oder die Kaftoriter (Keftiu-Leute) nach Kreta, wobei auch eine Verwandtschaft zwischen diesen und den Philistern angedeutet ist. Diese unterschiedlichen Ausgangspunkte in der dunklen frühen Besiedlungsgeschichte Kretas müssen sich keineswegs ausschließen.
– Tubal (Thobel) war der fünfte Sohn des Japhet. Ursprünglich an der Südküste des Schwarzen Meeres siedelnd, bildeten die Thobeler einen Ableger am Ebro (Nord-Spanien) und erhielten offenbar daher den Namen »Iberer«.
– Sechster Sohn des Japhet war Meschesch (Mosoch). Die Mosochener, später Kapedozier genannt, siedelten zuerst in Kleinasien, wahrscheinlich an dessen südlicher Mittelmeerküste.
– Der siebte Sohn schließlich, Tiras, wurde zum Stammvater der Thirer, die von der griechischen Sprache her dann Thraker hießen. Ihr ursprüngliches Siedlungsgebiet lag zwischen dem ägäischen Teil des Mittelmeers und dessen Verbindung zum Schwarzen Meer.

Im ganzen gesehen haben die Völker aus der Linie Japhets, bei denen es auch Rückwanderungen nach Mesopotamien gab, in nördlicheren Regionen als die Semiten und Hamiten gesiedelt, nämlich hauptsächlich in dem Streifen zwischen dem Kaspischen Meer und der iberischen (spanischen) Atlantikküste.

Diese Informationen gelten, grob gesprochen, für das 3. Jahrtausend v. Chr.; es sind in unsere Sprache übersetzte Informationen, die auf dem Wissen der damaligen Hebräer von der damaligen Welt basieren, welches sie durch die Namen der Stammväter verschiedener Völker überliefert haben. Jenes dritte Jahrtausend kann, gleichfalls auf Basis von »Genèsis«, noch etwas differenzierter betrachtet werden. Denn es gibt einige Brennpunkte, von denen relativ viel bekannt ist. Der Brennpunkt, dessen Datierung die geringste Mühe macht, ist durch den Namen Abram bzw. Abraham markiert; der letztere Name ist die Bezeichnung dieses Mannes als »großem Patriarchen«. Er war dies nicht nur für die aus der semitischen Linie entspringende hebräische Tradition; durch seine Verbindung zur hamitischen Linie (Verbindung mit Hagar, seiner ägyptischen Nebenfrau) wurde er zugleich auch ein Ahnherr der Araber. Von Abraham ist bekannt, daß er zunächst in Ur, also im südlichen Mesopotamien bzw. in Sumer lebte und dann mit seinem Anhang (via Damaskus) nach Kanaan, später Palästina genannt, wanderte. Diese Wanderung wird oft mit der sogenannten ersten semitischen Wanderung in Zusammenhang gebracht. In nicht-biblischen Schriften wird Abraham als ein weiser Mann geschildert, der die von den Chaldäern (Akkadern) gepflegte Sternenkunde beherrschte, dann aber mit den Herrschenden in Konflikt geriet und abwandern mußte, weil er die sichtbaren göttlichen Zeichen verachtete und eine unsichtbare Gottheit zu verehren begann. Nach den Angaben des Josephus (1. Jahrhundert unserer Zeitrechnung), der die Zeitenfolge der hebräischen Tradition sehr sorgfältig studiert hat, läßt sich die Geburtszeit des Abraham mit guter Sicherheit auf das Ende des dritten Jahrtausends, nämlich auf das 22. Jahrhundert v. Chr. datieren.

Ein weiterer Brennpunkt der Ereignisse führt in das mittlere dritte Jahrtausend, die Blütezeit der Sumerer, zurück. In der gleichen Zeit muß Peleg geboren sein (erster Sohn des Eber, dem Namensgeber der Hebräer). Wie in »Genesis« angedeutet ist und von Philo aus Alexandria (um Christi Geburt) ausgeführt wird, heißt Peleg »Verteilung« und bedeutet: Verteilung der (mesopotamischen) Wohngebiete. Diese Verteilung der Wohngebiete paßt in die Zeit, als das südliche Mesopotamien, sprich Sumer, übervölkert wurde und im nördlichen Mesopotamien (dann Akkad genannt) unter der Herrschaft des Nimrod bedeutende Städtegründungen stattfanden. Nimrod seinerseits könnte, wie schon gesagt, mit dem bekanntesten akkadischen Herrscher, Sargon I., identisch sein, dessen Regierungszeit für das 27. oder 28. Jahrhundert wahrscheinlich ist. Ob die Identität zutrifft oder nicht: Nimrods Reich jedenfalls hat laut »Genesis« seinen Anfang in Babylon genommen, und von dieser ersten großen Zeit Babylons (Babel) erwähnt »Genesis« den berühmten Turmbau. Historisch dürfte es sich dabei um den Bau eines riesenhaften Tempels gehandelt haben. Interessanter ist an dieser Geschichte ihre allegorische Auslegung; denn der Turmbau zu Babel wurde zum Symbol der Sprachverwirrung (Babel = Verwirrung). Der Bau, so wird erzählt, konnte deshalb nicht fertiggestellt werden, weil die vielen Arbeiter begannen, einander mißzuverstehen. Diese Sprachentzweiung bzw. -vervielfältigung paßt nun ausgezeichnet zu einer Zeit, in der die Wohngebiete verteilt werden mußten und sich mit der Verteilung die Sprachen voneinander sonderten. Vorher – das hieße also in den ersten Jahrhunderten des dritten Jahrtausends – gab es, wie in »Genesis« betont wird, *eine* Sprache (die dann, so wie wir es auch vom Lateinischen kennen, als bloße Kultsprache in den Hintergrund gedrängt wurde). Diese Differenzierung, die für das mittlere dritte Jahrtausend angenommen werden muß, war zugleich die Spaltung Mesopotamiens in das aufblühende (nördliche) Akkad und das abblühende (südliche) Sumer.

Geht man von dieser Zeit der Spaltung, weiterhin den Zeitangaben des Josephus folgend, noch einmal zurück in die Ausgangssituation, nämlich in die Zeit des Aufenthalts der ursprünglichen Bevölkerung im Gebirgsland jenseits der Quellen von Euphrat und Tigris, so kommt man auf eine Zeitdifferenz von ungefähr vierhundert Jahren.[6] Man wäre dann wieder in der »Schwellenzeit«, in die wir bereits unter archäologischen Gesichtspunkten, nämlich durch die Befunde Woolleys über die Zeit der Sintflut gelangt waren. Wie reimt sich nun die Zeit der ominösen Sintflut mit dem gleichzeitigen Aufenthalt einer »ursprünglichen« mesopotamischen Bevölkerung in dem besagten Gebirgsland zusammen?

Dem Geschichtsschreiber Nikolaus von Damaskus zufolge sehr einfach und logisch: »…in Armenien liegt ein gewaltiger Berg…, auf den viele zur Zeit der Großen Flut geflohen sein sollen, wodurch sie gerettet wurden.«[7] Dieser Satz kann viel zum Verständnis der Schwellenzeit beitragen. Er kann geradezu ein Schlüssel sein, wenn man die Verallgemeinerung seiner Aussage in Erwägung zieht: Könnte sich das, was Nikolaus von jenem Berg kolportiert, sich ähnlich nicht auch andernorts in Gebirgsgegenden zugetragen haben? Das Buch »Genesis« scheint der Aussage des Nikolaus von Damaskus in *einem* Detail zu widersprechen. Während dieser von »vielen« spricht, die auf einem großen Berg gerettet worden seien, spricht das erste Buch Mosis nur von einer einzigen Familie, die gerettet wurde, eben die Familie des Noah. Dies ist insoweit verständlich, als die jüdische Tradition primär an den Linien von denjenigen Patriarchen interessiert ist, die an der Entwicklung der jüdischen Tradition mitgewirkt haben; und diese treffen sich in Noah, einem weisen Manne. Im übrigen aber wird in den weiteren Büchern Mosis die Ausschließlichkeit der Rettung Noahs plus seiner Familie in gewisser Weise selbst relativiert; dort ist nämlich von vernichtenden Kriegen der Hebräer gegen offenbar sehr alte Völker die Rede, die Statuen- und Bilderkulte hatten (und auch die Tätowierung kannten), speziell gegen das Volk des Königs Og von Bascham und die Amalekiter; diese Völker stehen in keinem ersichtlichen Zusammenhang mit der Genealogie des Buchs »Genesis« und können insofern nicht auf Noah zurückgeführt werden. In unserem Zusammenhang wichtiger ist die Frage, welche Gebirgsgegenden außer den armenischen als Ort des Überlebens zur Zeit der Großen Flut in Frage kommen. Hierfür bietet die hebräische Überlieferung für den Teil der Erde, der den Hebräern bekannt war, Hinweise an, die einen Sinn ergeben: Die frühesten Semiten, die Elamiter, mieden offenbar noch die Niederungen Mesopotamiens und siedelten am iranischen Hochland, wo sie sich offenbar mit Menschen des dortigen Hochlands vermischten. Und auch die frühesten Hamiten, die Chusäer, mieden auf ihrem Wanderweg noch die unteren Nilgegenden und siedelten im oberen Niltal. Erst von dort aus – wie Hegel bemerkt hat – breitete sich die Nilkultur von oben nach unten hin aus. Warum solche Wege? Wohl aus doppeltem Grund: Erstens, weil die Bewohnbarkeit der von der Großen Flut besonders betroffenen tiefer liegenden Regionen noch auf sich warten ließ; zweitens, weil die wandernden Stämme zur gleichen Zeit nur in Hochländern die Chance hatten, auf lebende Siedlungen zu stoßen. Gerade dort, wo verschiedene Volksgruppen sich zusammengetan haben, wie z.B. in Oberägypten, ist der Beginn einer neuen Zivilisation zu erwarten; sobald es die Bedingungen in den Niederungen zuließen, konnten die dortigen toten Siedlungen dann wieder mit neuem Leben erfüllt werden. Auch bei den anderen der ältesten Zivilisationen scheint der Entstehungsprozeß im Prinzip der gleiche gewesen zu sein. Daß die Chinesen und die Inder ihre Abkunft von den Bergen her sehen, darauf wurde schon hingewiesen. Ebenso scheinen die ältesten der amerikanischen Zivilisationen (Zentralamerikas) von Hochlandgegenden zu kommen. Dies ergibt ebenfalls einen Sinn; denn im nächsten Kapitel wird zu sehen sein, daß die Berichte von der ›berghohen‹ Großen Flut in den verschiedensten Teilen der Erde überliefert wurden.

3. Die Überlieferungen von der Großen Flut

Wie im vorigen Kapitel gezeigt, landet man bei der Frage nach der Herkunft der Sumerer, aber auch anderer aus dem 3.Jahrtausend bekannter Völker, in bestimmten Gebirgsgegenden, die von der Großen Flut nicht berührt wurden. In diesem Kapitel geht es darum, die historischen und die allegorischen Kernpunkte der betreffenden Überlieferungen herauszuarbeiten. Ein Verständnis von der Großen Flut erscheint mir unabdingbar, um an die Grundfragen, welche die Atlantis-Überlieferung betreffen, überhaupt heranzukommen.

Von allen Geschichten der Großen Flut ist die biblische Sintfluterzählung die bei uns am ehesten bekannte. Für Noah, so kann man es im Buch »Genesis« des Alten Testaments nachlesen (1.Mose, 6.8), kam die Katastrophe nicht unvorhergesehen; denn sie wurde ihm angekündigt. Und dies geschah noch in der Zeit der »Riesen«, den hochberühmten Helden der Vorzeit, wie es dort auch heißt. Berühmt sind diese »Riesen« auch bei den Griechen. Diese nannten sie Giganten. Deren Stammvater, Atlas, verehrten die Griechen wie einen Halbgott. (Den griechischen Mythen zufolge hat er »die Welt getragen«. – Bei Diodorus Siculus wird Atlas als urzeitlicher Astrologe apostrophiert, der großes Wissen von den Sphären hatte.[8]) Die Nachfahren des Atlas oder die späteren Giganten waren bei den Griechen allerdings in äußerst schlechter Erinnerung, da die ›Giganten‹ einst gegen sie Krieg geführt hatten. Luther übersetzte den biblischen Begriff der Riesen mit »Tyrannen«, was im Kontext der griechischen Überlieferung durchaus gerechtfertigt erscheint. Der Begriff »Riesen« bzw. »Giganten« entstammt, wie später noch zu sehen sein wird, der Erinnerung an überlebensgroße Steinfiguren, die auf ägyptischen Heiligtümern Repräsentanten jenes untergegangenen Volkes dargestellt hatten. Noch zur Zeit der »Riesen« also wurde die Katastrophe der Bibel zufolge dem Noah angekündigt, und zwar allein ihm; denn »er wandelte mit Gott.« – »Aber die Erde war verderbt vor Gottes Augen und voller Frevel.« Noah ist in der Bibel die Gestalt, welche die Zeit vor, während und nach der Katastrophe bewußt erlebt, insofern ist er ein Mittler zwischen den Zeiten. Seine Vorbereitung auf die drohende Vernichtung wird in der Bibel durch den Bau einer Arche geschildert. (In anderen hebräischen Überlieferungen wird Noah auch als ein jahrzehntelang predigender Prophet dargestellt, dem die meisten nicht zuhörten und den sie auch verspotteten, so daß er schließlich seinen Heimatort verlassen mußte.) Von der Arche ist die Form verzeichnet, ein Kubus, von ihrem Inhalt alles mögliche Lebendige. Ob diese Angaben Faktizität beanspruchen können oder einen allegorischen, d. h. »hinzuerzählten« Sinn haben, wird herauszufinden sein. Die Flut wird in der Bibel als eine gewaltige beschrieben. Es »brachen alle Brunnen der großen Tiefe auf und taten sich die Fenster des Himmels auf... Und die Wasser nahmen überhand und wuchsen sehr auf Erden...« Es wird gesagt, um wieviele Ellen das Wasser über die Berge gegangen sei, und ferner, wieviele Monate Noahs Arche bis zu ihrer Landung am Berg Ararat umhertrieb und wieviele weitere Monate bis zum vollständigen Rückzug des Wassers, angezeigt durch ausgesandte Vögel, noch vergingen. Nach dem Ende der Sintflut errichtete Noah einen Altar und brachte Opfer. Überlebt hatten laut Bibel nur Noah und sein Anhang (zusammen acht Personen) und es galt der Satz: »Seid fruchtbar und mehret euch und reget euch auf Erden, daß euer viel darauf werden.« Soweit zunächst einmal die hebräische, dann jüdisch-christliche Überlieferung.

Bei den *Iranern* (Persern) wurde die Geschichte der Großen Flut anders erzählt, nämlich ohne das Element der Arche: Yima, Vater der Menschen, war von der Gottheit Ahuramazda vor einer großen Katastrophe gewarnt worden. Zugleich trug die Gottheit ihm auf, ein Gehege anzulegen, in welchem alles Lebendige bewahrt und auch ein Feuer entzündet sein sollte. Es kam eine große Flut. Alles wurde zerstört, außer jenem Gehege, welches »Garten des Yima« genannt wird.[9]

Die *Inder* verfügen in ihren heiligen Schriften über mehrere Geschichten der Großen Flut. Zum Teil klingen dabei Motive der semitisch-hebräischen Tradition an. In den Veden wird erzählt: Manu (wie Yima ein Vater der Menschheit) fand einen Fisch, der zu außerordentlicher Größe heranwuchs, und ihm, Manu, eine große Flut ankündigte. Wegen dieser Ankündigung baute Manu ein Schiff. Als die Große Flut kam, geleitete der Fisch Manus Schiff, bis es am Himalaya strandete. Der Weg von den nördlichen Bergen nach Indien heißt seitdem »Manus Abstieg«.[10]

Bisher wurden die Flut-Überlieferungen bei solchen Völkern betrachtet, bis zu deren Wohngebieten Semiten, oder Stämme aus der Linie des Shem, nachweislich gelangt sind. Manches scheint von Semiten übernommen worden zu sein, das andere sieht nach jeweils eigener Überlieferung aus. Wie sieht es nun mit den Überlieferungen aus in Gebieten, in welche die Hamiten vorgestoßen sind? Die Linie des Ham führte ja von Mesopotamien aus nach Westen; allerdings ergaben sich durch Rückwanderungen und durch die Auswanderung von Hebräern nach Ägypten starke Berührungen mit den semitischen Völkern.

In den Siedlungsgebieten der Hamiten finden sich zwei sehr verschiedene Arten von Überlieferungen zur Großen Flut. Die eine Art, die im Koran enthalten ist, ähnelt sehr stark der semitischen bzw. hebräischen Überlieferung; Noah wird namentlich genannt, von der Arche wird im einzelnen gesprochen.

Die Unterschiede liegen eigentlich nur im Stilistischen; die Suren geben sich geheimnisvoller, gewissermaßen »arabisch«. Die im Koran enthaltene Erzählung könnte von den Semiten übernommen worden sein. Beide Erzählungen können aber auch einen gemeinsamen Ursprung haben; hierfür bietet sich letztlich Noah an. Die andere Art der Überlieferung hat auf den ersten Blick kaum etwas mit den bisher erwähnten Geschichten gemein, außer daß sie ebenfalls von der Flut-Katastrophe handelt. Bei dieser anderen Art der Überlieferung wird die Frage thematisiert, wie eine Bewahrung alten Wissens möglich war *trotz* der Großen Flut.

Dem großen ägyptischen Historiker Manetho zufolge hat Thot (auch Hermes Trismegistos genannt, manchmal apostrophiert als Gott der Geschichte) lange *vor* der großen Katastrophe Wissenswertes in eine Säule geschrieben. *Nach* der Großen Flut habe der zweite Thot (auch Thaut, Erfinder der Schrift) die Aufzeichnungen übersetzen können;[11] und dieser Übersetzer habe die Große Flut erwähnt.

Ibn al-Balhi (ein persischer Gelehrter des Mittelalters) sagt zum gleichen Thema, daß die Weisen eine Katastrophe vorausgeahnt hätten, entweder durch Überschwemmung oder durch Feuer. Aus diesem Grund seien in Oberägypten zwei sehr große Pyramiden gebaut worden, in welche wesentliche Kenntnisse eingeschrieben wurden.

Akbar al-Masudi (ein ägyptischer Historiker des Mittelalters) berichtet dazu noch Näheres: Einer der Könige vor der Flut, mit dem Namen Surid, ließ zwei große Pyramiden bauen und befahl den Priestern, darin schriftliche Hinweise ihrer Weisheit und der Techniken von Künsten und Wissenschaften niederzulegen, damit sie den Späteren, soweit sie die Schriften verstehen, zum Wohle seien. Außerdem seien in den Pyramiden Positionen und Zyklen der Gestirne niedergelegt, zusammen mit Listen der historischen Ereignisse und der Voraussagen für die Zukunft.[12]

Der jüdisch-römische Historiker Josephus (1. Jahrh. nach Christi Geburt) hat zu diesem Thema folgendes zu sagen. Nachdem die Zerstörung der Erde, sei es durch Feuer oder durch eine Flut, vorausgesagt worden sei, hätten die sternkundigen Nachfahren des Seth zwei Säulen errichtet, eine aus Ziegeln und eine aus Stein. Die steinerne sei erhalten geblieben und befinde sich seinerzeit in Syrien.[13]

Einzelheiten dieser Art von Überlieferungen werden bei der Frage nach den Quellen von Platons Atlantisbericht noch zu besprechen sein. Hier ist nur festzuhalten, daß es gegenüber den bisher wiedergegebenen Überlieferungen, die von verschiedenen Arten der Menschen-Rettung während der Großen Flut berichten, eine sehr eigenständige Art der Flut-Überlieferung gibt, bei der nicht die Rettung von Menschen, sondern die Rettung von Schriften (Steininschriften) thematisiert ist. Diese besondere Art der Überlieferung weist speziell nach Ägypten.

Wir wenden uns jetzt den Gebieten zu, auf welche die Linie des Japhet Einfluß genommen hat, also von Mesopotamien aus im wesentlichen nach Norden und einem südlichen Streifen Europas entlang bis in den Westen. Wie wurde bei den dort beheimateten Völkern die Geschichte von der Großen Flut erzählt? Die *Griechen* erinnerten sich eher flüchtig an verschiedene ziemlich verheerende Überschwemmungen ihrer Küste. Von der weitaus größten aber, von der Deukalionischen Flut, wurde ausführlich und variantenreich erzählt. Kurzgefaßt waren diesen Erzählungen zufolge Deukalion und seine Frau Pyrrha die einzigen Überlebenden. Von Prometheus gewarnt, daß Zeus die Menschen der Bronzezeit[14] durch Vernichtung strafen wollte (Thessalonische Variante), baute Deukalion mit Hilfe des Prometheus ein Schiff. Als die Große Flut kam, die bis unter die höchsten Berggipfel stieg, wurden Deukalion und Pyrrha in ihrem Schiff hochgetragen und landeten nach neun Tagen auf dem Parnaß (über Delphi; auch andere der höchsten Berge Griechenlands werden genannt). Für das Wiedererstehen der Menschheit, so der Schluß der Erzählung, sorgten Deukalion und Pyrrha dadurch, daß sie jeweils Steine hinter sich warfen, aus denen männliche und weibliche Geschöpfe wurden.

> In Einzelheiten, wie der Anzahl der Geretteten und der Dauer der Flut, weicht die griechische Erzählweise von der semitischen und der hamitischen Erzählweise ab. Das für diese letzteren Traditionen charakteristische Element eines Wasserfahrzeugs ist allerdings bei den Griechen ebenfalls vorhanden. Insofern kann man einen Einfluß jener Traditionen oder aber einen den Semiten, Hamiten und Japhetiten gemeinsamen Ursprung ihrer Erzählungen vermuten; letzteres würde dem gemeinsamen Ursprung ihrer Wanderwege (Mesopotamien) am besten entsprechen.
> Neben dieser Art von Geschichten über die Große Flut gibt es allerdings auch in Griechenland eine ganz andere Tradition in der Behandlung des Themas. Diese andere Tradition ist an die Namen Platon und Solon – in gewissem Sinn auch Pythagoras – geknüpft, die ihrerseits mit der spezifisch ägyptischen Tradition verknüpft war. Da diese Zusammenhänge noch einen eigenen Schwerpunkt der Darstellung bilden werden, sei hier nur darauf verwiesen.

Die *Kelten*, mit denen sich Abkömmlinge der Gomerer vermischt hatten, kannten eine Sintflutgeschichte, die Ähnlichkeiten mit der Geschichte von Deukalion und Pyrrha hat: Als der »See der Wasser« (Llyn Llion) barst, ertranken alle Menschen außer Dwyvan und Dwywach, die auf einem »segellosen Schiff« (entfernter Anklang an Noahs ›Kasten‹) gerettet wurden. Die Priester der Kelten, die Druiden, erachteten jene Flut als eine Reinwaschung der Menschen.[15]

Die Alten *Skandinavier* oder Germanen, die erst relativ spät mit den Völkern der Japhet-Linie in Berührung gekommen sind, erzählten unter den europäischen Völkern die eigenartigste Sintflutgeschichte:

Das Blut des Borr floß in solcher Überfülle, daß die ganze Rasse der Giganten darin ertränkt wurde. Als einzige Menschen wurden Bergelmir und seine Frau in einem Boot gerettet.[16]

Hier wird die Erde nicht nur überschwemmt, sondern sie blutet aus tiefster Wunde. Bemerkenswert ist, daß auch den Skandinaviern die Giganten, die der Erzählung zufolge in besonderer Weise von dem Unglück betroffen wurden – nämlich durch völlige Vernichtung – nicht unbekannt sind. Die Rettung eines Paares in einem Boot erinnert dann wieder an die keltische Erzählweise.

Die Skandinavier bzw. der nordische Teil der europäischen Bevölkerung, haben eine eigenständige Tradition. Irgendwann, wahrscheinlich seit dem zweiten Jahrtausend v. Chr., sind sie, durch Vorstöße von Norden nach Süden, zumindest mit den Kelten in Berührung gekommen. Insofern könnte das zuletzt genannte Element (die Rettung im Boot) aus der keltischen Tradition übernommen worden sein.

Wir kommen jetzt noch zu den Völkern, deren Wohngebiete am weitesten von Mesopotamien entfernt liegen, nämlich zu den Chinesen und dann zu den alten Völkern Amerikas. In beiderlei Richtungen lassen sich die Einflußmöglichkeiten von denjenigen Erzählweisen der Sintflut, die ihren Ursprung in Mesopotamien gehabt haben, einigermaßen gut abschätzen. Was die Chinesen betrifft, so kann man derartige Einflüsse praktisch ausschließen. Die frühen Wanderbewegungen aus Mesopotamien zielen in keiner Weise nach China (wohl aber haben sie Ausläufer in Indien). Erst in sehr viel späterer Zeit, (heute) vor drei oder vier Jahrhunderten, könnte sich ein gewisser Einfluß durch die christliche Überlieferung geltend gemacht haben; allerdings dürften auch die Christen, die es seither z. B. in Shang-hai in geringer Zahl gibt, mit ihrer Kenntnis der biblischen Sintflutgeschichte keinen bemerkenswerten Einfluß auf die chinesische Tradition gehabt haben. Anders sieht dies im Fall der alten mittelamerikanischen Kulturvölker aus. Auf sie hatten die spanischen Eroberer und ihre Missionare seit dem 16. Jahrhundert einen vehementen Einfluß, derart, daß die Kulturzeugnisse jener Völker großenteils zerstört wurden. Was aber von diesen Zeugnissen gerettet wurde, kann von den Sintflut-Überlieferungen, die in Mesopotamien ihren Ursprung gehabt haben, nicht beeinflußt worden sein.

Den Gesichtspunkt der Einflußmöglichkeiten hebe ich aus folgendem Grund hervor: In Europa hat man die »Sintflut« gelegentlich als ein bloß mesopotamisches Phänomen angesehen. Dies gilt auch für den schon behandelten Archäologen Leonard Woolley, der im 20. Jahrhundert die Debatte um die Große Flut neu eröffnete. Bis zu einem gewissen Grad hat diese Position auch ihre Berechtigung. Denn es gibt (wie noch zu sehen sein wird) inzwischen Gründe dafür, daß die Große Flut in Mesopotamien stärkere Auswirkungen hatte als in vielen anderen Gegenden. Darüber hinaus haben wir bereits gesehen, daß die mesopotamische Erzählweise von der Großen Flut – am leichtesten erkennbar an dem bei der Rettung vorkommenden Wasserfahrzeug (Arche etc.) – einen großen Einfluß auf die Erzählweise bei vielen Völkern hatte, was durch die von Mesopotamien aus sich abzweigenden Wanderwege dieser Völker gut erklärbar ist. Nur insoweit ist die Sintflut ein mesopotamisches Phänomen. Im übrigen hat sie, wie man gleich sehen wird, einen viel allgemeineren Charakter.

Die *Chinesen* haben überliefert: Kaiser Yao sah, wie Wassermassen gegen Gebirgsmassive prallten und langsam höherstiegen. Millionen von Chinesen sind umgekommen.[17]

Ein englischer Sinologe[18] berichtet, die Chinesen seien der Auffassung gewesen, daß die ganze Erde überflutet wurde. Die Flut selbst würden sie so schildern: Die Säulen des Himmels sind gebrochen, die Erde ist geschockt bis zur Grundfeste… Die Erde zerfiel, und die in ihrem Schoß eingeschlossenen Wasser brachen mit Gewalt hervor und überfluteten sie. Der Mensch hatte gegen den Himmel rebelliert, das System des Universums war außer Rand und Band. – Nach der Flut sei Fu-hi erschienen und sein Abstieg aus den Bergen von Chin erfolgt.

> Man sieht, was für ein großes Thema diese Katastrophe für die Alten Chinesen gewesen sein muß. So Gewaltiges darin angesprochen ist, die Art der Überlieferung erscheint verhältnismäßig nüchtern. Von einer besonderen Weise der Errettung, etwa durch eine Arche oder dergleichen, ist nicht die Rede. Es gibt keinen Grund anzunehmen, daß diese Art der Überlieferung keine eigenständig chinesische wäre.

Die *indianischen Völker* haben verschiedene Überlieferungen von der Großen Flut. Sie sind leicht einzuteilen in solche, die christlich beeinflußt sind (wo das Einfließende letztlich also mehr oder weniger stark mesopotamisch geprägt ist), und solche, die originär sind (jedenfalls originär indianisch). Zunächst in Kurzfassungen die erste Art:[19] Als die Große Flut kam, retteten sich Coxcox und seine Frau Xochiquetzal in einer Barke, welche Kinder, Tiere und Korn enthielt. Um zu erfahren, ob die Flut schon zurückgewichen ist, sandte Coxcox Vögel aus …

> Korn ist den Indianern sehr wichtig; alle anderen Elemente sind aus der Tradition Noah-Hebräer-Griechen etc. bekannt.

In einer anderen Geschichte heißt es: … das Wasser der Flut bedeckte die Berge 15 Ellen hoch …

> Diese Maßzahl für die Höhe des Wassers über den Bergen ist allein in der Bibel angegeben. Bei dieser Kopie der biblischen Geschichte halte ich mich nicht weiter auf. Aber die folgende Geschichte finde ich sehr schön. In sie ist eine Tierfabel eingewoben, die wie jede echte Fabel einen tieferen menschlichen Sinn verbirgt:

Der Vater der indianischen Stämme lebte im Land der aufgehenden Sonne (im Osten – aber Europa ist nicht gemeint, M. F.). In einem Traum wurde er vor einer großen Flut gewarnt. Daraufhin baute er ein großes Schiff und nahm darein auch Tiere, mit denen er sprechen konnte. Die Flut wurde immer höher, und die Fahrt immer länger. Da fingen die Tiere gegen ihren Beschützer an zu meckern. Nach der Errettung im neuen Land verloren sie ihre Sprache als Strafe für ihr Meckern.

Soviel zu den christlichen bzw. christlich beeinflußten indianischen Erzählweisen von der Großen Flut.

Nun zu der anderen Art der Überlieferungen, bei denen man jeglichen Einfluß des Christentums, Judentums etc. ausschließen kann.

Aus der Überlieferung der Inka (peruanisches Hochland): Während der Flut-Katastrophe, bei der nur wenige Menschen in den Anden gerettet wurden, führte ein Lama seinen Besitzer zu Gipfeln, wo andere Tiere schon versammelt waren. Nach 60 Tagen und Nächten stiegen Menschen, Lama und wilde Tiere von den Bergen herab; die Erde wurde seitdem wiederbevölkert.[20]

Aus dem Chimalpopoca-Kodex der Azteken (mexikanisches Hochland): In einem einzigen Tag war alles verloren. In einem einzigen Tag sanken sogar die Berge ins Wasser.[21]

Aus einer Überlieferung der Anden-Indianer des bolivianischen und nordwestbrasilianischen Hochlands: Die Menschen suchten in Höhlen Zuflucht vor der Großen Flut. Es gab vulkanische Erschütterungen. Die Menschheit wurde vernichtet.[22]

Aus dem Popol Vuh der Maya, dem in Zentralamerika besonders geachteten Heiligen Buch: Zur Flut kamen Wirbelstürme, Verdunkelung, Regen Tag und Nacht. Die Menschen versuchten, auf allen möglichen Wegen zu entweichen. Ein großes Geräusch, wie von Feuer, wurde gehört. Wasser und Feuer trugen zur universellen Zerstörung bei, in der Zeit des letzten großen Kataklysmus (Vernichtung) vor der vierten Kreation.[23]

> Der Informationsgehalt all dieser originär indianischen Aussagen ist sehr groß. Besonders zu beachten ist, daß hier von Wasser und Feuer als Faktoren der Katastrophe gesprochen wird.

Es ist wohl hinreichend deutlich geworden, daß es Überlieferungen von der Großen Flut, von denen hier nur eine Auswahl dargestellt wird, auf der ganzen Welt gibt. Mehr noch: Einige dieser Überlieferungen können als völlig unabhängig voneinander angesehen werden. Dies gilt zumindest für die alte indianische Überlieferung, die alte chinesische Überlieferung und die mesopotamische Überlieferung, deren gegenseitige Beeinflussung man ausschließen kann.

Andere Überlieferungen von der Großen Flut, insbesondere ägyptische, aber auch persische, indische und skandinavische Überlieferungen müssen mindestens als relativ eigenständig angesehen werden. Bei den griechischen und keltischen Sintflut-Überlieferungen ist eine vergleichsweise starke Beeinflussung sichtbar geworden, nämlich durch die Tradition Mesopotamiens. Dahin kehren wir jetzt wieder zurück, um noch ein offen gebliebenes Problem zu behandeln. Es ist die am Anfang dieses Kapitels gestellte Frage, welche Momente der Sintflut-Überlieferungen einer allegorischen und welche Momente einer historischen Deutung bedürfen. Ich möchte diese Frage mit Hilfe eines Textes behandeln, der sich hierfür besonders anbietet: das Gilgamesch-Epos (auszugsweise abgedruckt im Anhang I).

Untersuchung des Gilgamesch-Epos'

Zur vorliegenden Fassung des Gilgamesch-Epos folgendes vorweg: Es ist die reichste, vollständigste und späteste von mehreren Versionen. Es gibt Vorläufer. Diese deuten, wie noch zu sehen sein wird, bezüglich ihrer Entstehungszeit zuerst in die Frühzeit Sumers (in der gängigen Definition), d.h. in die erste Hälfte des dritten Jahrtausends. Mehrere wichtige Fragmente des Epos', die sogenannte altbabylonische Version, stammen aus der Zeit des Hammurabi (um 1700 v. Chr., berühmt durch sein großes Gesetzeswerk). Eine letzte bedeutende Version (assyrische Version) wird üblicherweise der Zeit des Assurbanipal zugerechnet, d.h. dem 7. Jahrhundert v. Chr. Demnach fallen verschiedene Versionen mit verschiedenen Blütezeiten Mesopotamiens zusammen. Blütezeit bedeutete dort immer auch, daß eine Macht Mesopotamiens die Verbindung herzustellen suchte zwischen dem Persischen Golf und dem östlichen Mittelmeer, wo sich die beiden Schwerpunkte der Seeschiffahrt entwickelten. Das Gilgamesch-Epos ist in vielerlei Weise selbst eine Blüte. In unserem Zusammenhang dadurch, daß in ihm ältestes Wissen aus Mesopotamien und ein aufkeimendes neues Wissen um die Welt jenseits von Mesopotamien in epischer Form vereint wurde.

Falls sich die Leserin oder der Leser in die Auszüge aus dem Epos (Anhang I) bereits ein wenig eingelesen hat, dann ist schon deutlich geworden, daß sich Gilgamesch auf der Suche nach Tod und Leben befindet. Diese Suche hat zwei Dimensionen: eine existentielle, für Gilgamesch selbst, und eine menschheitsgeschichtliche. Bis zu den Zedernwäldern des Libanon war er schon mit seinem Freund Enkidu gekommen, als dieser dort den Tod fand. In tiefster Trauer irrt Gilgamesch umher, jeden fragend, wo er seinen Ahnen Utnapischtim finden könne, der das ewige Leben gefunden haben soll. Wer ihm helfen kann, weist dem Gilgamesch den Weg zu einem bekannten Fährmann, dessen Schiff irgendwo hinter den libanesischen Wäldern ankern muß. Auf mühsamen Wegen gelangt er schließlich dorthin und findet den Fährmann. Durch eine List erreicht Gilgamesch, daß der Fährmann ihn auf die weite Reise zu Utnapischtim mitzunehmen bereit ist. Gilgamesch und der Fährmann befinden sich jetzt also an der libanesischen Küste, d.h. am östlichen Mittelmeer (seit dem zweiten Jahrtausend v. Chr. als »Phönizien« bekannt). Von dort geht die Seereise in dem Epos los.

»Am dritten Tag war zurückgelegt
Ein Weg von einem Mond und fünfzehn Tagen
so kam der Fährmann zu den Todeswassern.«

Hierin stecken höchst bedeutsame Informationen: Wie in einer Wunder-Reise durchqueren sie das Meer sehr schnell (drei Tage), obwohl der faktische Weg auf rund 45 Tage geschätzt wird (ein Monat und 15 Tage).[24] In welche Richtung geht die Fahrt? Diese wesentliche Frage ist durch aufmerksames Lesen des Epos' beantwortbar, wenn nur die Umrisse des Mittelmeers bekannt sind und schlichte Logik angewandt wird. Klar ist, daß der Fährmann selbst die Richtung kennt (er ist ein Fährmann Utnapischtims und von ihm gekommen); und der Ort der Abfahrt, die östliche Mittelmeerküste, war schon gegeben. Und nun reisen sie also in eine bestimmte (dem Fährmann bekannte) Richtung so weit, wie normale Schiffe – sie selbst haben ein ›Wunderschiff‹ – rund 45 Tage brauchen würden. Von allen nur erdenklichen Richtungen kommt nur genau *eine* Richtung in Frage, die westliche Richtung! Denn jede andere Richtung zielt auf eine Festlandküste. Und selbst nach einer Wegstrecke, die für normale Schiffe mit 45 Tagen bezeichnet ist, gelangt der Führer des Schiffs immer noch nicht an eine Küste. Er gelangt »zu den Todeswassern«. Der Fährmann und Gilgamesch überschreiten diese Schwelle, sehr geheimnisvoll mit riesigen Stakstangen (wie in einem Sumpfgebiet) operierend. Und dann erwartet Utnapischtim die beiden schon.

Wohin also hat das Epos den Utnapischtim hinverfrachtet? Irgendwohin in die »Todeswasser«, jenseits einer westlichen Route durch das Mittelmeer. Mehr zur Geographie im Westen hätten die Verfasser des Epos' beim besten Willen nicht sagen können, jedenfalls nicht bis zu der Zeit des Assyrischen Reichs.

Und nun forscht Gilgamesch nach dem tiefsten Wissen Utnapischtims, des »Entrückten«. (Der Ort der Entrückung ist ja schon bezeichnet.)

Darauf erzählt Utnapischtim die Geschichte von der Großen Flut. Er erzählt sie wie eine authentische Geschichte, in der Ich-Form desjenigen, der sie erlebt hat. Einst habe er in der Stadt Schurippag in Mesopotamien gelebt. Dort sei er durch die Stimme des Windes vor einer großen Flut gewarnt worden:

»Du Mann aus Schurippag, Sohn Ubartutus,
Reiß ab dies Haus und baue (draus) ein Schiff!
Laß fahren den Besitz, das Dasein rette!
Gib hin dein Gut und sichere das Leben,
Ins Schiff nimm' aller Lebewesen Samen!
Betreffs des Schiffes, das du bauen sollst –
Wohl abgemessen seien seine Maße!«

Gleich Noah soll Utnapischtim das Dasein retten, das Leben sichern. Die Bibel und dieses Epos übertreffen sich gegenseitig, wie sie das ausdrücken: Nach der Bibel soll ein Paar von jedem Lebewesen in das Schiff (die Arche) aufgenommen werden, hier »aller Lebewesen Samen«. Ferner wird in beiden Darstellungen auf die geometrische Form des Schiffes großer Wert gelegt. Auch solches Wissen ist der Rettung wert. Die bestimmte Form und die Ausmaße des übergroßen Wasserfahrzeugs – übrigens auch die Zeit, in der es unterwegs war – differieren in beiden Darstellungen allerdings ganz erheblich, und dies spricht nicht für einen historischen Gehalt der Angaben. Dann folgt die Darstellung der Katastrophe. Donner, Feuer wie von Fackeln, Finsternis, ein Orkan, (andeutungsweise) auch Erdbeben sind die Kennzeichen; dazu die Große Flut, selbst Berge bedeckend.

> Die Charakteristika sind eingehender dargestellt als im Alten Testament. Einige Charakteristika finden sich auch in den zentralamerikanischen und chinesischen Beschreibungen.
> »In Angst gerieten ob der Flut die Götter,
> sie flohn und stiegen auf zu Anus Himmel,
> wie Hunde duckten sie sich draußen nieder.«
> Wie soll man solche Worte kommentieren?! Die Götter, die selbst die Flut erzeugt haben, ducken sich aus Angst wie Hunde!!

Schließlich die Rettung Utnapischtims und seines Anhangs: Landung mit dem Schiff am Berg Nisir. Aussendung der Vögel, Dankopfer.

> Der Berg Nisir ist wieder ein geographischer Hinweis. Viele halten diesen Berg für einen der Berge im nördlichen Hochland Mesopotamiens. Diese Gegend wäre dann die gleiche wie die in der Bibel angegebene Gegend (Ararat-Gebirge). Wie in der Bibel gilt die Rettung einer Hauptperson, deren Anhang mehr oder weniger beiläufig erwähnt wird. Das Gilgamesch-Epos spricht von Utnapischtims Frau und von »Handwerksmeistern«; die Bibel spricht spezifischer von Noah, seiner Frau und drei Söhnen, sowie deren Frauen. Das Gilgamesch-Epos enthält auch die Rettung mit einem Wasserfahrzeug. Dieses Motiv tauchte ja in zahlreichen Erzählvarianten auf, von denen gesagt wurde, daß sie alle auf einen mesopotamischen Ursprung zurückgehen, während andere Überlieferungen von der Großen Flut (u. a. die spezifisch ägyptischen, die chinesischen, die alten indianischen) ein solches Motiv nicht kennen.

Es erhebt sich nun die Frage, was von der ›Rettung mit dem Wasserfahrzeug‹ zu halten ist. Nach meiner Auffassung handelt es sich nicht um eine historische Aussage, also nicht um einen Tatsachenbericht. Insofern bin ich auch nicht der Ansicht, daß die im Ararat-Gebirge oberhalb 1800 m gelegenen, sehr alten Spuren von Holz und von einer Großanlage – möglicherweise ein Gehege – irgendetwas mit einem Wasserfahrzeug zu tun haben. Diese Spuren dürften wohl etwas mit Noah bzw. Utnapischtim (babylonisch: Ziusudra) zu tun haben, aber gewiß nicht mit einem Schiff.[25] Von den vielen Geschichten um dieses Wasserfahrzeug finden sich kaum zwei Varianten, in denen sich die Gestalt und die Ausmaße jenes Gefährts auch nur annähernd decken, ein Zeichen, daß man es sich immer wieder ausgemalt hat. Im übrigen sagt die nicht-biblische Überlieferung der Hebräer, daß Noah, als er in seiner Heimat nicht mehr geduldet wurde, ausgewandert ist, wobei als Richtung der Auswanderung vieles für das Ararat-Gebirge spricht. Jedoch spricht auch diese Überlieferung nicht dafür, daß Noah bzw. Utnapischtim während der Großen Flut in einem Wasserfahrzeug davongetragen wurde.

Gleichwohl halte ich eben dieses Element der mesopotamischen Überlieferung für einen Volltreffer, für einen Geniestreich der Erzählkunst. Mit einem Schlag oder vielmehr mit einem einzigen Symbol wird etwas erklärlich gemacht, was wirklich schwierig zu erklären ist: Wie konnte das lebendigste Wissen der Menschheit in ihrer tödlichsten Katastrophe bewahrt werden? Indem es in einem Schiff versiegelt wurde, oder noch symbolträchtiger gesagt, in einer Arche. (Das griechische Wort umfaßt die Bedeutung des ›Alten‹ und des ›Neuen‹, auffaßbar als »Wiedergeburt der Kultur«.) Und diese Arche, als Schiff, fügt sich wunderbar in die Umstände der gewaltigen Flut ein. Von daher erklärt es sich auch, daß im Gilgamesch-Epos (ebenso wie in der Bibel) die Mathematik bei der Gestalt des Schiffes eine Rolle spielt. »Wohl abgemessen seien seine Maße.« Das geometrische Wissen – im Epos ist es die Würfelform – wird in das Schiff gleichsam eingeschrieben. Und so kommt es auch zu der wunderschönen Allegorie des Epos', in der das Schiff Bewahrer ist von »aller Lebewesen Samen«. In diese Symbolik ist das Menschheitswissen um Agrikultur und Viehzucht miteingeschlossen.

Das Wertvollste, was das Gilgamesch-Epos für unsere Thematik bietet, ist der große Bogen, den es zwischen Mesopotamien und einer Örtlichkeit jenseits der damals bekannten Westroute des Mittelmeers spannt. Es spannt diesen Bogen in ein und derselben Gestalt, dem großen Weisen Utnapischtim. Er stammt aus einer identifizierten mesopotamischen Stadt (Fara), was ihn als historische Person ausweist, die zweifellos identisch ist mit Noah. Und dieser Utnapischtim wird in dem Epos im wahrsten Sinne »entrückt« in ein Todesgefilde irgendwo westwärts vom Mittelmeer. Die Örtlichkeit wird beschrieben als »die Todeswasser«, in denen Gilgamesch nur mit einem erfahrenen Begleiter, und mit großen Stakstangen, operieren kann. Mehr kann das Epos über jene Örtlichkeit nicht sagen. Für alle Kundigen des Mittelmeerraums befand sich damals bei der bezeichneten Örtlichkeit das »Ende der Welt«. Und dies in einem dreifachen Sinne: im geographischen Sinn das Ende der damals erforschten Welt, im historischen Sinn das Ende einer einstmals existierenden Welt und im metaphorischen Sinn der Tod der Welt.

Wer auch immer das Epos verfaßt hat, es ist eine Meisterleistung, daß in dem Epos Utnapischtim in jenes Todesgefilde entrückt wurde und er von dort aus die Geschichte der Großen Flut erzählt.

Es ist, als wollten die Verfasser sagen: ›Zwischen diesem Todesgefilde, dessen Geographie wir so genau wie möglich beschreiben, und der Großen Flut, die uns in Mesopotamien erzählt wird, besteht ein Zusammenhang. Wir können ihn nicht näher erklären; aber wir können diese Ahnung überliefern.‹

Ausblick

Überlieferungen von der Großen Flut gibt es auf der ganzen Erde. Alle diese Überlieferungen sprechen von einer Flut, deren Ausmaß an der Höhe von Bergen zu bemessen ist. Weiter sprechen sie von einer Vernichtung der Menschheit und von Überlebenden auf hohen Bergen. Insoweit haben wir es, so meine Auffassung, mit einem historischen Faktum zu tun, welches verschiedene Erdteile betraf. Der Entwicklung der frühen Zivilisationen und ihrer Ausbreitung entsprechend kommen vor allem folgende Gegenden in Betracht, in denen winzige Bruchteile der Menschheit überlebten: Das Hochland über Mesopotamien, das Hochland über Ägypten; das persische, das indische, das chinesische Hochland; das Hochland in Zentralamerika; das nordische (skandinavische) Hochland, die Pyrenäen, die Alpen, der Parnaß über Delphi/Griechenland – ein Katalog, der noch ergänzt werden wird.

Wie man noch sehen wird, spricht auch Platons Atlantisbericht von dieser menschheitsvernichtenden Flut, die nur Bergbewohner überleben konnten. Eine solche Flut bzw. Flutwelle muß demnach ein enormes Ausmaß erreicht haben. Dieses Ausmaß läßt sich näher bestimmen durch eine Reihe von Hinweisen und Daten; und ich möchte dem Leser empfehlen, diese Angaben nicht zu verachten, auch wenn sie nach der bisherigen Darlegung in ihrem Kausalzusammenhang noch nicht verständlich sein können. Der arabische Forscher Sharif-el-Idrisi, der bedeutendste Geograph des Mittelalters, ist bei seinem Studium des Atlas-Gebirges (Nordwest-Afrika) zu dem Schluß gelangt, daß während einer gewaltigen Katastrophe Meereswasser dort eine Höhe von »elf Stadien« erreicht haben muß, d. h. rund 2000 m.[26] Ohne Höhenangabe hatte schon Herodot auf ägyptische Berichte von Muscheln und Salzspuren im ägyptischen Gebirgsland verwiesen.[27]

Bei Plutarch gibt es einen Hinweis, wonach die Zerstörungskraft der Großen Flut annähernd bis zur europäischen Baumgrenze hinauf gereicht hat; Plutarch verwies bei einer Ausdeutung bestimmter Mysterienkulte darauf, daß die (überlebenden) Menschen der großen Katastrophenzeit froh sein konnten, wenn sie noch einen Baum mit Eicheln oder Bucheckern fanden.[28]

Die an bestimmten Gebirgsstellen festgestellten Grenzen einer Meereswasserflut können nur den Maximalbereich einer oder mehrerer Flutwellen kennzeichnen, nicht jedoch das Ausmaß der mehr oder weniger lange anhaltenden Überschwemmungen in den Niederungen. Für das Ausmaß dieser Überschwemmungen gibt es je nach Region sehr unterschiedliche Hinweise. Nach griechischer bzw. delphischer Überlieferung scheinen die Wassermassen bereits nach Tagen oder Wochen abgeklungen zu sein, während die biblische Überlieferung der Hebräer auf Monate der Überschwemmung in Mesopotamien hinweist. Dies ist insofern plausibel, als Mesopotamien geradezu eine Fangrinne darstellt, in der sich besonders große Wassermassen sammeln konnten, deren Begegnung mit dem Persischen Golf einen entsprechenden Rückstau zu erzeugen vermochten; in diesen Zusammenhang dürfte auch die Tatsache gehören, daß der südlichste Teil Mesopotamiens, nahe dem Meer, nicht bewohnbar war, als der Ort Ur (nach der Großen Flut) neu besiedelt wurde.

In einigen Gegenden Zentralasiens hat sich das von jener Flut herrührende Meereswasser offenbar noch ungleich länger gehalten, besonders in der Gegend des Tarimbeckens, wo gewaltige Wassermassen, »Mongolisches Meer« genannt, noch einige Jahrhunderte nach der Großen Flut eingefangen blieben; die Geographie des Beckens, das von Bergketten umgeben ist, die (speziell im Nordosten) von der Großen Flut überwunden werden konnten, ließ ein Sammeln der Wassermassen zu. Erst im späteren 3. Jahrtausend v. Chr. sind diese Wassermassen abgeflossen, den Überlieferungen nach sehr plötzlich (wahrscheinlich durch den Bruch eines natürlichen Damms), was den einschlägigen Forschungen zufolge eine regionale Katastrophe hervorgerufen hat.[29] Interessanterweise gibt es nun auch in den zentralasiatischen Gebirgen einige deutliche Demarkationslinien, die von den Mongolen bzw. ihren kosakischen Nachfahren als höchste Markierung der Großen Flut (»Sintflut«) angesehen werden. Oberhalb solcher Demarkationen erscheint das Gestein alt und verwittert, während unterhalb der Demarkationen Sand-, Lehm-, Kies- und Geröllanhäufungen erscheinen, die den Charakter von Anschwemmungen haben. Nach v. Schwarz, der sich auf v. Richthofen beruft, erreichen die deutlichsten Demarkationen im westlichen Zentralasien eine Höhe von etwa 1 500 m, während sie dem östlichen Zentralasien zu auf etwa 1 200 m sinken. Diese Befunde korrespondieren in einer bestimmten Weise mit dem Befund Idrisis, der für das Atlas-Gebirge analoge Demarkationslinien bei etwa 2000 m ausgemacht hatte.

Die Korrespondenz läßt sich mit Hilfe des bedeutendsten naturwissenschaflichen Atlantis-Forschers, Otto Muck, erklären. Muck (dessen Betrachtungsweise später noch zu diskutieren sein wird) ist im 20. Jahrhundert unabhängig von Idrisi zu der Auffassung gelangt, daß die Große Flut auf dem Festland eine Höhe bis zu rund 2000 m erreicht haben konnte. Dabei war für Muck klar, daß der »Herd«, der die Große Flut auslöste, mitten im Atlantik lag. Wenn man nun einmal davon ausgeht, daß die maximale Aufwallung des Wassers, eben weil es vom Atlantik herrührte, in den Hochgebirgen an der Atlantikküste zustandekam (Nordwest-Afrika, Spanien), dann ist evident, daß die Höhe der Flutwellen mit der Entfernung von der Atlantikküste abnehmen müssen. Eben darauf deuten die diskutierten Befunde, wonach die Demarkationen im Küstenbereich des Atlantik (Atlas-Gebirge) bei etwa 2000 m, im westlichen Zentralasien bei etwa 1500 m und im östlichen Zentralasien bei etwa 1200 m liegen, hin.

Nach unserem Geschichtsverständnis wäre es ziemlich sinnlos, von der Großen Flut als einem historischen Faktum zu sprechen, wenn dieses Ereignis nicht datierbar wäre. Eingangs war schon von einer Schwelle in unserem historischen Bewußtsein die Rede, an der sich eine dunkle »Vorzeit« von einer »historischen Zeit« scheidet; diese Schwelle liegt am Rand des dritten und vierten Jahrtausends v.Chr., unmittelbar bevor sich Sumer, Ägypten und andere den »frühen Kulturen« zugerechnete Regionen entwickelten.

In die gleiche Zeit sind wir durch Woolleys archäologische Befunde von der Großen Flut gelangt. Exaktere Berechnungen kann man mit den außerordentlich sorgfältigen Zeitangaben des jüdisch-römischen Historikers Flavius Josephus[30] durchführen (wozu einige Anhaltspunkte schon gegeben wurden). Mit Hilfe seiner Daten gelangt man zur Bestimmung der Großen Flut in die Zeit um 3100 v.Chr. (plus/minus ein Jahrhundert).

> Dieses auf den umfangreichen Schriften jenes großen Historikers basierende Ergebnis läßt sich durch eine zwar nur grobe, dafür aber relativ einfache Kontrollrechnung überprüfen, nämlich mit der Zahl von namentlich genannten Vorvätern, die Lukas für den Stammbaum des Jesus von Nazareth festgehalten hat: dividiert man die nach Josephus berechnete Zahl (3100) durch die von Lukas ermittelte Zahl (65 Vorväter bis zu Shems drittem, nur wenige Jahre nach der Sintflut geborenen Sohn Arpachschad), dann kommt man auf einen mittleren Generationenabstand von 48 Jahren. Ein solcher Generationenabstand liegt noch in einem natürlichen Rahmen. Wahrscheinlich erscheint der mittlere Abstand nur deshalb als relativ groß, weil für Lukas die frühesten Vorväter nicht lückenlos zu ermitteln waren.

Nach den bisherigen Ausführungen zur Flut-Datierung, die noch durch weitere Quellen ergänzt und etwas näher eingegrenzt werden wird, muß also mit einer Zeit gerechnet werden, die im ausgehenden vierten Jahrtausend v.Chr. liegt.

Diese Datierung soll für die Große Flut in den Charakteristika, in denen sie in diesem Kapitel als historisches Ereignis bestimmt wurde, gelten und ebenso für jenes Schritt für Schritt noch herauszukristallisierende Ereignis, aus welchem sich die unmittelbare Ursache der Großen Flut schließlich erkennen lassen wird.

4. Die Welt Homers

Wie im Gilgamesch-Epos, so verbindet sich auch bei Homer Dichtung und Wissenschaft. Daß Homers Werk nicht ein reines Phantasiegebilde ist, hat der erfolgreichste Außenseiter der Archäologie, Heinrich Schliemann, im 19. Jahrhundert bewiesen; Schliemann vertraute den geographischen Angaben Homers; darum fand er Troja. Dennoch sind sicherlich nicht alle homerischen Orte auffindbar; manche von ihnen dürften für immer verschwunden und nur noch in Erzählungen vorhanden sein. Von Homer selbst ist überliefert, daß er blind war – vielleicht Allegorie dafür, daß er ein »Seher« war. Möglicherweise stammte er aus Kreta. Dem großen Homer-Forscher Wolfgang Schadewaldt zufolge muß Homer, bzw. die Homer-Schule, in das achte Jahrhundert v. Chr. datiert werden. (Auch Herodot hielt diese Zeit für die wahrscheinlichste; frühestens käme das davorliegende Jahrhundert in Betracht.) Es gibt aber auch Datierungsversuche, die einige Jahrhunderte Jahrhunderte weiter zurückgreifen. Daran ist nach meiner Meinung nur soviel richtig, daß der Stoff der homerischen Epen an jene Zerstörung Trojas anknüpft, die dem 13./12. Jahrhundert angehört.

Schadewaldt ist zu dem Ergebnis gelangt, daß die Odyssee im achten Jahrhundert von einem Hauptdichter (Homer) verfaßt wurde und etwas später (von einem Schüler Homers) ausgebaut wurde.

Phönizier und Griechen

Die Kenntnisse von der Welt, wie sie in der Odyssee mitgeteilt werden, waren nicht nur griechische. Vor allem was die Kenntnisse vom Mittelmeer und vom Ozean angeht, kann man annehmen, daß ein Gutteil von den Phöniziern stammte, die in der homerischen Zeit unter den Mittelmeervölkern die größte See-Erfahrung hatten. Wer waren die Phönizier? Gegen Ende des dritten Jahrtausends sind sie plötzlich im östlichen Mittelmeer aufgetaucht. Sie hatten Verbindungen zu jenen Inselbewohnern, z.B. den Kretern, die vornehmlich der Japhet-Linie entstammten; sie hatten enge Beziehungen zu den Ägyptern, die guten Teils aus der Ham-Linie stammten; und mit den Hebräern, die der Shem-Linie entstammten, hatten sie die größte Sprachverwandtschaft – oder vielmehr die Hebräer mit ih-

Homer

nen. Die Phönizier hatten also Berührung mit aller Welt, und doch waren sie ein sehr eigenes Volk. Zu ihrer Herkunft gibt es folgende Indizien: Zwei der Städte, welche die Phönizier an der syrisch-libanesischen Küste gründeten, Tyr (Tyros) und Arad (Arados), hatten ihre Namen von Ortschaften der Bahrein-Insel im Persischen Golf.[31] Von dort waren sie demnach weggezogen. Auch Herodot berichtet von einer früheren Herkunft der Phönizier aus der gleichen Region.[32]

Aller Wahrscheinlichkeit nach waren die Phönizier diejenige Gruppe unter den frühen Besiedlern Sumers (nach der Großen Flut), die sich auf jene Insel im Persischen Golf absetzten und dort ihre Rolle als Seehändler ausprägten. Von daher konnten sie ihre Verbindungen zu den verschiedenen Völkerschaften entfalten und konnten zugleich, als Inselbewohner, Eigenständigkeit erlangen. Ebenso muß man annehmen, daß die Phönizier es waren, die den (für die Mitte des dritten Jahrtausends bezeugten) Handel zwischen Sumer und Indien vermittelten und daß sie im Handel mit Ägypten eine entsprechende Rolle innehatten. Warum die Phönizier gegen Ende des dritten Jahrtausends den Persischen Golf verließen, und ob dies auf dem Landweg oder, streckenweise auf dem Seeweg (über das Rote Meer) geschah, ist ungewiß. Doch steht ihre Neuansiedlung im libanesischen Küstenstreifen möglicherweise im Zusammenhang mit der ersten großen Auswanderungswelle mesopotamischer Volksgruppen in den Mittelmeerraum (zur Zeit Abrahams).

Als die Phönizier ihre neuen Städte gründeten, war Kreta – das minoische Kreta – die beherrschende Seehandelsmacht im östlichen Mittelmeerraum. Kreta ist, wie erwähnt, wesentlich von Mesopotamien her geprägt worden; und diese Entwicklung, die offenbar an Überreste einer noch älteren Kultur anknüpfte, gipfelte in der minoischen Kultur, zu deren Kennzeichen die große Bedeutung weiblicher Gottheiten, der Stierkult, verschlungene unbefestigte Palastanlagen (Labyrinthe) und ein blühender Seehandel gehörten. Gegen Mitte des zweiten Jahrtausends verschwand diese Kultur fast völlig. Zwei Umstände haben hierbei eine Rolle gespielt: Der gewaltige, nach neuester Datierung im späten 17. Jahrhundert erfolgte Vulkanausbruch von Thera (Santorin, 120 km nördlich von Kreta) hat sich – durch Seebeben und Ascheregen – wahrscheinlich auch auf Kreta verhängnisvoll ausgewirkt und dessen Bevölkerung, sei es durch Tod oder sei es durch Abwanderung, drastisch reduziert. Im Zuge einer späteren Neubesiedlung erhielt Kreta dann eine von der früheren sehr verschiedene Prägung, die mykenische.

Die mykenische Kultur war ein Produkt der sogenannten ersten indoeuropäischen Einwanderungswelle, die im 17./16. Jahrhundert aus der eurasischen Steppe nomadische Eroberer zum griechischen Festland und nach Kleinasien geführt hatte; als ihre große Errungenschaft brachten sie mit Pferden bespannte Streitwagen mit, die sie besonders beweglich machten und ihnen in der Kriegsführung Vorteile verschafften. Aus der Vermischung dieser Eroberer und der agrikolen griechischen Bevölkerung entstand ein grundbesitzender Kriegsadel, dessen herausragendes Kennzeichen stark befestigte Wehrburgen wurden (spätere Hauptburg: Mykene). Unter diesem Einfluß, dem Seefahrtstradition fehlte, wurde Kreta neu geprägt, ohne seinen alten Glanz als Seehandelszentrum wiederherstellen zu können. Von dieser Beeinträchtigung der kretischen Seemachtstellung profitierten die Phönizier, deren Handelsstädte – die wichtigsten wurden Tyros und Sidon – von jener Naturkatastrophe und auch von der Fremdherrschaft kaum berührt wurden. Zudem profitierten die Phönizier als Handelsvolk von den Völkerbewegungen um 1200 v. Chr., in denen der berühmte Kampf um Troja und dessen Zerstörung einen Höhepunkt bildete. In diesen Zeiten, in denen die mykenische Kultur zu zerfallen begann, drangen Völkerschaften vom Norden her in den Peloponnes, nach Kleinasien und nach Kreta vor, unter ihnen als ein relevanter Teil Illyrer (aus dem Gebiet zwischen dem Dinarischen Gebirge und den Ostalpen). Wie eine Fortsetzung dieser Wanderungsbewegung erscheinen die Vorstöße von Seevölkern des Mittelmeers, die einen gemeinsamen Angriff gegen das reichste Land, Ägypten, vortrugen und (durch Ramses III.) geschlagen wurden.[33]

Die Phönizier, die von all diesen Erschütterungen relativ wenig betroffen waren, waren seither für lange Zeit die vorrangige Seemacht im Mittelmeer. Systematisch begannen sie nun, Handelsstützpunkte zu gründen, wobei eine erste große Stoßrichtung Sardinien war. Von dort aus gründeten sie (im neunten Jahrhundert v. Chr.) das später sehr einflußreiche Karthago und noch weiter westwärts auch Niederlassungen an der östlichen und südlichen Küste Spaniens.

Die Phönizier waren in den seefahrerischen Erkundungen die großen Pioniere. Aber die Griechen, die selbst zu einer seefahrenden Nation heranwuchsen und die in manchen phönizischen und griechischen Städten mit Phöniziern zusammenwohnten, blieben diesen sozusagen auf den Fersen, und sie leisteten auch eigene Pionierarbeit. Aus archäologischen Befunden zu schließen, waren die Phönizier zumindest in der homerischen Zeit sehr aktiv in der Gründung von Niederlassungen im westlichen Mittelmeerraum. Doch wissen wir nicht genau, wann ein phönizisches Schiff zum ersten Mal über die Meerenge von Gibraltar hinausfuhr, vermutlich jedoch – wegen des Eintreffens mediterraner Siedler auf den Britischen Inseln – bereits im 12. Jahrhundert v. Chr., möglicherweise noch etwas früher.

Dieser sehr bedeutsame Schritt bedeutete vom Standpunkt der Mittelmeervölker, daß die Grenze der Welt oder vielmehr die Grenze der Ökumene, d. h. der behausbaren Welt, überschritten wurde. Bezüglich dieses großen ersten Schrittes schrieb ein libanesischer Schriftsteller unserer Zeit, daß heute noch in Cadiz – wahrscheinlich die erste phönizische Gründung jenseits der Straße von Gibraltar – die Legende von der ersten Fahrt der Phönizier über die Schwelle Gibraltars erzählt wird. Er kommentierte diese Überlieferung folgendermaßen:

> »Sie (die Phönizier) glaubten zuerst, die Grenzen der bewohnbaren Welt erreicht zu haben. Sie bewahrten die Erinnerung an die Furcht, die sie – bei all ihrer Unerschrockenheit – empfanden; Schrecken packte sie beim Anblick der mächtigen Wogen des Atlantik und der hohen Gezeiten; sie zögerten am Rande des Unbekannten. Einer in Gades (Cadiz) kursierenden Überlieferung zufolge kehrten sie sie zweimal um, bevor sie es wagten, die Meerenge zu passieren.«[34]

Erst bei einer dritten Expedition und erst nachdem das Kommando einem neuen Kapitän übertragen worden sei, habe die geplante Fahrt stattgefunden.

Ein interessanter Kommentar! Doch an einem Punkt, den ich hier für den wichtigsten halte, stoße ich mich; daran, wie Aldo Massa die Furcht seiner phönizischen Vorfahren interpretiert. Diese Interpretation ist auch in sich nicht stimmig.

Der zitierte Autor hebt immer wieder, auch in dem Zitat, die Unerschrockenheit der phönizischen Seefahrer hervor, die in der Welt der Seefahrt nicht ihresgleichen gehabt habe. Tod und Teufel sollen sie nicht gefürchtet haben! Und da soll sie vor hohen Wellen des Atlantik und vor Ebbe und Flut der Schrecken gepackt haben? »Sie zögerten am Rande des Unbekannten.« Dieser Satz klingt überzeugend. Doch was sie als das Unbekannte empfunden haben und wie sie es wohl empfunden haben, ist die Frage. In unbekannte Meeresgegenden sind die Phönizier seit jeher aufgebrochen. Und das große Meer, den Ozean und mit ihm die Gezeiten, hatten sie schon jahrhundertelang in den Meeren südlich des Persischen Golfs gekannt, bevor sie von dort aufbrachen und im Mittelmeer heimisch wurden. Und was die großen Wogen des Atlantik betrifft: Auch der Atlantik kann sanft sein, ebenso wie das Mittelmeer wild; bei einer wichtigen Expedition kann man günstige Wetterumstände abwarten. Die Argumente des zitierten Autors reichen nicht aus, um die legendäre Furcht der Phönizier vor ihrer ersten Fahrt zum Atlantik zu deuten.

Mir scheint vielmehr, daß jene phönizischen Seeleute mit einer Gerüchteküche über den Atlantischen Ozean beladen gewesen sein müssen, mit Jahrhunderte alten Gerüchten, die von Tod und Verderben und von der Unterwelt handeln. Eine solche Gerüchteküche ist uns im Gilgamesch-Epos ja bereits begegnet, wo die gleiche Gegend als ein sumpfiges Todesgebiet beschrieben worden ist. Es ist durchaus denkbar, daß die Seekundigsten dieses Volks die entsprechenden Verse jenes Epos' im Ohr hatten oder zitieren konnten. Denn jene Verse sind mesopotamischen Ursprungs; und das Volk der Phönizier war, wie gezeigt, aus der gleichen Region gekommen. An den religiösen Eigenarten der Phönizier läßt sich übrigens erkennen, wie alt und wie fest ihre Überlieferungen waren; ausgerechnet dieses purste unter den Seefahrer-Völkern, das als ein solches die Niederungen bevorzugte, hielt hohe Berge für heilig. In dieser Verehrung scheint mir die Erinnerung an eine vergangene Zeit bewahrt worden zu sein, die Zeit der Großen Flut, als bestimmte Gebirge Heil und Rettung bedeuteten.[35] Zugleich waren die Phönizier jedoch auch große Neuerer, besonders in der in der Schriftentwicklung, wahrscheinlich bereits in ihrer Zeit am Persischen Golf. Als internationale Handelsleute hatten sie Interesse an praktikabler Abrechnung und an praktikabler Schrift. Sie jedenfalls, die auch einen Wiederentdecker der Schrift (den »zweiten Thot«) wie einen Halbgott verehrten, haben entscheidende Beiträge zur Umwandlung der synthetischen Keilschrift in eine analytische Schrift geleistet; d.h. sie gehörten zu den ersten, die einzelne Laute in Schriftzeichen darstellten. Die Griechen haben das phönizische System »nur« ausgebaut und (über die Römer, die noch Modifikationen vornahmen) uns als Alphabet übermittelt. Im Unterschied zu den Griechen haben die Phönizier selbst allerdings keine große Literatur hervorgebracht, jedenfalls keine heute noch bekannte. Wenn man das phönizische Wissen von der Welt studieren will, muß man es – soweit es nicht von den Ägyptern festgehalten ist – in der griechischen Literatur aufspüren. Und dies heißt für die hier behandelte Zeit, die sich sehr für den Atlantik interessiert hat: bei Homer.

Bevor ich mich mit diesem Ansinnen Homer bzw. der Odyssee zuwende, noch ein Wort zum Begriff des Ozeans, wie er in der homerischen Zeit verwendet wurde. Ebenso wie wir hatten die damaligen Griechen Begriffe für das ›Meer‹, die ›See‹, den ›Ozean‹. Wenn wir vom Ozean sprechen, denken wir im allgemeinen an den Verbund der ›Weltmeere‹. Die damaligen Griechen dachten ebenfalls an einen solchen Verbund, haben ihn aber wesentlich enger gefaßt. Wenn Homer vom »Ozean« (okeanos) spricht, so ist stets ein Strom gemeint, der die bewohnbare Welt umgürtet. Wieso Strom? Weil man in Homers Zeit offenbar etwas Bestimmtes von den Strömungen jenes Meeresgürtels wußte. Zumindest für zwei ozeanische Gegenden war dies in homerischer Zeit möglich. Zum einen für die Strömungen im Arabischen Meer, das mit dem Indischen Ozean verbunden ist. Zum anderen mit dem atlantischen Golfstrom, mit dem die Phönizier als erste der mittelländischen Seefahrervölker in Berührung gekommen waren. Soweit es sich um dieses Wissen handelt, kommen also phönizische Quellen in Betracht.

Der wichtigste Punkt ist hier jedoch folgender: Wenn Homer explizit vom Ozean (okeanos) spricht, so ist in jedem Fall der genannte Meeresgürtel bzw. das die Ökumene *umgebende* Wasser gemeint, keinesfalls aber das ›innere Meer‹; weder das Mittelmeer, noch das Schwarze Meer, noch das Kaspische Meer. Damit zum Text von Homers Odyssee (siehe Textauszug im Anhang II).

Untersuchung der Odyssee

Nachdem Odysseus vorgestellt ist, wendet Homer sogleich eine dichterische Technik an, die wir aus dem Gilgamesch-Epos in ähnlicher Form kennen: der Held verweilt bei einer weisen Frau (im Gilgamesch-Epos ein weiser Mann) auf einer entlegenen Insel. Der Name der göttlichen Frau ist »Kalypso«, d.h. die Verborgene. Sie wohnt auf einer »umströmten Insel, wo der Nabel des Meeres ist.« Hier taucht zum ersten Mal das Attribut des Stromes auf, die Lage der Insel auf dem Meereskörper ist der Nabel, also eine zentrale Lage. Der Name der Insel ist »Ogygia«, den Stamm Og enthaltend, der in atlantischen Reminiszenzen wieder und wieder vorkommt. Die Herrin der Insel ist eine Tochter des Atlas, des »bösegesonnenen«; Atlas erhält dieses Attribut, weil die Griechen mit seiner Tradition, zu der als Vorgänger auch Prometheus gehört, etwas Böses verbinden (wofür der Grund bei Platon noch zu sehen sein wird). Wie im Gilgamesch-Epos ist jener insuläre Ort nur auf wundersame Weise erreichbar. In dem mesopotamischen Epos war es ein rasendes Schiff mit Wunderrudern, in dem griechischen Epos sind es zunächst einmal Flügelschuhe, auf denen der Götterbote Hermes über das »unfruchtbare Meer« (!) zu jener Insel hinschwebt. Hermes soll dafür sorgen, daß Odysseus von Kalypso und ihrer Insel wieder fortkommt. Von dieser Insel bricht Odysseus dann mit einem Segelfloß und günstigem Wind zu einer fast dreiwöchigen Fahrt auf, mit einer klaren Fahrtanweisung an der Hand: er soll sich an dem Sternbild der Bärin (Kleiner Bär) orientieren, das ja nie untergeht – »nicht teilhat an den Bädern im Okeanos« – und dieses Sternbild an der (verlängerten) linken Hand haben. Die Fahrtrichtung ist demzufolge eine nördliche bzw. nordnordöstliche. Und so gelangt Odysseus nach knapp drei Wochen zu dem Volk der Phäaken. Es ist das wohl entfernteste der zu Homers Zeit existierenden Völker, von dem er Kunde haben konnte. Ohne Zweifel handelt es sich bei den Phäaken, die laut Text auf die Insel Scheria ausgewandert waren, um ein altes nordisches Volk. Welches genau, läßt sich mit Bestimmtheit nur schwer sagen.

Homer schildert die Phäaken, deren Sitten ›urgermanisch‹ anmuten, als ein von der Landwirtschaft lebendes Volk, das mit guten Segelruderschiffen ausgerüstet ist. Ihre fernab liegende Insel wird als bergig bezeichnet. All dies paßt am ehesten zu Island,[36] aber auch die Shetland und die Färöer Inseln sind nicht ganz auszuschließen. Homer läßt die Phäaken nun zuhören, wie Odysseus von seiner Verschlagung auf die verborgene Insel erzählt, wo niemand außer Kalypso ansässig sei und wo er sieben Jahre ausgeharrt habe. Die ganze Geschichte dieser Verschlagung, die Odysseus nun erzählt, beginnt im östlichen Mittelmeer, wo er von Troja herkommend mit seinen Gefährten von einem Sturmwind auf das »fischreiche Meer« (!) hinausgetrieben wird. Die Irrfahrt geht lange durch das Mittelmeer, von vielen Abenteuern an merkwürdigen Küsten und Inseln unterbrochen, zuletzt bei der Zauberin Kirke, die den Weg zur Unterwelt kennt. »Und das Schiff kam zu den Grenzen des tiefströmenden Okeanos, wo Gau und Stadt der Kimmerischen Männer ist. In Dunst und Wolken sind sie eingehüllt, und niemals blickt der leuchtende Helios auf sie herab mit seinen Strahlen …, sondern böse Nacht ist über die armen Sterblichen gebreitet.«

> Dies sind äußerst bedeutende Informationen, die uns im Zusammenhang mit einer modernen Theorie noch beschäftigen werden. Hier nur soviel: Die Grenzen des tiefströmenden Ozeans, wohin Homer das Schiff des Odysseus gelangen läßt, liegen am westlichen Ausgang des Mittelmeers. Von dort erstreckt sich nach Norden hin Spanien (Wohngegend der Kimmerier, wahrscheinlich ein Zweig der Gimmirai bzw. Gomerer), wo irgendwo die Sonne nicht mehr durchdringen kann, eine Behauptung, die für die heutigen Verhältnisse zweifellos nicht zutrifft.
>
> Diese Dunkelheit ist aus Homers Sicht sowohl nach Süden als auch nach Norden hin begrenzt, würde also vor allem mitteleuropäische Regionen betreffen. Im tiefen Süden Europas, z. B. in Attika, scheint bei Homer die Sonne. Und ebenso scheint sie im hohen Norden Europas, wo nämlich das Land der Phäaken in hellem Licht erscheint.

Odysseus und seine Gefährten erkunden die Gegend der Kimmerier ein Stück weit zu Fuß (nach Norden); dann gehen sie in der Richtung des Golfstroms (nach Süden) zu einem von der Kirke gewiesenen Platz am Eingang zur Unterwelt, dem Hades.[37] Dort müssen sie den »Völkern der Toten« ein Opfer darbringen. Bei diesem Ritual muß der Blick nach Westen hin, also zum Atlantik hin, gesenkt sein.

Odysseus erfüllt alle Vorschriften, und da gelangen ihm die Toten der Menschheitsgeschichte ins Gedächtnis.

Erst dann beginnt die schicksalshafte Fahrt in den Ozean, jedoch nur bei dem ersten Dichter (wie Schadewaldt ihn ausgemacht hat). Der zweite Dichter läßt die Mannschaft vor der Fahrt in das Todesgebiet noch einmal zögern; sie fährt wieder zurück zur Kirke und erhält erst von ihr die genaue Fahrtanweisung. Wir finden hier eine gleichartige Episode eingebaut, wie sie von den Phöniziern für deren erste Fahrt durch die Straße von Gibraltar überliefert ist. Im Homerischen Epos wird nun in den grellsten Farben ausgemalt, was geschehen könnte, wenn man in diesen Ozean hinausfährt. Jeder Verlockung, dieses außergewöhnliche Meer zu erforschen, folgt irgendein Meerungeheuer oder sonst eine schreckliche Gefahr, die dem Odysseus die noch verbliebenen Gefährten raubt, bis er schließlich ganz allein weit draußen im Atlantik auf der Insel der Atlas-Tochter Kalypso angeschwemmt wird. Immer wieder wird bei Homer betont, was im Gilgamesch-Epos auch schon gesagt ist: daß eine genaue Kenntnis der Route unabdingbar ist, um in den besagten Ozean zu gelangen – was aus heutiger Sicht grundlos zu sein scheint; und mehr noch: es wird im Homerischen Epos mit jedem nur erdenklichen Aufwand an Phantasie demonstriert, daß selbst bei bestmöglicher Kenntnis der Route das Entfernen von der Küste ein tödliches Wagnis ist. Viele Hindernisse werden genannt, an denen alle bisherigen Schiffe gescheitert seien, allein die Argo ausgenommen.

> Von der Argo wurde bei den Griechen derartig viel erzählt, daß es hier besonders schwierig ist, das Historische vom Ausgemalten zu unterscheiden. Und seit jeher geht der Streit darum, welchen Weg die Argo wohl genommen haben könnte. Hier meine Ansicht dazu:
> Die Argo war ein griechisches Expeditionsschiff mit einer höchst erlesenen Mannschaft, den namentlich bekannten sogenannten Argonauten. Dieses Schiff (eventuell auch eine kleine Flotte) war offenbar geeignet, zur See und auf Flüssen zu fahren und konnte zur Not auf einem Landweg gerollt werden (eventuell von Pferden gezogen).
> Relativ gut dokumentiert, nicht weiter umstritten und für die damaligen Griechen geographisch in etwa nachvollziehbar war der Anfangsteil und der Schlußteil der Expedition.
> Der Anfangsteil ging vom Ägäischen Meer durch den Bosporus und im Schwarzen Meer an die Küste des heutigen Rußland.
> Der Schlußteil war komplizierter: Die Argonauten erforschten den Restbestand des einstigen Tritonsees zwischen der Sahara und dem südlichen Teil der Mittelmeerküste. Bei diesem See handelt es sich um einen versickerten Salzsee, der einmal einem Binnenmeer geglichen haben muß.[38]
> Nachdem die Argonauten die Überbleibsel des Tritonsees erkundet hatten, kehrten sie über das Mittelmeer nach Griechenland zurück.
> Nun geht nach meiner Meinung aus der Lektüre Homers deutlich genug hervor, daß die Argo-Expedition auch atlantische Hindernisse irgendwo vor der Straße von Gi-

braltar gemeistert hat. Geht man davon aus, dann spricht Vieles für folgenden Ge-
samtweg der Expedition:

1. Über das Schwarze Meer, den Dnjestr und einer Flachlandverbindung zu Bug,
   Weichsel bis zur Ostsee. (Dieser Weg ist in umgekehrter Richtung auch der wahrscheinlichste für den zur homerischen Zeit stattfindenden Bernstein-Transport
   aus dem betreffenden Ostseegebiet, der vermutlich als sporadischer Tauschhan-
   del abgewickelt worden ist.)
2. Von der Ostsee weiter zur Nordsee; dann die Atlantikküste entlang bis vor Gibraltar. – Der Weg im Norden kann erklären, weshalb es bei Homer eine ausge-
   prägte Beschreibung des Volks der Phäaken gibt.
3. Durch die Straße von Gibraltar an der nordafrikanischen Küste entlang zum Tritonsee und das Mittelmeer überquerend nach Griechenland zurück.

In diesem Sinne halte ich die Argo-Fahrt für eine historische Expedition. Nach Era-
tosthenes (drittes Jahrh. v. Chr.) hat sie gegen Ende des 13. Jahrhunderts v. Chr. (etwa
1225) stattgefunden.[39]
Dafür spricht, daß unter den Argonauten Laertes, der Vater des Odysseus, genannt
wird und ebenso Herakles II. (nicht mit dem viel früheren und berühmteren Herakles zu verwechseln), der als späterer Flottenführer im Trojanischen Krieg – zu datieren um 1200 v. Chr. – bekannt ist.[40]

Nachdem Odysseus also tausend Schmerzen erlitten hat und dann noch als Schiff-
brüchiger allein im weiten Ozean treibt, läßt Homer ihn auf der Insel der Kalypso landen. Die Frage ist, ob diese Insel rein fiktiv ist oder ob sie eine Realität darstellt.

Die Insel als solche ist nicht fiktiv. Es handelt sich um eine der Azoren-Inseln,
und zwar um jene weit östlich gelegene, die heute Sao Miguel heißt. Noch in der
Neuzeit trug sie den Beinamen »umbelicus maris«[41] oder »Nabel des Meeres«, mit
dem sie auch Homer bezeichnet hat. In ihrer Nähe fließt der Golfstrom, der bei
Homer angedeutet ist. Ferner deuten alle Windrichtungs- und Entfernungsanga-
ben bei Homer deutlich in die Azorengegend. Außerdem ist anzumerken, daß
dem Griechen Theopompus (4. Jahrhundert v. Chr.) eine weit draußen im Atlantik liegende Gruppe von Inseln bekannt war, von denen eine den Namen »Ogygia« trug.[42] Komplizierter und unbestimmter erscheinen dagegen Homers Angaben zu den Inseln, zu denen das Epos den Odysseus gelangen läßt, nachdem er
Einblick in die Totenwelt erhalten hatte und bevor er nach Ogygia, dem Nabel
des Meeres, abtrieb. Bei jenen Inseln kann man irgendwelche der Kanarischen Inseln und ferner Madeira (wahrscheinlich die Insel des Helios) vermuten. Der genaue Kurs muß aber, wie Homer den Odysseus selbst erzählen läßt, immer wieder neu gesucht werden. Dies trifft sich mit allem, was von den Phöniziern über
ihre geheimen, für andere kaum nachvollziehbare Routen im Bereich dieser Inseln bekanntgeworden ist; denn speziell in diesen Bereichen war der Atlantik aus

alter Zeit her von kaum zu bewältigenden Hindernissen durchsät (Näheres dazu später). Allerdings fragt sich nun, wodurch Homer die in der Odyssee versteckten Kenntnisse über den Atlantik und seine Inseln überhaupt haben konnte. Hierfür bieten sich folgende Möglichkeiten an: Zunächst einmal konnten besonders die mit hohen Bergen ausgestatteten Atlantik-Inseln den Seefahrern bis zu einem gewissen Grad bekannt sein, selbst dann, wenn sie nie zu ihnen gelangt waren. Es gibt nämlich in der atlantischen Region das Phänomen von Luftspiegelungen – erst vor wenigen Jahren wurde dazu eine (später noch zu diskutierende) Hypothese formuliert –, wodurch auch hinter dem Horizont verborgene Inseln augenscheinlich werden konnten. Dieses Phänomen dürfte beim Auffinden verborgener atlantischer Inseln eine nicht unwesentliche Rolle gespielt haben.

Von den Nordafrika vorgelagerten Inseln hatten am ehesten die Phönizier Kenntnisse, die zu den Griechen durchgesickert sind. Doch was die Kenntnisse der besagten Azoreninsel betrifft, so sind die Phönizier wahrscheinlich nicht die primäre Quelle gewesen, eben weil die direkte Ausfahrt vom Mittelmeer in den mittleren Atlantik hinaus lange Zeit nicht möglich war. Dagegen weiß man von vergleichbaren Schwierigkeiten bei einer nord-südlichen Zufahrt zu den Azoren, wie sie etwa von Island aus gegeben ist, nichts. Die nordischen Völker hatten, wie der Odyssee und auch noch früheren Hinweisen zu entnehmen ist, eine relativ hoch entwickelte Schiffahrt, jedenfalls in ihrer (Spätbronze-)Blütezeit gegen Ende des zweiten Jahrtausends v. Chr. Und mit Nordvölkern (Hyperboräern) hatten die Griechen zumindest seit der Argonauten-Expedition zwar sehr sporadische, aber doch *direkte* Kontakte, die sich in rituellen Besuchen aus dem hohen Norden im griechischen Apollo-Heiligtum und auch in einer einmal pro Menschengeneration von Griechen durchgeführten Nord-Reise äußerten.[43] Von dort also, aus dem hohen Norden, konnten die Kenntnisse über Ogygia bzw. Sao Miguel stammen, die Homer in der Odyssee verpackt hat. Der Dichter läßt in der (selbstverständlich) fiktiven Irrfahrt des Odysseus diesen Griechen sein Wissen über Ogygia dem Phäaken-König Alkinoos erzählen, der selbst über ›göttliches Wissen‹ verfügt. Die faktische Überlieferung scheint – gerade umgekehrt – den Weg von den Phäaken zu den Griechen genommen zu haben.

In unserem Zusammenhang ist vor allem bedeutsam, zu sehen, wie eingehend sich Homer mit den Geheimnissen des Atlantischen Ozeans auseinandergesetzt hat: mit der dort anzusiedelnden »Unterwelt« (Hades), mit den zu seiner Zeit immer noch aktuellen Schreckensgeschichten um dieses Meer und mit der merkwürdigen Dunkelheit in einer bestimmten an dieses Meer grenzenden Region. Diese Auseinandersetzung ist noch eingehender als in dem älteren Gilgamesch-Epos, wobei die gleiche Thematik z. T. mit ähnlichen Stilmitteln dargestellt ist. Mit

dem Wissen oder, besser gesagt, mit den tiefen Ahnungen zum atlantischen Thema, die Homer bieten kann, gelangt man allerdings in den Grenzbereich dessen,
was für Griechen im vorklassischen Griechenland zur atlantischen Geschichte
wißbar war. Erst in der Zeit des klassischen Griechenland sind weiterführende
Spuren aufgetan worden.

5. Zu den Entstehungsbedingungen der klassischen Atlantis-Theorie

Der Mensch hat Angst vor der Zeit,
aber die Zeit hat Angst vor denPyramiden.

(ägypt. Sprichwort)

In den Anfängen des sechsten Jahrhunderts v. Chr., als die Griechen sich für das altüberlieferte Wissen der Ägypter zu interessieren begannen, entstand die klassische Atlantis-Theorie, die später von Platon schriftlich festgehalten wurde. Der Kenntnisstand, den die Mittelmeer-Völker der damaligen Zeit von der Erde hatten, läßt sich bis zu einem gewissen Grad abschätzen durch die Ergebnisse einer Expedition, die um 600 v. Chr. von Ägypten aus stattgefunden hatte. Ein Pharao der XXVI. Dynastie[44] hatte einer phönizischen Flotte den Auftrag gegeben, die Möglichkeit der Umschiffung Afrikas zu erkunden. Die Schiffe starteten mit südlichem Kurs im Roten Meer und gelangten im dritten Jahr der Reise durch den Isthmus von Gibraltar zurück nach Ägypten. Damit war der Beweis erbracht, daß Afrika in allen Himmelsrichtungen von Meer umgeben ist, woran fortan niemand mehr zweifelte. Ein anderes Ergebnis der Expedition dagegen erschien vielen als unglaubwürdig. Die phönizischen Seefahrer hatten nach ihrer Rückkehr nämlich behauptet, daß sie während eines Teils ihrer Reise die Sonne zur Rechten gehabt hätten. Herodot, der dies zwei Jahrhunderte später berichtete, fügte hinzu, daß er dies nicht glauben könne. (Für unsere Zeit ist evident, daß man bei einer Ost-West-Umschiffung Südafrikas die Sonne zur Rechten haben muß, während man nördlich des Äquators, etwa bei einer Ost-West-Fahrt durch das Mittelmeer, die Sonne links sieht.)

Diese ägyptisch-phönizische Expedition zeigt, wie sehr sich im sechsten Jahrhundert v. Chr. in geographischer Hinsicht der Horizont erweiterte; das Beispiel zeigt aber auch, wie schwierig es war, die erweiterten Kenntnisse in das vorhandene Weltbild aufzunehmen, jedenfalls für die Griechen. Das gleiche gilt für die gleiche Zeit auch für den historischen Horizont: Die Griechen, oder vielmehr einige Griechen, haben durch den damaligen Kontakt mit Ägypten ihre historischen Kenntnisse sehr erweitern können, zugleich aber haben sich die Griechen sehr schwer getan, diese neuen Kenntnisse in ihr vorhandenes Geschichtsbild aufzunehmen. Dieses Problem haben wir, da uns die antike Geschichte primär von den Griechen vermittelt wurde, von ihnen geerbt.

Als Solon, eine Schlüsselperson der griechischen Atlantis-Überlieferung, nach Ägypten kam, ging ihm schon der Ruf voraus, der weiseste unter den sieben Weisen Griechenlands zu sein, weiser gar als Thales von Milet. Solon war 594/93 Archon von Athen gewesen und hatte ein tiefgreifendes Reformwerk für die schwer in Schulden verstrickte attische (Land-)Bevölkerung eingeleitet. Er war aber nicht nur ein großer Staatsmann, sondern ebenso Philosoph, Dichter und Historiker. Nach seinem Archonat verließ er als etwa 50jähriger für zehn Jahre Athen, mit dem Plan, nach Ägypten zu gehen und dort ägyptisches Wissen zu studieren. In Ägypten regierten weiterhin die Pharaonen der XXVI. Dynastie, die aus Sais/Unterägypten stammten; diese Dynastie hatte Ägypten von der assyrischen Fremdherrschaft befreit und öffnete das Land für den Handel und für kulturelle Beziehungen mit Griechenland. Ein Zeichen für die aufblühende Verbindung beider Länder war eine ägyptisch-griechische Übersetzerschule in Sais.

Diese Stadt suchte Solon auf, und er interessierte sich dort vor allem für den Tempel der Neith, die in Griechenland Athene heißt, die Namensgeberin der Heimatstadt Solons. In diesem Tempel studierte er ausgiebig, entweder noch bei dem Priester Pateneit (wie Proclus meint) oder schon bei dem berühmten Psonchis (wie Plutarch meint), vielleicht auch bei beiden. Einer dieser Priester jedenfalls machte den Solon mit einer Säuleninschrift im Neith-Tempel vertraut. In ihr waren reiche und konkrete Informationen über das Weltreich von Atlantis festgehalten.

Das erste, was Solon bei seinem Studium in Sais zu lernen hatte, war – wie Platon berichtet –, daß er (Solon) und überhaupt die Griechen sogar von ihrer eigenen Geschichte ein Verständnis haben ›wie Kinder‹, die Ägypter dagegen eines ›wie Greise‹. Der Hauptgrund dafür ist, daß in Ägypten umfassende Steininschriften, die mehrere tausend Jahre alt waren, die Zeitläufte überdauert hatten. Hinzu kommt, daß die Ägypter oder vielmehr die Eingeweihten unter ihnen seit annähernd zweieinhalb Jahrtausenden vor Solons Aufenthalt in Ägypten sich mit solchen Inschriften beschäftigt und ihr diesbezügliches Wissen durch zusätzliche Erkundungen angereichert hatten. Doch selbst für einen so hochgebildeten Griechen wie Solon waren diese Dinge Neuland.

Zur Geschichte der Säuleninschrift von Sais

Auf der Säuleninschrift, die Solon im Tempel der Neith in Sais studierte, beruhen die griechischen Kenntnisse von Atlantis. Zunächst einmal stellt sich die Frage, was aus dieser Inschrift bzw. ihrem Inhalt geworden ist. Diese Frage läßt sich verhältnismäßig leicht beantworten: Solon hat den Inhalt des Textes nach Griechenland gebracht. Dort hat er versucht, den »atlantischen Logos« unter den Griechen zu verbreiten,[45] offenbar ohne große Resonanz. Solon hat sich anscheinend auch mit dem Gedanken getragen, die ganze Thematik in ein Epos einzukleiden.[46] Doch ist es zu einem solchen dichterischen Werk nicht mehr gekommen. Statt dessen hat der schon alt gewordene Solon sein Wissen, das Schriftliche miteingeschlossen, an seinen vertrauten Freund und Verwandten Dropides weitergegeben. Über dessen Sohn Kritias, der seinen gleichnamigen Enkel von Jugend auf mit dem Nachlaß des Solon vertraut machte, ist der Inhalt der Säuleninschrift von Sais zu Platon gelangt, der ihn in zweien seiner Alterswerke, im »Timaios« und »Kritias«, verarbeitete; Platon selbst war mütterlicherseits mit Kritias (dem jüngeren und dem älteren) und somit auch mit Solon verwandt.[47]

Platon scheint in fortgeschrittenem Alter selbst noch in Ägypten gewesen zu sein, doch ist Näheres dazu nicht bekannt. Von einem weiteren Griechen weiß man, daß er die Säuleninschrift im Tempel der Neith eingesehen hat, nämlich Crantor aus Soloi (etwa drei Jahrhunderte nach Solon). Der »Neuplatoniker« Proclus, führender Kopf der orientalisch-griechischen Philosophenschule, hat dies berichtet, und ebenso, daß Crantor die inhaltliche Übereinstimmung zwischen dem von Solon stammenden Atlantis-Bericht Platons und jenem Säulentext feststellte.[48] Dies ist die letzte Nachricht von dem Säulentext selbst. Was Papyrus-Kopien davon anlangt, so sind solche sicherlich in der Bibliothek von Alexandria aufbewahrt worden. Doch mit gleicher Gewißheit muß man dann davon ausgehen, daß solche Kopien die fürchterlichste und gründlichste aller Bücherverbrennungen – sie hat in der frühen islamischen Zeit in Alexandria stattgefunden – nicht überstanden haben. So ist also die Säuleninschrift aus dem Neith-Tempel in Sais mit größter Wahrscheinlichkeit nur noch in Platons Werk aufgehoben.

Die wesentlich schwierigere Frage ist, woher bzw. aus welcher Zeit die Inschrift von Sais wohl stammte. Von dem assyrischen König Assurbanipal, der seine Herrschaft über Ägypten an die Pharaonen-Dynastie von Sais verlor, ist der Satz überliefert: »Ich verstehe die geheimnisvollen, in Stein geritzten Worte aus den Tagen vor der Großen Flut.«[49] Wir wissen zwar nicht genau, auf welche Inschrift oder Inschriften sich dieser Satz bezieht, aber dennoch gibt er in der Frage nach der Vorgeschichte der saitischen Inschrift eine erste Orientierung. Deren Inhalt kann nicht aus einer Zeit nach der Großen Flut stammen. Der saitische Text enthielt vielfältige Informationen über Beziehungen zwischen einem atlantischen Reich auf der einen Seite, Griechenland und Ägypten auf der anderen Seite; diese Informationen haben keinen Platz in der Geschichte Griechenlands oder Ägyptens seit der Wendezeit vom vierten zum dritten Jahrtausend v. Chr. Insofern muß der ›saitische‹ Text *davor* entstanden sein.

Nun enthielt dieser Text selbst zwei Daten, welche der Priester des Neith-Tempels für Solon als die Zeit (damals) vor 9000 bzw. 8000 Jahren berechnete, d. h. nach unserer Zeitrechnung etwa 9600 bzw. 8600 v. Chr. Das erste Datum betraf die Gründung Athens (»Ur-Athen«), das zweite die Gründung eines ägyptischen (möglicherweise nur unterägyptischen) Staats. Da ein Text nicht älter sein kann als die historischen Angaben, die er selbst enthält, ist klar, daß der saitische Text aus einer jüngeren Zeit als 8600 v. Chr. stammen muß. Somit kommt man zunächst einmal zu dem noch sehr groben Schluß, daß der saitische Text irgendwann in einem Zeitraum von etwa fünfeinhalb Jahrtausenden vor der Großen Flut entstanden ist.

Die Große Flut überdauern konnten Steininschriften nur, wenn sie in ganz besonderer Weise geschützt waren. Für Ägypten bieten sich hierfür Pyramiden an, deren Schutzfunktion – in ihren oberirdischen wie unterirdischen Bestandteilen – evident ist. Mit der Frage, ob Steininschriften des bezeichneten Alters in Pyramiden bewahrt wurden, gelangt man allerdings auf ein ebenso interessantes wie schwieriges Gebiet. Denn die Geheimnisse der Pyramiden sind noch nicht einmal soweit gelüftet, daß auch nur über deren Alter wirkliche Klarheit herrscht. Einhelligkeit besteht wohl nur darin, daß die größte der bestehenden (echten) Pyramiden – die »Cheops-Pyramide« oder »Große Pyramide«, das einzige noch stehende der »sieben Weltwunder« – die älteste ist und die zweitgrößte die zweitälteste. In allem übrigen gehen die Ansichten weit auseinander.

In der europäischen Forschung folgte man großenteils Herodot und assoziierte die Bauzeit jener großen Pyramiden mit der IV. Dynastie, d. h. (nach heutiger, hinreichend gesicherter Rechnung) mit dem mittleren dritten Jahrtausend v. Chr.; diese Mehrheitsmeinung ging und geht mit großer Selbstverständlichkeit davon aus, daß die fraglichen Pyramiden aus »historischer Zeit« stammen müßten. Es gab und gibt aber auch etliche Forscher mit der Auffassung, daß jene Pyramiden einer »vorhistorischen« Zeit entstammen; diese Auffassung setzt natürlich voraus, daß den relativ gut bekannten ägyptischen Dynastien (I.–XXXI.) eine zum Pyramidenbau fähige Zivilisation vorausging. Für beide dieser Positionen sind, was das Alter der Pyramiden angeht, noch keine zwingenden Beweise erbracht worden.

Wenden wir uns an die Ägypter selbst! Auch bei ihnen ist die Auffassung verbreitet, daß der Bau der Gisa-Pyramiden in der IV. Dynastie einsetzte, eine Auffassung, die bereits Herodot in Ägypten von Ägyptern übernommen hatte. Daneben findet man bei den Ägyptern aber auch ganz andere Auffassungen. So sagt der bekannte koptische Historiker Masudi, zwei große Pyramiden seien *vor* der Großen Flut erbaut worden, als ein König namens Surid herrschte. Dieser habe veranlaßt, die bedeutendsten Techniken und die Ergebnisse der Wissenschaften schriftlich in den Pyramiden zu bewahren, damit solche Weisheit den Späteren, soweit sie die Schriftzeichen verstehen, zum Wohle sind. Masudi erwähnt unter den wissenschaftlichen Ergebnissen astronomische Daten (Position und Zyklen der Planeten) und Listen historischer Ereignisse.[50] Auch Balhi, der gleichfalls schon erwähnte persische Gelehrte, spricht in ähnlichem Sinne von Pyramiden aus einer Zeit *vor* der Großen Flut. Allerdings sind die von ihm genannten großen Pyramiden nicht identisch mit den heute noch bei Gisa/Unterägypten stehenden; er weiß von Pyramiden mit gewaltigen Ausmaßen (wesentlich größer als die existierenden), die einmal in Oberägypten gestanden hätten.[51] Hiernach ist es gut möglich, daß Säuleninschriften im Schutz ägyptischer Pyramiden die Große Flut überdauert haben; wir wissen allerdings nicht, um welche Pyramiden es sich dabei gehandelt haben könnte. Drei Varianten kommen in Betracht: Erstens, daß es sich um die berühmten unterägyptischen Pyramiden (Gisa) gehandelt hat; diese könnten dann allerdings nicht aus der IV. Dynastie stammen. Zweitens, daß es sich um nicht mehr stehende Pyramiden in Oberägypten gehandelt hat; dabei fragt sich dann, was aus deren Trümmern geworden ist.

Die dritte Möglichkeit ist, daß vor der Flutkatastrophe Pyramiden mit Säuleninschriften in Oberägypten standen und daß die Pharaonen der IV. Dynastie aus jenen Pyramiden(trümmern) ihre unterägyptischen Pyramiden, teilweise jedenfalls, errichtet haben. Diese letztere Möglichkeit erscheint mir als die wahrscheinlichste.[52]

Auf einen, nämlich den bedeutendsten ägyptischen Historiker, muß noch eingegangen werden, bevor ich dann auf ein Atlantis-Dokument besonderer Art zu sprechen komme. Es handelt sich um den priesterlichen Historiker Manetho (zweites Jahrhundert v. Chr.), von dessen streng auf schriftlichen Quellen aufgebauten Werk immerhin so viele Reste erhalten blieben, daß man einen Überblick über die alte und älteste Geschichte Ägyptens bekommen kann. Allerdings hat die europäische Wissenschaft seit jeher ein äußerst ambivalentes Verhältnis zu Manetho gehabt. Soweit das europäische Bild von der ägyptischen Geschichte eines Gerüsts bedurfte, hat man sich des Manetho ausgiebig bedient; soweit aber die Daten des Manetho über jenes europäische Bild hinausgingen, hat man ihn verlacht, verspottet, als Lügner bezichtigt und – schlimmer noch – ihn fast bis zur Unkenntlichkeit entstellt. Auf Manethos Angaben basiert die heutige, weitgehend gesicherte Kenntnis der ägyptischen Dynastien-Folge, angefangen mit dem ersten Herrscher der I. Dynastie, Menes (oder Min), um 3000 v. Chr. Von Manetho wurden aber auch Angaben überliefert zu Herrschern während Tausenden von Jahren vor Menes; für den geschichtlichen Horizont der Europäer erschien das »zu viel«, und so rechnete man die von Manetho festgehaltenen Jahre in Mondjahre um (d. h. aus Jahren wurden Monate), oder auch in sogenannte Saisonjahre (Vierteljahre) oder in Tage.[53] In der europäischen Wissenschaft hatte und hat man jedoch nicht nur mit Manethos quantitativen Angaben über die ältesten ägyptischen Herrscher Schwierigkeiten, sondern auch mit seinen diesbezüglichen qualitativen

Angaben. Manetho titulierte nämlich die herausragendsten der ältesten (vorsintflutlichen) Herrscher als »Götter« und »Halbgötter«, während er den Pharaonen
seit der I. Dynastie solche Qualitäten nicht beimaß. Was sollen Europäer davon
halten?

Inwieweit Manetho speziell mit den Inschriften von Sais vertraut war, ist ungewiß. Gewirkt hat er in Nachbarstädten von Sais (Sebennytos und vor allem Helio-
polis, wo es auch eine berühmte Akademie gab). In jedem Fall war er mit Inschriften vertraut, die zu den ältesten und heiligsten zählten. Von den Inschriften, für deren Bewahrung er selbst höchste Verantwortung trug, sagt Manetho, daß sie aus der
Zeit *vor* der großen Katastrophe (griech.: kataklysmos) stammten. Sie würden das
Wissen der Hermetischen Tradition enthalten. (Diese geht auf einen großen Weisen
zurück, auf den ersten Thot oder Hermes, wie er mit griechischem Namen heißt und
in der griechischen Göttervorstellung fortlebte.) Nach der großen Katastrophe, so
Manetho weiter, seien die aus dieser Tradition stammenden hieroglyphischen Inschriften übersetzt worden.[54] – Man erinnere sich, daß die Phönizier einen nachsintflutlichen »zweiten Thot« verehrten, einen Wiederentdecker der Schrift. –

Die vorstehende Betrachtung zum geschichtlichen Wissen der Ägypter habe
ich unternommen, um einer Antwort näher zu kommen auf die Frage, woher und
aus welcher Zeit wohl die Inschrift von Sais stammen könnte, jene Inschrift, auf
der Solons und dann Platons Wissen von Atlantis beruht. Soviel läßt sich bislang
dazu sagen: Ägyptischen Historikern zufolge gab es in Ägypten in Stein gehau-
ene Inschriften, die wesentlich älteren Datums waren als die Große Flut, die diese überdauerten und die nach der Großen Flut übersetzt werden konnten. Zu dieser Gattung von Inschriften muß auch die Säuleninschrift von Sais gehört haben,
die ihrem (von Solon und Platon überlieferten) Inhalt nach nur aus einem Zeit-
raum von etwa fünfeinhalb Jahrtausenden vor der Großen Flut stammen kann.
Wie andere Inschriften aus dieser Gattung auch, könnte die saitische Inschrift im
Schutz von Pyramiden bewahrt worden sein. Diese Möglichkeit wäre umso wahrscheinlicher, wenn bewiesen werden könnte, (a) daß heute noch stehende Pyramiden älter als 5000 Jahre sind oder (b) es vor mehr als 5000 Jahren Pyramiden gab,
die nicht mehr stehen oder (c) Trümmer solcher älteren, oberägyptischen Pyramiden nach der Großen Flut bei der Errichtung neuer Pyramiden am unteren Nil
mitverwendet wurden.

In dieser Antwort zur Frage nach der Herkunft der saitischen Säule fehlt noch
jeglicher Bezug zu Atlantis; d. h. es konnte noch nichts dazu gesagt werden, wie
Informationen über Atlantis auf eine ägyptische Säule gelangen konnten. Und
auch der Zeitraum, wann dies geschehen sein konnte, ist erst sehr grob abgesteckt.

Nun hat sich jedoch der Inhalt eines kleinen, unschätzbaren Dokuments erhalten, dessen hohe Relevanz aus dem Kontext des oben Gesagten deutlich werden

Heinrich Schliemann

kann. Das Dokument selbst, welches von den Anfängen der Atlantisforschung spricht, stammt offenkundig aus der II. Dynastie Ägyptens und ist somit annähernd 5000 Jahre alt. Heinrich Schliemann, der so überaus erfolgreich (wenngleich nicht fehlerfrei) den Homerischen Spuren gefolgt ist, fand in St. Petersburg einen ägyptischen Papyrus, dessen Inhalt er am Ende seines Lebens eine ganz besondere Aufmerksamkeit schenkte. Schliemann hinterließ testamentarisch einen versiegelten Brief, den er eine Stunde vor seinem Tod noch mit einem unversiegelten Zusatz versehen hatte, der kenntlich machte, daß dieser Brief Atlantis betraf. Außerdem hatte Schliemann verfügt, daß dieser Brief von jenem Mitglied aus seiner Familie geöffnet werden soll, das bereit sei, dem Inhalt des Briefes sein Leben zu widmen. Der Brief lagerte 16 Jahre lang im Depot einer Pariser Bank und wurde 1906 von Paul Schliemann, einem Enkel Heinrich Schliemanns, geöffnet. Paul Schliemann, selbst Wissenschaftler, bereiste dann Ägypten und andere Teile Afrikas, wahrscheinlich auf der Suche nach Fundstücken aus atlantischer Zeit. 1912 schrieb er für eine amerikanische Zeitschrift einen Artikel, in welchem er über den besagten Brief seines Großvaters und über seine eigene Nachforschung berichtete. Der Artikel löste einen Wirbel aus und führte noch zu einer unfruchtbaren Auseinandersetzung über zweifelhafte Münzen. Paul Schliemann hatte vor, ein Buch über seine Forschungen zu schreiben. Dazu kam es offenbar nicht. Er ist in Rußland verschollen.[55]

Glücklicherweise hat Charles Berlitz diese Geschichte nach Jahrzehnten wieder aufgegriffen.[56] Und so erfahren wir, was Heinrich Schliemann in seinem versiegelten Nachlaß-Brief vom Inhalt des besagten ägyptischen Papyrus' festgehalten hat. Die höchst bedeutungsvolle Passage lautet:

>»Der Pharao hat eine Expedition nach Westen gesandt,
um nach den Spuren von Atlantis zu suchen, dem Land,
aus dem vor dreitausenddreihundertfünfzig Jahren die
Ahnen der Ägypter kamen, die das ganze Wissen ihres
Vaterlandes mit sich brachten.«[57]

Damit haben wir eine viel klarere Orientierung in der Frage, woher und aus welcher Zeit die Informationen über Atlantis stammten, welche die Ägypter besaßen. Die Aussage des Schliemann-Dokuments macht es sehr wahrscheinlich, daß die Informationen über Atlantis von Atlantern stammten. Und das Dokument macht eine relativ genaue Zeitangabe, wann Atlanter mit Ägyptern in Verbindung getreten sind. Schliemann zufolge gehörte der Pharao, welcher die Expedition nach Westen aussandte, der II. Dynastie an; die Expedition selbst sei fünf Jahre unterwegs gewesen, natürlich ohne Atlantis selbst zu finden. Die II. Dynastie Ägyptens läßt sich heute um das 28.–27. Jahrhundert v. Chr. datieren. Ob die besagte Expedition Schiffe benutzt hat (die man sich im Vergleich zu der zwei Jahrtausende späteren, Afrika umsegelnden ägyptisch-phönizischen Flotte als sehr primitiv vorstellen müßte) oder ob es eine Expedition zu Land (über Nordafrika) war, wissen wir nicht. In jedem Fall konnte eine damalige Expedition nicht weiter als in die Küstenregionen des Atlantik vordringen. Dennoch ist es möglich, daß diese frühe Expedition etwas von dem gefunden hat, wonach sie dem Dokument zufolge gesucht hat, nämlich Spuren von Atlantis. Diese Expedition, so meine starke Vermutung, hat den undurchdringlichen Schlamm des Atlantik entdeckt und erste Nachricht davon gegeben. Von dieser Annahme her ist erklärlich, weshalb die Verfasser des Gilgamesch-Epos, dessen Ursprünge ebenfalls in die Anfänge des dritten Jahrtausends v. Chr. zurückgehen, etwas von dem ›sumpfigen Todeswasser‹ des Atlantik wissen konnten. Die frühe ägyptische Expedition nach Westen könnte die bisher ungeklärte erste Quelle solcher Nachrichten gewesen sein.

Der zitierte ägyptische Papyrus sieht nach einem Hof-Dokument aus, in welchem ein Pharao der II. Dynastie eine wichtige Unternehmung seiner Regierungszeit festhalten ließ. Wenn man von der Zeit der II. Dynastie die im Papyrus angegebene Zeit von 3350 Jahren zurückrechnet, so gelangt man in das späte siebte Jahrtausend v. Chr. Demnach sind in dieser Zeit Atlanter nach Ägypten gekommen. Wie Solon im Neith-Tempel von Sais erfuhr, hatte zur gleichen Zeit eine staatliche Organisation in Ägypten existiert. Das Papyrus-Zitat bezeichnet die zu den Ägyptern gekommenen Atlanter als deren »Ahnen«. Insofern müssen sich Atlanter in Ägypten niedergelassen haben und sich auch mit Ägyptern vermischt haben. Und weiter gibt das Zitat den wichtigen Hinweis, daß die nach Ägypten gekommenen Atlanter »das ganze Wissen ihres Vaterlands mit sich brachten.« Dies deutet darauf hin, daß jene Atlanter große Errungenschaften mitbrachten.

Solon (?)

Dieser Gesichtspunkt verbindet sich nun in einer sehr interessanten Weise mit dem, was wir von Manethos und auch anderen ägyptischen Überlieferungen lernen können. Das späte siebte Jahrtausend v. Chr. fällt mit der Zeit zusammen, die bei Manetho als die Zeit der Herrschaft von Osiris bzw. von Isis und Osiris angegeben ist. Isis und Osiris wurden ganz besonders von den Ägyptern, aber auch von anderen Völkern hoch verehrt. Der Mord an Osiris – er wurde der Überlieferung nach von seinem Bruder und Rivalen Seth (griech.: Typhon) getötet und zerstückelt – ist als ein besonders trauriges Ereignis in Erinnerung geblieben.

Manetho zählte Osiris und Isis zu den »göttlichen Herrschern« (im Unterschied zu den »halbgöttlichen« einer späteren Zeit, wie z. B. Herakles). Bei den Griechen hieß Osiris »Dionysos«; für sie war er der große Kulturbringer, den sie besonders mit Wein- und Weizenanbau identifizierten. Die Ägypter verbanden darüber hinaus noch mehr mit Osiris, nämlich Städtebau, Nil-Beherrschung, Astronomie, Geometrie und Musik.[58] Denkbar also, daß atlantisches Wissen von Isis und Osiris nach Ägypten gebracht wurde bzw. daß dies in ihrer Ära geschah. Es wird noch zu sehen sein, daß es hierfür starke Indizien gibt.

Nachsatz zu Solon Die klassische Atlantis-Theorie ist bei Platon festgeschrieben und kann dort untersucht werden, was im nächsten Kapitel, am Anfang des zweiten Teils dieses Buches, geschehen wird. Der Urheber dieser Theorie war Solon.

Seine Quellen bezog er aus Ägypten, wo er in fortgeschrittenem Alter studierte. Des besondere der ältesten ägyptischen Quellen ist, daß es schriftliche Quellen waren, welche die Große Flut überdauerten (wahrscheinlich in Pyramiden). Deshalb hatten die Ägypter ein engeres und festeres Verhältnis zur sogenannten Vorgeschichte als etwa die Griechen, die ›Vorgeschichtliches‹ im Allgemeinen in vagen, dafür umso phantasievolleren Erzählungen wiedergaben. Insofern gehören die besonderen Bedingungen Ägyptens, nämlich ihre uralten steinernen Zeugen zu den Entstehungsbedingungen der klassischen Atlantis-Theorie. Eine Theorie wird allerdings nicht von Steinen gemacht, und seien sie noch so beredt. Im vorliegenden Fall wurde die Theorie von Solon gemacht. Ihn zeichnete aus, daß er Respekt hatte vor dem, was den Ägyptern heilig war, eben ihren steinernen Zeugen. Darum wohl konnte er zuhören, als die Bewahrer solcher Heiligtümer sie ihm erklärten. Solon hatte die Weisheit einzusehen, daß die Ägypter über ein tieferes und fundierteres historisches Wissen verfügten als er selbst und seine griechischen Zeitgenossen. Solon war kein ›Besserwisser‹. Deshalb konnten in der Zeit der griechischen Klassik echte Kenntnisse von Atlantis überhaupt nach Europa dringen.

Exkurs zu Pythagoras

Bei meinem Thema, das einen historischen Gang durch die Atlantisforschung bezeichnet, müßte eigentlich Pythagoras im Zentrum stehen. Doch steht dem etwas Gravierendes entgegen: Das Lebenswerk des Pythagoras und nahezu seine gesamte Schülerschaft ist einer systematischen Vernichtungsaktion zum Opfer gefallen. Deshalb können wir uns nur auf sehr indirekten Wegen den Erkenntnissen des Pythagoras nähern. Auf solchen Wegen läßt sich jedoch ahnen, wie eindringlich Pythagoras nach den Verbindungsfäden zur einstigen atlantischen Kultur gesucht hat.

Pythagoras lebte mitten in der Zeit der größten geistigen Blüte Griechenlands, nach Heraklit und vor Sokrates, einer großen Umbruchszeit. Geboren wurde »der Komet aus Samos«, wie man den äußerst vielseitig begabten Pythagoras nannte, 569 v. Chr. im phönizischen Tyros (auf einer Reise seiner Eltern). Schon in Griechenland hatte er die besten Lehrer, darunter den alten Thales, und vor allem Pherekydes – er schrieb das Werk »Gott und die Welt« –, die sich beide mit den Wissenschaften Ägyptens auseinandersetzten. Gerade erwachsen geworden, brach Pythagoras auf. Zuerst in sein Geburtsland Phönizien, wo er seine ersten priesterlichen Weihen nahm, und dann nach Ägypten. Ausgestattet mit einem Begleitbrief des Pharao Amasis (dem fünften Pharao der saitischen Dynastie) suchte Pythagoras Zugang zu den bedeutendsten Tempelstädten Unterägyptens, teilweise ohne Erfolg. Jedoch hat er, wie Clemens von Alexandria berichtet, bei Psonchis, dem führenden Priester von Sais, studiert.[59] Bei diesem, zumindest aber bei dessen Vorgänger (Pateneit) hatte auch Solon, etwa vier Jahrzehnte früher, studiert. Von daher kann man annehmen, daß Pythagoras mit dem gleichen Wissen über Atlantis vertraut gemacht wurde wie vor ihm Solon. Die viel besprochene Säule im Neith-Tempel von Sais barg ja dieses Wissen. In demselben Tempel sind exoterische, d. h. auch für Nichteingeweihte zugängliche Feiern zu Ehren des Osiris abgehalten worden.[60] Man kann vermuten, daß Pythagoras hier zuerst mit dem Osiris-Kult in Berührung kam. Zweifellos aber hat er diesen Kult auf seiner nächsten großen Station sehr eingehend kennengelernt. Diese nächste Station war Theben/Oberägypten, wo Osiris der ägyptischen Überlieferung zufolge nach seiner Ankunft in Ägypten hauptsächlich gewirkt hatte. Hier erhielt Pythagoras, der schon phönizischer Priester geworden war, seine Weihen als ägyptischer Priester und war viele Jahre (bis zu seinem 44. Lebensjahr) als solcher dort tätig.

Weil Ägypten damals mit Krösus verbündet war, den Kambyses, Sohn des persischen Weltreich-Gründers Kyros, besiegte, wurden ägyptische Priester und mit ihnen Pythagoras in das von Persien beherrschte Babylonien deportiert. Aber auch als Kriegsgefangener blieb Pythagoras ein angesehener Mann, der nun Gelegenheit hatte, auch die mesopotamische Tradition kennenzulernen. Eines Tages konnte Pythagoras dann weiterreisen, doch je weiter er nach Osten kam, desto weniger ist davon im Westen bekannt. Die nächste Station war Persien, wo damals die zoroastrische Zendavesta entstand. In diesem heiligen Buch sind Erinnerungen an eine vorzeitliche Macht vorhanden, die als Stier symbolisiert wird. Wichtig ist auch die Feststellung des Zendavesta: »sieben himmlische Wesen wurden vor der Flut bewahrt«[61] – deutbar als sieben den Persern bekannte Kulturanfänge nach der Großen Flut. Es wird vermutet, daß Pythagoras mit Schülern des Zarathustra (Zoroaster) zusammenkam oder sogar noch mit ihm selbst.[62] Dann ging die Reise weiter nach Indien, wo zur selben Zeit Buddha wirkte. In die gleiche Zeit gehört auch die Fertigstellung des Mahabarata, eines hochbedeutenden indischen Epos'; es handelt von einem gewaltigen Krieg aus der Zeit des Krishna, d. h. zweieinhalb Jahrtausende vor Pythagoras, unmittelbar vor der Großen Flut. (Wichtige Passagen aus diesem Epos werden uns an anderer Stelle noch beschäftigen.) Pythagoras reiste dann noch weiter bis nach China, etwa in der Zeit, als das Tao te King des Laotse entstand und Kung Fu Ze (Konfuzius) lehrte.

Bald nach seiner Rückkehr bereiste Pythagoras Kreta und das griechische Festland. Wahrscheinlich traf er in dieser Zeit mit dem nordischen (hyperboräischen) Weisen Abaras, oder Abaris, in Delos zusammen. Pythagoras' Hauptinteresse in Griechenland galt zunächst den Heiligtümern von Delphi, hoch oben am Parnaß.

Dort ließ er sich weihen und erhielt somit auch noch eine griechische Priester-
würde. Delphi war inzwischen ein Zentrum der Dionysos-Feiern geworden. Pythagoras soll dort auf den Dionysos-Kult, dessen Hintergrund er in Ägypten eingehend kennengelernt hatte, eingewirkt und ihn später mit seinen Schülern auf eigene Weise begangen haben.[63] Der Literatur zum Dionysos-Kult läßt sich folgendes entnehmen. Dionysos (Osiris) repräsentierte für die Griechen (bzw.
Ägypter) einen uralten Segensbringer, dessen Kraft durch einen Stier mit menschlichem Antlitz symbolisiert ist. Die Opferung dieses Stiers und die düsteren Folgen machen den ersten Teil des Kults aus: Nachdem der Stier getötet ist und aus
der Oberwelt verschwindet, werden die Menschen mit Schlamm beschmiert, ren-
nen heulend umher und machen sich über rohes Tierfleisch her. Der zweite Teil
des Kults handelt von Wiedergeburt: Dionysos, der Vermißte, wird als Kind auf-
gefunden. Die Menschen bekränzen sich mit Weißpappel, Fenchel, grünen Zwei-
gen. Neues Leben wird gefeiert.[64]

> Dieses Ritual läßt sich in doppelter Weise interpretieren, wobei sich die Interpretatio-
> nen nicht ausschließen müssen.
>
> a) Es kann strikt auf die Person des Osiris bezogen werden, symbolisiert im
>   (menschlichen) Stier. Dessen Opferung im ersten Teil des Rituals stellt nach die-
>   ser Interpretation die gräßliche Ermordung des Osiris dar. Der zweite Teil des Ri-
>   tuals steht dann für die gefeierte Wiedergeburt des sehnlichst Vermißten in einer
>   späteren Generation (bei den Ägyptern: in Horus).
> b) Das ganze Ritual kann aber auch darauf bezogen werden, was Osiris repräsen-
>   tiert, nämlich die beste Erinnerung an Atlantis (Stiersymbol), Herkunftsland des
>   Osiris.
>
> Der erste Teil des Ritus' stellt nach dieser Interpretation die Opferung von Atlantis
> während einer großen Menschheitskatastrophe (Zeit der Großen Flut) dar, in der die
> überlebenden Menschen in Primitivität zurückfallen (Verzehr von rohem Fleisch). Der
> zweite Teil des Rituals steht dann für das gefeierte Wiedererwachen menschlicher Kultur.

Wie Pythagoras dieses Ritual aufgefaßt hat, können wir aus erster Hand nicht wissen. Doch hat ein vorzüglicher Pythagoras-Forscher, der Philosoph Plutarch, zu
Pythagoras einen Kommentar gegeben, der zugleich ein Kommentar zum Dionysos-Kult ist. Plutarch war in diesen Kult (der sich bei den Römern als Bacchus-
Kult fortsetzte) selbst eingeweiht.[65] Diesen Kommentar halte ich für einen ganz
hervorragenden Versuch, die Zeit unmittelbar nach der Großen Flut zu beschreiben. Plutarch antwortet auf die Frage, wie denn Pythagoras dazu gekommen sei,
kein Fleisch zu essen, mit der Gegenfrage, in welcher Situation die Menschheit eigentlich dazu gekommen ist, Fleisch zu essen.

»… Unser Leben begann im traurigsten und schrecklichsten Zeitalter … Noch ver-
deckte das Dunkel (!) der Luft den Himmel und die Gestirne, die in trübes un-
durchdringliches Gemisch von Dunst und Feuer und Windestoben gehüllt waren …
›Wüst und leer war die Erde‹ – vom Austreten schrankenloser Ströme, und weite
Landstriche lagen von Sümpfen durch tiefen Schlamm und durch unfruchtbares Ge-
strüpp und Gehölze verwildert. Kein Mittel zur Erzeugung milder Früchte, kein
Werkzeug der Kunst, keine sinnreiche Erfindung! Der Hunger ließ uns keine Zeit;
und keine Saat, wenn sie auch da war, erreichte die Tage der Reife. Was Wunder also,
wenn wir der Natur zuwider, zum Fleisch der Tiere griffen, zu einer Zeit, da man
Schlamm verschluckte und Baumrinde nagte, und wo es ein Glück war, frischkei-
mendes Gras oder eine saftige Wurzel zu finden; wo man für den Genuß einer Eichel
oder Buche vor Freuden um den Baum tanzte und ihn lebengebender Vater und Er-
halter nannte: das einzige Fest, mit dem das damalige Leben bekannt war; alles Übrige war voll Unlust und Traurigkeit. Ihr aber, die Ihr jetzt lebt, denen alles Nötige in
solchem Überfluß zu Gebote steht …: Was verleumdet Ihr die Erde, als ob sie Euch
nicht nähren könnte? Warum versündigt Ihr Euch an der Gesetzgeberin Demeter
und beschimpft den freundlichen lieblichen Dionysos, als bekämet Ihr nicht Gaben
genug von ihnen?«[66]

Soweit Plutarchs Kommentar.

Mit etwa 60 Jahren ließ sich Pythagoras in Süditalien nieder, in der griechischen
Kolonialstadt Kroton. Dort strömten ihm viele Schüler zu, die in Aufbruchstimmung waren und Neues erfahren wollten. Es war die Zeit, in der auch die Auseinandersetzungen um Aristokratie und Demokratie ihren Höhepunkt erreich-
ten (510 v. Chr Sturz der letzten Könige in Athen und Rom) und in der vielerorts
Gewaltherrscher um die Gunst der Massen buhlten. Ein Bürgerkrieg erfaßte Süditalien; Pythagoras zog sich anschließend noch weiter zurück, aufs Land. Er heiratete Theano, eine Dichterin, mit der er dann sieben Kinder hatte. Die An-
sammlung der vielen Schüler um ihren Lehrer war vielen Zeitgenossen suspekt.
Ein Dorn im Auge wurde ihnen vor allem die Kommune, welche die Schüler auf-
bauten. Dort wurden praktisch alle Wissenschaften und Künste gepflegt; denn die
Anstöße, die Pythagoras gegeben hat, müssen unermeßlich gewesen sein. Am meisten bekannt geworden (durch die später entstandenen pythagoräischen Ge-
heimbünde) sind das eng verbundene Dreigespann von Heilkunst, Musik und Mathematik. Doch alles, was Pythagoras gewußt und aufgeschrieben hat, konnte später nur noch durch Hörensagen weitergegeben werden. So z. B. seine physikalisch-
mathematische Theorie, wonach sich die Schwingungsverhältnisse von Tönen
umgekehrt proportional verhalten zu den Längen der tönenden Saite. Und dann
natürlich der am leichtesten zu memorierende Satz des Pythagoras, wonach im
rechtwinkligen Dreieck $a^2 + b^2 = c^2$.

Als Pythagoras diesen Satz gefunden hatte, so wird erzählt,[67] opferte er zur Feier des Ereignisses einen Stier; symbolisch, versteht sich: einen Stier aus Weizenmehl.

Pythagoras

Diese Geste ist nach meinem Verständnis eine Hommage an den glorreichsten Repräsentanten von Atlantis, an Osiris (Dionysos). Allein schon das Stier-Symbol, in welchem der Kulturbringer immer wieder erscheint, deutet darauf hin. Im übrigen aber hat Pythagoras viele Jahrzehnte seines Lebens der Suche nach den Spuren des Osiris gewidmet, und dies auch in einem handfesten Sinne. Denn der Weg, den Pythagoras von Oberägypten aus über Mesopotamien, Persien, Indien und andere Teile Asiens und dann zurück nach Griechenland genommen hat, entspricht dem Teil der Route, die von der Weltreise des Osiris überliefert ist. Nachdem dieser rund fünfeinhalb Jahrtausende früher (Manethos Datierung) nach Oberägypten gekommen war, ist er von dort aus über Mesopotamien und Persien nach Indien und noch weiter gelangt, um dann auf dem Rückweg in Griechenland Station zu machen.[68] Eine ägyptische Gedenksäule für Osiris hatte folgende noch lesbare Sätze enthalten:

»Mein Vater ist Kronos, der jüngste aller Götter, und ich bin König Osiris, der durch alle Länder zog bis nach Indien und weiter, und die Länder des Nordens, auch zu den Quellen der Donau und wieder zu den übrigen Teilen der Welt, soweit wie der Ozean. Ich bin der älteste Sohn des Kronos und edlen Ursprungs. Es gibt keine Region der Erde, wo ich nicht war, für alle Menschen die Dinge ausstreuend, die ich erfunden habe.«[69]

Was das Ursprungsland des Osiris – Atlantis – und die diesbezüglichen Überlieferungsprobleme anlangt, so wird Einzelnes dazu noch zu berichten sein. Hier an dieser Stelle sei erwähnt, daß der Vater des Osiris, Kronos (röm.: Saturn), verschiedentlich mit der atlantischen Welt in Verbindung gebracht wurde: In einem alten römischen Namen für den Atlantik ist dieses Meer nach Kronos benannt (Cronium mare). Weiterhin besagt ein von den Griechen und Römern übernommener Mythos, daß Kronos (Saturn) mitten im Atlantik »gefangen« sei.[70] Ferner erscheint Kronos in einer phönizischen Inschrift als König von Atlantis.[71] Pythagoras – soviel sollte deutlich geworden sein – interessierte sich für Osiris durch und durch; die beiden scheinen geistesverwandt gewesen sein.

In den letzten Jahrzehnten seines Lebens war Pythagoras mehr ein Verfolgter als ein Geduldeter. Noch 71jährig mußte er nach Tarent fliehen, 95jährig wurde er von dort verbannt. Man fragt sich, warum? Wohl deshalb, weil dieser Mann, der verschiedensten Religionen und verschiedensten Wissenschaften Wahrheit abgewinnen konnte, den Kleingeistern der verschiedensten Richtungen als Störfaktor erschien. Mit 98 Jahren starb Pythagoras, geschützt im Hause eines Freunds. Die vielen Schüler waren andernorts versammelt, dort nämlich, wo die Schriften des Pythagoras und all die Ausarbeitungen gehütet wurden. Dorthin richteten sich zur Sterbenszeit des Pythagoras die Aversionen. Die Gebäude wurden umzingelt und angezündet, und fast alle Schüler, soweit sie nicht mit den Schriften verbrannten, wurden durch Waffen getötet.

Darin liegt der Grund, weshalb Pythagoras nicht im Zentrum der Forschungen zu Atlantis steht. Was hier zu Pythagoras gesagt wurde, stützt sich auf europäische Kenntnisse. Pythagoras wird uns im Zusammenhang mit der Atlantisforschung in einer sehr relevanten außereuropäischen Sichtweise später noch einmal begegnen.

Zweiter Teil: Einkreisung

6. Platons Kenntnisse von Atlantis

Platon (427–347 v. Chr.) war als junger Mann Schüler des Sokrates gewesen, jenes Atheners, den das Orakel von Delphi zum Weisesten unter den Lebenden erklärt hatte. Platon erlebte, wie gegen Sokrates die Anklage erhoben wurde, daß er die griechische Jugend verdorben habe, wie er durch Mehrheitsbeschluß der Athener Volksvertreter zum Tode verurteilt wurde und mit welcher Gelassenheit er sein Schicksal hinnahm. Von diesem Mann wurde Platon zutiefst geprägt; während seines ganzen Lebens bewahrte er ihn als seine große Autorität. Man kann dies in allen Werken Platons sehen, auch in seinen Alterswerken »Timaios und »Kritias«, die hier zur Debatte stehen. Platon hat seine Arbeiten vorzugsweise in Dialogform aufgeschrieben, wodurch die Lebendigkeit eines Gesprächs bewahrt bleibt, und immer wenn es um Fragen der Wahrheit geht, spielt Sokrates in den Dialogen die Rolle des Kronzeugen. Inwieweit die in den Dialogen dargelegten Gespräche tatsächlich einmal stattgefunden haben, oder inwieweit Platon sie sich ausgedacht hat, ist eine offene Frage; ich kann mir gut vorstellen, daß Platon an wirklich mit Sokrates besprochene Themen angeknüpft hat und sich zugleich die Freiheit genommen hat, den Stoff zu arrangieren.

Platon hat seine Dialoge solchen Menschen gewidmet und sie nach ihnen benannt, die – abgesehen von Sokrates – zu der betreffenden Thematik besondere Beiträge geleistet haben. Das gilt auch für die miteinander im Zusammenhang stehenden Dialoge »Timaios« und »Kritias«, in welchen über Atlantis berichtet wird (siehe die Auszüge im Anhang III). *Timaios*, der aus dem griechischen Teil Italiens stammte und unverkennbar von den (nach der Zeit des Pythagoras entstandenen) pythagoräischen Geheimbünden beeinflußt war, ist in Platons Text der Hauptredner während einer ersten Gesprächsrunde, die in der Hauptsache von der Kosmogenese oder Naturphilosophie handelt. *Kritias* ist dann der Hauptredner einer zweiten Gesprächsrunde, die von der Anthropogenese oder Geschichtsphilosophie handelt; dabei berichtet Kritias ausführlich über Atlantis und über einen griechischen Staat während der atlantischen Zeit, so wie er dieses Wissen von Solon geerbt hat. Kritias gibt aber bereits bei der Einleitung der ersten Gesprächsrunde ein generelles Statement zu seiner Thematik ab, und zwar in folgendem Kontext:

In Platons Text eröffnet Sokrates die erste Gesprächsrunde, indem er an die Hauptgedanken einer früheren, im gleichen Kreis geführten Unterredung zum Thema des bestmöglichen Staats erinnert. Haben wir nicht – so Sokrates, der das

Platon

Fragen dem Antworten vorzog – die Soldaten von den anderen Gruppen gesell-
schaflicher Arbeitsteilung unterschieden, und haben wir nicht die Aufgabe der
Soldaten als die von ›Wächtern des Staats‹ definiert? Wenn eine solche Wächter-
rolle der Soldaten, so Sokrates sinngemäß weiter, zum Idealbild des Staates gehört,
dann ist doch sicher auch die Frage berechtigt, ob dieses Ideal in einem realen Staat
schon einmal Geltung erlangt hat.

Daraufhin fordern die Gesprächspartner Kritias auf, er solle jetzt doch einmal
vor dem zuhörenden Sokrates über den alten griechischen Staat sprechen, von dem
es einst Kunde (logos)[72] durch Solon gegeben habe.

Dann berichtet Kritias von einem einstigen griechischen Staat, dessen Soldaten
ihn mit großem Heldenmut – wie ideale Wächter – geschützt hätten, geschützt
nämlich in einem von dem Inselreich Atlantis vorgetragenen Angriffskrieg gegen
die Griechen und andere Völker. Der ägyptische Priester, von dem Solon solche
Dinge erfahren habe, hätte ihm auch noch folgendes gesagt: Die Menschheit sei
schon von verschiedenen Vernichtungen heimgesucht worden, wobei bei den bedeutendsten Feuer und Wasser eine Rolle gespielt habe. Die Griechen wüßten davon bestenfalls Sagenumwobenes (aus bloß mündlicher Überlieferung), während
sich in Ägypten Aufzeichnungen erhalten hätten. Von einer der bedeutendsten
Vernichtungen werde etwa unter den Griechen erzählt, daß einstmals Phaeton, der

Sohn des Helios, den Himmelswagen seines Vaters bestiegen und so unglücklich gelenkt habe, daß auf der Erde ein mächtiges Feuer entstanden sei. Der wahre Kern dieser Erzählung sei, daß einstmals durch Bahnabweichungen von Himmelskörpern[73] ein solches Feuer auf der Erde zustande gekommen ist. Bei einer anderen sehr bedeutenden Vernichtung (bei den Griechen erinnerlich durch die Erzählung von Deukalion und Pyrrha) seien nur auf Bergen lebende Menschen, insbesondere der Schriftsprache unkundige Rinder- und Schafshirten, vor den Wasserfluten gerettet worden.

> Im Platonischen Text, das ist wichtig festzuhalten, ist von zwei großen, sehr verschieden beschriebenen Katastrophen die Rede.
> Die erste ist an Phaeton geknüpft, von dem die schönsten Erzählungen auch noch sagen, daß seine Schwestern über den Tod ihres jungen Bruders Tränen weinten, die zu Bernstein wurden. Von Phaeton weiß die Erzählung auch den Namen seines Vaters, Helios (bei den Griechen als ›Sonnengott‹ in Erinnerung). Bei den Ägyptern, speziell bei Manetho, erscheint Helios unter den frühesten der ›göttlich‹ genannten Herrscher; er repräsentiert ein knapp 1000jähriges Zeitalter seit dem mittleren 9. Jahrtausend v. Chr.[74]
> Insoweit haben wir zeitliche Anhaltspunkte für jenes auf »Bahnabweichungen von Himmelskörpern« beruhende Ereignis.
> Die zweite, ganz andersartige Katastrophe verbindet sich mit einer enormen Flut, die das Leben in den Niederungen vernichtet und nur Bergbewohner zurückgelassen hat. Sie verbindet sich außerdem mit Deukalions Rettung, der nur eine verblaßte griechische Gestalt für Noah bzw. Utnapischtim ist. Es handelt sich somit um das schon viel erörterte Ereignis der Großen Flut. Diese letztere Katastrophe bleibt im Brennpunkt der vorliegenden Abhandlung; sie muß allerdings klar von dem genannten früheren Ereignis unterschieden werden.

Vor dieser letzten großen Verheerung durch Überschwemmung, so fährt Kritias im Platonischen Text fort, habe ein glorreicher griechischer Staat bestanden, von dessen Menschen am Ende nur ein ganz winziger Rest übriggeblieben sei. Jener ursprüngliche Staat der Griechen sei nach den ägyptischen Schriften ein Jahrtausend vor einer ägyptischen Staatsgründung entstanden, nämlich neun Jahrtausende vor der Zeit des Solon, und sei ein Sprößling des Hephaistos gewesen.

> Diese Angaben fügen sich mit den Angaben Manethos gut zusammen. Die im Text angegebene ursprüngliche Staatsgründung der Griechen fällt nach unserer Zeitrechnung in das mittlere zehnte Jahrtausend v. Chr.; nach Manetho gehört diese Zeit noch in das Äon, welches der (Herrscher-)Name Hephaistos repräsentiert.
> Die ursprüngliche ägyptische Staatsgründung ist mit tausend Jahren nach der griechischen angegeben, zu datieren also in das mittlere neunte Jahrtausend v. Chr.; nach Manetho gehört diese Zeit der Ära an, die durch Helios repräsentiert ist.

Von den aus der angegebenen Zeit stammenden[75] Griechen, so Kritias, sei nun etwas über die Gesetzgebung in ihrem Staat und über ihre vortrefflichste Heldentat zu sagen. Die Soldaten seien nämlich aufgrund gesetzlicher Bestimmungen eine eigenständige Berufsgruppe gewesen und hätten (als Wächter des Staats) allein den Auftrag gehabt, Feinde abzuwehren. Irgendwann einmal[76] sei vom Atlantischen Ozean her eine große Heeresmacht gegen ganz Europa und Asien[77] herangezogen, und zwar von der Insel Atlantis her, die insgesamt so groß war wie Libyen (Nordafrika) und Asien (d. h. Kleinasien) zusammengenommen; vor Gibraltar[78] habe sie sich in den Ozean erstreckt und über hinter ihr liegende Inseln auch Zugang zu einem jenseitigen Festland (!!) gehabt. Als Atlantis, dessen Macht in Europa bis Italien und auch weit in das nördliche Afrika reichte, gemeinsam mit seinen Verbündeten versucht habe, Griechenland und Ägypten zu unterwerfen, da hätten die griechischen Soldaten solch einen heldenhaften Widerstand geleistet, daß unter ihrer Führung der ganze Mittelmeerraum vom atlantischen Joch befreit werden konnte. In einer späteren Zeit seien gewaltige Erdbeben und Überschwemmungen eingetreten; in kürzester Frist sei die Gesamtheit der griechischen Soldaten umgekommen, und zugleich sei die Insel Atlantis im Meer verschwunden. Nur Schlamm habe sie hinterlassen, wodurch der Atlantik unbefahrbar geworden sei.

Als Kritias seinen auf Solon gestützten Redebeitrag beendet, wendet er sich an Sokrates und sagt, daß der ›Idealstaat‹, von dem Sokrates bei einer früheren Zusammenkunft gesprochen hat, offenbar keine bloße Fiktion gewesen sei, sondern in jenem früheren, zur Zeit von Atlantis existierenden griechischen Staat ein reales Vorbild gehabt habe. (Ein wichtiger Gesichtspunkt übrigens für die Beurteilung von Platons Staatsphilosophie!) Dann fährt Kritias nicht ohne Unsicherheit mit der Frage fort, was Sokrates denn von diesem (auf Solon zurückgehenden) Redebeitrag halte. Darauf erklärt Sokrates, es sei sehr bedeutungsvoll, daß es sich dabei nicht um eine erdichtete Sage, sondern um einen wahrhaften Bericht handelt.

> Platon bringt hier, wo es um die Frage der Wahrhaftigkeit geht, die Autorität des Sokrates ins Spiel. Und Sokrates war, wie schon bemerkt, für Platon die größte Autorität. Indem er Sokrates als Kronzeugen ins Feld führt, macht Platon ganz deutlich, welchen Stellenwert er selbst dem von Solon stammenden Atlantisbericht beigemessen hat. In jedem Fall hat diese Überlieferung für Platon selbst nicht den Stellenwert einer Legende oder gar einer fiktiven Erzählung. –
> Nach dem Redebeitrag des Kritias kommt in Platons Text dann Timaios mit einer ausführlich dargelegten Theorie der Kosmogenese zu Wort. Dieser Teil braucht uns hier nicht weiter zu interessieren, umso mehr aber der Anfang und der weitere Verlauf des Dialogs »Kritias« während einer zweiten Gesprächsrunde mit Sokrates.

Kritias faßt zunächst einmal in aller Kürze zusammen, was er während der ersten Gesprächsrunde über Atlantis und den zur Zeit von Atlantis bestehenden griechischen Staat gesagt hat. Vor allem sei daran zu erinnern, daß innerhalb eines Zeitraums von neun Jahrtausenden einmal, wie berichtet wird, ein Krieg stattgefunden hat zwischen den jenseits von Gibraltar lebenden Atlantern und den diesseits von Gibraltar lebenden Völkern, die von den Griechen angeführt wurden. (Vergleiche die problematische Stelle im Übersetzungstext des Anhangs.)

Hier sind wir an einer wichtigen Stelle, deren Interpretation in der modernen Atlantisforschung zu sehr erheblichen Meinungsverschiedenheiten geführt hat. Diese Meinungsverschiedenheiten, das nehme ich hier vorweg, betreffen die Datierung des Untergangs von Atlantis, eine der bisher noch ungeklärten Fragen der Atlantisforschung. Unter denjenigen Atlantisforschern, welche sich in dieser Datierungsfrage festgelegt haben, gibt es zwei Gruppen mit folgenden einander entgegengesetzten Positionen. Die einen sagen: Platon hat recht, wenn er den Untergang von Atlantis mit neun Jahrtausenden vor Solon datiert (das hieße etwa 9600 v.Chr.). Die anderen sagen: Platon hat mit einer solchen Datierung unrecht.

Ich selbst teile keine dieser beiden Positionen. Vielmehr bin ich der Auffassung, daß das genannte Datum in Platons Text nichts weiter ist als das Gründungsdatum eines ursprünglichen griechischen Staats. Dieses Datum ist für Platon allerdings sehr bedeutsam; denn es ist das älteste Datum der griechischen Geschichte, das er bekanntgibt. Es ist ein frühes Eckdatum, so wie die Zeit des Solon ein spätes Eckdatum ist; und zwischen beiden liegt ein Zeitraum von neun Jahrtausenden.

Jetzt fragt sich, wie das Gründungsdatum jenes ursprünglichen griechischen Staats mit dem Untergang von Atlantis assoziiert werden konnte. Offenbar in dem Zusammenhang, in dem Platon die Heeresverfassung des damals gegründeten griechischen Staats thematisiert, er dann – für eine unbestimmte Zeit – einen Erfolg der griechischen Soldaten gegen die atlantischen Streitkräfte hervorhebt und er schließlich – »in einer späteren Zeit« – den Tod aller griechischen Soldaten und den Untergang des feindlichen Atlantis als zeitgleiches Geschehen darstellt. Gerade weil es in zeitlichen Orientierungen für diese Geschehnisse – Gründung, Krieg, Untergang – so sehr mangelt, kann man als Leser von Platons Text versucht sein, all diese Geschehnisse auf ein bei Platon hervorgehobenes Datum zu beziehen.

Dieser Versuchung sind auch manche Übersetzer des griechischen Originaltexts erlegen, und zwar speziell an der Textstelle, wo wir oben Halt gemacht haben. Wörtlich übersetzt lautet diese Stelle nämlich folgendermaßen: ›... das Ganze war neun Jahrtausende, von dem (aph' hou) ... ein Krieg erinnert wird ... ‹[79] Der springende Punkt dabei ist, wie der relative Anschluß (aph' hou) behandelt wird. Ich beziehe ihn auf das Subjekt des übergeordneten Satzes, mit dem er das Geschlecht (Neutrum) teilt, und verstehe somit: Es gibt eine Erinnerung an einen Krieg (zwischen Griechen/Ägyptern und Atlantern) der (irgendwann) in dem genannten Zeitraum stattgefunden hat; in diesem Verständnis gibt es keinerlei Schwierigkeiten mit der Logik in Platons Texten.

Der relative Anschluß kann allerdings auch anders behandelt werden, nämlich (qua Neutrum) unabhängig vom Subjekt des Hauptsatzes; dann kann dieser Anschluß mit »seitdem« übersetzt werden und würde sich nicht auf einen neuntausendjährigen *Zeitraum*, sondern auf einen neun Jahrtausende (vor Solon) zurückliegenden *Zeitpunkt* beziehen. Mit dieser letzteren Deutung müßte man zu dem Schluß gelangen, daß jener Krieg jedenfalls (der Zeitpunkt des Untergangs wäre allerdings auch dann noch offen) in der Zeit stattgefunden hat, in der der griechische Staat, wie Platon im »Timaios« sagt, ursprünglich gegründet worden ist. Doch kommt man dann sofort in

Schwierigkeiten mit Platons Logik. Denn es wäre zumindest unplausibel, wenn der griechische Staat gerade in seiner Gründungszeit einen Angriff des (im »Kritias« als sehr mächtig dargestellten) Atlantischen Reichs hätte abwehren können. Mehr noch: Wie hätte der griechische Staat in seiner Gründungszeit eine Kriegskoalition mit dem ägyptischen Staat eingehen können, wenn letzterer (wie es im»Timaios« heißt) zu jener Zeit noch gar nicht bestanden hat??

Wegen dieser Probleme hat Edwin S. Ramage[80] die Frage aufgeworfen, ob nicht Platons »Timaios« und Platons »Kritias« im Widerspruch zueinander stehen. Meine Antwort an Ramage: Nur in der Übersetzung, die ihm vorgelegen hat! Es wäre ja auch ein wirklich sehr merkwürdiger Widerspruch, wenn Platon ausgerechnet dort, wo er durch die gleiche Person (Kritias) das im vorausgegangenen Dialog Gesagte resümiert, sich selbst widersprechen würde.

Zum Glück hat Ramage die Frage aufgeworfen, und so habe ich den Anstoß erhalten, die Übersetzungsmöglichkeiten der fraglichen Passage zu prüfen. Tatsächlich läßt sich das ganze, für die Forschung durchaus folgenschwere Problem an der Behandlung eines Relativsatzes festmachen. Bezieht man ihn auf das Subjekt des übergeordneten Satzes, so gibt es, wie gesagt, keinerlei Widersprüche. Aber selbst wenn man den relativen Anschluß unabhängig von jenem Subjekt auffaßt – hierauf hat mich der Graecist Helmut Stindtmann dankenswerterweise hingewiesen –, ist eine Übersetzung, die für den betr. Krieg einen Zeitpunkt fixiert, keineswegs zwingend. Einer solchen Fixierung widerspräche dann immer noch ein Ausdruck von Platon (gegonōs), der eine unbestimmte Entwicklung kennzeichnet. Da es für diesen Ausdruck keine unmittelbare deutsche Entsprechung gibt, kann ein Übersetzer geneigt sein, ihn unübersetzt zu lassen. Dann allerdings muß, sofern der Übersetzer den Relativsatz unabhängig von einem Subjekt aufgefaßt hat, ein schiefes Bild des Sachverhalts entstehen.

In der Quintessenz heißt dies alles: Es findet sich bei Platon ein Datum für die Gründung eines ursprünglichen griechischen Staats und zusätzlich eines für die (1000 Jahre spätere) Gründung eines ägyptischen Staats. Dagegen sind für den griechisch/ägyptischen Krieg gegen Atlantis und ebenso für dessen endgültige Vernichtung bei Platon keinerlei Daten vorhanden.

Natürlich wünscht sich jeder Forscher auch solche Daten; doch Platon kann sie nicht bieten, und deshalb müssen in diesen Fragen weitere Wege beschritten werden. Platon bietet etwas anderes, etwas einzigartiges: eine Beschreibung Griechenlands in der atlantischen Zeit und dann vor allem eine Beschreibung von Atlantis selbst. Das ursprüngliche Quellenmaterial dazu stammt nach den Erwägungen im vorausgegangenen Kapital höchstwahrscheinlich aus der Zeit, die durch die Ankunft des Osiris in Ägypten (späteres siebtes Jahrtausend v. Chr.) eingeleitet wurde.

Kritias spricht zunächst von Griechenland. Dessen Ausdehnung sei einst größer gewesen als zu seiner Zeit. Auch die Gegend von Athen habe einstmals eine andere Gestalt gehabt, da der jetzige Akropolis-Hügel nur der Rest einer ehemals ausgedehnteren Erhebung ist; dessen Verkleinerung infolge von Erdbeben und Überschwemmung sei allerdings lange vor der größten aller Verheerungen, d.h. lange vor der nach Deukalion benannten Großen Flut, geschehen (nach Angaben der ägyptischen Priester während der ersten von drei ihnen überlieferten Überschwemmungen vor der Deukalionischen Flut).

In der Athenischen Burganlage, wo die Heiligtümer der Athene und des Hephaistos die bedeutendsten gewesen seien, hätten die Soldaten abgesondert von den Handwerkern und Bauern gewohnt, wobei Männer und Frauen sich die Verantwortung der Verteidigung Athens geteilt hätten. Diese Soldaten, ungefähr 10 000 Frauen und 10 000 Männer, von deren Kindern die befähigsten wiederum Krieger wurden, seien besitzlos gewesen und von den übrigen Bürgern reichlich mit materiellen und immateriellen Gütern versorgt worden. Sie hätten, gleichsam als Wächter, auf der Erhebung über der Stadt, ihren Mitbürgern gedient.

> Diese soldatischen »Wächter des Staats« – eine thematische Linie, in der Platon stets mit Hochachtung spricht – sind nur das Athenische Vorbild für die Heeresverfassung in ganz Griechenland. Sie haben mit der Soldateska unserer Zeit offensichtlich nur wenig gemein; sie können nicht einmal als Sold-Empfänger bezeichnet werden. Eher schon erinnern sie an einen edlen Kriegerstand, wie er etwa aus der Samurai-Tradition bekannt ist.

Und nun stellt Platon, weiterhin mit den Worten des Kritias, den Kenntnissen vom ›uralten‹ Griechenland Kenntnisse von Atlantis gegenüber. Bevor Kritias anhebt, sagt er, daß alle auftauchenden Eigennamen die von Solon verwendeten griechischen Übertragungen aus dem Ägyptischen seien; und ferner erklärt er, daß das folgende nur der Anfangsteil einer längeren Darlegung gewesen ist. Kritias berichtet dann, daß in einer der Schiffahrt noch unkundigen Zeit Poseidon in Atlantis einen gut geschützten Herrschersitz geschaffen habe. Poseidon sei Vorfahr gewesen von Atlas, dem ersten König von Atlantis, und dessen neun Brüdern. Atlas habe den ursprünglichen Herrschersitz und einen ihn umgebenden Hauptsitz des Landes erhalten, während seine Brüder als königliche Statthalter (Vizekönige) die übrigen Teile des Inselreichs als Herrschaftsbezirke erhielten.

> Im Unterschied zum griechischen Staatswesen bleibt die Gründungszeit des atlantischen Staats unbestimmt, aber hohes Alter ist angedeutet.
> In Platons Text wird dann gesagt, daß die Herrscherwürde in Atlantis über ungezählte Menschenalter vererbt wurde, bei den neun Vize-Königen ebenso wie bei dem König, und daß das Inselreich nach und nach auch Einfluß in umliegenden Gebieten erlangte. Interessant ist in diesem Zusammenhang eine Feststellung bei Platon, wonach die seinerzeit »Gadeiros« genannte südwestspanische Region (wo auch Gades bzw. Cadiz liegt) ihren Namen von dem Spanien am nächsten gelegenen Herrschaftsbezirk von Atlantis erhalten hat. Nach diesen einleitenden Bemerkungen wird in Platons Text die Hauptstadt von Atlantis beschrieben.

Die Hauptstadt von Atlantis, die sich im Laufe der Zeiten aus dem ursprünglichen Herrschersitz entwickelte, so fährt Kritias fort, sei ein dem natürlichen Reichtum der »heiligen Insel« entsprechend reicher Ort gewesen. Die von kreisförmigen Kanälen umgebene Burganlage der Hauptstadt, die ihrerseits durch einen für große Schiffe befahrbaren Stichkanal Verbindung zum zehn Kilometer entfernten Meer hatte, sei äußerlich mit großem Aufwand an Kupfer, Zinn und einem feurig glänzenden Bergerz versehen gewesen. Im Inneren der Burganlage, speziell in dem gewaltigen Heiligtum des Poseidon, sei die Ausstattung mit Elfenbein, Gold, Silber und wiederum auch mit Bergerz außerordentlich gewesen. Dort habe das riesige Standbild des Poseidon als stehender Lenker eines mit sechs geflügelten Pferden bespannten Wagens gestanden. Der Königspalast innerhalb der Burganlage sei der Ausstattung des Poseidon-Tempels und der Größe des Atlantischen Reichs angemessen gewesen.

Die Streitkräfte, die dem König als unmittelbarem Herrscher über den (mehr als 200 000 Quadratkilometer großen) Hauptteil von Atlantis zur Verfügung gestanden hatten, seien ebenfalls enorm gewesen. In diesen Streitkräften hätten, Fußvolk, Reiterei, Streitwagenfahrer und Kriegsmarine (1100 Schiffe) zusammengenommen, über eine Million Soldaten gedient.

> Hier sollten wir uns die Größenverhältnisse klarmachen. Rein geographisch kann die Ausdehnung des gesamten atlantischen Inselreichs (ohne Einflußgebiete) ungefähr mit der Ausdehnung der Mitgliedsländer der Europäischen Gemeinschaft verglichen und die Größe des angesprochenen Hauptteils von Atlantis etwa mit der Größe des vor wenigen Jahren wiedervereinigten Deutschland.
>
> Es wäre hier wegen des höchst unterschiedlichen Entwicklungsstands der Kriegstechnik jedoch ziemlich zwecklos, die atlantischen Streitkräfte auf den Entwicklungsstand, wie sie im deskriptiven Teil des Platonischen Atlantis-Berichts dargestellt sind, mit unseren heutigen vergleichen zu wollen. Vielmehr braucht man hier einen Vergleich, bei dem der Stand der Kriegstechnik zumindest ähnlich ist.
>
> Für einen solchen Vergleich bieten sich die Streitkräfte an, über die der Perserkönig Xerxes (Anfang des fünften Jahrhunderts v. Chr.) verfügte, bevor die Griechen sich gegen das Persische Weltreich durchsetzten.
>
> Dieses Persische Weltreich hatte eine mit dem atlantischen Inselreich (ohne Einflußgebiete) vergleichbare Ausdehnung und war somit wesentlich größer als der bei Platon mit differenzierten Zahlen beschriebene Hauptteil von Atlantis. Auch die Streitkräfte, über die Xerxes verfügte – über drei Millionen nach der detailliert vorgenommenen Schätzung Herodots[81] – waren wesentlich zahlreicher als die Streitkräfte im Hauptteil von Atlantis. Hätten wir die Zahlen auch für die übrigen Teile von Atlantis, die laut Platons Text nur wegen der Langwierigkeit nicht angeführt wurden, dann wäre es gut möglich, daß die Gesamtheit der atlantischen Streitkräfte die Größenordnung der Streitkräfte des Persischen Weltreichs erreicht hätte.

Kritias spricht dann über die religiösen Bräuche in Atlantis. Es habe sich dort aus alter Tradition ein Kult erhalten, bei dem höchste Repräsentanten des Inselreichs zu festgelegten Zeiten in der Burganlage der Hauptstadt zusammengetroffen seien und eigenhändig einen Stier einfingen. Dies sei mit bestimmten Hilfsmitteln – Knüppeln und Schlingen – vonstatten gegangen, aber ohne metallische Waffen und außerdem unter Ausschluß von Zuschauern. Den eingefangenen Stier hätten sie dann zu einer besonders geheiligten, dem Poseidon geweihten Säule aus Bergerz geführt und ihn dort geopfert. Dabei hätten sie feierlich geschworen, die auf der Säule eingravierten Grundgesetze von Atlantis nicht zu übertreten.

> Hier erscheint der atlantische Stierkult, der uns zuletzt bei Pythagoras in einer gänzlich erneuerten Form begegnet ist.
>
> Dieser Stierkult hat sich in noch einer anderen Form erhalten, und zwar bis heute. Mehrere Atlantisforscher (z. B. Donnelly, Spence, Braghine) halten den spanischen Stierkampf für einen letzten Rest atlantischer Tradition. Der Unterschied zu dem bei Platon gekennzeichneten Kult besteht allerdings darin, daß die Stiere mit Hilfe von metallbespickten Spießen und unter den Augen eines – mitunter grölenden – Publikums bekämpft werden.
>
> Der spanische Stierkampf ist sicherlich ein Überbleibsel aus der atlantischen Zeit. Doch darf man sich die Angelegenheit keinesfalls so vorstellen, daß sich die atlantische Tradition im Antlantik-nahen Spanien bruchlos fortgesetzt hätte. Vielmehr muß der Stierkult in Spanien wieder neu eingeführt worden sein, sei es aufgrund der Neubesiedlung Spaniens von Osten her – die Stierjagd war ein wesentliches Kulurelement unter anderem im Minoischen Kreta –, oder sei es aufgrund von Erinnerungen, die sich Überlebende der Großen Flut etwa in den nordspanischen Hochländern (zwischen denen ein besonders traditionsreicher Stierkampfort liegt) erhalten hatten. Möglicherweise kamen in Spanien beiderlei Traditionslinien zusammen. –
>
> Bevor wir nun zu dem letzten Abschnitt in Platons Atlantis-Text gelangen, müssen wir uns folgendes sehr klar vor Augen halten. Platon verläßt in diesem letzten Abschnitt die Zeit, aus welcher die sehr differenzierten Informationen über Atlantis stammen. (Platon sagt das eingangs dieses Abschnitts selbst, allerdings ohne eine irgendwie genaue Zeitangabe dazu machen zu können.)
>
> Die zuvor dargelegte Beschreibung von Atlantis stammt aus einer Zeit, die lange vor dem Untergang von Atlantis liegt. Nach meiner Auffassung, die von Schliemanns Atlantis-Dokument gestützt wird, liegen ungefähr drei Jahrtausende dazwischen. Das bedeutet: Platon, oder auch schon Solon, berichtet in diesem letzten Abschnitt über ungefähr drei Jahrtausende atlantischer Geschichte, für die er sich auf kein Quellenmaterial stützen kann, das dem detaillierten Material zur Beschreibung von Atlantis irgendwie vergleichbar wäre.
>
> Platon kann im letzten Abschnitt also nur sehr allgemein sprechen; dabei verzichtet er nicht darauf, seine Reflexionen über das Ende von Atlantis wiederzugeben, wobei sich in diesen Reflexionen sicherlich auch die Weisheit Solons und der ägyptischen Priester spiegelt.

Nachdem die Bewohner von Atlantis in derartigen Verhältnissen gelebt hätten, so endet Kritias, seien sie kriegführend im Laufe vieler Menschenalter entartet. Auch seien sie immer weniger in der Lage gewesen, ihr Glück zu ertragen. Zeus, der Schicksalswalter, habe dies durchschaut; in der Absicht, die unverständig gewordenen Menschen zur Besinnung zu bringen, habe er die mit ihm Waltenden versammelt und so zu ihnen gesprochen: ...

An genau dieser Stelle bricht Platons Atlantisbericht ab. Warum, darüber ist viel spekuliert worden. Ist etwas verloren gegangen? War Platon schon zu alt, um die Sache zu Ende zu bringen? Oder war bereits Solon dafür zu alt? An alledem mag Richtiges sein. Und man könnte, was die Abbruchstelle anlangt, noch eine Spekulation hinzufügen: Hat Platon, oder schon Solon, nicht vielleicht einen ›Trick‹ angewandt, um an einem sehr entscheidenden Punkt andere zu veranlassen, nach der Fortsetzung der Geschichte zu suchen?

In gewissem Sinne gibt es solche Fortsetzungen in Überlieferungen, die älter sind als Platons Schriften, aber erst später nach Europa gekommen sind. Eine dieser Fortsetzungen ist uns bereits im Gilgamesch-Epos begegnet. Dort hatte sich ja ebenfalls ein Hauptgott (der dort nicht Zeus, sondern Anu heißt) mit anderen Göttern versammelt und das Epos unterstellt diesem Rat der Götter die Absicht, den Menschen eine große Flut zu schicken. Eine andere solche Fortsetzung stammt aus Indien. In einem obskuren Text wird von dem »großen König mit dem glänzenden Gesicht« berichtet, der mittels »Luftfahrzeugen« (Vimanas) zweieinhalb Tage vor einem äußerst katastrophalen Ereignis Kontakt zu »allen seinen verbündeten Führern« aufnahm. In seiner Botschaft heißt es:

> »Die Stunde hat geschlagen, die schwarze Nacht ist nahe ... Ihr [der Feinde] Schicksal sei erfüllt ...
> Der große König fiel auf sein glänzendes Gesicht und weinte ...
> Als die Könige sich versammelten, hatten die Wasser sich bereits geregt ...«[82]

Vorausgesetzt, es handelt sich wirklich um die gleiche Geschichte, dann wäre freilich bemerkenswert, daß ›Götter‹ hier als ›Könige‹ erscheinen, und Zeus (resp. Anu) als großer König erscheint. Mit diesen Erscheinungen hat es nun auch folgende Bewandtnis: Im Pantheon der griechischen Götter war Zeus der höchste Gott, während etwa Hermes ein niedriger Gott war – gewissermaßen für die göttlichen Botengänge zuständig –, und Hephaistos ein noch niedrigerer – der Schmied, den man sozusagen für die Reparatur des Himmeldachs braucht. Bei den Ägyptern aber war die Rangordnung umgekehrt. Hephaistos (Ptah) war der Verehrteste, Hermes war der verehrte göttliche Schriftsetzer und Zeus ein Halbgott! Die Griechen hatten eine Ansicht von der Götterwelt, in welcher das Unterste zum Obersten geworden war, und zudem eine sehr phantasievolle Auffassung. Die Ägypter aber hatten, weil sie im Gegensatz zu den Griechen vorsintflutliche Schriften besaßen, ein althergebrachtes Verständnis von den verehrungswürdigsten Gestalten und im Vergleich zu den Griechen geradezu ein nüchtern historisches Verständnis. Studiert man die diesbezügliche Überlieferung des Ägypters Manetho, so sieht man, daß es sich bei den dort mit unterschiedlichen Graden der ›Göttlichkeit‹ titulierten Gestalten durchweg um große Herrschergestalten handelt. Sie sind in zeitlicher Reihenfolge aufgeführt. Der erste und älteste ist He-phaistos; der letzte ist Zeus, tituliert – wie gesagt – als »Halbgott«. (Man versteht daraus noch besser, weshalb unter den Griechen und ihren Nachfolgern Manetho so interessiert der Lüge bezichtigt wurde.) Die älteste Liste des Manetho handelt von der Zeit vor der Großen Flut. Da Zeus ganz am Ende der Liste steht, ist er demnach ein letzter großer Herrscher vor der Großen Flut gewesen!

Wir hatten gesehen, daß in Platons Text gerade an einer Stelle, wo man Nähe-res über den Untergang von Atlantis erwartet und wo der Text dann abbricht, Zeus als zentrale Gestalt erscheint. Und wir wissen, wie sehr Platon – so wie vor ihm Solon – bemüht war, den griechischen Zeitgenossen ägyptisches Wissen zu vermitteln. Aber die Ägypter hatten, wie gezeigt, ein durchaus anderes Verständ-nis von Zeus als die Griechen; wie leicht also hätte dieser Zeus zum Zankapfel der Theologien werden können! Was in Platons Text unmittelbar vor dem Abbruch über Zeus gesagt wird, ist allgemein und läßt sich nach allen Seiten hin interpre-tieren; d. h. man kann ihn als Gott, als Mensch, als Herrscher verstehen – wie man will. (Deshalb hatte ich in meiner Textwiedergabe in neutraler Weise von Zeus als dem ›Schicksalswalter‹ gesprochen.) Wenn man sich nun eine Fortsetzung des ab-gebrochenen Texts vorstellt, in welcher die schicksalhafte Rolle von Zeus aufgrund ägyptischer Überlieferungen näher ausgeführt wäre, so hätte eine solche Fortset-zung für die griechische Götterauffassung zu einer sehr heiklen Angelegenheit werden können. Darum werde ich den Verdacht nicht los, daß die fehlende Fort-setzung des Atlantisberichts – nach den Worten des Kritias hatte es sie in irgend-einer Form ja einmal gegeben – theologischen Rücksichten zum Opfer gefallen ist. Auch hierauf wird später unter einem neuen Gesichtspunkt zurückzukommen sein.

Zusammenfassung

Am Schluß dieses Kapitels möchte ich festhalten, was die klassische Atlantis-Theorie genau besagt. Ich tue das unter der Fragestellung, welche Kenntnisse Pla-ton von Atlantis hatte und welche Probleme bei Platon offengeblieben sind; denn an beidem, den positiven Kenntnissen und den ungelösten Problemen, werden al-le weiteren Entwicklungen, welche die Atlantis-Theorie betreffen, zu messen sein.

Nach Platon ist Atlantis ein uraltes Inselreich gewesen, welches im Atlantischen Ozean, zwischen Europa / Afrika einerseits und einem westlich gelegenen Festland andererseits, gelegen hatte. Der erste König des Inselreichs hieß Atlas; die Königs-würde wurde vererbt. Für ein Entwicklungsstadium von Atlantis, in welchem die

Seefahrt eine beträchtliche Rolle spielte, gibt es detaillierte Informationen über die Geographie von Atlantis und ebenso über seine ökonomischen, politischen, militärischen und sakralen Einrichtungent. Diese Informationen sind nach Ägypten gelangt, und haben dort in schriftlicher Form die Zeiten überdauert. Ferner gibt es Erinnerungen an einen Angriffskrieg, den die nach Europa und Nordafrika hin einflußreich gewordenen Atlanter gegen Griechen, Ägypter und andere diesen nahestehende Völker geführt haben. In einem Stadium der Dekadenz (Entartung) ist Atlantis plötzlich durch Erdbeben untergegangen; zur gleichen Zeit sind auch alle griechischen Streitkräfte, welche irgendwann einmal atlantischen Streitkräften erfolgreich Widerstand geleistet hatten, durch Wasserfluten vernichtet worden. Vom Untergang des atlantischen Inselreichs zeugte noch der Schlamm, welcher die Schiffahrt auf dem Atlantik behinderte. Dies im wesentlichen macht den Inhalt der klassischen Atlantis-Theorie aus. Die darin enthaltenen Probleme liegen auf der Hand; ich möchte sie auf zwei wesentliche Punkte reduzieren, die unmittelbar zusammenhängen, aber analytisch getrennt werden können:

a. Die Zeit des Untergangs von Atlantis
Dieses Problem ist in der klassischen Atlantis-Theorie ungeklärt. Denn in Platons Text findet sich zu keinem angedeuteten oder beschriebenen Entwicklungsstadium von Atlantis irgendeine Zeitangabe. Es finden sich nur zwei Daten über die ursprüngliche Gründung eines griechischen und eines ägyptischen Staats (nach unserer Zeitrechnung etwa 9600 v. Chr. bzw. 8600 v. Chr., zwei Daten, die in Ägypten entweder schriftlich fixiert oder berechenbar gewesen sein müssen). Bei dem »erinnerten Krieg« zwischen Atlantis auf der einen, Griechenland und Ägypten auf der anderen Seite handelt es sich offensichtlich um einen aus mündlicher Überlieferung noch im Gedächtnis gebliebenen Krieg. Als Zeitpunkt für diesen Krieg kommen nach Platons Text mehrere Jahrtausende in Betracht; außerdem ist in dem Text nicht geklärt, ob dieser Krieg in einem Zusammenhang mit dem Untergang von Atlantis steht.
Die Frage nach der Zeit des Untergangs ist allein schon deshalb bedeutsam, weil ihre Klärung die Voraussetzung dafür ist, das Phänomen Atlantis historisch überhaupt einordnen zu können.

b. Der Grund des Untergangs von Atlantis
Was dieses Problem anlangt, so ist die klassische Atlantis-Theorie keineswegs unspezifisch. Das wesentliche Problem besteht hier vielmehr darin, die verschiedenen Dinge, die Platons Text bezüglich des Untergangs von Atlantis anspricht, sozusagen unter einen Hut zu bringen.
Der Text spricht davon, daß Atlantis plötzlich durch Erdbeben vernichtet wurde; außerdem wird dieses Geschehen mit verheerenden Wasserfluten in Zu-

sammenhang gebracht, wobei sicherlich an die bei den Griechen am stärksten erinnerte Deukalionische Flut gedacht ist.

Der Text spricht aber bezüglich des Untergangs von Atlantis mit gleicher Entschiedenheit von der Dekadenz der Bewohner von Atlantis oder (beides wird angesprochen) der Menschheit überhaupt.

Einerseits erscheint also der Untergang von Atlantis als eine naturhafte, andererseits als eine durch Menschen bedingte Kalamität.

Dieses Problem, das Kernproblem, kann auch so gestellt werden: Wie müßte eine Auffassung aussehen, in der die verschiedenen Elemente der klassischen Atlantis-Theorie bewahrt bleiben und zugleich der Zusammenhang zwischen den disparaten Elementen stimmig dargelegt wird?

7.   Vom Untergang der Atlantis-Theorie

Platon war der bedeutendste Wissens-Bewahrer Griechenlands in der Zeit nach dessen höchster Blüte. Er nahm seine Aufgabe wahr, als der philosophische Sinn in seinem Land nicht mehr auf das Bewahren gerichtet wahr; Platons Verdienst wird dadurch umso größer. Er hat weniger für die nächsten als für spätere Zeitalter gearbeitet.

Die von Platon bewahrte Atlantis-Theorie ging schon bald nach seinem Tod unter. Der Urheber dieses Untergangs ist nicht genau bekannt, nur seine Herkunft aus dem bald schon dominierenden Lager der Peripathetiker, d. h. aus der von Aristoteles begründeten Philosophenschule. Am genauesten bekannt ist der Sinn der Worte, die Aristoteles in den Mund gelegt wurden und auf Platons Atlantis gemünzt waren. Danach hat ›der, der es schuf, es auch zerstört‹. Im Klartext heißt dies, und so wurden die kolportierten Worte auch verstanden: Platon hat Atlantis erfunden.

Der Leser, der den bisherigen Ausführungen gefolgt ist, wird diese Position vielleicht für absurd halten, vielleicht aber weckt sie in ihm auch heimliche, beim Lesen nur unterdrückte Zweifel über die einstige Existenz von Atlantis. Ich schaue in meinen – etwas veralteten – Duden, ein offizielles Sprachorgan meines Landes. Dort steht gleich nach dem Begriff ›Atlantikpakt‹, welcher die Realität der NATO darstellt, ›Atlantis‹: »Fabelland«.[83] (Inzwischen ist die Duden-Redaktion schon merklich zurückhaltender geworden; in der Auflage von 1986 steht unter ›Atlantis‹: »sagenhaftes, im Meer versunkenes Inselreich«.)

Soweit immerhin reichte der Einfluß der Aristotelischen Schule, die unser gesamtes Wissenschaftsverständnis mehr geprägt hat als irgend eine andere Richtung. Diese Schule hat also den Atlantibericht Platons dem Reich der Phantasie anheimgestellt und Platon somit zum Fabulierer erklärt. Der beste Beweis, daß Platon Atlantis erfunden hat, so wurde witzelnd »argumentiert«, sei, daß er es auch wieder hat untergehen lassen.[84] Worin lag das besondere der Aristotelischen Richtung? Die Grundauffassung war: Das einzig Verläßliche sind unsere Sinneswahrnehmungen. Mit Hilfe der Sinnesorgane können wir einzelne Erscheinungen erfassen; von dieser Grundlage aus können wir dann eine Theorie bilden, welche die Erscheinungen erklärt. Von einer solchen Wissenschaftsprogrammatik her kann leicht eingesehen werden, weshalb die Existenz von Atlantis verworfen werden mußte. Dieses angebliche Atlantis kann ich ja nicht sehen, nicht hören, nicht riechen, nicht schmecken, nicht tasten; und ich kann auch keine andere Person, keinen Zeugen benennen, der mit einem dieser Sinnesorgane Atlantis erfaßt hat. Also fehlt zunächst einmal jede Grundlage, um eine Theorie über Atlantis bilden zu können. Nun kann ich allerdings wahrnehmen, daß Atlantis bei einem Autor namens Platon in der Literatur erscheint. Diese Erscheinung erkläre ich durch die Theorie, daß der Autor Atlantis erfunden hat. Unlogisch ist dieser Gedanke nicht, nur einseitig.

Das besondere der Aristotelischen Schule gegenüber Platons Wissenschaftsverständnis besteht in folgendem: Für Platon gab es noch größere Richter über die Wirklichkeit als ihn selbst (Sokrates, Solon und andere); und er sah es als seine Aufgabe an, die Urteile solcher Richter durch Revision zu überprüfen. Von der Aristotelischen Schule wurden jene überkommenen Richter durch das Richterkollegium der fünf Sinnesorgane ersetzt; dadurch konnte jeder, der sich auf seine Sinneswahrnehmungen stützt, zum Richter über jede Wirklichkeit werden. Wie unter diesen Voraussetzungen die Urteile über Atlantis bei den Aristotelikern generell ausfallen mußten, kann man sich an fünf Fingern abzählen.

Diese Ausrichtung hatte für die Wissenschaft insgesamt etwas sehr Förderliches, weil der Zweifel am Althergebrachten geweckt wurde und die Welt unbefangen erkundet werden konnte. Soweit aber die Aristotelische Denkweise zum alleingültigen Prinzip der Wissenschaft erhoben wurde, hatte sie etwas sehr Verhängnisvolles. Denn der Bezug zu ältesten Traditionen, den sich der griechische Geist in seiner Blütezeit gerade erst geschaffen hatte, wurde wieder außer Kraft gesetzt.

Nimmt man den Satz der Aristoteliker, wonach Platon Atlantis erfunden hat, ernst, so könnte man fragen, was denn genau Platon in seinem Atlantisbericht erfunden hat; alles oder einen Teil oder bestimmte Teile? Der Aristoteliker wäre dann genötigt, beispielsweise darüber zu richten, ob Platon den Kritias, den Solon, die saitischen Priester erfunden hat oder nicht, ob Platon den Neith-Tempel in Sais, dessen beschriftete Säule und deren Informationen über Atlantis erfunden hat oder nicht und ob Platon den früheren Schlamm im Atlantischen Ozean erfunden hat oder nicht ...

Eines der Phänomene, die den Untergang von Atlantis betreffen, hat die Wissenschaft seit Aristoteles noch lange beschäftigt, und zwar das handgreiflichste, nämlich den einstigen Schlamm im Atlantischen Ozean.

Zum Schlamm im Atlantik

Aristoteles selbst beschrieb in seinem meteorologischen Werk das Meer jenseits von Gibraltar als »schlammig, seicht und von Winden beinahe unberührt.«[85] Ari-

Aristoteles

stoteles bezieht sich offenbar auf eine Gegend im Meer, wo die typischen atlantischen Hochdruckgebiete bereits wahrnehmbar sind. Möglicherweise handelte es sich um eine Gegend bei den Kanarischen Inseln; denn aus dieser Meeresgegend gab es, auch schon vor Aristoteles, Informationen darüber, daß wegen seichter Stellen, Schlamm und Seegras das Meer zum Teil nicht befahrbar gewesen ist.[86]

Tacitus nannte im ersten Jahrhundert nach Christus den Atlantik das »unbekannte Meer«,[87] offenbar weil seine Befahrung von Westeuropa aus immer noch Schwierigkeiten bereitete. Die Römer hatten in dieser Zeit Seeverkehr mit Britannien. Von großen Westfahrten der Römer, etwa zu den Azoren, ist nichts bekannt.

Noch im vierten Jahrhundert n. Chr. thematisierte der Schriftsteller Festus Avenius die Gefährlichkeit des Atlantischen Ozeans. Er erinnerte dabei an die über acht Jahrhunderte zurückliegende Seefahrt des Karthagers Himilco. Dieser hatte berichtet, daß sehr viel Seegras im Atlantik war, so daß das Schiff wie von Büschen zurückgehalten wurde; durch diese Gewässer (in denen übrigens auch unbekannte größere Tiere gesichtet worden seien) sei noch kein Schiff durchgekommen.[88]

Abu Abdallah Idrisi, der arabische Forscher des elften Jahrhunderts n. Chr., berichtete, daß etwa zwei Jahrtausende vor seiner Zeit (zwischen dem achten und

Alexander von Humboldt

zwölften Jahrhundert v. Chr.) bestimmte afrikanische Seefahrer von Lissabon aus versucht haben, einen Kurs in den Atlantik hinein zu finden, daß sie aber umgekehrt und auf den Kanarischen Inseln gelandet sind.[89]

In diesem Zusammenhang erinnere ich nochmals daran, daß es durch das Gilgamesch-Epos auch schon aus dem dritten Jahrtausend v. Chr. Nachrichten über den versumpften Atlantik gibt; diese sumerischen Nachrichten stammten wahrscheinlich, wie auch schon gesagt wurde, von der in den Anfängen des dritten Jahrtausends von einem ägyptischen Pharao der II. Dynastie zum Atlantik entsandten Expedition (Schliemann-Dokument).

Im 14. Jahrhundert n. Chr., d. h. ein Jahrhundert vor Columbus, galt der Weg von Westeuropa bis zu den Azoren als frei. Aber es wurde noch vor dem Versuch gewarnt, über die Azoren hinaus zu segeln.[90]

Der preußische Naturforscher des 19. Jahrhunderts, Alexander von Humboldt, der sich auch für die Spuren von Atlantis interessierte, hatte demnach völlig recht, als er bemerkte: »Die Alten hielten den Atlantik für Tausende von Jahren für ein schlammiges, seichtes, dunkles und trübes Meer, Mare Tenebrosum«,[91] das finstere Meer.

Es kann jetzt sogar näher bestimmt werden, seit wann die Alten diese Auffassung vom Atlantik hatten: ungefähr seit der Wendezeit vom vierten zum dritten

Jahrtausend v. Chr., d. h. seit jenem Weltereignis, das in den Anfängen dieser Schrift als die Große Flut erschien und das sich inzwischen auch als die Zeit der großen Katastrophe von Atlantis aufdrängte. Seit jener Zeit versuchten die Menschen, jenes finstere Meer zu ergründen. Doch kam man in einem Jahrtausende langen Prozeß offenbar nur in dem Maße voran, wie die Schlammassen dieses Meeres weniger wurden. Erst im späteren Teil dieser fünf Jahrtausende umfassenden Geschichte wurde der Atlantik so frei, wie wir ihn heute kennen.

Eine Aristotelische Theorie, welche das handfeste Phänomen des atlantischen Schlamms bzw. das Phänomen seiner tendenziellen Abnahme hätte erklären können, ist mir nicht bekannt. Die klassische Atlantis-Theorie beschrieb dieses Phänomen zwar ohne nähere Zeitangaben und andere wichtige Details, aber sie konnte es vom Ansatz her erklären. Sie hatte ja gesagt, daß nach der Vernichtung von Atlantis der Atlantik wegen der eingetretenen Verschlammung nicht mehr befahrbar war. –

Atlantis erschien also schon bald nach Platon nicht mehr als ein wissenschaftliches Thema; die Aristotelische Tradition jedenfalls konnte es nicht fortführen, weil es in den Rahmen ihrer Wissenschaftslogik nicht paßte. Das bedeutete nun nicht, daß alle Stimmen zu diesem Thema verstummten. Es bedeutete aber, daß lange Zeit keine große neue Arbeit mehr an diesem Thema geleistet wurde. Dies trifft für die gesamte Zeit bis zum Ende des Römischen Reichs zu, und noch mehr für die daran anschließende feudale Ära (Mittelalter), bis sich dann – genau in der Epoche, in welcher der Seeverkehr zwischen Westeuropa und Amerika hergestellt wurde – das Blatt wendete. Für diese beiden großen Zeitalter (und ihre Unterabschnitte) bis zum Wendepunkt soll im weiteren Verlauf dieses Kapitels gezeigt werden, welche relevanten Berührungspunkte es zu unserer Thematik noch gab.

Thematische Berührungspunkte in der Blütezeit des Römischen Reichs

Zunächst stoßen wir auf *Diodorus Siculus*, in historiografischer Hinsicht ein sehr wichtiger und in unserem Zusammenhang ein sehr merkwürdiger Mann. Wichtig ist er deshalb, weil seine informativen Beschreibungen nichtgriechischer Völker zur wesentlichen Grundlage des römischen Verständnisses dieser Völker wurden; merkwürdig ist er dadurch, daß er das atlantische Erbe, von dessen ›Geschichten‹ er noch wußte, durchaus gezielt dem Vergessen anheimstellte.

Diodorus Siculus, der im ersten Jahrh. v. Chr. als Zeitgenosse des Gaius Julius Cäsar lebte, war, wie auch sein Beiname sagt, Sizilianer. Sizilien war Treffpunkt verschiedener bedeutender Völker des Mittelmeerraums. Unmittelbar nachdem die Römische Republik die griechische Seeherrschaft über Süditalien gebrochen hatte, nahmen die Römer mit Karthago, dem nordafrikanischen Ablegerstaat der Phönizier, den Kampf um Sizilien auf und eroberten es (Mitte des dritten Jahrhunderts v. Chr. im Ersten Punischen Krieg). Sizilien wurde römische Provinz und gewann als Kornkammer Roms eine herausragende Bedeutung für die Römische Republik. Denn mit der sizilianischen Getreideeinfuhr in Rom verlor der traditionsreiche Stand der latinischen Bauern (agricolae) diesen seinen Stand und wurde tendenziell in städtische Proleten verwandelt; von Staats wegen durch sizilianische Getreideprodukte ernährt, wurden sie seit Anfang des ersten Jahrhunderts v. Chr. (Heeresreform des Marius) zum Kernbestand des römischen Söldnerheere, die in der Mitte des gleichen Jahrhunderts das römische Weltreich bis nach Ägypten ausdehnten. In diesen Umständen, die auch ihn selbst nach Ägypten gelangen ließen, lebte Diodorus. Die Sprache, in der er dachte und schrieb, war aber noch die griechische, da diese die ehemaligen Kolonialgebiete der Griechen in Sizilien und anderen Teilen Süditaliens durchdrungen hatte. Durch diese seine Sprache war Diodorus mit der griechischen Tradition seit Homer bekannt; und wesentlich durch diesen Sizilianer, wie gesagt, sind die völkerkundlichen Kenntnisse der Griechen den Römern übermittelt worden – und durch die Römer uns.

Die Art und Weise, wie Diodorus seine Übermittlungsarbeit leistete, soweit sie unser Thema betrifft, ist folgende: Jedesmal in seinen umfangreichen Schriften, wenn er das atlantische Thema, also Atlantis oder die Atlanter, fast schon berührt hat, weicht er aus: Dadurch vermeidet er jegliche explizite Auseinandersetzung mit der ägyptischen bzw. Platonischen Atlantisüberlieferung, die ihm zweifellos bekannt war. Einige charakteristische Beispiele:

In seiner Beschreibung des oberägyptischen Theben sagt Diodorus, die Ägypter würden ihre Mythen mit einem Volk verbinden, welches andernorts »die Giganten« genannt würde. Von diesen gibt Diodorus die aufschlußreiche Information wieder, daß Repräsentanten von ihnen in einem Heiligtum Thebens als monumentale Standbilder aufgestellt waren; dieses von den Ägyptern monumental dargestellte Volk, auch diese Information gibt Diodorus wieder, sei infolge eines Kriegs (!) vollständig vernichtet worden. Der Name dieses Volks würde zwar als ›Giganten‹ kolportiert werden. »Ihr eigentlicher Name aber ist …«[92]

> An Stelle der drei Punkte hätte »Atlanter« – atlantioi – stehen müssen. Dieser Name ist bei Diodorus ausgespart; zweifellos nicht aus fragmentarischen Gründen, denn das Werk des Diodorus ist allerbestens erhalten. Den Grund der Aussparung werden wir etwas weiter unten erfahren.

An anderer Stelle gibt Diodorus zum gleichen Thema die »allgemeine« Ansicht der Ägypter wieder, wonach ihre Vorfahren viele Kolonien in vielen Teilen der bewohnten Welt eingerichtet hatten. Diodorus bemerkt dazu: »Aber da sie (die

Ägypter) keinerlei Beweis für diese Behauptungen haben, und da kein anerkannter Historiker ihre Behauptungen bezeugt, sind wir der Ansicht, daß ihre Angaben es nicht wert sind, berichtet zu werden.«[93]

> Auch diese – viel größere – Aussparung ist sehr auffällig. Denn sonst, bei den Skythen oder bei den Hyperboräern oder bei den Babyloniern oder bei wem immer, versucht Diodorus, von der Vergangenheit dieser Völker möglichst so zu berichten, wie diese ihnen selbst erscheint.
> Die Berichte der Ägypter über ihre Vorfahren – für Schliemann, wie man sich erinnert, hochbedeutsame Informationen – dagegen erscheinen dem Diodorus unglaubwürdig und daher »nicht wert, berichtet zu werden«.

In langen Passagen gibt Diodorus wertvolle Kenntnisse der Ägypter über Osiris wieder, von dem sie (laut Diodorus) wußten, daß er mit großem Anhang in ihr Land gekommen ist und ihnen die größten Errungenschaften gebracht hat, bevor er – Isis als Herrin über Ägypten zurücklassend – in ferne Länder weiterzog und später wieder nach Ägypten zurückkehrte. Ausgelassen ist hier die Herkunft des Osiris.[94]

> Diodorus gibt viele vorzügliche Informationen zu Osiris. Aber es ist merkwürdig, daß Diodorus mit keinem Wort die Frage auch nur antippt, aus welchem Land der Erde der große Kulturbringer Osiris mit seinen Leuten zu den Ägyptern gekommen ist oder gekommen sein könnte.

An einer weiteren Stelle läßt sich Diodorus darüber aus, welche berühmten Griechen vor ihm, Diodorus, in Ägypten gewesen sind. Dabei erwähnt er Homer (mit dem guten Argument, daß Homer den Hephaistos als ältesten Gott und Menschen bezeichnet hat). Außerdem erwähnt er den Pythagoras von Samos, von dem er nichts weiter sagt.

Und schließlich nennt er Solon; dieser, so sagt Diodorus, habe Elemente der ägyptischen Gesetzgebung nach Griechenland gebracht.[95]

> Diese letztere Information ist so gut wie irrelevant; denn Solon hatte sein Gesetzgebungswerk bereits abgeschlossen, als er nach Ägypten ging. Nach meiner Ansicht übertüncht Diodorus mit seinem irrelevanten Satz eine Stelle, an der er als Historiker hätte schreiben müssen: ›Solon hat aus Ägypten die Atlantis-Überlieferung nach Griechenland gebracht.‹

Die Beispiele, wie der so wichtige Mittelsmann Diodorus die ägyptisch-griechische Atlantisüberlieferung gezielt verschwiegen hat, mögen reichen; es ist ein beredtes Schweigen. Es muß aber noch die Frage beantwortet werden, wieso Diodorus an der zuerst zitierten Stelle den Begriff der Atlanter durch drei Punkte ersetzt hat. Einfach deshalb, weil Diodorus durch die Nennung dieses Begriffs mit seinem eigenen Begriff der Atlanter[96] in Konflikt gekommen wäre. Diodorus selbst verstand nämlich unter den Atlantern ein nordwestafrikanisches Volk, das – in unbestimmter Zeit – einmal zivilisierter war als seine afrikanischen Nachbarn. Von diesem Volk hatte Diodorus Kunde durch die Überlieferung der Skythen, derzufolge die einstigen Reiteramazonen mit jenem Volk am Atlas-Gebirge in Kämpfe verwickelt waren.[97]

Auf der Grundlage von Platons Atlantis-Bericht, genaues Lesen vorausgesetzt, lassen sich die Umstände des von Diodorus genannten nordwestafrikanischen Volkes ohne besondere Schwierigkeiten verstehen. Nach Platons Bericht ist es sehr naheliegend, das dem Atlantik zugeneigte Wohngebiet jenes Volkes als ein schon relativ früh von den Atlantern erobertes Gebiet anzunehmen. Wenn unter solchen Umständen die Bewohner dieses Gebiets den Atlantern zugerechnet wurden, so ist dies ein ganz gewöhnlicher Vorgang. Denn solange beispielsweise Schlesien von den Preußen einverleibt war, wurden die Schlesier (ob sie wollten oder nicht) den Preußen zugerechnet.

Diodors Begriff der Atlanter ist in der bedeutendsten völkerkundlichen Schule der deutschen Kolonialzeit (Frobenius, 19./20. Jh.) wieder aufgetaucht und hat die Theoriebildung dieser Schule geprägt; die Denkweise Diodors hatte also großes Gewicht. Er selbst war ein typischer Vertreter der damals noch jungen Aristotelischen Tradition. Diodor erklärte ein unmittelbar wahrnehmbares Land (Nordwest-Afrika) zum Land der Atlanter und leugnete das nicht unmittelbar wahrnehmbare, von den Ägyptern und von Platon überlieferte Land der Atlanter, ohne sich auch nur im geringsten mit der in jener Traditionslinie vertretenen Auffassung auseinanderzusetzen.

Wir kommen jetzt zu zwei weiteren Forschern aus der Blütezeit des römischen Weltreichs. Der erste und frühere war Philo von Alexandria, aus der Stadt, wo die berühmte Bibliothek, trotz eines Brands beim Einfall der römischen Heere, noch stand. Der zweite war der eingangs schon vielzitierte Flavius Josephus; er wurde ein Jahrzehnt nach der Kreuzigung des Jesus von Nazareth geboren, wuchs in Jerusalem auf und kam nach der Zerstörung Jerusalems durch die Römer als Kriegsgefangener nach Rom, wo er später frei leben konnte. Anders als Diodorus, der den ›main stream‹ der griechisch-römischen Forschung repräsentierte, waren Philo und Josephus Außenseiter, allein schon wegen ihrer jüdischen Herkunft. Während Diodorus als typisch griechisch-römischer Historiker die Jahrhunderte und Jahrtausende jenseits des berühmten Trojanischen Kriegs (d.h. vor dem 12. Jahrhundert v. Chr.) zeitlich nicht differenzieren konnte, waren Philo und Josephus aufgrund ihrer tiefen jüdischen Tradition in jenen Jahrhunderten und Jahrtausenden wie zuhause. Beide, und dies unterscheidet sie wesentlich von der Hauptströmung der griechisch-römischen Geschichtsschreibung, haben die Zeitlaufe zurückverfolgt bis in die Zeit der Großen Flut, und wo irgend möglich, noch über diese Schwelle hinaus. Damit haben sie einen Zugang auch zum Atlantis-Problem offengehalten. Philo und Josephus haben, im großen Unterschied zur gängigen Welthistorie ihrer Epoche, in der Großen Flut ganz selbstverstandlich ein zentrales Ereignis der ihnen bekannten Menschheitsgeschichte gesehen, den Ausgangspunkt der Genesis einer neuen Menschheit. Dementsprechend haben beide das Buch Genesis, also das erste Buch ihrer mosaischen Überlieferung, zu einem Ausgangspunkt ihrer Forschungen gemacht. All diese Gemeinsamkeiten haben der Alexandriner Philo und der Wahl-Römer Josephus, obwohl ihr Forschungsansatz diametral entgegengesetzt ist.

Philo untersucht die Zeichen, die Namen, die Bilder, die Riten und sonstigen Symbole der alten hebräischen Schriften auf ihre allegorische Bedeutung hin, auf ihren gleichnishaften Sinngehalt. Dabei stellt er immer wieder, zumindest implizit, Rituelles aus der Zeit nach der Großen Flut und der davorliegenden Zeit gegenüber; die Brücke über diese Zeiten ist Noah »der letzte und erste unseres Geschlechts«.[98] Noah wird dargestellt als ein großer Warner der Menschen, die ihn aber großenteils mißachtet haben, so daß er gezwungen war, sein Land zu verlassen. Dem Noah als Brücke zwischen den Zeiten, der selbst in einer bestimmten Tradition steht (Seth-Nachfahren), kommt nun die Aufgabe zu, die brauchbaren Riten von den unbrauchbar gewordenen strikt zu unterscheiden. Indem Philo solche streng unterschiedenen Riten darstellt, gibt er ein Bild von einer alten (›dekadent‹ gewordenen) Menschheit und der erneuerten Menschheit. Die Achtung des siebten Tags der Ruhe oder des Sabbats, so Philo, habe die alte Menschheit vernachlässigt; insofern gehört seine Wiedereinführung zu den erneuerten Riten. Umgekehrt gäbe es Riten, die Sinnbilder der alten Menschheit sind und als solche zu meiden seien; hierzu gehört nach Philo vor allem das Tätowieren.[99] (Die modernen angelsächsischen Atlantisforscher halten die Tätowierungskunst für ein typisch atlantisches Ritual.) Ein sehr markanter und zugleich sensibler Punkt, auf den Philo bei der Unterscheidung unbrauchbarer und brauchbarer Praktiken eingeht, ist das Kreuzen von verschiedenen Tieren und auch von verschiedenen Pflanzen (Philo erwähnt dabei speziell den Weinbau).[100] Man kann bei Philo herauslesen, daß Zügellosigkeit in allen möglichen genetischen Manipulationen ein Kennzeichen der alten Welt war, als sie in Gefahr kam. Deshalb hat, wie Philo ausführt, die noachich-mosaische Tradition bezüglich solcher Manipulationen besonders strenge Verbote ausgesprochen und die Grenzen des Erlaubten genau bezeichnet. Philo, das sei auch noch bemerkt, war ein Verehrer des Pythagoras. Philo schätzte aber auch den Platon sehr; an einer Stelle spricht er von den fehlenden Erinnerungen der Menschen aufgrund von Vernichtungen nahezu in den gleichen Worten, wie Platon sie im Teil »Timaios« des Atlantisberichts gebraucht.[101] Philo war mit dieser Platonischen Überlieferung nicht nur vertraut, sondern trug aus seiner jüdischen Tradition heraus Ergänzungen zu dieser Überlieferung bei, soweit ihm dies mit seiner typisch allegorischen Methode möglich war.

Von einer anderen Seite als Philo ging der zweite Außenseiter, *Josephus*, an die gleiche Geschichte heran. Ihn interessierte weniger das Allegorische als vielmehr das Faktische. Niemand ist kenntnisreicher und präziser in den Zeitrelationen vor Christi Geburt als Josephus. Wie hilfreich Josephus ist, um die Zeit der Großen Flut zu bestimmen, habe ich bereits ausgeführt. Hier soll der Ansatz betrachtet werden, von dem her Josephus auf die Zeit *vor* der Großen Flut eingeht. In unserer christlich geprägten Gesellschaft lernt man im allgemeinen, daß der biblische Adam ein Begriff ist für die Uranfänge der Menschheit; insofern wird Adam als Symbol verstanden für das erste Auftreten der Gattung Mensch. Josephus, der diese Dinge an den Quellen studiert hat (bei den Pharisäern, bei den Sadduzäern und bei den Essenern) ist zu einer anderen Auffassung von Adam gelangt. Für ihn ist Adam eine konkrete Herrschergestalt, ein Patriarch, der 2656 Jahre vor der Großen Flut geboren wurde.[102] (Auch wenn diese Zeitdifferenz präzise sein sollte, so bedeutet das – wegen unsicherer bzw. voneinander abweichender späterer Daten – nicht notwendig, daß die Große Flut mit gleicher Präzision datiert werden kann.)

Dieses Datum, nennen wir es einmal ›Beginn der Ära Adam‹, wäre vielleicht nicht einmal weiter bemerkenswert, wenn es nicht in bestimmter Weise mit der ägyptischen Überlieferung korrespondieren würde; und zwar korrespondiert es in quantitativer wie in qualitativer Hinsicht. In der jüdischen Tradition reicht die Erinnerung bis in die Zeit Adams. Bei den Ägyptern dagegen reicht die Erinnerung wesentlich weiter zurück, allerdings nicht aufgrund einer ununterbrochenen mündlichen Überlieferungskette, sondern durch die Wiederentdeckung ältester Steininschriften. In der Deutung dieser ihrer Überlieferung unterscheiden die Ägypter (Manetho) grundsätzlich zwei große Abschnitte; der erste und ältere sei ›A‹ genannt, der zweite und jüngere ›B‹. Jetzt vergleichen wir einmal den Zeitabschnitt vom ›Beginn der Ära Adam‹ bis zur Großen Flut, den Josephus mit 2656 Jahren angegeben hat, mit der Summe von Jahren im ägyptischen Abschnitt ›B‹, der eben falls bis zur Großen Flut reicht. Ergebnis: Eine nahezu perfekte Übereinstimmung; die Abweichung beträgt 3 Jahre. Dies zur Korrespondenz in quantitativer Hinsicht. Nun gibt es aber auch eine sehr interessante qualitative Übereinstimmung. Manetho unterscheidet grundsätzlich zwischen den Zeiten, in denen die Herrschergestalten als »göttliche« gedeutet werden, und den Zeiten, in denen sie als »halbgöttliche« (u.ä.) gedeutet werden; eben dies macht den qualitativen Unterschied zwischen Abschnitt ›A‹ und Abschnitt ›B‹ aus. Wenn man so will, hat man es mit einem grundsätzlichen »Niveauverlust« zu tun, der im Abschnitt ›B‹ zum Tragen kommt.

Auf Seiten der jüdischen Tradition, die ja erst mit ›B‹ beginnt, erscheint nun gleich als erstes Thema des menschlichen Geschehens ebenfalls ein grundsätzlicher »Niveauverlust«: der ›Sündenfall‹, der an die Lebenszeit des Adam geknüpft ist; in ihr geht göttliches Gesetz verloren. Es ist das gleiche Motiv, das Platon am Ende des Atlantisberichts verwendet, um das Abgleiten der Atlanter bzw. der Menschheit als ganzer in ein Stadium der Dekadenz zu umreißen, wobei Platon allerdings eine nähere zeitliche Bestimmung für diesen Umbruch nicht geben konnte. Der biblische Bericht vom Sündenfall kann durchaus als eine zeitlose Geschichte gelesen werden. Dennoch zeigen die Umstände dieser Geschichte auch eine historische Dimension, die vom Ansatz des Josephus her ein Stück weit eröffnet werden kann: In der Zeit, als Adam Patriarch war, hat offenbar ein grundlegender Wandel der bestehenden Verhältnisse eingesetzt, zumindest was das Geschlechter-Verhältnis, die Besitzverhältnisse und die Religion angeht. Als ein wesentliches Resultat des ›Sündenfalls‹ hebt der biblische Bericht hervor, daß von nun an Feindschaft zu herrschen hatte zwischen Mann und Weib, ebenso zwischen den beiderseitigen Nachkommen (Vaterrecht gegen Mutterrecht), und daß das Weib dem Manne untertan zu sein hatte. All dies deutet hin auf die Einführung patriarchalischer Verhältnisse noch während der Lebenszeit des Adam. Daß in dieser Zeit ein Wandel der Geschlechter-Rollen einsetzte, darauf deuten auch die unterschiedlichen Frauentypen, die Adams erste Frau Lilith und seine zweite Frau Eva repräsentieren. (Nur die letztere entsprach dem Bild der patriarchalischen Tradition, weshalb im Rahmen dieser Tradition die erste Frau beiseite geschoben wurde.) Parallel mit dieser Veränderung scheint rationales Denken dominant geworden und zugleich ein Wandel der Besitzverhältnisse in Gang gekommen zu sein. Der älteste Sohn des Adam, Kain – sein Name trägt laut Josephus geradezu den Bedeutungsgehalt »Besitzung« – hat Feldmarken gesetzt, desweiteren Maße und Gewichte eingeführt. Nach dem Mord an seinem nomadischen Bruder Abel ist er durch viele Länder gezogen, hat sich Land angeeignet und etliche Städte gegründet, darunter die berühmte Stadt Henochia (benannt nach seinem ersten Sohn Henoch zur Zeit von dessen Geburt).[103] Schließlich gibt es noch ein Anzeichen dafür, daß etwa zur gleichen Zeit eine religiöse Wandlung eintrat. Zur Zeit der Geburt des Adam-Enkels Enosch (Sohn des Seth), so heißt es im biblischen Text, fing man an, den Namen des Herrn anzurufen. Jener ›Herrgott‹, der in der jüdischen Liturgie noch heute eine Spur von Osiris aufzuweisen scheint (nämlich als Weinbringer), wurde angerufen als »Gott der Götter und Herr der Herren und König der Könige«; eine bestimmte Religionsgemeinschaft (hervorgegangen aus Nachkommen des Seth) klagte diesem ›Herrgottkönig‹ im Gebet, daß die Menschheit einer unheilvollen Entwicklung zusteuere.[104]

Wichtig ist hier die von Josephus eröffnete Erkenntnis, daß in den ersten Generationen nach Adams Geburt ein grundlegender Wandel in den Verhältnissen

 *Flavius Josephus*

der Menschheit eingesetzt hat. Dieser Wandel ist von der jüdischen und von der ägyptischen Überlieferung in gleichem Maße als grundlegend empfunden worden. Platon, der die gesellschaftlichen Verhältnisse vor diesem Wandel (in Bezug auf Griechenland und Atlantis) beschrieb, sah ebenfalls eine grundlegende Wandlung, die nach seiner Auffassung von Atlantis ausgegangen ist (und, wie hinzugefügt werden könnte, per Eroberung, Kolonialisierung und ähnlichem auf andere Gesellschaften gewirkt hat). Durch die Berechnungen des Josephus ist nun die kritische Zeit des (einsetzenden) Wandels, von dem die Rede war, wenigstens annäherungsweise datierbar geworden; sie muß, da es sich um die ersten Generationen nach Adams Geburt handelt, auf etwas mehr als zweieinhalb Jahrtausende vor der Großen Flut veranschlagt werden. In Platons Atlantisbericht, soweit er (aufgrund der ägyptischen Steininschrift) die Verhältnisse von Atlantis rein deskriptiv darstellt, ist von kritisch gewordenen Verhältnissen noch nichts zu bemerken. Insofern kann man auch unter diesem Gesichtspunkt davon ausgehen, daß das Ur-Material dieser Beschreibung eine Zeit repräsentiert, die jedenfalls mehr als zweieinhalb Jahrtausende vor der Großen Flut liegt, sehr wahrscheinlich deutlich mehr (Zeit des Osiris). So gesehen hat Josephus, obwohl er das Thema Atlantis nicht explizit behandelt hat, indirekt einen bedeutenden Beitrag zu diesem Thema geleistet. Er konnte dies als der letzte Historiker der griechisch-römischen Antike, der einen fundierten Zugang zur sog. Vorgeschichte der Menschheit hatte.

Josephus, das möchte ich hinzufügen, war aber auch das, was man heute einen Zeitgeschichtler nennt; und auch darin war er hervorragend. Er hat ein sehr wertvolles Dokument hinterlassen. Dieses betrifft Jesus von Nazareth, den Mann, dessen Mysterium das Kreuz wurde. Was Flavius Josephus, der die Verhältnisse Jerusalems genau kannte, über Jesus ausgesagt hat, ist bedeutsam, weil er als echter Historiker das Geschehen aus der Sicht der nächsten Zeugen zu erfassen suchte.

Über viele Jahrhunderte ist dieses Dokument allerdings totgeschwiegen worden; denn es war einfacher und klarer, als Dogmenverkünder es gebrauchen konnten. In unserer Zeit, in der auch ganz andere Aspekte des Lebens Jesu (aus fernöstlichen Quellen) bekannt werden, kann und soll jenes Dokument wieder zu seinem vollen Recht kommen. Josephus schrieb:

> »Um diese Zeit (des Pilatus) lebte Jesus, ein weiser Mensch, wenn man ihn überhaupt einen Menschen nennen darf. Er war nämlich der Vollbringer ganz unglaublicher Taten und der Lehrer aller Menschen, welche mit Freuden die Wahrheit aufnahmen. So zog er viele Juden und auch viele Heiden an sich. Er war der Christus.
> Und obgleich ihn Pilatus auf Betreiben der Vornehmsten unseres Volkes zum Kreuzestod verurteilte, wurden doch seine früheren Anhänger ihm nicht untreu. Er erschien ihnen nämlich am dritten Tag erneut lebendig (iterum vivus), wie gottgesandte Propheten dies und tausend andere wunderbare Dinge von ihm vorher verkündet hatten. Und bis auf den heutigen Tag besteht die Gemeinschaft der Christen, die sich nach ihm nennen, fort.«[105]

Thematische Berührungspunkte in der spätrömischen Zeit

Der Prozeß, in welchem das Christentum zur offiziellen Religion des Römischen Reichs wurde, dauerte fünf Jahrhunderte. Die frühen Christen breiteten sich, in kleinen Gemeinschaften lebend, über den ganzen Mittelmeerraum aus, vor allem nach Kleinasien, Griechenland und Italien. In dem Maße, wie im Römischen Reich Zerfallserscheinungen auftraten, indem etwa die Arbeitsverhältnisse zunehmend von der Sklaveneinfuhr abhängig wurden, konnte die einfache, solidarische und auf einen starken Glauben gegründete Lebensweise der Christen attraktiv wirken; dies besonders auch für die Sklaven, denen gegenüber die Christen als aufgeschlossen galten. Insofern mußten die Christen der römischen Staatsverwaltung gefährlich erscheinen, und es kam zu systematischen Christenverfolgungen, besonders während des dritten Jahrhunderts.

In dieser Zeit entstand in Athen die Neuplatonische Philosophenschule, gegründet von dem aus Ägypten stammenden Plotin. In der Neuplatonischen Schule sammelten sich die führenden Köpfe der nichtchristlichen Theologie, die sich an Platon orientierten, dem einstigen Brückenkopf zwischen abendländischem und morgendländischem Denken. Platon erfuhr dadurch, allerdings vorwiegend unter theologischen Gesichtspunkten, eine Renaissance; indem seine Schriften wieder gelesen wurden, gelangten auch die Dialoge »Timaios« und »Kritias« mit dem Atlantisbericht noch einmal ins Blickfeld. Die folgenden Stimmen sind dazu überliefert:

Aelianus (3. Jahrhundert) erinnerte an das einstige atlantische Inselreich und einen großen, von ihm ausgehenden Krieg. Aelianus erwähnt auch – und diese Information ist bei Platon nicht enthalten –, daß die atlantischen Könige als Zeichen ihrer Macht ein von einem Tier stammendes Stirnband getragen hätten.[106]

Von der aktuellen Geographie des Atlantik weiß Aelian zu berichten, daß weit draußen im Atlantik die Insel Ogygia liege, der in bestimmter Anordnung eine Inselgruppe vorgelagert sei;[107] ihre Beschreibung und auch die angegebene Entfernung vom europäischen Festland (umgerechnet rund 1000 km) bezieht sich offenkundig auf die Azoren.

Marcellinus (4. Jahrhundert) berichtet, daß die Gelehrten und Gebildeten von Alexandria (wo die berühmte Bibliothek noch existierte) die Vernichtung von Atlantis für eine historische Tatsache hielten. Nach seiner Ansicht wurde Atlantis durch ein chasmatisches Erdbeben vernichtet, d.h. durch einen plötzlichen Aufriß der Erdoberfläche, so daß die Insel im Schlund der Erde verschwand.[108]

Proclus (5. Jahrhundert) war der führende Neuplatoniker seiner Zeit; mit ihm erreichte diese Schule, die sich dann bald auflöste, ihren Höhepunkt. Das große intellektuelle Thema dieser Zeit waren die konkurrierenden Götter- und Gottesvorstellungen. Proclus studierte die Texte Platons vorwiegend unter diesen Aspekten und leistete hierzu seinen Hauptbeitrag.[109] Proclus ist durch seinen Kommentar zum »Timaios« auch mit dem Atlantis-Problem konfrontiert worden. Er bemerkt dazu, daß der Atlantibericht Platons auch eine allegorische Ausdeutung erfahren hat; so habe der christliche Theologe Origines (aus Alexandria) den im Atlantisbericht erwähnten Krieg als Konflikt zwischen guten und bösen Dämonen gedeutet.[110]

Desweiteren spricht Proclus unter Berufung auf den weiter nicht mehr bekannten Martellus von einer atlantischen Inselgruppe, die ihrer näheren Beschreibung nach mit den Kanarischen Inseln identisch ist. Auf einer dieser Inseln beheimatete Ureinwohner (s.u.) hätten noch Erinnerungen an das mächtige Inselreich Atlantis bewahrt, das nach ihrem Wissen dem Poseidon geweiht war.[111]

Damit sind die Kenntnisse von Atlantis umrissen, die in der Endzeit des Römischen Reichs mit dem Neuplatonismus noch einmal auftauchten. Während das Römische Reich unhaltbar wurde, gewann die christliche Kirche ihre Haltbarkeit. Ein charakteristischer Zug dieser Kirche war, daß sie sich die Prinzipien der römischen Verwaltungsstruktur zu eigen gemacht hatte: relative Autonomie der einzelnen Gemeinden, hierarchischer Aufbau der Verwaltungseinheiten und Beamtenverhältnis der Verantwortlichen. Diese Organisation, die einen unsichtbaren Herrn hatte, suchten die letzten römischen Kaiser, deren Autorität fragwürdig wurde, für sich zu gewinnen. Damit hörten die Christenverfolgungen auf, und der kirchlichen Missionstätigkeit waren keine Grenzen mehr gesetzt. Die Kirche etablierte sich, während das Römische Reich endgültig zerbrach. Dieses Reich, das annähernd tausend Jahre bestanden hatte, ging nicht nur durch innere Mißstände zugrunde; es war auch dem Druck germanischer Völker nicht mehr gewachsen, der im fünften Jahrhundert zu einer großen Völkerwanderung auswuchs.

Hunnen zogen vom Kaukasus nach Norditalien; *Westgoten* aus der westlichen Ukraine durch Griechenland und Italien nach Südgallien und Spanien; *Ostgoten* aus der östlichen Ukraine in das südöstliche Gallien, nach Italien und das untere Donaugebiet; *Wandalen* von der oberen Oder nach Gallien, dann Spanien, Nordafrika, schließlich Rom und Unteritalien; *Burgunder* von der unteren Oder in das Rheinland; *Angeln*, *Sachsen* und *Jüten* aus Jütland in die für Rom nicht mehr haltbare britische Provinz; und *Franken* aus dem Nordrhein-Weser-Gebiet in den nördlichen Teil der Provinz Gallien.

Es prallte hier aufeinander: der ›unterentwickelte‹ Norden Europas und sein ›überentwickelter‹ Süden. Aber weder der Norden noch der Süden ging aus den verheerenden Auseinandersetzungen als Sieger hervor; an allen Fronten siegreich war allein das Christentum.

Thematische Berührungspunkte in der europäischen Feudalzeit

Um 500 n. Chr. entstand in Europa als unmittelbares Produkt seiner Nord-Süd-Konfrontation etwas – für Europa – völlig Neues: die Feudalgesellschaft. In ihrem Grundprinzip kann man noch die lange Plünderungszeit erkennen, aus der sie geboren wurde: Der Bauer dient einem bewaffneten Grundherrn, der das bäuerliche Gehöft schützt. Dieses neue System, in welchem alle Arbeit in einem christlichen Sinne als *Dienst* verstanden wurde, war eine Synthese aus den germanischen und den römischen Lebensbedingungen; die germanische Seite hatte ein selbstwirtschaftendes, vom Stammesverband gedecktes Bauerntum eingebracht, während die römische Seite eine von Sklaven gestützte, auf den städtischen Markt bezogene Latifundienwirtschaft eingebracht hatte. Der Keim der europäischen Feudalgesellschaft wurde an der römisch-germanischen Nahtstelle gelegt, in welche die Franken eingedrungen waren, also in Mitteleuropa. Dort und von dort aus entwickelte sich binnen weniger Jahrhunderte das erste zentraleuropäische Kaisertum (Karl der Große).

> Wir haben gesehen, daß sich seit ungefähr 3000 v. Chr. eine ganze Reihe bedeutender Zivilisationen entwickelt haben, darunter die der Sumerer und die der Ägypter, später der Perser, und dann die der Griechen und die der Römer. Erst dann, erst seit Beginn der feudalen Ära (Mittelalter) entstand in Mitteleuropa eine Zivilisation, die den vorgenannten an Bedeutung gleichkommt. Eine fundamentale Frage, die sich ein historisch denkender Mitteleuropäer stellen muß, lautet: Was war in der Zwischenzeit bei uns los?

Als Tacitus (1. Jahrhundert n. Chr.) über Germanien schrieb, konnte er eine Reihe germanischer Stämme im mitteleuropäischen Raum differenzieren; außerdem hatte er etwas von den Prußen gehört (Prusi) und auch von den um Estland herum lebenden Völkern (Aestii). Fünf Jahrhunderte früher hatte man in Südeuropa (durch die Reisen des Pytheas von Massilia) zum ersten Mal von den »Germanen« gehört, als deren Wohngebiet eine Gegend an der unteren Elbe galt. Bis dahin wußten die Südländer nur von den Hyperboräern, d. h. den eigentlich nordischen Völkern (später Normannen, dann Skandinavier genannt). Geht man noch weiter zurück, bis in die Zeit des Trojanischen Kriegs (um 1200 v. Chr.), so hat man in dem blühenden Mittelmeerraum Kunde von einem einzigen Volk, den Illyrern, die nahe den Ostalpen lebend sich auch bis in mitteleuropäisches Gebiet ausgebreitet hatten. Gleichzeitig, und sogar früher schon bestanden aber Verbindungen zum Ostseeraum, wie Bernsteinfunde (auf Kreta etc.) eindeutig beweisen.

Je weiter wir die Nachrichten zurückverfolgen, desto menschenleerer erscheint das mittlere Europa, bis jegliche Nachrichten von Mitteleuropäern fehlen. Diese Tatsachen lassen den Schluß zu, daß die Vorfahren von uns Mitteleuropäern von überall herkamen, nur nicht aus den Räumen, die heute die dicht besiedelten sind. Das bedeutet aber: Diese Räume waren bloßes Durchzugsgebiet oder waren völlig menschenleer zu einer Zeit, als in einer Reihe anderer Gebiete bereits bedeutende Völker existierten.

Dieses Phänomen ist umso bemerkenswerter, als es von den prähistorischen Befunden her keinerlei Anzeichen dafür gibt, daß das mittlere Europa jenseits des dritten Jahrtausends v. Chr. weniger besiedelt oder weniger entwickelt gewesen wäre als nördlichere oder südlichere Gebiete. Es geht demnach um ein zeitlich begrenztes Phänomen der Unbewohntheit Europas auf gewissen Breitengraden.

Diese Breitengrade sind die gleichen, auf denen Platons Beschreibung nach das verschwundene Atlantis bzw. dessen Hauptmasse gelegen hatte. Um den Zusammenhang zwischen dem Untergang von Atlantis und der sehr lange hinaus gezögerten Besiedlung derjenigen mitteleuropäischen Regionen, die später gerade die am dichtesten besiedelten wurden, nachvollziehen zu können, bedarf es erheblicher Fortschritte in der Atlantis-Theorie, von denen in den nachfolgenden Kapiteln die Rede sein wird.

Einstweilen befinden wir uns noch in der mitteleuropäisch geprägten feudalen Ära. Und in dieser Ära gab es keine Fortschritte in der Atlantis-Theorie, ganz im Gegenteil.

Im sechsten Jahrhundert gab es einen Beitrag zur Atlantis-Problematik am Rande der christlichen Welt; es war (soweit bekannt ist) der erste und der letzte der gesamten feudalen Ära, d. h. eines vollen Jahrtausends. Dieser eine Beitrag war Bestandteil eines größeren Werks, das – vermutlich vollständig – nach Rom in die Vatikanische Bibliothek gelangte. Wie man später rekonstruieren konnte, fehlte spätestens seit dem neunten Jahrhundert in dem nach Rom gelangten Exemplar des Werks das letzte Kapitel, welches von Atlantis handelte. (Bemerkt wurde das Fehlen erst im 17. Jahrhundert, als in Florenz eine Kopie des Werks mit seinem letzten Kapitel zutage trat.)[112]

Die Ehre, der einzige bekanntgewordene Atlantis-Autor einer ganzen Ära gewesen zu sein, gebührt einem ägyptischen Christen, der sich selbst Cosma nannte, ein griechischer oder gräcisierter Name. Cosma hatte den Beinamen »Indicopleustes« erhalten, weil er ein Indienreisender gewesen war, bevor er sich dann als Mönch in einem Kloster von Alexandria niederließ. Dort schrieb er seine »christliche Weltkunde«. Im letzten Kapitel (12. Buch) dieser Weltkunde polemisiert Cosma gegen die Griechen, die fast alle von der Menschheitsgeschichte keine Ahnung hätten und sich auch aus diesem Grund gegen die Bibel sträuben würden. Dabei wüßte die Bibel ebenso wie die chaldäische (altbabylonische) Überlieferung von einer Folge von zehn Königsgeschlechtern. Diese aber sei identisch mit den zehn Königen von Atlantis, von denen der griechische Philosoph Timaios berichtet habe. (Cosma hat von ihm gehört durch den Kommentar des Proclus zu Platons Dialog »Timaios«.) Der letzte jener Könige, und das ist der Hauptpunkt in Cosmas Ansicht, sei identisch mit Noah, und dieser Noah sei mit seiner Arche von Atlantis in unsere Welt herübergekommen. – Mit dieser Ansicht liebäugelte übrigens auch A. Braghine (1939), ausdrücklich aber jenseits seines wissenschaftlichen Kontexts. – Von Platons Atlantisüberlieferung ist bei Cosma fast gar nichts richtig wiedergegeben. So sind die zehn atlantischen Könige nach Platon keine dynastische Folge; sie repräsentieren vielmehr eine ursprüngliche, gleichzeitige Aufteilung der Herrschaft. Darüber hinaus verwechselt Cosma in der ägyptisch-griechischen Überlieferungsgeschichte zu Atlantis so ziemlich alles, was da verwechselt werden kann (u.a. Kritias mit Timaios, den alten Neith Priester mit Solomon – sic! –, diesen dann wieder mit Platon; und Solon war für Cosma ein noch wo ganz anders hingehörender verachtenswerter Jurist).

Es mutet etwas peinlich an, daß dem Cosma seine vielen historischen Fehler gerade dort unterlaufen sind, wo er sich über die mangelnden Geschichtskenntnisse der Griechen ereifert hat. Möglicherweise kam es auch aus einem Gefühl der Peinlichkeit, daß das besagte letzte Kapitel von Cosmas Werk in der Vatikanischen Bibliothek nicht tradiert wurde. Wenn darin der Grund liegt, weshalb das letzte Kapitel verschwand, so ist der Peinlichkeit allerdings kein Ende gesetzt worden; denn peinlicher als Fehler zu machen, ist, zu verhindern, daß sie korrigiert werden können. Im ganzen gesehen ist der Beitrag von Cosma dennoch nicht bedeutungslos. Denn trotz einer unhaltbaren Verknüpfung hat er einen grundlegenden Zusammenhang gesehen: einen Zusammenhang zwischen dem Untergang von Atlantis und der Großen Flut.

Mit Cosma und seinem unbekannten Zensor ist die Atlantis-Theorie vollends untergegangen, d.h. sie spielte jedenfalls im europäischen Bewußtsein für viele Jahrhunderte keine Rolle mehr. Dieses völlige Verschwinden hing allerdings zum geringsten Teil von der (während des Mittelalters) verhinderten Tradierung des

Atlantis-Kapitels von Cosma ab; diese Verhinderung hat nur symptomatischen Charakter. In der mittelalterlichen Welt sind die allerältesten Traditionen der Menschheit in einem allgemeinen und drastischen Sinne gebrochen worden. Ich werde dies für verschiedene Epochen des Mittelalters an drei gravierenden Beispielen, die alle unser Thema tangieren, aufzeigen, und dann am Ende dieses langen Kapitels deutlich machen, durch welche welthistorischen Umstände das Atlantis-Thema dennoch wieder im Bewußtsein auftauchte und erneut zum Forschungsthema werden konnte.

a) Das alexandrinische Beispiel

Das erste Beispiel des Zerbrechens ältester Traditionen betrifft Ägypten in der frühen islamischen Zeit. Mohammed – er hatte im Jahr 622 die ursprüngliche islamische Gemeinschaft in Medina gegründet – wurde die große Kraft, welche die hamitische Völkerfamilie Nordafrikas und Vorderasiens vereinte. Schon wenige Jahre nach Mohammeds Tod (631) stand das von Omar gegründete Arabische Reich ausgedehnt von Mesopotamien bis Ägypten. Aber die neuen Herren waren suspekt gegen alles, was nach fremdem Einfluß aussah. Sie ließen die gewaltigen Bibliotheksbestände von Alexandria vollständig verbrennen. Omar soll dies mit den Worten angekündigt haben: »Stimmen jene griechischen Schriften mit dem Buch Gottes (dem Koran – M. F.) überein, so sind sie nutzlos und bedürfen der Erhaltung nicht. Weichen sie davon ab, so sind sie gefährlich und müssen vernichtet werden.«[113]

Alexandria war sicherlich die bedeutendste Sammelstelle der Welt für vorsintflutliche Überlieferungen. Was aufgrund der Brandverwüstungen fehlt, läßt sich nur an dem ermessen, wovon anderweitig noch etwas da ist, z.B. die unter Voreingenommenheit leidenden kleinen Sekundärtexte zu Manetho; die Originalschriften von Manetho fehlen. Wahrscheinlich ist vieles von den besten Informationen zu Atlantis mit verlorengegangen. Alexandria war gerade auch durch seine bibliothekarischen Schätze eine wichtige Brücke zwischen dem afrikanischen Ägypten und dem europäischen Griechenland, die nach Platon ja einen uralten Hintergrund hatte. Diese Brücke ist mit verbrannt, und eigentlich erst im 19. Jahrhundert (seit Napoleon) ist der europäischen Wissenschaft wieder ein Zugang zum dezimierten Bestand des ägyptischen Wissens eröffnet worden.

b)   Das Beispiel der Prußen

Der zweite Fall des Zerbrechens ältester Menschheitstradition führt von islamischen Machthabern zu christlichen Eroberern des hochmittelalterlichen Europa und betrifft eines der am meisten verdrängten Kapitel unserer deutschen Geschichte. Hier muß ich ein wenig ausholen und darf wissenswerte Einzelheiten nicht zurückhalten.

Der Aufbruch der arabischen Welt ist im 8. Jahrhundert an der pyrenäischen Grenze des Frankenreichs zum Stillstand gekommen. Noch im gleichen Jahrhundert kamen dann die sehr alten Völker im hohen Norden Europas in Bewegung. Die Normannen (wegen ihrer Seehandelsstützpunkte – Wiks – auch Wikinger genannt) drangen zunächst durch Raubzüge in die nördlichen Randgebiete des Frankenreichs, das sich seinerseits durch Unterwerfung und Christianisierung der niederdeutschen Sachsen nach Norden hin ausdehnte. Aufgrund ihrer überlegenen Schiffahrt wurden die Normannen zu den bedeutendsten Seehändlern auf den Europa begrenzenden Meeren, und wo sie sich niederließen, zu noch bedeutenderen Staatsgründern. Schwedische Waräger, von den Slawen »Rus« genannt, gründeten den ersten Russischen Staat (Ende 9. Jahrhundert mit Hauptstadt Kiew). Norweger besiedelten Island, später auch Grönland; von dort aus hatten sie auch Berührung mit Amerika (um 1000). Dänen ließen sich in England nieder. Ein starker Stützpunkt der Normannen wurde die Normandie; von dort aus eroberten sie im 11. Jahrhundert England und schufen ihre Verbindungen zum Mittelmeerraum, speziell nach Sizilien, wo zur gleichen Zeit ein normannisches Fürstentum entstand.

Als am Ende des 11. Jahrhunderts der Papst vom Westteil des Frankenreichs aus die christliche Jugend Europas zum »Heiligen Krieg« gegen die islamischen »Heiden« aufgerufen hatte, formierte sich ein Kreuzzug, der den von Normannen gehaltenen Handelsstützpunkten bis in die arabische Welt folgte. Dieser gegen die moslemisch gewordenen Türken gerichtete erste Kreuzzug, und ebenso die im nächsten Jahrhundert folgenden Kreuzzüge, blieben für die christlich-islamischen Machtverhältnisse ohne Bedeutung. Aber diese Kreuzzüge haben ein wirkungsvolles Instrumentarium hervorgebracht, die Ritterorden. Einer von ihnen war der in Jerusalem gegründete Deutsch-Ritterorden, der sich auf das Kriegsgeschäft und die Krankenpflege verstand und beides durch Missionseifer verband. Ihm fehlte nach dem dritten Kreuzzug jedoch ein Betätigungsfeld. Inzwischen war das Frankenreich in einen französischen und einen deutschen Teil dividiert, wobei in dem letzteren Teil die Kaiserwürde durch das Herzogsgeschlecht der Staufer weitergetragen wurde. Diese verfügten als Schwaben (wahrscheinlich noch von den Wanderungen der Sueben während der Völkerwanderung herrührend) über beträchtliche Verbindungen von Norddeutschland bis tief in den romanischen Süden. Kaiser Friedrich I. verheiratete seinen Sohn Heinrich mit der normannischen Sizilien-

Erbin Konstanze, und durch diese Ehe wurde der Anspruch auf Sizilien an Kaiser Friedrich II. weitervererbt, der ihn mit Waffengewalt wahrnahm. Die letzte bedeutende von Mitteleuropa ausgehende Kaiserherrschaft (der feudalen Ära) erhielt so einen Hauptsitz in Sizilien. Auf dem Gipfel der Blüte seines Reichs übertrug nun Kaiser Friedrich II. seinem Ratgeber Hermann von Salza, dem Hochmeister des immer noch nach einem Betätigungsfeld suchenden Deutsch-Ritterordens, die Hoheitsrechte über das Prußenland, welches zwischen der Weichsel und der Memel lag. Dieser (1226 in der Schenkungsurkunde von Rimini festgehaltene) Vertrag machte den Deutsch-Ritterorden zum Herrn über ein fruchtbares Land. Wenn die Rechnung aufging, konnte jenes Land, nach dem Modell der einstigen römischen Provinz Sizilien, zur neuen Kornkammer Europas werden.

Letztendlich ist die Rechnung aufgegangen, und dadurch ist der zwischen Weichsel und Memel gegründete Preußische Staat zum bestimmenden Faktor der weiteren deutschen Geschichte geworden.[114]

Jedoch ist die Rechnung buchstäblich ohne den Wirt gemacht worden. Das Land zwischen Weichsel und Memel war nämlich durch die Prußen bewirtschaftet, und zwar ununterbrochen seit etwa drei Jahrtausenden (seit der nordischen Bronzezeit). Die Prußen, sie selbst nannten sich Prusai, waren ein überaus kultiviertes Volk, mit hoher Differenziertheit des Getreideanbaus, mit guter Pferdezucht – den Vorfahren der Trakener – und vielem anderen mehr. Das Volk war gegliedert in mehrere Stämme, die aus einem alten Königtum hervorgegangen waren (König Waidewud, an den – eine absolute Ausnahme! – der preußische König Friedrich I. bei seiner Krönung im Jahr 1701 erinnerte). Und nicht zuletzt charakterisierte die Prußen eine tiefe Religiosität. In der Propaganda des christlichen Abendlandes handelte es sich bei ihnen allerdings um die »wilden«, »heidnischen« »Pruzzen«, und mehr als diese drei Worte brauchte man im allgemeinen nicht zu wissen – was für deutsche Schulgeschichtsbücher zum Teil immer noch gilt. – In einer Zeit, als praktisch schon überall in Europa das Christentum herrschte, schlugen alle Missionsversuche bei den Prußen fehl. Ein Hauptgrund dafür war, daß die Prußen nicht in den Strudel der spätrömischen Völkerwanderung geraten waren, sondern in ihrem angestammten Land geblieben sind. Dieses Land wurde den Prußen genommen, und mit ihm ihr Leben. Das geschah in über ein halbes Jahrhundert (1231 bis 1283) dauernden Kriegszügen, teilweise durch stark gepanzerte Kreuzfahrer-Heere mit bis zu 60 000 der 80 000 Mann, abgesegnet vom Kaiser, vom deutschen König und vom Papst. Das prußische Volk wurde dabei, nach glänzenden Verteidigungen, größtenteils erschlagen. In seinem Blut kam der Preußische Staat, dessen erster Herr der Deutsch-Ritterorden war, zur Welt. (Deshalb wurden in der deutschen und sogar in der spezifisch preußischen Geschichtsschreibung die Entstehungsbedingungen dieses Staats derart verdrängt, daß immer wieder andere Zeiten und auch andere Gegenden zu dieser Staatsbildung herhalten mußten.)[115]

Die Reste der Prußen vegetierten kulturlos dahin oder wurden assimilert. Drei Jahrhunderte nach der Eroberung seines Landes war das Volk endgültig zerstört. Sogar seine Sprache starb damals. Nur im Namen »Preußen« blieben die Prußen noch enthalten.

Es handelte sich hier um ein Zerbrechen ältester Tradition, welches das christliche Abendland unter deutscher Führung bewerkstelligt hat; in diesem Fall wurde die Tradition nicht (wie im Fall Alexandrias) durch die Vernichtung des Schrifttums gebrochen, vielmehr durch die Vernichtung des Volkes selbst, und mit ihm seiner gesprochenen Sprache und, vermutlich, auch von Schriften. Von daher gibt es keine wirklich eigenen Quellen dieses Volks, sondern nur von Fremden Berichtetes, zuvörderst von Interessierten aus den Kreisen des Deutschen Ritterordens. In einem dieser Berichte (Peter v. Dusburg) wird der »Irrglaube« der Prußen bloßgestellt. Wenn man den schrillen Tenor einmal überhört, läßt sich aus solchen Informationen allerdings etwas sehr Wertvolles gewinnen, nämlich die Göttergestalten der Prußen. Um ihre Bedeutung zu erhellen, sei folgendes bemerkt: Die wenigen Historiker, die sich mit den Prußen beschäftigt haben, sind sich darin einig, daß dieses Volk einen nordischen Ursprung hatte. (Wie die enger verwandten Litauer und entfernter verwandten Letten gehörten sie zu den baltischen Völkern, während die Esten wie die Finnen und andererseits auch die Türken mit ihrem zentralasiatischen Hintergrund zu den Altaischen Völkern gehören.) Das prußische Volk muß aber, wie auch seine nicht bloß nordisch geprägten Sprachreste zeigen, noch aus einer weiteren Quelle herrühren. Für diese lang gehegte Vermutung habe ich nun eine Bestätigung gefunden. Es ist nämlich, wahrscheinlich noch vor dem zweiten Jahrtausend vor Christus, eine bestimmte Volksgruppe der Japhet-Linie von Kleinasien aus bis in das Gebiet östlich der unteren Weichsel vorgedrungen. Es handelt sich dabei um eine Abzweigung von den kleinasiatischen Phrygern, die eng mit den Etruskern (den Ahnen der Römer) verwandt waren.[116] Insofern muß man, wie so oft bei einem bedeutenden Volk, von (mindestens) zwei verschiedenen Quellen ausgehen, aus denen es zu einem einzigen Volk geworden ist. Die herausragenden Göttergestalten bei den Prußen waren nun diese:

1. Perkunas (oder Perkunos)
   der ›Götterkönig‹, im Zorn der flammende Donnerer
2. Potrimpos
   der Jüngling mit dem Ährenkranz, ›Gott des Werdens und Wachsens‹
3. Pikollos
   der bleiche hagere Greis, ›Gott der Furcht, der Qualen und Strafen‹, der das Teuerste verlangt[117]

In *Perkunas* läßt sich ohne weiteres sowohl der nordische *Thor* wiedererkennen (der wetternde ›Hauptgott‹, der mit seinem Hammer die Riesen erschlug) als auch *Jupiter* bzw. *Zeus* (der römische bzw. griechische, ebenso in Kleinasien verehrte ›Hauptgott‹, der Erderschütterer, dessen Attribut u.a. der Donnerkeil ist).

Wenn bei den Prußen ein Gewitter losschlug – in welchem Sinne auch immer –, konnte ihnen der Satz entfahren: Djewas Perkunas, abgehle nus! – Göttlicher Perkunas, bewahre uns!

In *Potrimpos* kann man sowohl den nordischen *Baldr* wiedererkennen (den schönen ›Frühlingsgott‹) als auch den griechischen *Apollo* (den jünglingshaften ›Gott des Kultivierens‹).

Pikollos ist ebenfalls von zwei Seiten her identifizierbar. Zum einen erscheint in ihm der nordische *Odin* wieder (mit dem sich ergrautes Wissen, Krieg und die Preisgabe von Menschen verbinden); zum anderen erscheint in ihm der griechische *Ares* wieder (der Kriegsgott, römisch Mars bzw. Mars-Quirinus als dynastische Folge.[118])

Hinter diesen drei herausragenden Göttern der Prußen: Perkunas, Potrimpos und Pikollos, kommt in der prußischen Götterverehrung noch *Kurche* zum Vorschein, der göttliche Nahrungsspender, dem freudige Erntefeste geweiht waren. Ohne Zweifel handelt es sich bei Kurche um den schon vielgenannten Osiris (griechisch Dionysos, römisch Bacchus). Und hinter Kurche taucht neben seiner blasseren Frau *Swaigsdunoka* (die griechische ›Mond-Frau‹ Selene) noch *Swaigstix* auf, der ›Helle‹, der die Bahn der Gestirne bestimmen kann und dessen Symbol die Sonne ist. Bei ihm handelt es sich ebenso unzweifelhaft um Helios. Im Zusammenhang mit dessen Sohn Phaeton wurde ja schon die Bernstein-Sage erwähnt. Und da keinem Volk der Bernstein so nahe war wie den Prußen, könnte ich mir sogar vorstellen, daß diese Sage von den Prußen stammt.

Den genannten Göttlichen sind wir durch die Überreste der ägyptischen Schriften fast allen schon begegnet. Bei den Prußen waren zumindest die genannten Göttlichen noch bis in das 13. Jahrhundert nach Christus in lebendiger Erinnerung. Dann wurden diese Erinnerungen in einer Weise ausgelöscht, wie man es sich drastischer kaum vorstellen kann. Was gelöscht wurde, läßt sich aufgrund ägyptischer Überreste (Manetho-Fragmente) grob umreißen: Erinnerungen aus mehr als vier Jahrtausenden Menschheitsgeschichte der ›Vorzeit‹ oder bestimmter gesagt, der atlantischen Zeit.

Mit Hilfe von Manethos Chronologie kann nämlich der erstgenannte, Perkunas, jetzt dem späten 4. Jahrtausend v. Chr. und der letztgenannte, Swaigstix, dem 8./9. Jahrtausend v. Chr. zugerechnet werden. Ich zeige die (grob datierbaren) Lebenszeiten dieser Gestalten in der folgenden Übersicht, die auch allgemeineren Zwecken dienen möge.

Gestalten aus atlantischer Zeit		
Prußische Entsprechung	Periodisierung nach Manetho Übertragung in chr. Zeitr.[119] (ungefähr) v. Chr	Weitere Informationen v. Chr.
	17 700	
	HEPHAISTOS ägypt.: PTAH	9 600 Gründ. Athen (nach Platon)
	8 700	
SWAIGSTIX mit SWAIGSDUNOKA	HELIOS	8 600 Gründ. Ägypten (nach Platon) z. Zt. des Helios-Sohns 7 700 Phaeton Katastrophe durch Himmelskörper
	AGATHODAIMON	
	KRONOS	Atlantischer Herrscher
	6 500	
KURCHE	DIONYSOS ägypt.: OSIRIS mit ISIS TYPHON ägypt./hebr.: SETH	Einwanderer aus Atlantis nach Ägypten; wahrsch. Urspr.zeit der Inschr. von Sais. Adam mit Lilith, mit Eva
	5700	
	HORUS	
PIKOLLOS nordisch: ODIN	ARES röm.: MARS	Gründ. Stadt Henochia im Libanon durch Kain (nach Kircher)
	ANNUBIS	
	4 900	
	HERAKLES	
	4 700	(nach Kircher:)
POTRIMPOS nordisch: BALDR	APOLLO	Beg. einer Zeitrechnung: – Geburt Apollos?
	AMMON THITHOE SOSUS	3 500 »Frauennahme«; Henochia Stützpkt. der
	3 300	Atlanter (n. Kircher)
PERKUNAS nordisch: THOR	ZEUS röm.: JUPITER	
Schwellenzeit	Die Große Flut	um 3100 (nach Josephus)

c) Das Beispiel der Guanchen

Das dritte Beispiel, wie älteste Traditionen der Menschheit während der Feudalzeit zerbrochen wurden, führt uns vom christlichen Osten Europas in seinen christlichen Westen, an das Gestade des Atlantik. Dort, lange geschützt durch die schwer zugängliche Lage der Kanarischen Inseln, lebten noch im 15.Jahrhundert die Guanchen, die am Ende ein sehr ähnliches Schicksal hatten wie die Prußen. Auch sie wurden im Namen des Christentums ausgerottet. Auch von ihnen blieb nicht einmal die Sprache zurück. Naheliegenderweise könnten die Guanchen ein Volk gewesen sein, das einmal besonders enge Verbindungen zu den Bewohnern von Atlantis gehabt hatte und das vielleicht von allen Völkern am direktesten spezifische Traditionen von Atlantis weitertrug. Doch als die Spanier die Kanarischen Inseln in Besitz nahmen, konnte ihnen dergleichen nicht bewußt sein; denn Atlantis war, wie schon gesagt, seit vielen Jahrhunderten in Europa kein Begriff mehr. Was die Große Flut im Bereich der Kanarischen Inseln angerichtet hat, ist schwierig zu beurteilen. Möglicherweise sind zu jener Zeit Verbindungen zum afrikanischen Festland, deren einstmalige Existenz manche Geologen vermuten,[120] abgebrochen; doch ist dies ungewiß. Nach allem, was zur Großen Flut dargelegt wurde, ist jedoch klar, daß es Überlebende nur im Gebirge geben konnte und daß die kritische Höhe der Überlebensmöglichkeit auf einer küstennahen Atlantik-Insel ungefähr so hoch sein mußte wie im Atlas-Gebirge (hier bei etwa 2000 m). Nun gibt es auf den Kanarischen Inseln nur ein einziges Gebirge, das die kritische Höhe deutlich überragt, nämlich den 3700 m hohen Pico de Teide mit Umgebung, das Wahrzeichen Teneriffas. Und dort lag die Heimat der Guanchen. Bis zur Ankunft der Phönizier, die einen Weg durch den noch kaum befahrbaren Atlantik bis zu den »Inseln der Glückseligkeit« fanden, blieben die Guanchen von der Welt völlig isoliert. Und noch bis in das hohe Mittelalter hinein blieben die Kontakte der Guanchen mit ihrer Umwelt vereinzelt. Eine eigene Schiffahrt, die sie zum Festland hätte bringen können, besaßen die Guanchen nicht; offenbar hat sich eine solche Schiffahrt deshalb nicht entwickeln können, weil der Atlantik in der langen Zeit seines notorischen Schlamms undurchdringlich war.

Die Berichte über die Guanchen stimmen darin überein, daß ihnen eine merkwürdige Mischung von Kultiviertheit und Primitivität eigen war. Sie verfügten über alte Inschriften, von denen aber gesagt wird, daß die Guanchen selbst sie nicht verstanden.[121] Ihre Waffen waren gegenüber denen der Spanier sehr primitiv; die Guanchen verteidigten sich mit Steinen und Hölzern. Frauen sollen bei ihnen sehr geachtet gewesen sein; sicher ist, daß es einen sehr geehrten Stand von Priesterinnen gab. Diese pflegten ihre Riten besonders in runden Megalith-Anlagen. (Solche Kultstätten übrigens verdammte die christliche Kirche seit jeher; schon auf den

ersten Konzilen war die Religionsausübung an solchen Orten, deren es in Westeuropa viele gab, unter schwere Strafe gestellt worden.)[122]

Das Wort »Guanchen« soll in der Sprache dieses Volks, das eine Lyrik hervorgebracht hatte, einfach »Menschen« bedeutet haben. Dies korrespondiert genau
mit der alten Überlieferung dieser Menschen, wonach sie die einzigen Überlebenden einer Weltkatastrophe gewesen sind; so hatte es ihnen aus ihrer langen Iso-
lationszeit heraus ja erscheinen müssen. (Bis heute ersinnt die europäische Wissenschaft immer wieder neue Theorien über die Herkunft der Guanchen, anstatt
endlich einmal deren eigener Überlieferung zu folgen!) Erwähnenswert ist auch,
daß die Guanchen die Tätowierung kannten, ebenso, daß bei ihnen eine schwie-
rige, auch bei Indianern bekannte Kunst der Gehirnoperation beherrscht wurde
(Trepanationstechnik, bei der Metallplättchen eingesetzt wurden) und ferner, daß
sie – wie die Ägypter und wie bestimmte altamerikanische Völker – Tote mumi-
fizierten.[123] Die Guanchen waren groß, relativ hellhäutig (den Berbern des Atlas-
Gebirge ähnlich) und galten als kräftig. Über viele Jahrzehnte, dabei wohlorgani-
siert, haben sie sich während des 15. Jahrhunderts gegen die Spanier zur Wehr gesetzt. Wie bei den Prußen auch, haben viele der Guanchen am Ende den Tod der
Unterwerfung vorgezogen. Einige wurden auf ihrer eigenen Insel versklavt und,
als dies verboten wurde, stattdessen als Sklaven in andere Länder verkauft. Andere konnten sich nach einer Rückzugzeit in das ursprüngliche Überlebensgebiet,
das Gebiet des Teide, unter Aufgabe ihrer eigenen Tradition assimilieren. –

Ich habe an einigen Beispielen gezeigt, wie entschieden während des Mittelalters tiefste Traditionen der Menschheit gebrochen wurden. Diese Ära war nicht
traditionsfeindlich an sich, und sie hat auch selbst starke Traditionen hervorgebracht (etwa das Rittertum und die Zunft); aber in Bezug auf die ältesten Mensch-
heitstraditionen war sie verwerfender als irgendeine Ära von denen, die uns begegnet sind. Dies zeigte sich im islamisch geprägten Teil und noch deutlicher im
christlich geprägten Teil der Welt. Unter diesen Bedingungen konnte, zumal in Europa, das Atlantis-Thema nur noch tiefer verschwinden. Wenn dieses Thema in
der frühfeudalen Zeit noch einen Hauch von Leben hatte (durch Cosma), so war
es in der spätfeudalen Zeit längst in der Unterwelt.

Allzu berechtigt ist deshalb die Frage, unter welchen Bedingungen jenes Thema überhaupt wieder in die Köpfe gelangen konnte.

Bedingungen der Wiedererinnerung an Atlantis

Eine notwendige, aber nicht hinreichende Bedingung war die Verlagerung des
Weltgeschehens von Mitteleuropa nach Westeuropa, d. h. hin zum Atlantik. Die-

ser Prozeß vollzog sich seit dem Stauferreich, das noch einmal aus der Mitte Europas hervorgegangen war und sich bis zum Mittelmeer einerseits und zur Nord-Ostsee andererseits erstreckt hatte. Von diesen beiden entgegengesetzten Meeres-räumen aus, in denen der Seehandel auf der einen Seite durch den Aufbruch der Araber und auf der anderen Seite dann durch den Aufbruch der Normannen be-lebt worden war, wurde der Seeverkehr nun auf der beide Meeresräume vermit-telnden atlantischen Verbindungsstrecke entwickelt. Dadurch gewannen die at-lantischen Staaten Spanien, Portugal, Frankreich, die Niederlande und zum Schluß England an Bedeutung. (In der Konkurrenz untereinander setzten sich letztlich diejenigen durch, die nicht nur als Zwischenhändler fungierten, sondern eigene Rohstoffe und später dann eigene Manufakturwaren in den Handel einbrachten.) Im Zuge dieser Entwicklung wurde die Atlantikküste Europas zum Herzstück der Welthandels. Dort blühte die Schiffahrt am meisten auf, und von dort aus wur-de der Atlantik erforscht; Jahrzehnte vor Columbus fuhren Portugiesen bis zu den (damals unbewohnten) Azoren.

> Der Kompaß spielte bei diesen Fahrten übrigens nicht die entscheidende Rolle, wie manchmal zu lesen ist. Einzelne Kompasse gab es schon sehr lange (z. B. hatte Py-thagoras einen aus Indien mitgebracht und ihn verschenkt).[124] Der Kompaß wurde damals allerdings – ähnlich wie Uhren – allgemein gebräuchlich.

Es war in erster Linie eine Frage des Wagnisses, wie weit man in den Atlantik hin-ausfuhr. Denn die Atlantik-Fahrer hatten ihre eigenen, in Jahrtausende langen Er-fahrungen begründete Überlieferungen, wonach ein Schiff auf See stecken bleiben konnte. Christopher Columbus war ein Waghalsiger, der andere mitreißen konn-te, um seinem Traumziel Indien näherzukommen. Wir wissen, daß er 1492 nicht Indien fand, sondern Amerika.

In dieser Zeit – und damit komme ich zu dem zweiten Bedingungskomplex, der das (geistige) Wiederauftauchen von Atlantis vollends erklärlich macht – be-fand sich Europa in seiner schwersten Krise seit der spätrömischen Völkerwan-derung. In dieser bereits eingeleiteten Krise, die sich noch verschärfte und bis in das mittlere 16. Jahrhundert fortdauerte, zerbrachen die feudalen Strukturen; und die christliche Kirche, soweit sie in diese Strukturen verwickelt war, wurde in Fra-ge gestellt. Auf dem Land wie in den Städten konnte die Arbeit in den herkömm-lichen Dienst-Verhältnissen nicht mehr gedeihen; viele wurden entlassen oder gin-gen selber, dabei hunderttausendfach, auf Vagabundage. Weil das Zentrum des ökonomischen Lebens sich weg nach Westeuropa verlagert hatte, kulminierte die Krise in Mitteleuropa (1525 deutscher Bauernkrieg und Luthers Reformation).

Der Beitrag, den der Protestantismus und speziell die Lehre Calvins zur Er-neuerung leistete, war eine Wandlung der Ethik; wie früher das Leben auf

»*Dienen*« abgestellt sein sollte – ›diene ich in der Welt, so diene ich Gott‹ – so sollte es fortan auf »*Verdienen*« ausgerichtet werden: ›Verdiene ich in der Welt, so verdiene ich Gott‹. Es war dies der Sinn der neuen Ethik, die Max Weber (Anfang des 20. Jahrhunderts) als den ursprünglichen »Geist des Kapitalismus« herausgearbeitet hat.

Innerhalb der alten Kirche fand ebenfalls eine Erneuerung statt, vor allem durch die von Ignatius v. Loyola gegründete Gesellschaft Jesu (sogenannte Jesuiten), durch die schon zur Zeit Calvins – übrigens unter dem gleichen Schlachtruf: »Alles für die Ehre Gottes!« – die Gegenreformation begann. Was die Mitglieder der Gesellschaft Jesu leisteten, war eine Erneuerung des Traditionsverständnisses; und wir werden gleich im nächsten Kapitel ein herausragendes Beispiel davon zum Atlantis-Thema erhalten.

Das große Band, das jene krisenhafte Zeit in Europa durchzog, das zwischen den Fronten vermittelte und neue Verbindungen schuf, das wissenschaftliche, religiöse und künstlerische Aspekte aufeinander bezog, war die humanistische Bewegung, die wohl keiner besser repräsentierte als Erasmus von Rotterdam. Sie war keine Partei, keine Religion, keine Vereinigung, und hatte dennoch ein gemeinsames Anliegen: aus den großen Werken der Antike zu lernen, wie der Mensch ein Ganzer und die Menschheit ein Ganzes werden kann. Leute, die nach solchem strebten, mußten zu den römischen Dichtern gehen, mußten die griechischen Philosophen finden, und sie mußten auch den Platon kennenlernen – und mit ihm, früher oder später, auch dessen merkwürdigen Atlantisbericht. Dieser Bericht konnte jetzt aber eine Bedeutung gewinnen, die er niemals vorher hatte und auch nicht haben konnte: Wer jetzt den Bericht Platons aufmerksam laß, der konnte in diesem Bericht (westlich von Atlantis) jenen Kontinent ausfindig machen, der gerade den Namen »Amerika« erhalten hatte. Der Atlantisbericht konnte deshalb eine neue Bedeutung gewinnen, weil er aus einer neuen Erfahrung heraus mit »neuen Augen« gelesen werden konnte. Die Erfahrung Amerika wurde jetzt zu einer kräftigen Stütze des Platonischen Berichts, aber auch nur dann, wenn man diesen Bericht sorgfältig las.

In der Krise des 15./16. Jahrhunderts wurden also (1) durch die westeuropäische Entdeckung Amerikas und (2) durch die humanistische Bewegung in Europa die Bedingungen dafür geschaffen, daß das Atlantis-Thema aus seiner tiefen Versenkung wieder auftauchen konnte. Damit die Kette der Überlieferung wieder in Gang kam, bedurfte es bloß noch des einen oder anderen Individuums, das Platons Atlantisbericht genau las, weiterforschte und darüber schrieb.

8. Die Wiedergeburt der Atlantis-Theorie

Die Neuzeit, falls dieser Begriff nicht schon überholt ist, begann im 16. Jahrhundert. Karl Marx zufolge, der während seiner fortgeschrittenen Studien (im späteren 19. Jahrhundert) in Periodisierungsfragen größtmögliche Präzision suchte, begann die kapitalistische Ära im mittleren 16. Jahrhundert. Ihre erste Periode, die in England eingeleitete Manufaktur-Periode, dauerte »rauh angeschlagen« (Marx) bis zum letzten Drittel des 18. Jahrhunderts, ihre mit der Industriellen Revolution wiederum in England eingeleitete zweite Periode, die Periode der Großen Industrie oder die Fabrik-Periode, hält seitdem – bis in die Krisenverhältnisse unserer Zeit – an.

Michel de Montaigne

Einer der ersten, der in der neuen Ära dem Atlantis-Thema wiederbegegnete, war der während des 16. Jahrhunderts um und in Bordeaux lebende Michel de Montaigne, ein Mann, der wegen seines wunderbaren Eigen-Sinns nie einer Philosophenrichtung zugerechnet werden konnte. Montaigne war der erste in seiner Zeit, der Platons Atlantisbericht korrekturlos, d. h. ohne Umdeutung, aufnahm und wiedergab. Montaigne verstand den Platonischen Text in der Weise, daß Atlantis bis zur Zeit der Großen Flut als eine bis in die Nähe von Gibraltar reichende Insel im Atlantik existierte und eine Weltmacht war:

> »... daß ehedem, und zwar noch vor der Sintflut, eine große Insel namens Atlantis vorhanden gewesen, gerade gegenüber der Mündung von der Meerenge von Gibraltar, ... und daß die Könige dieses Landes ... es unternommen, alle Nationen zu unterjochen, von den Ufern des mittelländischen Meeres an bis hin zum Schwarzen Meer ...«[125]

Montaigne, der mit größtem Interesse die zeitgenössischen Entdeckungen in Amerika verfolgte, hielt nichts von einer Gleichsetzung von Atlantis mit Amerika, die manche seiner Zeitgenossen vertraten.[126] Die Versuchung zu einer solchen Gleichsetzung ist verständlich: Atlantis – dies war ja auch das Problem der Aristoteliker gewesen – ist zunächst einmal nicht faßbar; für Europäer des 16. Jahrhunderts, die es auf Anhieb faßbar haben wollten, bot sich das im Bewußtsein neu entstandene und gerade faßbar gewordene Amerika an. Der unbestechliche Mon-

Michel de Montaigne

taigne allerdings vertraute der Platonischen Überlieferung, in welcher der amerikanische Kontinent einen ganz anderen Stellenwert hat. Der französische Philosoph konnte Platons Text zu Atlantis aber nicht nur nachvollziehen, sondern gab
mit sicherem Instinkt auch noch kleine, wertvolle Ergänzungen. Montaigne war
in der antiken Literatur zu Hause und verfügte von daher über ein großes Gespür,
welche Veränderungen mit der Großen Flut eingetreten sein konnten.

> »Es ist sehr wahrscheinlich, daß diese außerordentliche Verheerung des Wassers
> ganz sonderbare Veränderung unter den Wohnorten auf dieser Erde angerichtet ha-
> be: wie man denn der Meinung ist (Montaigne bezieht sich auf Vergils Aeneis, III),
> daß das Meer Sizilien von Italien, Cypern von Syrien und die Insel Negropont (Mon-
> taigne benutzt offenbar einen ursprünglichen Namen Euböas) vom festen Land ab-
> gerissen haben soll ...«[127]

Montaigne hat seine feinen Bemerkungen zu Atlantis im Zusammenhang einer
sehr kritischen Betrachtung damals gängiger europäischer Ansichten über die indianischen Bewohner Amerikas – die »Menschenfresser« – gemacht; er hat das
einfältige Gerede über die Indianer, und ebenso über Atlantis, zurechtgerückt.
Darüber hinaus hat er sich mit dem Atlantis-Thema, soweit dies aus den Essays
ersichtlich ist, nicht befaßt.

Athanasius Kircher

Anders verhielt es sich mit einem großen Denker aus Deutschland, der eine enorme Forschungsenergie in diese Thematik gesteckt hat. Sein Name war Athanasius Kircher. Kennern gilt er als der bedeutendste deutsche Wissenschaftler des 17. Jahrhunderts neben Leibniz. Wie dieser war auch Kircher ein ungewöhnlich vielseitiger Forscher, bewandert in den Naturwissenschaften wie in der Religionsgeschichte, außerdem (auf den Spuren des Pythagoras) ein Experte der Musikgeschichte; er schätzte das zurückgezogene Studium und kam dennoch weit in die Welt hinaus, bis nach Arabien und bis nach China. Kircher kam in diese Welten als Jesuiten-Pater, und die Welt, aus der er kam, war eine noch von der humanistischen Bewegung geprägte.

Voll ausgebildet in den alten Sprachen konnte Kircher Platon im Original lesen; dessen Atlantisbericht muß Kircher mit einer solchen Hingabe gelesen haben, daß in seinem Geist ein klares Bild von Atlantis zwischen Europa/Afrika einerseits und Amerika andererseits entstand. Dieses Bild hat Kircher gezeichnet. Allein durch diese Zeichnung (sie kursierte Anfang des 19. Jahrhunderts Frankreich) ist er späteren Atlantisforschern bekannt geworden; unter den letzteren, deren viele geworden sind, bin ich allerdings noch nicht auf einen einzigen gestoßen, der auch nur eine einzige Zeile von den großen Werken Kirchers zum Atlantis-Thema wiedergegeben hätte. Der Grund: Diese in Amsterdam verlegten Werke (von denen das erste dem Papst Alexander VII. gewidmet war) sind schwer zugänglich. Es gibt nur wenige Exemplare in erlesenen Bibliotheken, zu denen die Staatsbibliothek in Berlin gehört; und wenn man das Glück hat, ein solches Exemplar zu finden, muß man sich mit einem mittelalterlich gefärbten Latein herumschlagen. Diese bedeutenden Werke, das ist das Bemerkenswerteste, sind nämlich bis heute noch nicht übersetzt. (Einschränkung: In Spanien, Ausgangspunkt der jesuitischen Organisation, gibt es – wie Leon Stephens mir sagt – eine Übersetzung.)

Kircher brachte die Auseinandersetzung mit dem Atlantis-Problem wieder auf ein Niveau, das dem von Platon gesetzten Maßstab entsprach. In Kirchers erstem einschlägigen Werk, mit dem Titel »Untergegangene Welt« (Mundus Subterraneus), geht Kircher in erster Linie von der naturwissenschaftlichen Seite an die Problematik heran. Ihm geht es dabei nicht nur um Atlantis, sondern auch um andere mehr oder weniger bekannte Stücke der Erde, die – aus dem gleichen oder aus einem anderen Anlaß – untergegangen sind, vor allem im Mittelmeerbereich und an der Nordsee. Für weite Strecken des Mittelmeerbereichs, sagt Kircher, könne man davon ausgehen, daß einstmals Berge teils eingebrochen sind und teils hochgedrückt wurden, daß aus Halbinseln Inseln wurden und daß erhebliche Küstenstriche weggespült wurden. Unter Berufung auf Plinius nennt Kircher Sizilien, Zy-

Athanasius Kircher

pern und Euböa als ehemalige Halbinseln, die vom Festland abgetrennt worden seien. Auch an der Nordsee habe es offenbar Einbrüche gegeben; die Insel Nordstrand (heute eine ›künstliche‹ Halbinsel – M. F.) sei dem deutschen Forscher Cranzius zufolge einstmals eine Halbinsel gewesen. Außerdem sei zu vermuten, daß Grönland einmal eine Landverbindung zu Amerika gehabt habe.

Am meisten interessiert sich Kircher allerdings dafür, was im Zentralbereich des Atlantik einstmals vor sich gegangen sein könnte.

Er berichtet zunächst, daß im Sommer 1638 – von Seeleuten beobachtet – in der Nähe der Azoreninsel St. Michaelis durch einen Erdstoß Steine bis in Bergeshöhe hochgeschleudert worden seien und sich in einem beträchtlichen Umkreis ein Schwefelgeruch verbreitet habe, und daß dabei auch eine Insel entstand, die später wieder verschwand. Im Unterschied zu solch einem Verschwinden einer Insel würde er im Falle von Atlantis aber annehmen, daß in der Endzeit dieser riesigen Insel irgendein anderes Übel der Natur (aliud naturae malum) die Wurzeln der Insel dermaßen ausgehöhlt habe, daß ein Erdstoß ihren Zusammenbruch ausgelöst haben könnte. Kircher geht hier also von einer unbekannten Naturursache aus, die im Verein mit einem bekannten Phänomen des mittleren Atlantik – einer Eruption – zu dem Untergang von Atlantis geführt haben könnte.

In der Frage der Zeit dieser Katastrophe geht Kircher erst einmal von Platon aus; mehrfach sagt Kircher, daß nach Platon ein Zeitraum von Jahrtausenden in Betracht kommt (annorum 9000 intervallo – es geht hierbei um das im 6. Kapitel schon ausführlich diskutierte, wichtige Übersetzungsdetail: Kircher hat hierbei die gleiche Lesart, zu der ich unabhängig von ihm durch Überprüfung des Original-textes von Platon gekommen bin). Im übrigen denkt Kircher im Zusammenhang mit der Atlantis-Katastrophe an die Große Flut (diluvium), deren Zeit er durch die von ihm wiedergegebenen Generationen-Zahlen der Bibel ganz grob abschätzen kann, die er aber nicht näher bestimmt. Am Schluß seines ersten einschlägigen Werkes (für den Papst) entschuldigt sich Kircher für die Schwäche seines Geistes, die nur die vorgelegten Erkenntnisse zugelassen habe.[128]

In seinem einige Jahre später geschriebenen, zweiten einschlägigen Werk geht Kircher weniger von einer naturwissenschaftlichen als vielmehr von einer religionsgeschichtlichen Betrachtungsweise an die gleiche Problematik heran. Dieses Werk heißt: »Die Arche Noahs« (arca Noe). Die akribischen Angaben Kirchers zu jener Arche sollen hier weniger interessieren. Kircher neigt dazu, die bezeichneten Maße, die Hölzer etc. in einem wörtlichen bzw. faktischen Sinne aufzufassen; er ist aber ausdrücklich offen auch für alle symbolischen Ausdeutungen, die er zu diesen Angaben finden kann.

Besonders interessant ist, was Kircher (aufgrund seines Studiums der hebräischen Überlieferungen) zu den Verhältnissen *vor* der Großen Flut zu sagen hat. Generell spricht er, ähnlich wie Platon, »von einer maßlosen Perversion des Menschengeschlechts vor der Großen Flut« (de summa humani generis Perversitate ante Diluvium), wobei »kein Respekt vor Gott und den Menschen« geherrscht habe. So seien viele Hinweise auf naturwidrige Eingriffe überliefert: Von Frauen sei nicht das übliche *eine* Kind zur Welt gebracht worden, »sondern in einem Wurf mehrere« (sed complures uno partu effudisse). Zugleich, sagt Kircher, hätten gerade in der Zeit unmittelbar vor der Großen Flut die Wissenschaften und die Künste »in höchster Blüte gestanden« (maxime floruisse), insbesondere auch Mathematik und Musik. – Hier spricht einer, der nebenbei auch auf der Suche nach dem Wissen des Pythagoras ist. – Bis zu dieser Situation der Menschheit, so Kircher weiter, habe es allerdings eine lange Entwicklung gegeben, angefangen seit den Zeiten Adams, der selbst in Wissenschaft und Kunst kenntnisreich gewesen sei. Diese Informationen erinnern an die Auffassung des Flavius Josephus von Adam. Kain, Nachkomme des Adam, habe (wie auch im Alten Testament steht) die nach seinem Sohn Henoch benannte Stadt Henochia gegründet, die (nach Kirchers zusätzlichen Angaben) südlich des Libanon-Gebirges gelegen hat und Trägerin hochbedeutsamer Überlieferungen geworden ist. Viel später nämlich, und zwar im Jahre 1170 einer bestimmten Zeitrechnung – einer Zeitrechnung aus der Ära Apollos, wobei die Jahreszahl (1170) mit Hilfe der Daten des Josephus berechenbar ist als eine Zeit um 3500 v. Chr. –, habe sich die »Frauennahme« ereignet. Diese tief verletzende Frauennahme, d. h. die Wegnahme von Frauen durch überlegene Fremde, bringt Kircher in unmittelbaren Zusammenhang mit der Herrschaftsausdehnung der »Giganten«. Für Kircher sind dies die Atlanter, da ihre Kennzeichnung und ihr Herrschaftsbereich mit dem Platonischen Atlantisbericht übereinstimmt; Kircher beruft sich auf den Chaldäer Berosus, der von den »Giganten« sagt, ihre Herrschaft habe sich bis zum Libanongebirge ausgedehnt, und dort hätten sie die große Stadt Henochia innegehabt. Auch wenn Kircher es explizit nicht sagt, erlaube ich mir, interpretierend zu formulieren: Henochia ist zur Zeit der berühmten Frauennahme ein atlantischer Stützpunkt geworden.

Seit dieser Zeit, so Kircher, sei das Verderbnis der Menschen rasch vorangeschritten. Kircher nennt als Kennzeichen dieser Ära die Herstellung von Kriegswaffen aller Art, und zwar auf Grundlage der Metalltechnik (!). Die überlegenen Fremden (in Henochia) hätten ihren Verbündeten beigebracht, selbst gewisse Instrumente herzustellen (ipsas facere instrumenta fornicationis). – Hier gibt es für Kircher sicherlich ebenso wie für uns ein Übersetzungsproblem: die Instrumente könnten ›in Feuer gemachte‹ (eherne) Instrumente sein oder ›Feuer machende‹; Kircher selbst scheint hier an die »Feuerwaffen« zu denken, wie sie zu seiner (Kirchers) Zeit gebräuchlich geworden sind. Als ein weiteres Kennzeichen nennt Kircher eine gewisse Technik des Mitteilens durch die Luft (ars divinandi per aerem). – Noch gravierendere Übersetzungsprobleme! Schließlich nennt Kircher, und zwar im Zusammenhang mit den »Engeln« (Michael, Raphael, Gabriel, Uriel), eine gewisse Inspizierungstechnik aus höchsten Höhen mit Hilfe eines Behältnisses (e supremo coelorum habitaculo terram inspiciebant). – Die Übersetzungsprobleme überschlagen sich! Ich lasse sie hier einfach stehen und komme im letzten Kapitel, wo der Grund dieser Probleme erklärt wird, darauf zurück. Am Ende habe sich dann die Große Flut ereignet. Für dieses Ereignis gebrauche Nahum (bibl. Prophet) die Worte:

> »Die Wege des Herrn sind in Sturm und Wirbel.
> Sein Hirtenstab ist der Nebelstaub (nebulae pulvis).
> Er macht das Meer rasend, er macht es auch trocken
> und alle Flüsse bringt er zum Versiegen.«[129]

Betrachtet man die beiden einschlägigen Werke Kirchers im Vergleich zu Platons Atlantisbericht, so kann man für beide Autoren ein gleichartiges Grundproblem feststellen. Platon hatte sich zur Erklärung der großen Katastrophe einerseits auf natürliche Bedingungen (Erdbeben, Flut) bezogen und andererseits auf menschliche Bedingungen (Dekadenz, Krieg).

Ebenso betrachtete Kircher die Katastrophe von zwei Seiten her, einerseits von natürlichen Bedingungen her (»Aushöhlung« von Atlantis mit Erdstoß, Flut), andererseits von menschlichen Bedingungen her (Perversion des Menschengeschlechts, u.a. hinsichtlich des Kriegsgeräts). Beide Seiten erscheinen allerdings weder bei Platon noch bei Kircher in einem nachvollziehbaren Zusammenhang, denn bei Platon erscheint am Ende »Zeus« und bei Kircher »der Herr« (Dominus im Zitat Nahums) als derjenige, dessen Wille geschehen sei. Wie die natürlichen Bedingungen und die menschlichen Bedingungen zusammenhingen, bleibt ungelöst. Ob und inwieweit es für dieses Grundproblem eine Lösung geben kann – und unter welchen historischen Bedingungen – wird sich noch zeigen.

Kircher hat in methodischer Hinsicht sehr ähnlich gedacht wie Platon. Zudem hat Kircher Platons Aussagen bis in kleinste Details aufgenommen. Ein anmerkenswertes Detail findet sich in der Zeichnung von Atlantis, welche Kircher nach Platons (schriftlicher) Vorlage angefertigt hat: die Flüsse von Atlantis nämlich, die in verschiedenen Himmelsrichtungen dem Atlantischen Ozean zufließen. Kircher kommentiert den Lauf dieser Flüsse mit einer feinsinnigen geologischen Bemerkung. Generell, sagt er, seien die Landmassen (Terrestris Mundi portiones) von Natur aus so angelegt, daß die Flüsse den jeweiligen Meeresteilen zufließen. Da aber (erschließbar aus der detaillierten Beschreibung des Landes in Platons Text) die Flüsse von Atlantis ringsum dem Meer zugeflossen sein müssen, müsse die Landmasse von Atlantis von allen Seiten vom Meer umgeben gewesen sein.[130]

Mit diesem Argument wird Platons explizite Aussage, daß Atlantis eine (riesige) Insel gewesen ist, nur bestätigt. Kircher hatte für eine solche Bestätigung allerdings eine Veranlassung. Denn zu seiner Zeit ist auch die Meinung vertreten worden, daß Atlantis mit dem amerikanischen Kontinent verbunden gewesen sei. Diese Meinung ist von keinem geringeren als Francis Baco geäußert worden (und sie könnte für eine den hier betrachteten Jahrtausenden vorangehende Zeit auch durchaus richtig sein). Dieser bedeutende englische Gelehrte, der ein glänzender Technologie-Prognostiker war und der das Atlantis-Thema in einer bestimmten Weise berührt hat, soll uns am Rande ein wenig beschäftigen.

Baco hat in der Tat von einer einstigen Landverbindung zwischen Amerika und Atlantis gesprochen, indem er den amerikanischen Kontinent plus Atlantis als »Großamerika« bezeichnet hat. Er hat jedoch nicht, wie gelegentlich behauptet wird,[131] Atlantis mit Amerika identifiziert.

Der Grund, weshalb Baco von einer solchen Landverbindung ausgangen ist, scheint mir darin zu liegen, daß er Berichte von solchen Indianervölkern kannte, die noch von der Herkunft uralter Ahnen aus einem Land östlich von Amerika wußten; wahrscheinlich haben solche Berichte bei Baco die Idee einer Landverbindung zwischen Atlantis und Amerika hervorgebracht.

Baco benutzte in seiner fragmentarischen Spätschrift »Neue Welt« (Nova Atlas)[132] Atlantis nur als einen Bezugspunkt. Was ihn eigentlich interessierte, waren alte Berichte aus dem Pazifischen Raum. Solche Berichte, von denen Baco durch (Süd-) Amerika-Forscher gehört haben muß, hat dieser weitblickende Mann in einer ganz bestimmten Form verarbeitet, nämlich in der Form der Utopie.

Baco schreibt in seiner Utopie in romanhaftem Stil, europäische Seefahrer seien von Peru aus durch Zufall auf eine unbekannte Insel im Pazifik gestoßen. Das Besondere dieser Insel sei, daß sich dort – ganz unbemerkt – unvorstellbar lange Traditionen erhalten hätten. Auf höchstem Niveau würde auf dieser Insel Forschung betrieben. Die Technologie der Insel kenne optische Verfahren zur Bündelung von Licht, akustische Verfahren zur Übermittlung von Tönen, Unterwasserboote, Flugschiffe, die Nachahmung von Bewegungen in Bildern und verschiedene Verfahren zum Gebrauch von Sonnenenergie.

Was Baco am Ende seines Lebens (gest. 1626) über derartige Technologien schrieb, sieht aus wie ein Blick »zurück in die Zukunft«. Und gerade dies Doppelte macht den Inhalt seiner Utopie bedeutsam. Hätte Baco explizit geschrieben: ›solche Technologien hat es in alter Zeit einmal gegeben und es wird sie in einer nicht allzu fernen Zukunft wieder geben‹, man hätte es nicht akzeptiert. Darum hat Baco dieses Wissen in einer Utopie verborgen; eine Utopie erscheint als etwas Unverbindliches und ist insofern leicht zu akzeptieren. Baco muß als Quelle seines Wissens über spezifische indianische Überlieferungen verfügt haben, die Informationen über eine pazifische Zivilisation enthalten, welche nach den gleichen Überlieferungen in einem Spannungsverhältnis zur Atlantischen Zivilisation gestanden hatte. Daß dies die Quelle seines Wissens gewesen sein muß, wird im nächsten Kapitel, wo von dieser inzwischen wieder neu entdeckten Quelle im Kontext der indianischen Atlantisüberlieferung die Rede sein wird, nachvollziehbar sein.

Daß Baco seine zutreffenden technologischen Prognosen in England zu Papier brachte, ist nicht ganz zufällig. Denn England war seinerzeit der Vorreiter der neuen Zivilisation, die später die kapitalistische genannt wurde. Von England ging die manufakturielle Teilung der Arbeit aus, die sich bald im übrigen Westeuropa durchsetzte, mit Verzögerungen und Modifikationen dann auch in anderen Teilen Europas. Und von England ging auch die Kolonialisierung Nordamerikas aus, wobei bald andere Westeuropäer und dann auch Nordeuropäer, Mitteleuropäer und Südosteuropäer folgten, während Südamerika unter den älteren Handelsmächten Spanien und Portugal aufgeteilt wurde. Was bei der Kolonialisierung Amerikas mit dessen angestammten Einwohnern geschah, war etwas Ähnliches wie das innerhalb Europas mit den Prußen und den Guanchen bereits Geschehene. Auch die Indianervölker wurden größtenteils vernichtet, ihre alten Schriften (z. B. das Popol Vuh, das nur aus dem Gedächtnis wieder aufgeschrieben werden konnte) verbrannt. Und alles – große Ausnahmen wie William Penn miteingeschlossen – geschah im Namen des Christentums, dessen Erneuerungskraft aus dem 16. Jahrhundert offensichtlich nicht stark genug gewesen war, um den alten Völkern human zu begegnen.[133] Der Entwicklungsbeginn der neuen Zivilisation, die mitten im 16. Jahrhundert entstanden war und den Atlantik zu umspannen begann, hat ein Interesse an Atlantis mitentwickelt, wie im letzten Teil dieses Kapitels zu zeigen ist.

Die neue Atlantische Zivilisation und ihre Suche nach Atlantis

Seit etwa 1700, d. h. mehr als 100 Jahre später als in England, kamen im nördlichen Teil der amerikanischen Kolonien allmählich Manufakturen auf. Die englische Regierung suchte dies, so gut sie konnte, zu verhindern, denn England war an einer Arbeitsteilung interessiert, die einerseits den amerikanischen Markt für englische Manufakturwaren offenhielt und andererseits die Kolonien als Lieferanten von Roh- und Halbstoffen bereithielt.

Durch den Siebenjährigen Krieg (1756–1763), in den die europäischen Großmächte verwickelt waren und der zwischen England und Frankreich auch auf amerikanischem Boden ausgetragen wurde, erhielt England vollen Zugriff auf die nordamerikanischen Kolonien und drückte sie, nicht zuletzt wegen des sehr teuren Krieges, auch noch mit Steuern. Seitdem begehrten die Amerikaner der dreizehn Kronkolonien mit Entschiedenheit gegen die Englische Krone auf. Zur gleichen Zeit ist in England selbst geradezu fieberhaft an der Erfindung bestimmter Arten von Maschinen (Werkzeugmaschinen und Bewegungsmaschinen) gearbeitet worden, die eine entscheidende Bedeutung für die Herausbildung der Fabrikindustrie gewinnen sollten. Und so fielen zwei welthistorische Ereignisse zusammen: Die Amerikanische Revolution, aus der die Vereinigten Staaten hervorgingen, und der Beginn der Industriellen Revolution; das eine Ereignis fand im nordamerikanischen Atlantik-Bereich statt, das andere im westeuropäischen Atlantik-Bereich.

Die Industrielle Revolution mit ihrer charakteristischen Institution, der für den großen Markt arbeitenden Fabrik, hat in verschiedenen Gegenden der Welt unterschiedliche Auswirkungen gehabt. In ihrem Ursprungsland hat sie – weniger in den Fabriken selbst als in den mit ihnen hilflos konkurrierenden manufakturiellen, hausgewerblichen und handwerklichen Sparten zu einer drastischen Ausdehnung der Arbeitszeiten und zu schauderhaften Formen der Kinderarbeit geführt, was beides erst durch die (gegen Mitte des 19. Jahrhunderts aufgekommene) englische Arbeiterbewegung wieder eingedämmt wurde. In anderen Gebieten Westeuropas ist die fabrikmäßige Arbeit im Anschluß an die Französische Revolution übernommen worden; in den übrigen Teilen Europas, besonders nach Osten hin, hat diese Arbeitsweise erst Jahrzehnte später und typischerweise in der Form der Staatsaufsicht bzw. des Staatsmonopols Eingang in das gesellschaftliche Leben gefunden.

Nach Indien hin hatte die Industrielle Revolution eine äußerst zersetzende Fernwirkung, indem das traditionsreiche Tuchgewerbe Indiens in seiner Welthandelsrolle der englischen (Baumwoll-) Großindustrie geopfert wurde, ein wichtiger Faktor für die Ausprägung der indischen Armut. Wieder anders hat die Industrielle Revolution auf den fernen Westen gewirkt, auf die Vereinigten Staaten von Amerika. Dort wurde sie nämlich zum Motor einer drastischen Ausweitung der bislang nur auf Tabakplantagen üblichen Sklavenarbeit (Verachtfachung der Sklaven bis zum Höchststand von vier Millionen). Dies war bedingt durch den großen Bedarf, den die englische Baumwollindustrie an ihrem Rohstoff hatte, der im Süden der USA in großem Stil angepflanzt werden konnte, wenn Arbeitskräfte beschaffbar waren; unter den weißen Siedlern herrschte aber eine notorische Knappheit an Arbeitskräften und die Indianer ließen sich – jedenfalls in ihrer Heimat – trotz aller Versuche nicht versklaven. Die Engländer lösten das ganze Problem im Sinne ihrer Fabrikindustrie, indem sie den Sklavenhandel, der an der Atlantikküste Afrikas aufgekommen war, in ihre eigene Hand nahmen (Umschlaghafen Liverpool) und forcierten. Auf diese Weise festigte sich in den Südstaaten der USA, vermittelt durch Europäer, das System der Sklavenarbeit, das in der feudalen Ära Europas schon fast überwunden worden war. In der Zeit des Amerikanischen Bürgerkriegs (1861–1865) erreichte die britische Vorherrschaft in der Welt ihren Gipfel. Dieser Bürgerkrieg war ein Kampf zwischen den freihändlerischen Südstaaten und den schutzzöllnerischen Nordstaaten; die Südstaaten waren im Handel mit England am freien Austausch ihrer Rohstoffe gegen Industriewaren interessiert, während die Nordstaaten zur Entwicklung einer eigenen Fabrikindustrie am Schutz ihres Marktes vor englischen Industriewaren interessiert waren. Nach dem verlustreichen Sieg der Nordstaaten, der zugleich eine Niederlage der englischen Industrie war, wurden die amerikanischen Sklaven frei, frei vor allem für die am schlechtesten bezahlten Bereiche der Lohnarbeit.

Während England in seiner Rolle als Dreh- und Angelpunkt der Weltwirtschaft Einbußen erlitt, kamen neben dem Inselreich, auf beiden Seiten des Atlantik, die Staaten mit jüngeren Großindustrien auf: auf der einen Seite des Atlantik die sich ständig nach Westen ausdehnenden USA, auf der anderen Seite des Atlantik vor allem Frankreich, Deutschland und Rußland; wenn deren Interessen an Rohstoffquellen und Absatzmärkten einander zuwiderliefen, konnte es gefährlich werden für die Welt.

Bis hierher ist gezeigt worden, wie mit dem Beginn der Ära, die man die kapitalistische nennen kann (wenn man will, auch: die kapitale Ära), das Atlantis-Thema nach jahrhundertelanger Versenkung neu in die Welt gekommen ist. Weiter ist dann gezeigt worden, in welcher Weise sich die neue (kapitalistische) Zivilisation vom Atlantik aus um den Atlantik herum ausgebreitet hat. Für gut dreihundert Jahre ist dabei England – um es einmal im Sinne der Hegelschen Geschichtsphilosophie zu sagen – der Hauptsitz des »Weltgeists« geworden, der dann allerdings die kontinentalen Wohnsitze in Europa und Amerika zu bevorzugen begann. Es bleibt noch die Frage, wie in der Zwischenzeit das Atlantis-Thema behandelt wor-

den ist. In Erinnerung sei gerufen, daß Montaigne der erste war, der Platons Atlantisbericht getreu wiedergab, und daß Kircher (wenn wir von Bacos nur punk-
tuell auf Atlantis bezogenem Beitrag absehen) die ersten großen Forschungsar-
beiten zu dem Thema geleistet hat. Aus Kirchers einschlägigen Arbeiten ist aber,
wie ebenfalls schon gesagt, nur seine Atlantis-Zeichnung weitergetragen worden,
während seine (lateinischen) Texte den Atlantisforschern noch etliche Generationen lang verborgen blieben. Insofern konnte an Kirchers Arbeiten nur in sehr ein-
geschränkter Weise angeknüpft werden. Die Thematik als solche wurde nun allerdings mehr und mehr verankert und gewann allmählich die verschiedensten Arten von Interessenten. Von dem Aufklärer Voltaire ist bekannt, daß er Platons Atlantisbericht sehr ernst nahm; das gleiche gilt von dem aufgeklärten Alexander von
Humboldt, der zudem durch seine (bereits zitierte) Forschung zur Geschichte des
Atlantik wertvolle Hinweise zu der Thematik beitrug.

Daneben kamen auch Ansichten auf, bei denen *mit* Platon *gegen* Platon argumentiert wurde, indem dessen Atlantisbericht in einen anderen Kontext gestellt
wurde, als er ihn selbst gestellt hatte. So soll (wenn Ramage den mir nicht bekannten Bartoli richtig wiedergibt) die Ansicht vertreten worden sein, daß es sich
bei dem von Platon erwähnten Krieg zwischen Atlantis und Griechenland um die
Perserkriege handele.[134] Demnach hätte es sich bei den Bewohnern von Atlantis
also um die Perser des fünften Jahrhundert v. Chr. gehandelt. Von dieser Warte aus
gesehen darf Platon seinen Bericht allerdings nicht von Solon überliefert bekommen haben; denn wie hätte dieser ein Jahrhundert vor den Perserkriegen über die
Perserkriege berichten sollen? Jean Bailly, ein Astronom des 18. Jahrhunderts, hatte die Idee, das bei Platon berichtete Atlantis liege am Ende der Welt und sei das
zwischen Skandinavien und dem Nordpol liegende Landmassiv Spitzbergen.[135]
Bei dieser Überlegung deckt sich nur das Element ›Insel‹ mit den Aussagen Platons, wesentliche andere Elemente (z. B. Lage, Größe und der Untergang des Landes) dagegen nicht. Ein weiterer Franzose, Henri Martin, bekannte sich während
des 19. Jahrhunderts freimütig zu einer zwiespältigen Position. Er meinte, Atlantis habe nirgendwo gelegen, sondern sei eine Utopie Platons; wenn Atlantis aber
doch irgendwo gelegen habe, dann sicherlich – wie Platon sagt – im Atlantik.[136]

Ein Forschungsansatz, der sich im Laufe des 19. Jahrhunderts als fruchtbar erwies, wurde von einer Reihe französischer Amerikanisten vertreten. Herausra-
gend beteiligt waren daran Abbe Brasseur de Bourbourg und Auguste Le Plon-
geon, die unter den Maya-Indianern lebten, deren Sprache lernten und deren Geschichte erforschten. Sie stießen dabei auf fünf alte Hieroglyphentexte – diese waren den schriftenverbrennenden Missionaren entgangen – und versuchten sich in
den Anfängen der schwierigen Entzifferung. (Sie ist bis heute nicht vollständig ge-
lungen, so daß die Texte nur sehr unzureichend verstanden werden können.) Zu-

gleich lernten diese Franzosen aus den mündlichen Überlieferungen der Maya, daß sie, ebenso wie andere alte mexikanische Völker, von der Herkunft ihrer Ahnen aus einem irgendwo östlich gelegenen Land wußten, das in ihrer Sprache »Atlan« genannt wurde. Als nach dem Ägypten-Feldzug Napoleons (1798/99) in Frankreich die Ägyptologie aufblühte und Champollion die Entzifferung der ägyptischen Hieroglyphen gelang, konnte der Gedanke einer irgendwie gearteten Verwandtschaft zwischen den ägyptischen und den indianischen Hieroglyphen aufkommen; dies umso mehr, als auch die ägyptischen Pyramiden und die Pyramiden der Maya zu Vergleichen aufforderten. Derartige Vergleiche konnten allerdings nur einen Sinn ergeben, wenn man irgendeine Vermittlungsinstanz voraussetzte.

Mit Atlantis im Sinne Platons war eine solche Vermittlungsinstanz im Prinzip gegeben; und wenn man herausfand (wozu das Lesen seines Berichts genügte), daß Platon die Atlantis-Überlieferung über Solon von den Ägyptern hatte, und daß andererseits die Maya noch von einem in Richtung Atlantik gelegenen Land namens Atlan wußten, dann war die Verfolgung des Gedankens, Atlantis könnte die fehlende Vermittlungsinstanz zwischen den Kontinenten diesseits und jenseits des Atlantik gewesen sein, sogar naheliegend. Im späten 19. Jahrhundert wurde dieser Gedanke systematisch verfolgt. Damit trat die Atlantisforschung in ihre bislang letzte Phase ein, der sich die beiden verbleibenden Kapitel dieser Schrift nun widmen.

9. Neuere Versionen von Atlantis

In den Jahren, als der alte Marx noch sein Hauptwerk, »Das Kapital« überarbeitete und gleichzeitig über die Bedingungen einer sozialen Revolution in Rußland nachdachte (Briefentwürfe an Vera Sassulitsch), schrieb der Amerikaner Ignatius Donnelly sein großes Werk »Atlantis: die vorsintflutliche Welt« (Atlantis: the Antediluvian World). Der ersten Auflage von 1882 sollten etwa fünfzig weitere folgen. Donnelly war ein ungewöhnlicher Mann. Wie Marx hatte er politische Ambitionen, aber die Wissenschaft siegte. Während Marx die graue Eminenz der europäischen Arbeiterbewegung war, trat Donnelly ins Rampenlicht als ein Sozialreformer, der die von der Großen Industrie bedrohten Existenzen im Norden der USA vertrat. Donnelly, vorübergehend Vize-Gouverneur von Minnesota, wurde in den Kongreß der Vereinigten Staaten gewählt und kam dadurch in Washington D.C. mit der »Library of Congress« in Berührung, eine der besten Bibliotheken der Welt. In dieser Bibliothek fand Donnelly – wahrscheinlich durch Baco, der ihn stark interessierte, auf Spuren gebracht – so viel bearbeitenswertes Material zum Thema Atlantis, daß er seine politischen Ämter nicht mehr aufrechterhalten konnte.

Donnelly war kein so scharfsinniger Denker wie Marx, zumal nicht in historischer Hinsicht; Donnellys Stärke lag in der vergleichenden Forschung, die er konsequent und mit großer Begeisterung betrieb. Allerdings sind später etliche seiner Detailergebnisse und noch mehr so manche spekulativen Schlüsse, die er aus ihnen zog, zu Recht kritisiert worden. Sein Werk enthält aber auch unzählige Einzelinformationen, die noch nicht genügend ausgewertet wurden; nicht zuletzt dadurch ist es aktuell geblieben.

Donnellys Betrachtungsweise

Donnellys Hauptanliegen war, Atlantis, dessen einstige Lage er Kirchers Zeichnung bzw. Platons Vorlage entsprechend im Zentralbereich des Nord-Atlantik sah, als ein zivilisatorisches Zentrum darzustellen, dessen Wirkungen in andere Weltteile diesseits und jenseits des Atlantik gereicht haben; ob diese Wirkungen auf direkter (Kolonial-)Herrschaft beruhten oder durch indirekte Formen des Einflusses hervorgebracht wurden, bleibt bei Donnelly weitgehend offen. Nach seiner Vermutung gehörte Troja (seiner »atlantisch« anmutenden Stadtanlage wegen) ur-

sprünglich zu den Kolonialgründungen von Atlantis, und weiter vermutet Donnelly, daß der Handel von Atlantis nach der einen Seite bis zum heutigen Peru reichte und nach der anderen Seite über den Bereich des Schwarzen Meeres hinaus bis
nach Indien. Donnelly vergleicht systematisch, den Ideen der früheren französischen Amerikanisten folgend, alle möglichen alten Spuren in Gebieten diesseits und
jenseits des Atlantik. Wo er große Ähnlichkeiten findet, schließt er auf Atlantis als
Mittler, dessen Einfluß bis in die entsprechenden Gebiete gereicht habe.

   So sieht er als gemeinsamen Hintergrund der ägyptischen und der mexikanischen Tradition den »Sonnenkult« an. (Das gleiche Phänomen würde ich im Sinne Manethos lieber als Verehrung des Helios' bezeichnen, dessen Symbol die Sonne wurde.) In beiderlei Traditionen findet sich nach Donnelly auch die Vorstellung von der Unsterblichkeit der Seele; außerdem gibt es, nach Donnelly mit einer
Auferstehungs-Vorstellung zusammenhängend, Elemente eines Mumifizierungs-
kults. Diese religiösen Elemente hält Donnelly für Charakteristika, die aus ältester atlantischer Tradition herkommen. Entsprechendes gilt nach Donnelly für die
Pyramiden. Die meisten der zentralamerikanischen Pyramiden seien ebenso wie
die ägyptischen genau nach den vier Himmelsrichtungen ausgerichtet gewesen.
Ferner sieht Donnelly beträchtliche Ähnlichkeiten in den alten Skulpturen, den
Malereien und Gravierungen Ägyptens und Mexikos, und schließlich noch in dem
Gebrauch von Ziegeln, Glas und Porzellan (wie es sich auf amerikanischer Seite
speziell bei den Tolteken findet). Donnelly argumentiert beim Vergleich der ägyptischen und der mexikanischen Traditionen nicht nur mit den Ähnlichkeiten der
Spuren. Er gibt bis zu einem gewissen Grad auch Gründe dafür an, daß sich Kul-
turelemente von Atlantis nach Ägypten und auch in die Gegend Mexikos ausgebreitet haben. Denn zum einen geht Donnelly – meiner Ansicht nach völlig zu
recht – davon aus, daß einmal eine Emigration von Atlantis nach Ägypten stattgefunden hat. (Er scheint sich in diesem Punkt sehr sicher zu sein, obwohl er das
beweiskräftige Schliemann-Dokument nicht kennen konnte.) Allerdings bringt
Donnelly diese Emigration mit dem Namen »Ham« in Verbindung,[137] was historisch unsinnig ist. Denn die Ham-Linie hat zwar viel mit Ägypten zu tun, doch
erst nach der Großen Flut, als es (auch nach Auffassung Donnellys) Atlantis nicht
mehr gegeben hat; insofern ist der Gedanke einer Emigration Atlantis – Ägypten
unter der Ägide Hams historisch grundlos. Vielmehr spricht, wie schon dargelegt,
alles dafür, daß (im späteren siebten Jahrtausend v. Chr.) eine ursprünglich von dem
großen Kulturbringer Osiris geführte Emigration von Atlantern nach Ägypten
stattgefunden hat. Zum andern hat Donnelly auch gewisse Gründe für eine Verbindung von Atlantis zur mexikanischen Gegend. Dessen alte Indianervölker,
nämlich die Tolteken, Azteken und die Maya, kennen einen hochverehrten Kulturbringer, den Donnelly sehr genau beschreibt. Er war den Erzählungen nach

hellhäutig (!), hatte einen wallenden Bart und trug als Kopfbedeckung eine Mitra. Wenn vom Krieg geredet wurde, soll er die Finger an die Ohren gelegt haben; als Formen des Opfers schätzte er nur Früchte- und Blumendarreichungen (!). Wo er herkam, nämlich – von Amerika aus gesehen – aus dem Osten, dahin segelte er auch wieder ab (vom heutigen Vera Cruz aus).[138] Donnelly fügt an dieser Stelle hinzu, daß das zentralamerikanische Popol Vuh unter dem Namen Xibalba ein östliches Königreich kennt, das – genau wie bei Platon für Atlantis beschrieben – in zehn Teile, die (ursprünglich) von fünf Zwillings-Herrschern verwaltet gewesen waren, geteilt war, und das in einer Katastrophe verschwand. Donnelly kennt auch die indianischen Namen jenes Kulturbringers, aber nicht seinen ägyptischen; in der Sprache der Tolteken und der Azteken hieß er Quetzalcoatl; die Maya nannten ihn Kukulkan, was Donnelly zufolge beides ein Ausdruck für »gefiederte Schlange« ist. Es handelt sich hier um niemanden anderen als eben den, den die Ägypter »Osiris« nannten. Als Indizienkette biete ich dafür folgendes an: Osiris (der griechische Dionysos, oder genauer gesagt der erste Dionysos) wird als bärtig geschildert; eines seiner Symbole, neben dem Stier, ist die Schlange.[139] Bei der Mitra, die ihn nach den indianischen Überlieferungen kennzeichnet, handelt es sich sicherlich um jenen Kopfschmuck, der nach Aelians Überlieferung den Edelsten aus Atlantis vorbehalten war. Höchst interessant ist auch die Opferform mit Früchten und dergleichen, d. h. die Ausschließung von fleischlichen Opfern: Man erinnere sich an Pythagoras, der sein Leben lang den Spuren des Osiris gefolgt ist und der die besagte Opferform verwendet hat (als er zur Feier seines berühmten mathematischen Satzes einen aus Getreide gemachten »Stier« darreichte). Schließlich fügt sich das Gesagte zu der oberägyptischen Inschrift, nach welcher Osiris aus dem fernen Osten (Indien etc.) wieder nach Westen zog »soweit wie der Ozean«; zusätzlich sagt jene Inschrift, Osiris sei in allen Teilen der Erde gewesen.

Donnelly gelangt durch sein Vergleichsmaterial zu der Auffassung, daß die Atlantische Zivilisation in beträchtlichen Teilen der Welt Spuren hinterlassen hat: einerseits in Nord- und Südamerika, andererseits von den skandinavischen Ländern bis Westafrika, im Mittelmeerraum und noch weiter bis Südrußland und Indien. Daß diese Auffassung – zumal was Indien anlangt – durchweg gut abgesichert wäre, kann man nicht sagen; aber sie setzt sich zusammen aus begründeten Hypothesen. In jüngster Zeit hat vor allem Charles Berlitz noch Ergänzungen zu Donnellys Auffassung geliefert, insbesondere in sprachlicher Hinsicht. So gibt es etwa für den Begriff »Vater« (den viele Sprachforscher im Unterschied zu »Ma« oder »Mama« nicht auf einen ›natürlichen Urlaut‹ zurückführen) sowohl in den ältesten amerikanischen Sprachen als auch in den ältesten europäisch-vorderorientalischen Sprachen die gemeinsame Form »tata« (mit leichten Variationen). Oder: In der Sprache der Maya bedeutet »balaam« soviel wie ›Priester‹, im Hebräischen

»bileam« soviel wie ›Magier‹; »tepec« heißt im alten Mexiko ›Berg‹, wofür in Zentralasien »tepe« verwendet wird; »anta« heißt im fernen Westen ›Sonne‹, altägyptisch heißt ›Sonne‹ ebenfalls »anta«; »bal« heißt im fernen Westen ›Beil‹, auf sumerisch ebenfalls »bal«; »atl« bedeutet im alten Mexiko ›Wasser‹, wofür die Berber (Nordafrika) ebenfalls das Wort »atl« gebrauchen.[140] Diese wenigen Beispiele nur zur Ergänzung; in dem Versuch, Reste der atlantischen Sprache zu rekonstruieren, liegt ein großes Forschungsfeld offen.

Eine letzte Bemerkung zu Donnelly betrifft den Untergang von Atlantis. Donnelly brachte allein schon durch den Titel seines Werkes (»Atlantis: die vorsintflutliche Welt«) zum Ausdruck, daß er im Ende von Atlantis und in der Großen Flut einen Zusammenhang sah. Auffällig ist jedoch, daß Donnelly, der sich vor rein hypothetischen Formulierungen gewiß nicht scheute, in seinem Buch nicht den geringsten Versuch einer Datierung der Katastrophe unternommen hat. Nach meiner Auffassung bedeutet dies zunächst einmal, daß Donnelly – er hielt sich auch sonst streng an Platon – den Platonischen Text richtig verstanden hat, der einen Zeitraum von mehreren Jahrtausenden für das letztendliche Ereignis offenhält. Darüber hinaus bedeutet Donnellys Schweigen in der Datierungsfrage, daß er einen streng historischen Zugang zu der Problematik nicht gesucht, zumindest aber nicht gefunden hat. Hier liegt eine Grenze, die für die nordamerikanische Atlantisforschung typischer ist als für die europäische.

Umdeutungen von Platons Atlantisbericht

Ich komme nun zu einer anderen Gattung unter den neueren Versionen von Atlantis, die in der öffentlichen Meinung über Atlantis eine bemerkenswerte Rolle spielt. Ein gemeinsames Kennzeichen der Autoren dieser Gattung liegt darin, daß sie dem, was Platon zu Atlantis wußte, nur halbherzig vertraut haben. Dieser Bruch des Vertrauens geht historisch auf den Bruch der Aristotelischen Tradition mit Platon zurück, der noch nicht überwunden ist; überwunden wurde (seit dem 16. Jahrhundert) nur das Verschweigen des Platonischen Berichts, was Diodorus ja mit großer Perfektion praktiziert hatte. Seit der Moderne haben alle Atlantisforscher mit Platon argumentiert, auch wenn sie ihn widerlegen wollten. Das Grundproblem dabei ist allerdings das geblieben, was es bei Diodorus schon war. Eher wird nämlich nach einem irgendwie faßbaren Ort für Atlantis gesucht, als daß die alten Überlieferungen einfach akzeptiert werden können; denn sie enthalten, wie es scheint, etwas nur sehr schwer Faßbares: daß Atlantis im Atlantik war und dort verschwand. Für die neueren Umdeutungen von Platons Atlantisbericht gebe ich vier Beispiele, die teilweise (z. Zt. der Niederschrift dieses Buches) immer noch aktuell sind.

1. Beispiel: In den 1920er Jahren hatte Adolf Schulten die Idee, Atlantis müsse in Spanien gesucht werden, und die einstige reiche Stadt Tartessos sei die von Platon beschriebene Hauptstadt von Atlantis. In den 80er Jahren ist dieser Gedanke noch einmal von Helmut Tributsch[141] aufgegriffen worden. Auch er hält Tartessos (die historische Silberminen- und Handelsstadt, die wahrscheinlich von den Karthagern dem Erdboden gleichgemacht wurde und von den Archäologen noch nicht identifiziert ist) für das Zentrum von Atlantis; und Atlantis selbst ist für ihn »einfach Westeuropa« oder, wie er auch sagt, »Megalith-Europa«, d. h. diejenigen Teile Europas, wo die typischerweise in Rundbauweise angelegten uralten Großstein-Ruinen zu finden sind. Tributsch, von Hause aus Halluzinationsforscher, ergänzt seine Betrachtungsweise durch eine – in sich vorzügliche – Erklärung eines Phantoms: eine Luftspiegelung, aus der das mythische Bild von der ›Säule des Atlas‹, oder der Riese Atlas als Träger der Welt, entstanden sein könnte.

Dieses Atlantik-Fahrern (und auch dem Atlantisforscher Kircher) nicht unbekannte Phänomen kann unter bestimmten Wetterbedingungen in der Weise entstehen, daß beispielsweise der Pico de Teide der Kanarischen Inseln oder der Pico der Azoren in irgendeiner Spiegelversion sehr nahe erscheint, auch wenn er in Wirklichkeit sehr weit entfernt ist. Dieses Phänomen dürfte nach meiner Ansicht ein maßgeblicher Grund dafür gewesen sein, daß selbst die Azoren in einer relativ frühen Zeit (vor Homer) bekannt waren und höchstwahrscheinlich vom Norden her gefunden werden konnten.

Tributsch stellt seine Betrachtungsweise allerdings in einen ganz anderen Zusammenhang. Da für ihn Atlantis im Atlantik nicht faßbar ist, identifiziert er es in Anlehnung an Schulten mit dem leichter faßlichen Westeuropa. Da Platon jedoch Atlantis im Atlantik vor Augen hatte, bedarf dies aus der Sicht von Tributsch einer Erklärung. Seiner Erklärung zufolge sind Platon bzw. diejenigen, von denen er seine Theorie hatte, auf das Phantom der ›Säule des Atlas‹ hereingefallen; auf diesem Phantom beruhe die Vorstellung, daß es ein Atlantis im Atlantik gegeben habe. In Platons Atlantisbericht taucht die Säule des Atlas in keinem Wort auf; es gibt nicht einmal eine Assoziation mit ihr. Insofern kann Tributsch einen Zusammenhang zwischen der mythischen Säule des Atlas und Platons Atlantisbericht nicht herstellen, sondern muß ihn konstruieren. Im übrigen wird Platon in Tributschs Argumentation schlichtweg für dumm verkauft, so als hätte Platon nicht unterscheiden können zwischen einer Oase und der Fata Morgana einer Oase, oder zwischen Wesen und Erscheinung.

2. Beispiel: Nach dem Zweiten Weltkrieg sind von Tauchern vor der Küste Schleswig-Holsteins Ruinen gefunden worden. Jürgen Spanuth, ein Pfarrer im hohen Norden Deutschlands, hat sich als Leiter jener Unterwasserforschungen Verdienste um die Archäologie seiner Heimat erworben. Aber Spanuth wollte sehr viel mehr. In mehreren Schriften hat er sich als der Entschlüssler des Welträtsels Atlantis vorgestellt und hat – vor allem in Norddeutschland – viele Anhänger seiner Weltsicht gefunden. Ihr zufolge sind seine Taucher auf die Königsinsel von Atlantis gestoßen, dem Zentrum des – seiner Auffassung nach – rein nordischen Atlantis.

Besonders stolz ist Spanuth auf einen methodischen Gedanken: da Platon seine Atlantis-Theorie aus Ägypten hat, müsse sie auch von dem ägyptischen Hintergrund her aufgeschlüsselt werden. Doch wie führt Spanuth diesen Gedanken durch? Spanuth knüpft an die Inschriften aus dem oberägyptischen Medinet Habu an, die aus der Zeit Ramses III. stammen und von den um 1200 v. Chr. geschlagenen Schlachten der Ägypter mit Seevölkern berichten. Diese Völker, so Spanuths Interpretation, seien zu Fuß und zu Schiff aus dem hohen Norden Europas gekommen. Ihr Angriff sei die Invasion der Atlanter gegen Ägypten gewesen (– und Griechenland?? –), wovon Platon im Atlantisbericht gesprochen habe.

> Von Spanuths Lokalisierung von Atlantis einmal ganz abgesehen, ist seine These von der nordischen Invasion zwar kaum zu halten, aber sie ist doch nicht völlig aus der Luft gegriffen. Die betreffende Zeit war eine Völkerwanderungszeit, in welcher der gesamte Mittelmeerraum in Bewegung war. Und man kann nicht völlig ausschließen, daß die eine oder andere Völkerschaft auch aus nördlichen Regionen Europas unterwegs war. Spanuth führt zur Untermauerung seiner These die Funde der sogenannten germanischen Griffzungenschwerter entlang bestimmter Wanderwege in Europa an. Diese Funde zeigen nur, daß Mitteleuropa in den betreffenden Zeiten (Jahrhunderten) ein Durchzugsgebiet war. Spanuths These von einer nordischen Invasion um 1200 v. Chr. hat diese eine Stütze, doch ist sie sehr schwach.

Spanuth muß den angeblichen nordeuropäisch – ägyptischen Krieg so monströs wie möglich darstellen, weil er ihn mit dem (von Platon berichteten) Krieg des Atlantischen Reichs mit mediterranen Völkern gleichsetzt. Spanuth behauptet zudem, daß die von Platon beschriebene Insel eine zwischen Helgoland und Schleswig-Holstein untergegangene Insel sei; damit dies gelingt, muß er jedoch die von Platon beschriebene »heilige Insel« (Atlantis) auf einen Umfang reduzieren, wie ihn die von Kanälen umringte Königsburg der Hauptstadt von Atlantis (nach Platon) hatte. Im übrigen führt Spanuth etliche Ähnlichkeiten zwischen der von ihm entdeckten Insel (falls es eine wirkliche Insel war) und der von Platon beschriebenen Insel an, z. B. die Farben des Gesteins. Die Unähnlichkeiten dagegen meidet Spanuth oder übersieht sie, z. B. die in Schleswig-Holsteins Landschaft gar nicht recht passenden Berge von Atlantis (wie bei Platon beschrieben).

Mit den Jahreszahlen bei Platon, nämlich der Gründung von Athen (rund 9 000 Jahre vor Solon) und der Gründung Ägyptens (rund 8 000 Jahre vor Solon), geht

Spanuth folgendermaßen um: Er glaubt in Platons Atlantisbericht gelesen zu haben, daß der Krieg (– Ägyptens?? –) gegen Atlantis 9 000 Jahre vor Solon stattgefunden habe, eine kleine und eine sehr große Ungenauigkeit, die man Spanuth wegen des mehrfach erwähnten Übersetzungsproblems (am Anfang des »Kritias«) beide verzeihen kann. Dann aber kommt Spanuth mit der ebenfalls schon bekannten Umdeutung von Jahren in »Mondjahre« und erhält, mit zusätzlichem Zerren, die Zeit um 1200 v. Chr., die er für den behaupteten nordeuropäisch – ägyptischen Krieg braucht. Bei seiner Umdeutung ägyptischer Jahreszahlen beruft sich Spanuth übrigens zu Recht auf den großen Umdeuter Diodorus, völlig zu Unrecht aber auf den Ägypter Manetho (den er in seinem Literaturverzeichnis nicht aufführt und ohne Quellenangabe ›zitiert‹[142]). Insgesamt versucht Spanuth den Eindruck zu erwecken, Platon habe etwas von einem nordisch – ägyptischen Krieg, dessen Ausgangspunkt eine verlorene norddeutsche Insel gewesen sei, vage gewußt und daraus seinen Atlantisbericht erstellt. Als Verdienst Spanuths bleibt, daß er, auch durch seine Auseinandersetzung mit anderweitigen Positionen, der Atlantisforschung nach dem Zweiten Weltkrieg eine starke Anregung gegeben hat.

3. Beispiel: Bevor der kämpferische Pfarrer aus dem Norden sein jüngstes Buch herausbrachte, hat J. V. Luce, zu Beginn einer Atlantis-Lesewelle, Atlantis mit der mittelmeerischen Vulkaninsel Thera (Santorin) in Zusammenhang gebracht. Luce, ein irischer Historiker, hatte die Forschungen des griechischen Archäologen Merinatos – dieser war bei seiner Arbeit tödlich verunglückt – aufgegriffen und die Geschehnisse um Thera im Kontext der spätminoischen Zivilisation (Zentrum Kreta) dargestellt. Seine Darstellung erscheint vergleichsweise behutsam, zurückhaltend und historisch fundiert. Ein Kernpunkt ist dabei der verheerende Vulkanausbruch, der während des 2. Jahrtausends v. Chr. Thera aufgerissen und in der Mitte hat untergehen lassen. Doch sagt Luce nicht, obwohl etliche seiner Leser ihn nachher so verstanden wissen wollten, daß Thera Atlantis sei.[143]

Luce versucht allerdings, und darin ähnelt seine Methode im Prinzip der von Spanuth, dem Leser nahezulegen, Platon habe von den spätminoischen Katastrophenereignissen gehört und sei so beeindruckt gewesen, daß auf diesem Hintergrund irgendwie sein Atlantisbericht entstanden sei. Luce weiß genau, daß Platon, und auf dessen Grundlage in neuerer Zeit vor allem auch Donnelly, Atlantis im Atlantik vor Augen hatte; aber diese Lokalisierung des Zentrums einer großen Zivilisation kann Luce nach eigenem Bekenntnis nicht fassen.[144] Faßbar, geradezu anfaßbar ist aber ein Rest der untergegangenen Minoischen Zivilisation im viel ertauchten Gewässer von Thera. Dies genügt Luce, um die »minoische Hypothese« des Untergangs von Atlantis allem anderen vorzuziehen. (Die Ansicht, daß auf Thera Atlantis untergegangen sei, habe ich in dieser Version im Vortrag eines Journalisten gehört. Die Argumentationstruktur war: die Thera-Katastrophe ist hinsichtlich der gewaltigen Sprengkraft des Vulkans und hinsichtlich ihrer Datierung die wissenschaftlich am exaktesten erfaßte antike Katastrophe vor Platon; Platon sei von ihrem Nachhall so erfaßt worden, daß er Atlantis erfand – im Atlantik.)

4. Beispiel: Die zwar nicht jüngste, aber die zweifellos bemerkenswerteste der Umdeutungen von Platons Atlantisbericht ist in dem 1992 erschienenen Buch von Eberhard Zangger enthalten, in dem das kleinasiatische Troja als Atlantis angeboten wird. Von Atlantis ist allerdings nur in der sehr marktgerechten deutschen Version des Titels die Rede.[145] Das deutsche Magazin »Der Spiegel«, das vor einiger Zeit noch Thera als Atlantis favorisiert hatte, feierte den jungen Archäologen Zangger bereits wie einen deutschen Helden; nicht nur durch die Vermutung, daß man es hier mit einem »zweiten Schliemann« zu tun hat, sondern auch durch die Frage, ob Zangger den Platon nicht als »größten Lügenbaron der Weltgeschichte« entlarft hat.[146]

Zanggers Buch ist ein gutes Buch über Troja. Was Atlantis betrifft, so habe ich nichts Reelles hinzugelernt, und ich fürchte, das gilt auch für einen Anfänger in der Materie – ausgenommen die Tatsache, daß er bei Zangger Platon lesen kann. Den Platon selbst behandelt Zangger mit einer bemerkenswerten Mischung von Respekt und Respektlosigkeit. Wo Fragen seines eigenen Fachgebiets berührt werden (Geoarchäologie), geht Zangger nichts über Platon, den er gewissermaßen für den ersten und letzten großen Geoarchäologen der Menschheit hält. In Dingen dagegen, von denen Zangger weniger versteht, unterlegt er dem Platon die drastischsten Mißverständnisse, und wenn es bei Platon nicht geht, unterlegt er sie dem Solon, und wenn es bei Solon nicht geht, dem »ganz alten« Priester (von Sais), und wenn es bei allen Dreien nicht geht, einem unbekannten (ägyptisch – griechischen) Übersetzer. So habe es bei den Alten ein Mißverständnis über den Begriff »Insel« gegeben. Und ferner habe es bei ihnen ein Mißverständnis darüber gegeben, daß die angebliche Insel Atlantis ›jenseits der Säulen des Herakles‹ gelegen habe, also jenseits von Gibraltar. Zangger braucht in der Tat solche »Mißverständnisse«, um die atlantische Insel Atlantis auf das kleinasiatische Festland (Hauptsitz Troja) zu verlegen. Gegen Ende versteigt sich Zangger nun aber noch in die aberwitzige Spekulation, Platon hätte an seinem Lebensende wohl selbst »begriff(en)«, daß Atlantis mit Troja identisch« sei.[147]

Zangger zeigt jedoch auch eine erfrischende Selbstkritik, von dem schönen Humor am Ende seines Buchs zu schweigen. So spricht er, unmittelbar nach seiner totalen Identifizierung von Atlantis und Troja, zur Kennzeichnung seiner eigenen Position plötzlich von »Parallelen« bzw. von der »Analogie zwischen Troja und Atlantis«;[148] das bedeutet: beide sind nicht identisch, sondern in bestimmter Hinsicht ähnlich. »Dieser Gedankengang«, so Zangger über die besagte Analogie, »mag ... als ein Katalysator wirken, durch den neue, von der Gleichung Atlantis – Troja völlig unabhängige Ideen entstehen können.«[149]

An diesem Punkt wird Zangger in meinen Augen interessant. Denn wir haben bei der Diskussion von Donnellys Werk gesehen, daß Atlantis weit über seine insuläre Lage hinaus zivilisatorische Einflüsse ausgeübt hatte, die dann mit dem Ende von Atlantis und der Großen Flut abbrachen. Daß diese Einflüsse auf Spanien gewirkt hatten, wo irgendwann nach der Großen Flut Tartessos entstanden ist, ist nach den Angaben Platons (zu Gadeiros) sehr naheliegend. Ebenso können die zivilisatorischen Einflüsse auf Nordeuropa gewirkt haben, wo nach der Großen Flut eine sehr eigenständige nordische Zivilisation entstanden ist. Ferner können solche Einflüsse auf bestimmte Gegenden des Mittelmeerraums, zu denen Thera gehört, gewirkt haben, wo nach der Großen Flut die Minoische Zivilisation aufblühte. Und schließlich können solche Einflüsse auch auf Kleinasien gewirkt haben, speziell auf Troja, wovon besonders Donnelly überzeugt war; außerdem hatte Kircher ja herausgefunden, daß eine andere nicht weit von Kleinasien gelegene Stadt, das vorsintflutliche Henochia, eine Art Stützpunkt von Atlantis gewesen sein muß.

Doch bleiben wir beim Beispiel Troja, von dem Zangger bekannt ist, daß es seit etwa 3000 v. Chr. besiedelt wurde, d. h. (was Zangger allerdings nicht weiß) zu einer mehr oder weniger kurzen Zeit nach der Großen Flut. Nehmen wir nun einmal an, diese Stadt sei irgendwann vor dieser Zeit von dem Inselreich Atlantis geprägt worden; und überspitzen wir diese Annahme einmal dahingehend, daß Troja in Zeiten vor der Großen Flut von atlantischen Städtebauern nach dem Ringkanal-Muster der Hauptstadt von Atlantis angelegt worden war. Nach allem vorher Gesagten dürfte einleuchtend sein, daß Troja (wie die anderen Städte auch) von der etwas früher als 3000 v. Chr. datierten Großen Flut überwältigt wurde. Danach setzte, erkennbar an der archäologischen Schicht »Troja I«, eine (allmähliche) Neubesiedlung Trojas ein, natürlicherweise auf den Resten der ehemaligen Stadtanlage, die wir als ringkanalförmig angenommen haben. Wie immer sich die von Kriegszerstörungen geschüttelte Stadt weiterentwickelt haben mag, die Reste der vorsintflutlichen Stadtanlage müßten die tiefste Basisstruktur Trojas geblieben sein.

Diese Struktur und ganz besonders das, was in ihr an einem einstigen ringförmigen Kanalsystem zu entziffern ist, hat Zangger am meisten fasziniert. In dieser Struktur sieht er, vielleicht völlig zu Recht, gewisse Parallelen bzw. Analogien zu der bei Platon beschriebenen Struktur der Hauptstadt von Atlantis. Diese jedoch, und hier möchte ich eine sensationelle Ausdrucksweise (aus der Vorankündigung seines Buchs) an Verlag und Autor zurückgeben, »liegt anderswo«. –

Es ist an vier Beispielen gezeigt worden, an welchen verschiedenen Orten Atlantis im Laufe des 20. Jahrhunderts vermutet worden ist. Diese Beispiele, die ich unter der Gattung »Umdeutungen von Platon« fasse, sind nur ein Bruchteil (etwa ein Zehntel) der auf beiden Seiten außerhalb des Atlantik vermuteten Orte von Atlantis; ausgewählt habe ich hier diejenigen Positionen, die in der Literatur am ausgiebigsten dargestellt sind.

Daß diese verschiedenen Positionen ohne eine mehr oder minder gewaltsame Umdeutung des Platonischen Atlantisberichts nicht auskommen, ist an den verschiedenen Beispielen wohl hinlänglich deutlich geworden. Ebenso klar müßte sein, daß diese Positionen alle im Widerspruch zueinander stehen; denn Atlantis bzw. seine Hauptstadt kann nicht zugleich Tartessos und eine Nordseeinsel und die Thera-Gegend und Troja (und, und, und ...) gewesen sein. Dennoch sind diese verschiedenen Positionen unter einem bestimmten Gesichtspunkt alle berechtigt: Es hat sich ja schon bis hierher, wo noch nicht einmal die bedeutendsten Untersuchungen dieses Jahrhunderts zum Atlantis-Thema dargestellt worden sind, gezeigt, daß das 20. Jahrhundert – zumindest, was die Quantität anlangt – die entsprechenden Forschungen der früheren Zeiten bei weitem überflügelt, und dies im Laufe des Jahrhunderts in steigender Tendenz. In unserer Zeit also eignet man sich das Atlantis-Thema in einer nie gekannten Breite an, auch in einem geographischen Sinne. Dabei spielen die Bücher, in denen immer wieder eine neue Sensation von ›Atlantis‹-Entdeckung geboten werden kann, eine gewichtige Rolle. Überall, wo ein neues ›Atlantis‹ entdeckt wird, bildet sich in einem gewissen Umkreis eine Leserschaft, die auf »ihr« Atlantis pocht; dadurch verallgemeinert sich die Aufnahme der Thematik (wodurch Platon übrigens einen erstaunlichen Bekanntheitsgrad erreicht).

Ich sehe hinter diesem Phänomen ein tiefes Bedürfnis, das kennenzulernen, wovon unsere Zivilisation der Erbe ist. Jedenfalls spielt sich der Umgang mit den verschiedenen »Atlantissen« gerade so ab. Die verschiedenen Autoren bekämpfen sich mit allerlei Mitteln, und zwar oberhalb wie unterhalb der Gürtellinie. Dabei läßt sich diesseits des Atlantik eine ziemlich deutliche Hauptfront erkennen, die zwischen dem nordisch geprägten Europa und dem Mediterraneum liegt. Konkret gesprochen hat Spanuth, bis zu einem gewissen Grad unterstützt durch den Mecklenburger Atlantisforscher Kehnscherper, erbittert gegen diejenigen gekämpft, die ›Atlantis‹ irgendwo im Mittelmeerraum geortet haben. Umgekehrt hat der ›Anführer der Nordischen‹ am meisten von Forschern wie Schulten oder auch Luce, deren ›Atlantis-Heimat‹ im Mittelmeerraum liegt, einstecken müssen. (Details erspare ich mir.)

Was da stattgefunden hat und stattfindet, ist ein gewöhnlicher Erbstreit, an dem allerdings nicht einzelne Familienmitglieder, sondern die Völkerschaften unserer neuen Atlantischen Zivilisation beteiligt sind. Dabei haben die Erbansprüche ein erstaunlich ausgewogenes Verhältnis: Etwa zehn »Atlantisse« sind in den nordischen Räumen Europas als das »eigentliche Atlantis« ausgegeben worden, etwa zehn auch in den mediterranen Räumen. In Amerika ungefähr das gleiche Bild: etwa zehn im nordisch geprägten Teil des Kontinents, etwa zehn in Mittel- und Südamerika.[150]

Wenn der Einfluß des atlantischen Inselreichs auf die umliegenden Erdteile auch nur ungefähr die Grade hatte, in denen Donnelly diesen Einfluß zu bemessen versucht hat, dann sind die Erbansprüche der rund vierzig Anspruchsparteien allemal berechtigt. Denn bei dem, worin sie jeweils »ihr Atlantis« sehen, kann es sich durchaus um Spuren handeln, die das atlantische Inselreich in umliegenden Erdteilen hinterlassen hat.

Es wäre allerdings in der Zeit des späten 20. Jahrhunderts, wo vielen aufgeht, daß eine atlantische Erbmasse vorhanden ist, ratsam, die Ansprüche auf Alleinerbschaft aufzugeben. Denn, wie aus berufenerem Munde als meinem zu hören sein wird, ist die Erblast so gewaltig, daß keine Partei sie alleine tragen kann. Und ich weiß nicht einmal, ob wir sie gemeinsam tragen können. Es hängt, das sei hier vorgreifend gesagt, vom Umgang unserer Zivilisation mit unserer Welt ab.

Otto Muck

Der nächste Schritt geht zu einem der bedeutendsten europäischen Atlantisforscher, dem gebürtigen Österreicher Otto Muck, der sich nach dem Zweiten Weltkrieg dem Atlantis-Thema zuwandte; er starb 1956. Muck war ein exzellent ausgebildeter Naturwissenschaftler und Techniker, während des Dritten Reichs zeitweilig als Raketenforscher unmittelbar mit Problemen von Sprengkräften beschäftigt.

In der Darstellung seines spezifischen Beitrags zur Frage des Untergangs von Atlantis gehe ich zunächst auf diejenigen von Mucks Resultaten ein, die mir widerspruchsfrei erscheinen und die zur Lösung eines noch offenen Problems führen; erst dann gehe ich auf die widersprüchliche Ausgangslage der Muckschen Überlegungen ein, die historische Probleme birgt, für die aber aus den bisherigen Darlegungen der historische Kontext bereitsteht.

Die Ursache für den Untergang von Atlantis sei X. Die Wirkung dieser als unbekannt gesetzten Ursache ist nach Muck folgende gewesen: Der Boden im mittleren Atlantik, von dem Muck durch seine geologischen Studien weiß, daß er zu den empfindlichsten Stellen des Erdmantels gehört, dieser Boden muß einmal aufgerissen sein, als ob er durchschlagen worden wäre (Muck verglich die dafür notwendige Sprengkraft einmal mit der Sprengkraft einer Atombombe); und zwar, das ist hier wichtig, muß er wie eine Reißnaht aufgeplatzt sein. Dadurch, so Muck weiter, ist die auf der nord-südlichen Reißnaht sitzende Insel Atlantis in sich zusammengesackt – mit den schon diskutierten Verschlammungseffekten im Atlantik, die Muck teilweise kennt –, und zugleich mit dem Aufreißen der Erdmantel-Naht (dort, wo zwei tektonische Platten aufeinander treffen) ist eine unvorstellbar große Menge von Magma, Erdkruste, Wasser und sonstigen Partikeln in den Himmel geschossen.

> Aus solchen Bedingungen ergibt sich erstens, daß die Azoren aller Wahrscheinlichkeit nach kein Überrest von Atlantis sind, wie manche Atlantisfreunde noch annehmen und Muck ursprünglich selbst angenommen hatte. Kircher hatte bereits im 17. Jahrhundert vermutet, daß die Azoren neu gebildete – vielleicht im Zusammenhang mit der großen Katastrophe entstandene – Inseln seien. Meines Wissens halten auch heutige Geologen die säulenartig hochragenden, aus vulkanischem Gestein bestehenden Azoren für eher jüngere Bildungen.[151]
> Zweitens ergibt sich aus solchen Bedingungen, daß die Chance, irgendeine direkte Spur von Atlantis zu finden, gegen Null steht; oder anders gesagt: es wäre leichter, den Rest einer Stecknadel im Heuschober zu finden.
> Drittens ergibt sich, daß unter solchen Bedingungen Atlantis in relativ sehr kurzer Zeit verschwunden sein müßte, wie dies auch im Platonischen Atlantisbericht gesagt ist.

Neben Begleiterscheinungen wie Erdzittern, enormen Unwettern und Dröhnen (wovon die ältesten Schriften auf beiden Seiten des Atlantik berichten), führte der mittelatlantische Aufriß der Erde nach Muck zu zwei sehr wesentlichen Folgen: *A. Zur Großen Flut* und *B. Zur Verdunkelung des Himmels* in bestimmten Regionen.

Zum Punkt A· Große Flut   Muck geht von der eingehend untersuchten submarinen Vulkanexplosion des Krakatau aus, die im August 1883 zwei Tage lang dauerte und einen Inselteil fortriß. Beim Krakatau-Unglück (westlich von Java) handelte es sich um einen Erdaufriß von etwa 5 km Länge und 4 km Breite. Beim atlantischen Erdaufriß geht Muck von einer Reißnaht von mindestens 3000 km Länge aus und einer Breite der aktivierten Vulkanfläche von 100–150 km. Das bedeutet: die aufgerissene Meeresbodenfläche wäre im atlantischen Fall rund 20 000 mal größer gewesen als im Fall des Krakatau. Vom Krakatau-Unglück ausgehend macht Muck im Prinzip Hochrechnungen für die atlantische Katastrophe (natürlich in groben Schätzwerten). Von der Krakatau-Explosion ist bekannt, daß sie eine Flutwelle auslöste, die sich erst nach einem Umlauf um die halbe Erde verlief. Bei der atlantischen Katastrophe muß man nach Muck mit mehrmals um die Erde gelaufenen Flutwellen rechnen, wobei er – unabhängig von dem arabischen Geographen Idrisi – im Festlandbereich eine maximale Fluthöhe bis zu rund 2000 m für wahrscheinlich hielt.[152]

Zum Punkt B: Verdunkelung   Wiederum vom bekannten Fall des Krakatau ausgehend, setzt Muck den mittleren Magma-Auswurf pro km^2 für den Fall Krakatau und den atlantischen Fall gleich und rechnet dann hoch. Er kommt zu folgendem Ergebnis für den atlantischen Fall: 1,5 – 2 Millionen Raumkilometer Magmavolumen, das in die Atmosphäre schoß; dem Gewicht nach handelte es sich um mindestens 5 Billiarden Tonnen (5 000 000 000 000 000 t).[153]

Ein Teil der Masse muß nach Muck, der alle Einzelheiten von analogen Fällen her studiert hat, schnell wieder herabgefallen sein; entweder über dem Atlantik, wo die ohnehin einsetzende Verschlammung noch eine beträchtliche Verstärkung erhalten hätte, oder auch an Land geweht in Form von dickem, rötlich schimmerndem Regen (auch »Blutregen« genannt) heruntergehend. Die alte nordische Überlieferung spricht von der Ausgangssituation dieser Verdunkelung – sie hat sich in der Region »Niflheim« (»Nebelland«) noch lange ausgewirkt – mit den Worten:

> »Schwarz wird die Sonne, die Erde sinkt ins Meer,
> Vom Himmel schwinden die heitern Sterne.
> Glutwirbel umwühlen den allnährenden Weltbaum,
> die heiße Lohe bedeckt den Himmel.«[154]

Ein bestimmter feiner Anteil der Masse (feiner als Asche) bleibt in vergleichbaren Fällen aber in der Atmosphäre und bewegt sich dort der Luftzirkulation entsprechend, wobei die Zeiten der Verflüchtigung dieses feinen Anteils grundsätzlich berechenbar sind.

Muck schätzt das Gewicht dieses in der Atmosphäre gebliebenen Feinanteils für den atlantischen Fall mit 1/4 Billiarde Tonnen (250 000 000 000 000 t). Dieser Anteil muß nun nach Muck vom Atlantik aus durch die vorherrschenden Westwinde nach Osten getrieben und durch eine stratosphärische Umkehrwirkung in eine anhaltende Zirkulationsbewegung (Ost – West – Ost …) geraten sein.

Diese gewaltige Menge feiner Masse – das ist nun eine wichtige Folgerung für ein großes, noch offen gebliebenes Problem – hat dem Land quer durch das mittlere Europa hindurch bis weit nach Osten die Sonne entzogen, und dies, den Schätzwerten Mucks zufolge ungefähr zwei Jahrtausende (!) lang. Durch den Entzug der Sonne ist es in dieser Region nicht nur dunkel geworden, sondern auch kalt. Und ungefähr zwei Jahrtausende hat es gedauert, bis sich der feine Staub – vorzugsweise in der gleichen Region – vollständig abgesetzt hat.[155]

> Wir haben es hier, in Mucks glänzender Beweisführung, mit einer Bestätigung jenes Phänomens von Dunkelheit, Kälte und staubdurchsetzter Luft zu tun, das nicht nur der nordischen Überlieferung, sondern besonders auch Homer und anderen mediterranen Schriftstellern, darunter Herodot, Plutarch und Plinius, noch bekannt war.

Woher hat unser »Abendland« seinen Namen? Wahrscheinlich von jener Dunkelheit.

Es ist ursprünglich wohl nicht das Land der ›untergehenden‹ Sonne (als ›Westen‹ zu deuten), sondern das Land der ›*untergegangenen*‹ Sonne! Die Bezeichnung »Abendland« stammt sicherlich nicht aus dem Osten, sondern aus den lange vor dem mittleren Europa aufgeblühten Regionen des Mittelmeerraums oder des hohen Nordens, die uns am direktesten geprägt haben. (Eine nördlich oder südlich gelegene Region als Land der untergehenden Sonne bzw. als Westen zu bezeichnen, würde keinen Sinn ergeben!) »Abendland« hat demnach ursprünglich soviel bedeutet wie ›Dunkelland‹ oder ›Land, wo es immer Abend ist‹.

Es blieb nicht immer Abend. Und als die Sonne sich wieder durchsetzen konnte, wurde es auch wieder wärmer, die Luft zudem wieder sauber. Aber während ungefähr zweier Jahrtausende nach der atlantischen Katastrophe muß das mittlere Europa extrem unwirtlich und vorläufig auch ziemlich unfruchtbar gewesen sein. Hierin liegt des Rätsels Lösung, warum wir für die gleiche Zeit von der Besiedelung eines breiten mittleren Streifens Europas – ich spreche von den Regionen zwischen den Hochgebirgslandschaften – nichts wissen. Er war in dieser Zeit einfach unbewohnt und konnte (für entsprechend ausgerüstete Expeditionen) lange Zeit nur ein Durchzugsgebiet sein.

Nach dieser beinahe leblosen Zeit in Mitteleuropa, einer Folgeerscheinung der Katastrophe im Atlantik, wurde das Herzstück Europas, zunächst sehr zögerlich, hauptsächlich vom Westalpengebiet her (Kelten), von dem Gebiet in und um das skandinavische Hochland her (Germanen) und von der Karpaten-Region her (Slawen) wiederbesiedelt – und blühte dann ungeahnt auf. Und hier spielte eine wunderbare Dialektik, für deren Verständnis Muck wiederum Material bereitgelegt hat.

Es gibt nämlich, beginnend im westlichen Mittelteil Europas und sich nördlich der großen Gebirge allmählich verbreiternd bis weit nach Osten hinziehend, eine enorme Masse von äußerst fruchtbarem Boden; es ist die berühmte »Lößzunge«, deren Herkunft große Deutungsschwierigkeiten bereitet hat. Muck erklärt diese Lößmasse (die er auch in ihrer chemischen Zusammensetzung studiert hat) als die Ablagerung der ehemals über dem gleichen Gebiet zirkulierenden Massen von Feinstoff, der letztlich aus den Tiefen des Atlantik stammt.

»Der Löß ist ein überaus segensreiches Geschenk der Atlantik-Katastrophe.«[156] Dieser Lößboden wurde eine bedeutende Grundlage der Kulturentwicklung Europas. Und so hat also das gleiche atlantische Element, das beinahe zum Herztod Europas geführt hat, nach der Ablagerung auf der Erde das Herz Europas in ungeahnter Weise wieder zum Schlagen gebracht.

Muck selbst legt diese Sichtweise nahe. Aber die Grundvoraussetzungen, von denen Muck ausgeht, widersprechen dieser Sichtweise ganz augenscheinlich, sobald man die historischen Bezüge klarzustellen versucht. Damit komme ich auf Widersprüchlichkeiten bei Muck zu sprechen, die sein ganzes Werk durchziehen. Der Kern des Problems liegt in der Frage nach der Ursache des Untergangs von Atlantis, die ich von vornherein ausgeklammert hatte. Muck, der ehemalige Raketenforscher im Weltkriegsdienst, sagt zu der noch unbekannten Ursache X dieses: Vor ungefähr 11 000 Jahren habe der Planetoid A an der amerikanischen Ostküste eingeschlagen; dadurch sei der Untergang von Atlantis herbeigeführt worden. Wie recht Muck hat und wie unrecht!!

Wie konnte Muck zu dieser Ansicht gelangen? Er, der nicht zu den eigentlichen Umdeutern Platons gehört, er hat seinen Platon einfach nicht genau genug gelesen. Und dies in doppelter Hinsicht. Erstens ist Muck (wie andere Atlantisforscher auch) einer sinnlosen Deutung der Jahreszahlen bei Platon aufgesessen – 9 000 Jahre bzw. 8 000 Jahre vor Solon, als ob diese Zahlen etwas für die Datierung des Untergangs von Atlantis hergeben würden. Diese Zahlen sind, wie ich gezeigt habe, Gründungsdaten eines griechischen und eines ägyptischen Staates, wobei die erstere Zahl für Platon außerdem noch als Untergrenze eines sehr langen Zeitraums dient (und, am Anfang des »Kritias«, entsprechend übersetzt werden muß). Durch die Fixierung Mucks an dieses angeblich mit dem Untergang von Atlantis verknüpften Datums ist Muck in seiner Ursachenforschung von vornherein auf eine falsche Fährte geraten, auch wenn er auf ihr höchst Eindrucksvolles entdeckt hat. Zweitens ist Muck (bei der Lektüre des »Timaios«) entgangen, oder er hat es nicht ernst genug genommen, daß der saitische Priester von *zwei verschiedenen* Weltereignissen gesprochen hat: das eine und erste hat er durch die Bahnabweichung von Himmelskörpern gekennzeichnet, das andere und zweite »dagegen« (Platon) durch eine Überflutung der Erde.

Diese beiden Weltereignisse hat Muck in seinen Überlegungen miteinander verquickt. Deshalb ist Mucks Analyse in ihrer historischen Dimension durch und durch fehlerhaft. Da Muck jedoch nicht nur ein glänzender, sondern auch ein redlicher Analytiker war, sind die Widersprüche zwischen den verschiedenen, in sich allerdings stimmigen Elementen seiner Theorie so unverschleiert evident geblieben, daß sie relativ leicht korrigierbar sind. Wie bei einer Maschinerie, deren Einzelteile intakt sind, ohne daß sie als Ganzes funktioniert, müssen die Einzelteile bloß neu zusammengesetzt werden, damit das Ganze in Ordnung kommt.

Der Einschlag des Planetoiden A, wie Muck ihn nennt, ergänzt die naturwissenschaftlichen Anmerkungen des saitischen Priesters hervorragend. Muck hat herausgefunden bzw. eine Reihe früherer Forschungen dahingehend zusammengefaßt, daß das bei Charleston in die Küstenlandschaft und in das Meer ragende sogenannte Carolina-Trichterfeld von einem Himmelskörper stammen muß, der wahrscheinlich aus nordwestlicher Richtung in die Erde gejagt ist.[157] Vor ihrem

Eintreffen in die Erdatmosphäre könnte diese Naturbombe nach Muck einen Durchmesser von einigen Kilometern gehabt haben; nach Muck muß sie aber vor ihrem Aufschlag zerplatzt sein, wodurch sie Tausende von Löchern, die im Mittel einige Hundert Meter breit sind, hinterlassen hat. (Der Eisennickelkern übrigens, den dieser Himmelskörper gehabt haben müßte, ist nicht gefunden worden; er könnte aber im Sargassomeer begraben liegen. Eine nicht unplausible Hypothese besagt nämlich, daß die vielfach beobachteten Störungen des Magnetfeldes im sogenannten Bermuda-Dreieck auf erdfremdes Eisen zurückführbar sind.)

Der Einschlag des Himmelskörpers hat die amerikanische Ostküste offenbar beträchtlich lädiert, und er könnte bis zu einem gewissen Grad auch das Meer aufgewühlt haben.[158] Als Haupteffekt dieses Naturereignisses wird von dem saitischen Priester (bei Platon) allerdings ein Erdbrand herausgestellt, sehr verständlich durch die Hitzebildung beim Eintritt eines solchen Himmelskörpers in die Erdatmosphäre. Da der saitische Priester im gleichen Zusammenhang die griechische Sage vom Helios-Sohn Phaeton erwähnt, ist es naheliegend, in der Ära des Helios – sie ist ja durch Manetho in ihrer Ober- und Untergrenze datiert – die ungefähre Zeit für jenes Naturereignis zu finden. Ich komme auf diesem Weg in eine Zeit (heute) vor 9700–10700 Jahren. Ziemlich genau das gleiche (vor 11000 Jahren oder weniger) sagt Muck, ebenso andere mit ihm und unabhängig von ihm. Soweit gibt es also kein bemerkenswertes Problem.

Das Problem liegt hier vielmehr darin, wie der besagte Himmelskörper, der laut Muck zuerst zerplatzt ist und in seinen Teilen an der amerikanischen Ostküste eingeschlagen ist, wie diese Teile den Aufriß im Zentralbereich des Atlantik verursacht haben sollten. Ich habe bei Muck nicht ein einziges irgendwie relevantes Argument gefunden, das den behaupteten Zusammenhang bestätigen könnte, aber vieles aus Mucks eigenen Angaben, das dagegen spricht. Vor allem spricht dagegen die Entfernung vom Carolina-Trichterfeld bis zu dem empfindlichen Nord-Südstrang des Erdmantels im mittleren Atlantik (markiert durch den mittelatlantischen Rücken), eine Entfernung, die mindestens 2000 km beträgt. Dagegen spricht auch die von Muck mit nordwestlich[159] angegebene Herkunftsrichtung des Himmelskörpers, die auch in ihrer Verlängerung den empfindlichen Streifen des Erdmantels nicht treffen würde. Schließlich spricht dagegen die Kraft der Splitterteile des Himmelskörpers, die ihrer sichtbaren Wirkung nach in einem 2000 km entfernten Gebiet keinen ›durchschlagenden Erfolg‹ gehabt haben können. (Es lohnt sich meiner Meinung nach auch nicht mehr, einen Zusammenhang zwischen Planetoid A und dem Untergang von Atlantis auf irgendwelchen weiteren Wegen herstellen zu wollen, etwa durch die Annahme weitreichender Querausläufer des empfindlichen Erdmantelstrangs; sie wären sicherlich nicht nachweisbar.)

Es gibt noch eine weitere, sehr gewichtige Ungereimtheit in Mucks Ansicht vom Untergang von Atlantis. Muck stellt für mich völlig überzeugend als *Folge* der atlantischen Katastrophe (A.) die Große Flut dar und (B.) das dunkle Zeitalter Europas bzw. Mitteleuropas. Bei diesem dunklen Zeitalter rechnet Muck mit einem Schätzwert von ungefähr zwei Jahrtausenden, der mir brauchbar erscheint.

Geht man nun von Mucks favorisiertem Datum für den Einschlag des Planetoiden A, der nach seiner Auffassung – weil hierdurch Atlantis zerstört worden sei – die Große Flut ausgelöst und das dunkle Zeitalter (in Europa) eingeleitet hat, nämlich vor 11 000 Jahren oder 9 000 v. Chr., aus, so müßte das dunkle Zeitalter ungefähr bis 7 000 v. Chr. gedauert haben. Aber haben wir, oder hat Muck irgendwelche Evidenz, daß es vor der letztgenannten Zeit (in Europa) dunkel war und dann heller wurde? Nicht die geringste. Auch hier ist bei Muck eine echte Argumentationslücke. Aber wir haben viel Evidenz, daß die Wiederbesiedelung der mitteleuropäischen Niederungen im ersten Jahrtausend v. Chr. einsetzte, und alle Gewißheit, daß die eigentliche Agrarblüte Mitteleuropas in der Mitte des ersten Jahrtausends n. Chr. (Beginn der feudalen Ära) einsetzte.

Wenn man nun – etwas übergenau – vor dem ersten Jahrtausend v. Chr. ein zweitausendjähriges dunkles Zeitalter unterstellt, kommt man geradewegs in die Zeit um 3 000 v. Chr., die sich ja bereits als die Zeit der Großen Flut herausgestellt hat. Diese Zeit ist, wenn die Große Flut eine unmittelbare Folge der Atlantis-Katastrophe war (was ja auch Muck sagt), eben die Zeit des Untergangs von Atlantis.

Somit erhält man eine Differenz von etwa fünf bis sechs Jahrtausenden zwischen dem Unglück, das auf »Bahnabweichung von Himmelskörpern« (›Planetoid A‹) beruhte, und der Atlantis-Katastrophe, welche die Große Flut auslöste bzw. die besprochene Dunkelheit einleitete: Für das *erste Ereignis* kommt der Zeitraum 7 700 bis 8 700 v. Chr. in Betracht. Für das *zweite Ereignis* ergibt sich die etwas früher als 3 000 v. Chr. liegende Zeit.

Dieses sehr Verschiedene, das sich in Mucks Überlegungen vermischt hatte, soll hiermit wieder getrennt werden.

Das Kernproblem: die Ursache des Untergangs von Atlantis – bleibt damit allerdings immer noch offen.

Muck war von der naturwissenschaftlichen Seite an das Problem herangegangen und hatte, im Gesamtergebnis, die Ursache in einer Naturkatastrophe gesehen. Platon, man erinnere sich, hatte sowohl den Aspekt einer Naturkatastrophe als auch den Aspekt menschlichen Verderbens vor Augen; nur war ihm die Zusammenführung beider Aspekte nicht möglich. Solange das Problem richtig gestellt bleibt, kann man seiner Lösung näher kommen. Am Ende wird man sehen, weshalb zur Zeit Platons zwar wesentliche Bedingungen des Problems, nicht aber seine Lösung formuliert werden konnte.

Blumrich und die Hopi-Überlieferung von Atlantis

Wir überqueren jetzt noch einmal den Atlantik, und zwar mit einem anderen bedeutenden Österreicher, der in jüngster Zeit der Atlantisforschung als Mittelsmann einen erheblichen Dienst erwiesen hat. Wie Muck war auch dieser andere
Österreicher mit dem Namen Josef Blumrich ein Raketenforscher; er war Ende
der 50er Jahre in die USA ausgewandert und arbeitete als führender Ingenieur bei
der Raumfahrtbehörde NASA, die ihn mit Auszeichnung verabschiedete. In seinen älteren Tagen interessierten ihn allerdings nicht (wie Muck) die Sprengkräfte
von Atlantis, sondern die uralten Hopi-Überlieferungen, in denen nicht zuletzt
auch technologisches Wissen transportiert wird.

Irgendwie – Blumrich muß eindringlich gesucht haben – fand er seinen Weg zu
einem sehr erfahrenen Historiker der Hopi-Indianer, die sich ebenso wie die Juden als ein auserwähltes Volk betrachten. Die Überlieferungen der Hopi gehen
noch weiter zurück als die der Juden, sind allerdings weniger gut datierbar als bei
dem Volk der Schrift. Die Datierungen sind den Hopi, wie ihr Historiker einmal
anmerkt, auch nicht so wichtig; die Erfahrungen als solche zählen, und ihre Bewahrung. Im übrigen mache die Zeit alles kompliziert. Blumrich hat seine Gespräche mit dem Hopi-Historiker teils auf Band, teils durch Notizen festgehalten, hat dann das Material mit geringfügigen Eingriffen (wie er sagt) aufbereitet
und nach seinem – Blumrichs – Verständnis sortiert. In einer solchen Fassung liegt
es vor (Textauszug im Anhang IV).

Das aus ältester Hopi-Tradition Berichtete, in dem manches von den Perspektiven des Technologieexperten Francis Baco wiedererscheint, handelt nicht vornehmlich, aber auch von Atlantis. Soweit dieses Thema angesprochen ist, erscheint mir das Berichtete in wesentlichen Punkten in sich widerspruchsfrei, ausgenommen einen nicht unwesentlichen Punkt: die Frage nämlich, in welchem
Zeitalter Atlantis untergegangen ist.

Die Hopi kennen Atlantis seit jeher, d. h. soweit sie sich zurückerinnern können; und das sind nach Auskunft ihres Historikers mehr als 80000 Jahre (ausge-
schrieben: achtzigtausend Jahre – damit hier nicht wieder eine Null wegmacht
wird oder ›Mondjahre‹ konstruiert werden).

Die allerältesten Erinnerungen, die der Hopi-Historiker im Kopf behalten und
die sein Volk in seinen rituellen Tänzen bewahrt hat, sind allerdings sehr lücken-
haft. Deutlich genug geht aus ihnen jedoch hervor, daß Ahnen der Hopi während
der letzten Eiszeit in das von ihnen »Kasskara« genannte Land (andere nennen es
»Mu«, Francis Baco hat es namenlos überliefert) aus südöstlicher Richtung kommend ausgewandert sind. Dieses Land hat nach den wohldefinierten Auskünften
des Hopi-Historikers nördlich der Osterinsel gelegen und bis über den Äquator

Weißer Bär   *Josef F. Blumrich*

gereicht. Dort hatten die Hopi-Vorfahren der Erinnerung nach lange Zeit gut gelebt. In dieser guten Zeit war Atlantis (in Hopi-Sprache: »Talawaitichqua« oder
»Land im Osten«) nach seiner westlichen Seite hin und Kasskara nach seiner östlichen Seite hin von ein- und demselben ozeanischen Gewässer umgeben. Denn
beträchtliche Teile des amerikanischen Kontinents lagen einmal, wie vielfach bestätigt ist, wesentlich tiefer, wobei im Äquatorialbereich eine vertikale Verschiebung um mindestens 3000 m als gesichert gelten kann (dem Hopi-Wissen nach
muß die Verschiebung insgesamt noch größer gewesen sein). In jedem Fall lagen
Teile des amerikanischen Kontinents, die heute über dem Meeresspiegel liegen,
einmal unter dem Meeresspiegel.[160] Nun ist dem Hopi-Historiker zufolge das
Land Kasskara ganz allmählich abgesunken, während parallel dazu der amerikanische Kontinent, jedenfalls partiell, ganz allmählich hochgehoben wurde. Auf
dem Weg über eine Kette von Inseln, von denen nur noch die Osterinsel übriggeblieben ist, sind die Vorfahren der Hopi der Überlieferung zufolge dann nach und
nach auf den amerikanischen Kontinent gelangt, zunächst in den Bereich der Anden. (Die alten Monumentalfiguren auf der Osterinsel, die niemand recht deuten
kann, verstehen die Hopi als Denkmäler für den langen Evakuierungsprozeß ihrer Ahnen.) Der gesamte Wanderungsprozeß von dem allmählich absinkenden

Kasskara nach Südamerika, und von dort der Aufbruch Richtung Norden nach einer zumindest die Stadt Taotooma (Tiahuanaco) zerstörenden Katastrophe, hat nach den Auskünften des Hopi-Historikers während eines Zeitraums vor etwa 80 000 Jahren bis vor etwa 70000 Jahren stattgefunden. Dies trifft sich insoweit mit den archäologischen Befunden in Amerika, als Wanderungsbewegungen vor gut 70000 Jahren (im Zusammenhang mit dem Vorrücken der Eisgrenzen) auf dem amerikanischen Kontinent als gesichert gelten können.[161]

Soweit gibt es keine übermäßigen Probleme mit dem von Blumrich zusammengestellten Bericht des Hopi-Historikers, zumindest aber können sie hier vernachlässigt werden. Der Bericht ist allerdings widersprüchlich in Bezug auf die Kenntnisse von Atlantis, die er enthält, speziell was die Zeit des Untergangs angeht. Wie bei Platon ist in dem Hopi-Bericht von einem plötzlichen Untergang von Atlantis die Rede (ganz im Unterschied zu dem einige Jahrtausende währenden Absinken Kasskaras). Aber was ist dem Hopi-Bericht über die Zeit des plötzlichen Untergangs von Atlantis zu entnehmen? Der Bericht sagt, daß die »Menschen dort drüben (östlich des Atlantik, M. F.) keine Erinnerung an ihre Geschichte haben, die mit der unseren vergleichbar wäre. Als sie (!) die Dritte Welt zerstörten (!), stellte der Schöpfer sie kulturell auf eine sehr niedrige Stufe, soweit sie überlebten. Aber nachdem sie viele Jahrhunderte hindurch bestraft worden waren, begannen sie sich wieder zu entwickeln. Denke an die Kultur der Ägypter. Für uns Hopi liegt sie erst kurze Zeit zurück.«[162]

> Dies sagt der Hopi einem Europäer (Blumrich). Ein einigermaßen bewanderter Mensch denkt bei der Kultur Ägyptens an das zweite/dritte Jahrtausend v. Chr., was angesichts der extrem weitreichenden Hopi-Erinnerung (über 80000 Jahre zurück) »erst kurze Zeit zurückliegt«.
>
> Für »viele Jahrhunderte« (vor dem zweiten/dritten Jahrtausend v. Chr.) standen die Menschen (»drüben«) auf einer besonders niedrigen Kulturstufe, weil sie für eine Weltzerstörung bestraft wurden. Also könnte man bei dieser Rückrechnung in ein Zeitalter gelangen, das – hier ganz roh gesagt – ungefähr beim 3./4. Jahrtausend v. Chr. lag.

Der Hopi-Bericht scheint demnach noch einmal zu bestätigen, was sich hier in dieser Abhandlung schon mehrmals als Datum der Großen Flut bzw. des Untergangs von Atlantis gezeigt hatte, nämlich die Zeit um 3000 v. Chr. bzw. etwas früher.

Aber: An mehreren Stellen des Berichts kann der Text nicht anders gelesen werden, als daß eine Verknüpfung zwischen dem plötzlichen Untergang von Atlantis und dem allmählichen Absinken von Kasskara hergestellt wird. So wird von einer Königin von Atlantis (die mir übrigens die Pandora der griechischen Mythologie zu sein scheint) berichtet, daß sie in einem großen Krieg Kasskara angriff. »Nicht alle Bewohner von Atlantis gingen zugrunde, als ihr Kontinent versank. Diejenigen, die nicht mitmachen wollten, als ihre Königin Kasskara angriff, wurden gerettet. Als ihr Land unterging, wollten sie natürlich auch auf diesen neuen Kontinent (Amerika, M. F.) kommen ...«[163] An einer anderen Stelle heißt es: »Die Städte wurden angegriffen ... Und dann hat – wie meine Großmutter sagte – jemand auf den falschen Knopf gedrückt, und beide Kontinente versanken. Es war keine große Flut, nicht die ganze Erde wurde zerstört, und nicht alle Menschen getötet. Atlantis versank sehr schnell im Ozean, unsere Dritte Welt ging sehr langsam unter. «[164]

> Nach diesen zuletzt wiedergegebenen Aussagen des Berichts liest sich der Text so, als sei Atlantis vor ungefähr 80 000 Jahren untergegangen; denn ungefähr um diese Zeit begann nach den unzweideutigen Aussagen des Berichts, die ich einleitend dargestellt habe, das allmähliche Absinken Kasskaras.

Zwischen den beiden genannten Datierungen für den Untergang von Atlantis, die beide aus dem Bericht herausgelesen werden können, liegt eine Differenz von rund 75 000 Jahren. Und dies ist natürlich ein eklatanter Widerspruch. Mir liegt hier nur daran, das Stimmige und das Widersprüchliche des Berichts herauszuarbeiten und den Lesern die Atlantis betreffenden Textteile (im Anhang) vorzulegen. Meiner Vermutung nach ist in dem von Blumrich zusammengestellten Bericht des Hopi-Historikers der Untergang von Atlantis mit einem (womöglich mehreren) älteren Ereignis(sen) verquickt worden. Bei Muck hatten wir schon eine derartige Verquickung zweier etliche Jahrtausende auseinanderliegender Ereignisse, die korrigierbar war. Im Falle des Blumrich/Hopi-Berichts reicht das mir vorliegende Material für eine Korrektur bei weitem nicht aus; es wäre aber für einen an der Hopi-Tradition Interessierten eine sicherlich lohnende Aufgabe, der Sache nachzuspüren. –

Ein mit dem eben dargelegten Problem zusammenhängendes, im Kern aber anders gelagertes Problem ergibt sich aus den technologischen Angaben des hier diskutierten Berichts. Der Hopi-Historiker spricht mit einer großen Selbstverständlichkeit von hochentwickelten Technologien, über die sowohl seine Urahnen als auch die Bewohner von Atlantis verfügt hätten. Der Hopi sagt ferner, daß diese Technologien bzw. die Kenntnisse von ihnen verloren gegangen seien und daß er selbst (der Hopi) zwar von all dem etwas wüßte, es aber nur in sehr unvollkommenen Analogien zu modernen Entwicklungen beschreiben könne.

Für die Frage, wie die betr. Technologien historisch einzuordnen wären, gibt der Bericht nicht mehr her als für die Frage des Untergangs von Atlantis. Doch liegt in der Frage der Datierungsmöglichkeiten nicht das Kernproblem des von solchen Technologien Wißbaren. Das Kernproblem liegt darin, wie das technologische Wissen einer hohen Zivilisationsstufe einer (durch eine Katastrophe hervorgerufenen) niedrigen Zivilisationsstufe überhaupt übermittelt werden kann.

Ich begnüge mich an dieser Stelle mit dem Verweis, daß im Anhang IV einige der technischen Anmerkungen des Hopi-Historikers mitaufgeführt sind, und nehme dieses besondere Thema aus gegebenem Anlaß im letzten Kapitel auf.

Was den kleinen Atlantisbericht aus der Hopi-Tradition insgesamt angeht, so liegt seine Wichtigkeit in der Tatsache, daß er uns (durch die Vermittlung Blumrichs) überhaupt vorliegt. Dieser Bericht ist völlig unabhängig von Platon bzw. von der ägyptisch–griechischen Atlantisüberlieferung. Damit verliert die aus der Aristotelischen Tradition stammende, bei uns noch lange nachwirkende Ansicht, wonach Atlantis allein in Platons Kopf existiert habe (und der Nachforschung nicht wert sei) jede Grundlage.

Das Atlantis-Thema und die Zivilisationskrise unserer Zeit

Den Schlußteil dieses Kapitels bildet die Frage, warum das Atlantis-Thema in quantitativer wie in qualitativer Hinsicht ausgerechnet seit dem späten 19. Jahrhundert eine sprunghaft gestiegene Bedeutung gewonnen hat, wie sie sich in keiner Periode je zuvor entwickelt hatte. Um auf diese Frage eine Antwort zu finden, müssen wir die entsprechenden Zeitumstände selbst ins Auge fassen, beginnend mit der Zeit, in der Donnellys Werk der Atlantisforschung ihre große Schubkraft gab.

Während der sozialrevolutionäre Theoretiker Marx über die unbekannten Zukunftsbedingungen der euro-amerikanischen Zivilisation nachdachte, forschte der sozialreformerische Praktiker Donnelly über die unbekannten Vergangenheitsbedingungen der gleichen Zivilisation. Der eine fand sein Publikum in Europa und zunächst nur dort, der andere fand es in Amerika und zunächst ebenfalls nur dort.

In Amerika kam demnach die Frage »Wo kommen wir her?« auf die Tagesordnung, in Europa die Frage »Wo kommen wir hin?«

Es ist bekannt, daß spätestens seit der Jahrhundertwende die mitdenkenden Europäer (gleich welchen Couleurs) die damaligen Großmächte in einen Krieg schlittern sahen. Es war fast mit den Händen greifbar, wie die industriellen Großstaaten ihre Absatzmärkte ebenso wie ihre Rohstoffmärkte gegeneinander ausdehnten, wie sie sich zur Sicherung ihrer Einflußgebiete allesamt aufrüsteten, sich dadurch innere Absatzmärkte schufen und den Bedarf an fremden Rohstoffen noch zusätzlich anheizten. Es entstanden zahlreiche Spannungsherde, so im Balkan, im Mittelmeerraum (Türkei und Nordafrika) und im Nordseegebiet (zwischen der englischen und deutschen Flotte). In der Kriegstechnik bildeten sich gänzlich neue Formen: Die feudale Panzerung und der indoeuropäische Streitwagen wurden aktuell in einer Kombination, die mit Selbstantrieb versehen und einem Kanonenrohr ausgestattet war. Neben dieser Sorte von Panzern wurden Panzerschiffe gebaut, auch unterseeische. Dazu kamen kanonierte Flugzeuge und erste Chemiewaffen. Das Opfer eines Attentats im Balkan genügte, um Europa in eine unsägliche Materialschlacht zu stürzen, an der auch die vaterlandsbegeisterten Soldaten der einzelnen Staaten allmählich alle Begeisterung verloren. Als die Vereinigten Staaten von Amerika auch noch in den Krieg eingriffen und die große Koalition gegen Deutschland–Österreich stärkten, war es ein Weltkrieg.

Aus diesem Krieg gingen in den Ländern, die am meisten unter ihm gelitten hatten, Revolutionen, Umstürze und Bürgerkriege hervor. Die bedeutendste dieser Revolutionen war die russische, deren Einschätzung den Zeitgenossen größte Schwierigkeiten bereitete. In ihr entstand eine Staatsform, deren Träger sich auf den von Marx (in jüngeren Jahren) formulierten Satz berufen konnten, daß zur Überwindung des kapitalistischen Systems für eine Übergangsperiode eine Diktatur des Proletariats notwendig sei. Faktisch wurde im Rahmen der »sowjetisch« genannten Staatsform die Industrialisierung Rußlands unter ungeheuren Menschenopfern vorangetrieben, wobei der sowjetische Staat seinen Einfluß in imperialistischer Manier nach und nach auf ganz Osteuropa ausdehnte. Im Rahmen der euro-amerikanischen Zivilisation war dieser sogenannte kommunistische Block ein Gegenspieler, als solcher allerdings Bestandteil ihres kapitalistischen Systems (so wie die Opposition Bestandteil eines parlamentarischen Systems ist).

Deutschland wurde nach dem Krieg, der aus unkontrollierbar gewordenen Spannungsherden ausgebrochen war, von den Siegermächten (im Versailler Vertrag) zum Schuldigen dieses Weltkriegs erklärt. Darin lag ein Keim für den nächsten Großen Krieg. Denn Hitler und seine nationalsozialistische Bewegung konnte auf dem in Deutschland nicht einmal unberechtigten Ressentiment gegen die Siegermächte an Boden gewinnen.

Tatsächlich wurde Deutschland zum Schuldigen am Zweiten Weltkrieg. Dazu noch bereitete die deutsche Staatsbürokratie Völkermorde vor, die dann mit einer fabrikmäßigen Perfektion durchgeführt wurden, vor allem an Millionen europäischer Juden und an Hunderttausenden von Angehörigen europäischer Wandervölker.

Am Ende des Kriegs war die Atombombe, an der auch in Deutschland gearbeitet wurde, in den Vereinigten Staaten von Amerika fertig. Sie wurde, als Maßnahme gegen die japanische Regierung, 1945 in zwei großen Städten an der Zivilbevölkerung ausgelassen.

Durch die beiden Weltkriege sind mindestens hundert Millionen Menschen getötet worden. Erst dann kehrte eine gewisse Ruhe ein in der Welt des 20. Jahrhunderts.

Welches Jahrhundert – etwa fünfzig Jahrhunderte haben wir durchstreift – hat solche unglaublichen Ereignisse hervorgebracht??

Nach dem Zweiten Weltkrieg wurden die zerstörten Sachen wieder aufgebaut, bei uns mit Hilfe zugewanderter Volksgruppen aus dem Süden und Südosten. Der Aufbau gestaltete sich immer hektischer und trug auch sonst die alten Züge. Im Vietnam-Krieg wurden ungezählte Menschen mit amerikanischen Napalmbomben verbrannt. Nach kaum mehr als zwei Jahrzehnten waren in unserer Zivilisation alle nur denkbaren krankhaften Symptome wieder aufgetaucht. Diese Zivilisation verlor die Fähigkeit, ihre eigenen Arbeitsverhältnisse zu organisieren, – was einmal ihre größte Stärke gewesen war. Gleichzeitig wurden an tausend Punkten Schäden an der Umwelt sichtbar, weniger die einmaligen als die in Permanenz produzierten. Vom sowjetischen Tschernobyl her wurden Erdstriche mit einem radioaktiven Schleier der »friedlich genutzten« Atomenergie umgeben. In Nordamerika setzte sich, dem Ostblock gegenüber, ein Totrüstungsprogramm durch.

Im Jahre 1991 fand dann am Persischen Golf ein denkwürdiger Krieg statt. Das Besondere dieses Krieges war, daß unsere euro-amerikanische Zivilisation in einem fremden Land gemeinschaftlich etwas vernichtete, was sie dort selbst errichtet hatte. In diesem Krieg, während seiner ersten Tage, wurden die Grundgedanken zu der vorliegenden Schrift freigesetzt.

Was war geschehen? Die vereinten Mächte, die ihren Krieg gegen einen Diktator namens Saddam Hussein führten, hatten über viele Jahre hinweg – jede Macht für sich – den genannten Diktator als Vorposten gegen den sog. islamischen Fundamentalismus stark gemacht. Sie haben ihn mit vielerlei Kriegsmaterial ausgerüstet und darüber hinaus geduldet, daß er grausame Kriege gegen ärmere Völker – Perser, Kurden – vom Zaun brach.

Direktes und indirektes Kriegsmaterial für Saddam Hussein kam zumindest von den Amerikanern, den Russen, den Engländern, den Deutschen und den Franzosen. Als Saddam dann ein reicheres Land besetzte – das Ölland Kuwait –, stellten sich die gleichen Mächte, d.h. zumindest die Amerikaner, die Engländer, die Franzosen, die Deutschen und die Russen gegen ihren Zögling und beschlossen (im Friedensgewand der UNO), ihn zu züchtigen. Bei dieser Züchtigungsaktion, die er selbst im Unterschied zum schlagkräftigsten Teil seiner Armee überstehen konnte (und – vermutlich – sollte), wurde auch ein wesentlicher Teil des sachlichen Rüstungsbestands durch großangelegte Bombardements zerstört. Ob man dies befürwortete oder ablehnte: es ist schlichtweg pervers, die Vernichtung dessen zu betreiben, dessen Errichtung man selbst betrieben hat.

In den Anfängen des eben beschriebenen Krieges, als zur gleichen Zeit der osteuropäische Kommunismus als größte Schwachstelle der dekadenten Verhältnisse zusammenbrach, sah ich zum ersten Mal unsere gesamte Atlantische Zivilisation in einer gemeinschaftlichen Aktion, die allerdings eine Kriegsaktion war und die, eben weil Selbsterzeugtes zerstört wurde, einen Keim der Selbstzerstörung

barg. Dadurch sind gewisse Kenntnisse, die ich von der gut 5 000 Jahre zurückliegenden Spätzeit der alten Atlantischen Zivilisation hatte, aktualisiert worden. In
jener Spätzeit erschien mir die am ehesten angemessene Analogie zum Zustand unserer heutigen Atlantischen Zivilisation zu liegen.

Ich mußte mir klarmachen, wo dieser Golfkrieg geführt wird: auf mesopotamischem Boden, wo vor knapp 5000 Jahren die erste der uns näher bekannten Zivilisationen, nämlich die sumerische, aufgebaut wurde. Daß die Atlantische Gemeinschaft gerade diesen Boden zu zerstören begann – es gab die Nachricht, daß
dadurch die Denkmäler in Abrahams Heimatstadt Ur gefährdet wurden –, hatte
für mich auch eine symbolische Bedeutung: wir greifen bereits unsere Wurzeln an.
Durch die Frage, wo denn unsere tiefsten zivilisatorischen Wurzeln liegen, bin ich
zu der weiteren Frage gelangt, wie die Welt *vor* Sumer eigentlich ausgesehen hat.
Das Wissen darüber habe ich seither näher untersucht. Insofern ist der Krieg am
Golf der Vater dieses Buchs.

Die Gedankengänge dieses Buchs schöpfen aber gleichermaßen aus konstruktiven Hintergründen. Überhaupt lassen sich diesem 20. Jahrhundert sehr positive
Seiten abgewinnen. In seinen Anfängen sind wunderbare Wissenschaftler groß geworden, Einstein, Max Planck, Niels Bohr, Heisenberg, die die Lehrer einer
nochmals prächtigen Generation von Naturwissenschaftlern waren. Ein be-
trächtlicher Teil von ihnen ist allerdings, in Europa ebenso wie in Amerika, in die
Atomwaffenproduktion verwickelt worden. Doch haben aus den Reihen der gleichen Wissenschaftler nicht wenige die Verantwortung auf sich gezogen und nach
Perspektiven, die aus dem Unheil herausführen, gesucht. Maßgeblich beteiligte
sich daran der Physiker und Philosoph Carl Friedrich von Weizsäcker. Wesentlich auf diesem Wege ist eine neue Ethik in die Welt gekommen, die in jüngster
Zeit von dem deutschen Juden Hans Jonas in Amerika als *Verantwortungsethik*
ausformuliert wurde. Sie ist geeignet, die Verdienstethik, die in der Krise des
15./16. Jahrhunderts die Dienstethik abgelöst hatte, ihrerseits abzulösen. Im letzten Drittel des 20. Jahrhunderts sind viele Erneuerungsbewegungen entstanden:
technologische, ökologische, psychologische und religiöse, die zum guten Teil
miteinander verzahnt sind. Das Bedeutungsvollste dabei spielt sich leise ab. Denn
alles Lebensfähige braucht in seinem Entstehungsprozeß Ruhe. –

Von der destruktiven Seite wie von der konstruktiven Seite her betrachtet, befinden wir uns in einer immensen Zivilisationskrise, die gegen Ende des 19. Jahrhunderts sozusagen gewittert wurde und die bereits im 1. Weltkrieg einen Höhepunkt hatte, dem weitere folgten. »Krise« bedeutet, daß sich verschiedene Möglichkeiten öffnen, die nach Entscheidung verlangen. Die geöffneten Möglichkeiten sind in unserer Situation allerdings extrem. Zwischen dem Untergang der
Menschheit und einem Aufblühen der Menschheit ist alles offen. Die Einschät-

zung, wie diese Angelegenheit der Menschheit ausgehen wird, ist eine Frage des Naturells und der Erfahrung, die einen zum Optimisten und zum Pessimisten machen können. In meinem Fall pendelt der Pessimist und der Optimist wie die beiden Seiten einer altertümlichen Waage.

In einer schwerwiegenden Situation taucht typischerweise die Frage nach Analogien auf, zumindest dann, wenn man die gegebene Situation besser verstehen will. Die ansatzweise beschriebene Zivilisationskrise des 15./16. Jahrhunderts zeigt gewisse analoge Züge zu unserer Zeit, ebenso die Krise des 5. Jahrhunderts n. Chr. und die Krise des 6./5. Jahrhunderts v. Chr. In keiner dieser Krisen aber stand dermaßen viel auf dem Spiel wie in unserer Zeit. Als einzige erforschbare Analogie, in der sich die ganze Tragweite der gegenwärtigen Zivilisationskrise widerspiegelt, kommt die Krise in Betracht, die sich mit dem Untergang von Atlantis, der Großen Flut und einem Neubeginn der Menschheit verbindet.

Dies wurde im Laufe des 20. Jahrhunderts n. Chr. aus den eigenen Zeitumständen heraus geahnt, gespürt, vermutet und gewußt. Deshalb hat sich im Laufe gerade dieses Jahrhunderts das Atlantis-Thema, diesseits und jenseits des Atlantik, zu einem großen Thema entwickelt.

Die Kernfrage, wie es zum Untergang von Atlantis gekommen ist, blieb in diesem Kapitel weiterhin offen. Alle, auch zunächst vernünftig aussehende Erklärungsversuche, waren an diesem Kernpunkt als untauglich abgewiesen worden. Zugleich wurde an allem, was Platon dazu mitzuteilen hatte, mit Entschiedenheit festgehalten.

Eine Antwort auf die Kernfrage, wodurch eine weitläufige Neugier nach Einzelheiten befriedigt werden könnte, wird es der Natur der Angelegenheit wegen niemals geben können. Aber es gibt es eine grundlegende Antwort, und diese wurde gegeben durch einen in höchstem Maße ungewöhnlichen Menschen, den das 20. Jahrhundert bis vor einigen wenigen Jahren beherbergte. Davon wird im Schlußkapitel die Rede sein.

10. Neues Licht auf die alte Frage

Der Raum, in dem sich der Mensch als
geistiges Wesen entwickelt, hat mehr
Dimensionen als die eine, in der er sich
während der letzten Jahrhunderte aus-
gebreitet hat.   *(Heisenberg)*

Wer sich an die Vergangen-
heit nicht erinnern kann,
ist dazu verdammt, sie zu
wiederholen.
                    (Santayana)

In diesem Kapitel wird eine neue Auffassung zum Atlantis-Thema besprochen, die besonders tiefe historische Wurzeln hat; sie deckt sich mit allen wesentlichen Befunden der vorausgegangenen Kapitel und geht an einem Kardinalpunkt über alles bisher Gesagte hinaus.

Zunächst einmal möchte ich versuchen, den Autor dieser neuen Auffassung vorzustellen. Sein Name war Shree Rajneesh. Er wurde 1931 in dem zentralindischen Ort Kutchwada geboren und starb, nach mehrjährigem Wirken in der westlichen Welt, Anfang 1990 in seinem Heimatland Indien. Er war ein tiefblickender Mensch; schon als Junge liebte er es, hinter die Kulissen zu schauen: Als er einmal mutterseelenallein den berühmten Mahatma Gandhi in dessen Reisezug aufsuchte, da fiel dem Jungen sofort auf, daß Gandhis Wagen außen als ›3. Klasse‹ ausgewiesen und innen als ›1. Klasse‹ ausgestattet war; und Gandhi hatte alle Mühe, auf die Fragen des »Raja« – des kleinen Königs – zu antworten.[165] Als Heranwachsender wurde Rajneesh dem regierenden Nachfolger Gandhis, dem Dichter Jawaharlal Nehru, vorgestellt. Sie wurden Freunde.

Nehru äußerte gegenüber einem Dritten (Masto Baba) die Ansicht, aus dem jungen Mann könnte ein Buddha, ein Erwachter, werden. Im Alter von 21 Jahren erlebte Rajneesh das, was in der abendländischen Tradition »unio mystica« genannt wurde und heute oft mit dem Begriff »Erleuchtung« umschrieben wird. Am Tag nach »der Erfahrung« (wie Rajneesh selbst das innere Geschehen einmal nannte) wurde er vom letzten seiner Mentoren, von Masto Baba, der ihn zum letzten Mal aufsuchte, erstmalig als »Bhagavan« angesprochen, d.h. soviel wie »der Gesegnete«. So kam Rajneesh zu diesem uralten indischen Titel, der dann in der Form »Bhagwan« bekannt wurde.

In relativ jungen Jahren arbeitete Rajneesh als Universitätsprofessor für Philosophie, sowohl die großen östlichen als auch die großen westlichen Traditionen studierend; Sanskrit lernte er ebenso zu beherrschen wie die alten europäischen

Sprachen. Später reiste er durch Indien, redete in der Öffentlichkeit und nahm in seiner ungeschminkten, humorgewürzten Art Stellung zu aktuellen Problemen Indiens, durchaus zum Mißfallen der damaligen indischen Regierung, die aber nicht gegen ihn einschritt.

Mit seinem engeren Schülerkreis siedelte er dann in den Westen über, in die Wüste von Oregon/USA. Dort entwickelte sich binnen weniger Jahre eine Kommune, ein Städtchen, das den Namen Rajneeshpuram erhielt. Was um Rajneesh herum entstand und wieder verschwand, läßt sich – besonders im Hinblick auf die vielseitigen Ausbildungsstätten – damit vergleichen, was zweieinhalb Tausend Jahre früher in Süditalien um Pythagoras herum entstand und wieder verschwand. In beiden Fällen hielt die neue Kommune dem Argwohn der Umwelt nicht stand. Während damals in Süditalien jedoch fast alles vernichtet wurde, konnte diesmal vieles überleben. Rajneesh selbst, gegen den ebenso unhaltbare wie zweckentsprechende Anschuldigungen erhoben wurden, überlebte eine Abschiebehaft mit Mühe. Seine Schriften, d.h. die gedruckten Unterredungen, waren insoweit tilgungssicher, als ihre Vervielfältigungen und Übersetzungen schon größere Kreise zogen.

Europa konnte den stillen Mann nur für sehr kurze Zeit dulden. Als er 1987 aus den USA abgeschoben worden war, fand er – wie Pythagoras nach seiner letzten Vertreibung – Aufnahme im Privathaus eines griechischen Freundes. Binnen zwei Wochen verfügte die griechische Regierung, unter dem Druck der dortigen christlichen Kirche, die Ausweisung. Die Annulierung des Gastrechts wurde exakt mit der gleichen Begründung ausgesprochen, mit der einstmals der bedeutendste Bürger Athens, der Platon-Lehrer Sokrates, zum Tode verurteilt worden war: weil er die Jugend verderbe. Da zur Zeit der Ausweisung aus Griechenland mehr als zwanzig (untereinander in diplomatischen Beziehungen stehende) Regierungen eine Einreise Rajneesh' verweigerten, blieb sein Aufenthalt in Europa eine Episode.

Die Westreise des Kulturbringers endete in Poona/Indien, von wo sie ausgegangen war. Kurze Zeit vor seinem Tod legte er die ihm gegebenen Namen ab und gab sich den Namen »Osho«.

Der Atlantis-Text in der Philosophia Perennis

Und nun, nachdem der Autor ein wenig vorgestellt ist, zu dem Text, in welchem er seine Auffassung zum Atlantis-Thema hinterlassen hat. Dieser Text stammt aus der Philosophia Perennis, einem umfassenden Werk über Pythagoras (Auszug im Anhang V).

Pythagoras wird dort vorgestellt als Wahrheitssucher par excellence, der den Fragen nach Atlantis nachgegangen ist. Dann heißt es im Text, daß Atlantis

25 Jahrhunderte vor Pythagoras untergegangen ist. Da Pythagoras bekanntermaßen im 6. Jahrhundert v. Chr. geboren wurde, kommt man, 25 Jahrhunderte zurückgerechnet, in das ausgehende vierte Jahrtausend v. Chr. bzw. in das 31. Jahrhundert v. Chr. oder dicht daran als Datierung für den Untergang von Atlantis. Diese Datierung und der Grad ihrer Genauigkeit hat sich aus den Befunden der vorangegangenen Kapitel, die auf anderen, rein westlichen Quellen fußten, fast deckungsgleich bereits ergeben. (Hintergründe für die Rajneesh-Datierung werden bei der Behandlung der indischen Überlieferungen noch dargestellt werden.)

Das gleiche wie für diese Zeitangabe kann man auch für die Ortsangabe von Atlantis sagen, wie sie der Rajneesh-Text gibt; daß Atlantis, als große Insel bzw. als kleiner Kontinent, im Atlantischen Ozean gelegen hatte, stimmt mit dem bereits Dargelegten überein.

Desweiteren verweist der Rajneesh-Text auf das hohe Alter von Atlantis. Dieser Punkt deckt sich insoweit mit der bereits dargestellten Hopi-Überlieferung, als nach dieser Überlieferung Atlantis älter gewesen sein muß als der amerikanische Kontinent in seiner heutigen Form.

Ferner spricht der Text von jener weltweit überlieferten Flut, welche die Menschheit weitgehend vernichtete und unter den Überlebenden einige wenige weise Menschen wie z. B. Noah hinterließ. Auch hierin trifft sich das eingehend Dargelegte mit den knappen Feststellungen des Rajneesh-Textes.

Der Text sagt auch noch: Die Flut-Überlieferungen gehen auf den Untergang von Atlantis zurück. Umgekehrt ausgedrückt heißt dies, daß aus dem Untergang von Atlantis das Phänomen der Großen Flut resultierte. Auch in dieser Hinsicht hat das bisher Dargelegte nichts anderes ergeben.

In all den eben genannten Punkten, von denen keiner nebensächlich ist und bezüglich derer sich die bisherige Darstellung (Kapitel 1–9) durchweg auf andere Quellen als auf Rajneesh stützte, besteht also Übereinstimmung mit den Aussagen des Rajneesh-Textes, zumindest aber Widerspruchsfreiheit. Nun gibt der hier zur Diskussion stehende Text auch noch eine Antwort auf die Kardinalfrage, die offen geblieben war, die Frage nach der Ursache des Untergangs von Atlantis. Die Antwort darauf ist derart gravierend und implikationsreich, daß die entscheidende Passage im englischen Original zitiert werden muß.

Der Rajneesh-Text sagt aus, daß auf einer bestimmten Höhe menschlicher Zivilisation kollektiver Selbstmord möglich ist; nachdem diese Gefahr angesprochen ist, heißt es im originalen Wortlaut:

»Humanity is facing that same danger again.
When man becomes powerful, he does not know
what to do with that power. When the power is
too much and the understanding is too little,
power has always proved dangerous.
Atlantis was not drowned in the ocean by any
natural calamity. It was actually the same thing
that is happening today: it was man's own power
over nature.
It was through atomic energy that Atlantis was
drowned – it was man's own suicide.«[166]
(deutsch im Anhang V)

Osho (Rajneesh)

Zum Geschichtsbild unserer Zivilisation

Für die Wissenschaft ist die große Frage: Ist dieser Aussage gegenüber Widerspruchsfreiheit möglich? Von dem Geschichtsbild her, durch das wir geprägt worden sind, mit Sicherheit nicht. Auf der Grundlage dieses Geschichtsbildes scheint
Widerspruchsfreiheit gegenüber der zitierten Aussage nur möglich zu sein, wenn
man dieser Aussage eine bestimmte Deutung gibt; eine Deutung etwa von der Art,
wie sie Solons bzw. Platons Atlantis-Text oft genug gegeben wurde: daß es sich
dabei gar nicht um historische Aussagen handele. Ebenso könnte man auf die Idee
kommen (zwei Leser meiner ersten Manuskript-Version hatten sie), daß Rajneesh'
Aussage zur atomaren Zerstörung von Atlantis gar nicht historisch gemeint ist,
sondern vielleicht gleichnishaft. Immerhin hat eine solche Idee soviel für sich, daß
tiefsinnige Aussagen typischerweise mehrere Interpretationsmöglichkeiten zu-
lassen. Das gilt zweifellos auch für die zitierte Textstelle. In ihr ließe sich beispielsweise das berühmte Gleichnis von Sisiphos entdecken, der mühselig seinen
Stein bis zur Bergesspitze hinaufrollt, wo er ihm im letzten Moment wieder ent-
gleitet. Doch selbst wenn eine solche Interpretation richtig wäre, so kann es zugleich auch richtig sein, daß die zitierte Aussage ein historisches Geschehen bezeichnet.

Der Grund, warum man eine historisch gemeinte und dementsprechend lesbare Aussage umdeuten will, dies hatte sich in der vorliegenden Abhandlung wieder und wieder gezeigt, ist typischerweise der, daß sie nicht in ein vorgegebenes
Geschichtsbild paßt. Im vorliegenden Fall ist dies evident; denn eine atomare Zerstörung von Atlantis setzt in der spätatlantischen Zeit eine Zivilisation voraus, die
unserer eigenen vergleichbar ist. Daß aber vor rund 5000 Jahren solch eine zivili-

satorische Entwicklungsstufe erreicht wurde, davon haben wir in unseren menschheitskundlichen Schulbüchern und den sonst gebräuchlichen historischen oder prähistorischen Büchern im allgemeinen nichts gelernt. Darin liegt ein gewichtiges Problem beim Umgang mit der zitierten Textstelle.

Damit nicht von einer falschen Voraussetzung ausgegangen wird, möchte ich zunächst einmal zeigen, daß eine unserem herkömmlichen Geschichtsbild angepaßte Umdeutung jenes Kardinalpunkts in dem Rajneesh-Text zwecklos wäre. Es läßt sich dies zeigen mit Hilfe eines anderen Rajneesh-Werks (Krishna: The Man and His Philosophy). Dort wird die Lebenszeit Krishnas, aus der ein gewaltiger Krieg überliefert ist, mit der Zeit vor etwa 5000 Jahren angegeben. Außerdem wird gesagt, daß Indien damals einen wesentlich größeren Raum in Asien einnahm als heute und daß seine Sozialstruktur nicht die gleiche war wie heute.[167] Die in unserem Zusammenhang wichtige Passage lautet folgendermaßen:

> »Heute hat der Westen die gleiche Entwicklungshöhe erreicht, die Indien in der Zeit des Mahabarata-Krieges erreicht hatte. Beinahe alle hochentwickelten Kriegswaffen, die wir heute besitzen, wurden im Mahabarata-Krieg in der einen oder anderen Form angewandt. Es war ein hoher, durch Wissenschaft und Intelligenz gekennzeichneter Gipfelpunkt, den Indien in der Zeit dieses historischen Krieges (im Original: »that historic war«, M. F.) erreicht hatte.«[168]

Diese weitere Textstelle macht jedenfalls eines ganz deutlich: Rajneesh war der Auffassung, daß in der spätatlantischen Zeit ein Entwicklungsstand der Zivilisation herrschte, der unserem heutigen zivilisatorischen Entwicklungsstand vergleichbar ist. Mit dieser Auffassung gilt es sich auseinanderzusetzen.

Nun weiß ich allerdings um die Neigung, die vorgenannte Auffassung – zumal wenn sich ihre Umdeutung als zwecklos erweist – für indiskutabel zu erklären. Deshalb frage ich: Was spricht gegen die Auffassung, wonach vor rund 5000 Jahren ein ähnlicher Entwicklungsstand der Zivilisation erreicht war wie heute? Ein gewohntes Geschichtsbild, gewiß; doch in welcher Weise spricht es dagegen? Diese Frage soll jetzt unter die Lupe genommen werden.

Die spezifisch archäologischen Kenntnisse von der Entwicklung der Menschheit, die in dieser ganzen Frage eine beträchtliche Rolle spielen, sind relativ jung; andererseits beziehen sich diese relativ jungen Kenntnisse mittlerweile auf einen Zeitraum von Hunderttausenden von Jahren und mehr (neuere Steinwerkzeug-Funde werden auf ein Alter von mehr als zweieinhalb Millionen Jahren geschätzt). Noch mitten im 19. Jahrhundert, bevor sich Darwins Entwicklungslehre durchsetzte, herrschte – jedenfalls in Europa – die weithin als wissenschaftlich und nicht zuletzt auch als christlich geltende Ansicht, daß die Entstehung des Menschen kaum mehr als sechs Jahrtausende zurückläge. An dieser Ansicht änderte sich grundsätzlich noch nichts, als einer der Pioniere der modernen Archäologie, der Däne C. J. Thomsen, 1836 im Kopenhagener Nationalmuseum dem Publikum seine Sammlung nordischer Altertümer vorstellte. Thomsen realisierte in dieser Ausstellung einen glänzenden und völlig überzeugenden Gedanken: die Ausstellungsstücke einzuteilen in

a)   ein Stadium, in dem die Menschen mit Steinwerkzeugen arbeiteten,
b)   ein Stadium, in dem sie mit Bronzewerkzeugen arbeiteten und
c)   ein Stadium, in dem sie mit Eisenwerkzeugen arbeiteten.

Diese aufeinanderfolgenden Stadien erhielten sogleich die Namen »Steinzeit«, »Bronzezeit«, »Eisenzeit«. Es war dies ein empirisch gut ausfüllbares Denkmodell, welches der industrieellen Aufbruchstimmung im Kontinentaleuropa der 1830er Jahre genau entsprach (Stichwort: Eisenbahnbau). Überall war der technische Fortschritt spürbar, und er konnte nun sogar noch in einer gerade aus der Taufe gehobenen Wissenschaft der Archäologie gesehen werden. Heute kann man davon ausgehen, daß die steinzeitlichen Ausstellungsstücke Thomsens nicht weiter als in das frühere dritte Jahrtausend v. Chr. zurückreichten (ungefähr 3000–2500 v. Chr.). Damals, zur Zeit Thomsens, wußte man dies nicht so genau; aber es wurde schon bald von den in Frankreich arbeitenden Pionieren der Archäologie geahnt. In Frankreich nämlich fand Boucher de Perthes bei Abbeville an der Somme Feuersteine, die anscheinend von Menschenhand behauen waren. 1859 – dem Erscheinungsjahr auch von Darwins Werk über den Ursprung der Arten – wurden die Feuersteine von Abbeville durch Evans und Prestwich näher untersucht und für uralte Menschenerzeugnisse befunden. (Heute wird dieser Fund der ersten Zwischeneiszeit zugerechnet, einer Zeit vor rund einer halben Million Jahren.) In den ersten Veröffentlichungen zu dem Fund von Abbeville, dieses forschungsgeschichtlich wichtige Detail gibt Karl Narr,[169] wurde dieser Fund als »vorsintflutlich« bezeichnet, um ihn nämlich von den »nachsintflutlichen« Steinwerkzeugen Thomsens zu unterscheiden. Das Kriterium der Sintflut, auch dies ist wichtig, konnte sich damals jedoch nicht durchsetzen, aus einem wissenschaftlichen und einem weltanschaulichen Grund: zum einen, weil die Sintflut weder in ihrer Wirkung noch von ihrer Datierung her hinreichend faßbar war; zum andern, weil sich die Urgeschichtsforschung von einem dogmatisierten Bibelverständnis (›Menschwerdung vor sechs Jahrtausenden‹) emanzipierte und sich nicht weiter mit biblischen Begriffen belasten wollte. Deshalb wurden die Begriffe »vorsintflutliche Werkzeuge« und »nachsintflutliche Werkzeuge« ersetzt durch die Begriffe der altsteinzeitlichen Werkzeuge und der neusteinzeitlichen bzw. jungsteinzeitlichen Werkzeuge. (Die Kategorien des Paläolithikums oder der Altsteinzeit und des Neolithikums oder der Neu- bzw. Jungsteinzeit wurden 1865 durch John Lubbock, dem späteren Lord Avebury, festgelegt.) In den grundlegenden Begriffen der modernen Archäologie, Paläolithikum und Neolithikum, liegt also ein tieferer Sinn verborgen – die Sintflut als Scheidegrenze der nordischen Funde von den um Äonen älteren französischen Funden –, ein Sinn, der mit der neuen Begrifflichkeit allerdings verloren gehen konnte. In der weiteren Entwicklung wurde der Begriffsapparat der Archäologie ausdifferenziert. Analog der Einteilung »Altertum, Mittelalter, Neuzeit« wurde zwischen die Ausgangskategorien (alte Steinzeit – neue Steinzeit) eine »Mittelsteinzeit« gesetzt, nebst weiteren Differenzierungen (z. B. ältere Altsteinzeit, mittlere Altsteinzeit, jüngere Altsteinzeit usw.); dadurch versuchte man, die mehr oder weniger vereinzelten Funde aus immensen Zeiträumen in eine hierarchische Ordnung zu bringen.

Auf diese Weise entstand der Eindruck, als bildeten die archäologischen Funde einen kontinuierlichen Fortschritt der Menschheit ab, der sich gewissermaßen von einem ›Niveau 0‹ (älterer Altsteinzeit-Mensch) bis zu einem ›Niveau 100‹ (Mensch des 20. Jahrhunderts) durchzieht und dessen stets vorantreibende Kraft die Technik ist. Diesem Eindruck wurde jahrzehntelang kaum widersprochen (zumal nicht von marxistischer Seite), sondern er wurde im Gegenteil von vielen Archäologen befördert. Denn schließlich entsprach er ja auch der Anschauung des betr. Zeitalters, für das der technische Fortschritt alles bedeutete. Nirgendwo habe ich diese Anschauung in einer so reinen Form gefunden wie in einem deutschen Archäologie-Buch von 1920, welchem der Satz vorangestellt war: »Die ganze Weltgeschichte, genau genommen, löst sich zuletzt in eine Geschichte der Erfindung neuer Werkzeuge auf.«[170] (Streng genommen ist dies ein Beispiel für jenes eindimensionale Denken, auf welches das Heisenberg-Zitat am Eingang dieses Kapitels verweist, wobei in dem hier angeführten Beispiel jene eine Dimension noch auf Unilinearität reduziert wird.) Ungefähr eine Generation später war diese Denkweise, die – in den Hauptetappen: Alt-, Mittel-, Jungsteinzeit, Bronzezeit, Eisenzeit – einen ständigen technischen Fortschritt der Menschheit sehen zu können glaubte, in mehr oder weniger reiner Form bei uns zum »Allgemeinwissen« geworden, verbreitet in Schulbüchern und sonstiger Literatur. Dieses Bild von der Menschheitsentwicklung hat sich besonders stark meiner Generation eingeprägt. Diesem Bild entsprach, die alten Schriften der Menschheit, wenn sie etwas anderes sagten, als bloßer Fiktion entstammende »Mythen« zu behandeln. Und dieses Bild spricht entschieden gegen eine Auffassung, wonach die Menschheit vor etwa 5000 Jahren eine unserer heutigen Zivilisation vergleichbare Entwicklungsstufe erreicht hatte.

Aber dieses Bild, dessen Charakteristikum ein fortlaufender materieller Fortschrittstrend ist, ist seit den mittleren Jahrzehnten dieses Jahrhunderts in einem tiefgreifenden Wandel begriffen. Es wurde nicht einmal umgestoßen, sondern hat sich im Laufe der Forschung nach und nach zersetzt. Interessanterweise jedoch sind, wie man noch sehen wird, die Pionierleistungen der modernen Archäologie von diesem Zersetzungsprozeß unberührt geblieben.

Auch früher schon sind Zweifel an dem reinen Fortschrittsmodell der Archäologie aufgetaucht, besonders durch die Entdeckung von Felsmalereien, die in spanischen und französischen Höhlen überlebten. Diese Malereien mußten noch vor die sogenannten Mittelsteinzeit eingeordnet werden und waren demzufolge mindestens 10 000 Jahre (nach neuester Datierung 15 000 Jahre) alt. Die Gemälde zeigen allerdings eine derart hohe Malkunst, speziell was das Festhalten von Dynamik anlangt, daß sie für Kunstverständige unmöglich ein Produkt solch primitiver Gehirne sein konnten, wie sie mit den Menschen jener Zeit assoziiert wurden. Doch bewegte man sich in diesen Fragen auf einem derart unsicheren Terrain, daß die Denkweise, wonach ein früheres Stadium stets primitiver zu sein hatte als ein späteres, noch nicht ernsthaft gefährdet werden konnte. Gegen Mitte des 20. Jahrhunderts setzte eine gewisse Erneuerung des historischen Denkens ein, die an den Namen Arnold Toynbee geknüpft ist. Bezeichnenderweise gab er seiner berühmten Studie zur Weltgeschichte den Untertitel »Wachstum und Zerfall der Zivilisationen«, d. h. er thematisierte nicht nur das progressive, sondern auch das regressive Moment in der Geschichte (weiter ausgeführt dann in seinem späten Alterswerk »Menschheit und Mutter Erde«, in dem er etwa 25 Zivilisationen untersuchte, die während der vergangenen fünf Jahrtausende wuchsen und zerfielen). Toynbees Untersuchungen konnten auf die Archäologie, zumal die mit der ›Vorzeit‹ befaßte, allerdings nur einen begrenzten Einfluß nehmen. Parallel zu Toynbee machten sich aber auch Archäologen, allen voran Leonard Woolley (wie Toynbee ein Brite), von dem Zwang frei, immer nur den technischen Fortschritt der Menschheit beweisen zu müssen. Woolley konnte sich die schriftliche Aussage leisten, daß seinen Befunden nach die vorsumerischen – d. h. in Woolleys Denken die vorsintflutlichen – Bewohner (el Obeds) in ähnlichen Wohnungen gelebt hatten wie die Bewohner der gleichen Gegend zur Zeit von Woolleys Ausgrabungen. Eine solche Aussage grenzte an einen Frevel gegen die noch gültige archäologische Logik. Doch diese Logik machte, herausgefordert durch eine Reihe neuer Funde im Vorderen Orient, dann selber Sprünge – und bekam Sprünge. Mehr und mehr wurden größere und große Ortschaften ausgegraben und Kupferfunde gemacht, die dem 4. Jahrtausend v. Chr. und noch früheren Jahrtausenden zuzurechnen waren. Um diese Phänomene noch in die bisherige Denkweise hineinzwängen zu können, wurden die Begriffe ›Kupfersteinzeit‹ und ›Neolithische Revolution‹ eingeführt. ›Kupfersteinzeit‹ ist insofern ein widersinniger Begriff, als der ursprüngliche Begriff der Steinzeit gerade dazu gedient hatte, eine metallverarbeitungsfreie Zeit von einer metallverarbeitenden Zeit abzugrenzen. ›Neolithische Revolution‹ verletzt insofern den ursprünglichen Sinn des Begriffs »Neolithikum«, als dieser Begriff eine nachsintflutliche Kategorie bedeutete. (Die Verletzungsgefahr kann allerdings nur dort bekannt sein, wo ein historischer Begriff der Sintflut existiert.)

Es kam in der Folgezeit, als sich auch die Datierungen – besonders durch die Radiokarbon-Methode[171] – verbesserten, noch gravierender. Die neuen Funde und auch Neubefunde schon älterer Funde zeigten ein derart neues Bild, daß der aufgeblähte Begriffsapparat der Archäologie platzen muß, um es fassen zu können. Ich stelle zunächst einige der neueren, hinreichend datierbaren *Metallfunde* aus der Zeit *vor der Großen Flut* zusammen:

Kupferfunde aus dem 4. und 5. Jahrtausend v. Chr. und noch früheren Zeiten gibt es in weiten Teilen der Erde. Schwerpunkte der Funde liegen in Indien, wo die Anwendung von Schmelzverfahren jedenfalls für das 5. Jahrtausend v. Chr. als gesichert gilt,[172] und in Nordamerika. Ein im Massachusetts Institute of Technology sehr genau analysiertes, gehämmertes Kupferartefakt wurde auf das mittlere 7. Jahrtausend v. Chr. datiert.[173] Die ältesten Funde gehämmerten Kupfers in Anatolien wurden ebenfalls auf das 7. Jahrtausend v. Chr. datiert, im Iran auf das 6. Jahrtausend v. Chr.;[174] entsprechende irakische Funde sind möglicherweise noch älter als die anatolischen.

Für Europa ist eine pyrotechnische Kupferproduktion zumindest für das frühe 4. Jahrtausend v. Chr. nachgewiesen. Nach G. Clark[175] lagen metallurgische Schwerpunkte im Europa jener Zeit in Griechenland (mit Balkan) und in mehreren Gegenden Mitteleuropas (!), u.a. in Schlesien und im Rheinland; die Anwendung von Schmelzverfahren, auch dies sagt der sehr vorsichtige Clark, sei im Balkan eindeutig erwiesen; neuere Autoren halten diesen Beweis für das 5. Jahrtausend datierbar. Ein weiterer Fund soll hier noch erwähnt werden: der 1991 hoch in den Alpen gefundene »Mann im Eis«, gemeinhin »Ötzi« genannt. Für diesen Fund wird (nach kalibrierter Radiokarbon-Datierung) ein Alter von rund 5300 Jahren angegeben. Vorausgesetzt, diese Datierung ist genau genug, hätte Ötzi zwei bis drei Jahrhunderte vor der »Schwellenzeit« gelebt. Nachgewiesenermaßen trug Ötzi ein Kupferbeil mit sich. Zum Vergleich die Frage: Hat ein Bewohner der Hochalpen im 17. oder 18. Jahrhundert nach Chr. in höherem oder geringerem Maße an den Errungenschaften der Technik partizipiert?

Bronzefunde gibt es für die Jahrtausende vor der Großen Flut ebenfalls. Die Literatur erwähnt Ägypten, Vorderindien (Industal) und Hinterindien; für Hinterindien (jetzt Thailand) liegen Datierungen für das 5. und 4. Jahrtausend v. Chr. vor.[176]

In diesem Zusammenhang stellt sich eine wichtige, noch zu wenig untersuchte Frage: sind die der Zeit vor der Großen Flut (wie definiert) zuzuordnenden

Bronzefunde durch andere, insbesondere arsenische Legierungen gekennzeichnet als die typischen Zinn-Bronzen seit dem 2. Jahrtausend v. Chr?

Silberfunde sind für die gleichen Jahrtausende (vor der Flut) in Indien nachgewiesen.[177]

Goldfunde, in geringen Mengen, gibt es für die betreffende Zeit ebenfalls in Indien (Industal).[178]

Eisenfunde: Sie wären bzw. sind aus archäologischer Sicht besonders wichtig für die Beurteilung einer vorsintflutlichen Zivilisation. In den ältesten schriftlichen Überlieferungen der Menschheit sind Hinweise auf »vorzeitliches« Eisen nicht seltener als entsprechende Hinweise auf Edelmetalle (eine eindeutige Stelle wird noch zitiert werden). Da Eisen vergänglicher ist als die edleren Metalle (auch vergänglicher als Kupfer), muß man mit hohen Erwartungen an solche Funde, die nur an extrem geschützten Stellen auftreten können, zurückhaltend sein. Die modernen Archäologen hatten lange Zeit überhaupt keine Erwartungen an Eisenfunde, die den hier diskutierten Jahrtausenden zuzurechnen wären; allerdings deshalb nicht, weil klar zu sein schien, daß die »Eisenzeit« im (frühen) 1. Jahrtausend v. Chr. begann. Erst in jüngster Zeit ist die Diskussion um ›vorzeitige‹ Eisenfunde überhaupt aufgetaucht. Vorreiter dieser Diskussion, für die zwei Arten von Funden bedeutsam sind, war Gordon Childe. Von der ersten Art berichtet Childe[179] selbst. Danach handelt es sich um kleine Objekte von eindeutig terrestrischem Eisen (nicht etwa meteorologischem), die sowohl in Mesopotamien als auch in Kleinasien gefunden wurden und die mehr als ein Jahrtausend älter sein müssen als der ›Beginn der Eisenzeit‹; die offene Frage ist hier: um wieviel mehr als ein Jahrtausend? Von der zweiten Art ungewöhnlicher Eisenfunde, die aus Südamerika stammen, berichtet Berlitz.[180] Es handelt sich hierbei um Eisennägel und Eisenschrauben, die einen Schutz in tiefen Gesteinsschichten hatten. Die Tiefe von Schichten ist, wenn organisches Material für bessere Datierungsmöglichkeiten fehlt, die übliche rohe Datierungsgrundlage. Auf dieser Grundlage wurde mit einer Herkunftszeit dieser Eisenprodukte gerechnet, die »Tausende Jahre« vor ›Beginn der Eisenzeit‹ liegt. Demnach muß man damit rechnen, daß dieser Fund aus einer unbestimmten Zeit vor der Großen Flut stammt.

Hier möchte ich auch noch auf ein Stück Eisenblech verweisen, das im Zusammenhang mit den neuesten Entdeckungen an der Cheops-Pyramide wieder in die Diskussion gekommen ist, nachdem es über Jahrzehnte (im Britischen Museum in London) mehr oder weniger unbeachtet geblieben war. Dieses Stück Eisen war zum Vorschein gekommen, als der Brite H. Vyse im Jahr 1837 der Großen Pyramide durch eine Sprengung von außen zu Leibe rücken wollte: die kleine Eisenplatte trat unterhalb von zwei Steinblocklagen(!) zutage, an einer Stelle, die direkt mit einem Schacht der »Königskammer« in Verbindung steht. Da dieses bearbeitete Metallobjekt in keiner Weise in die Zeit des Cheops (Mitte des 3. Jahrtausends) paßt, und da unerfindlich ist, wie es Jahrtausende später – auch in Ägypten wird der Beginn der Eisenzeit im Verlauf des 1. Jahrtausends v. Chr. angesetzt – in das Steingehäuse gelangt sein soll, muß man auch hier nach einer Herkunftszeit fragen, die vor der Cheops-Zeit bzw. vor dem 3. Jahrtausend v. Chr. liegt.

An *sonstigen Metallfunden* aus jenen Zeiten sind Bleierzeugnisse aus Indien zu nennen, für die ein späteres als das 4. Jahrtausend v. Chr. ausgeschlossen wird.[181] Auch wenn es spezielle Zinnfunde offenbar nicht gibt, muß man für jene Zeiten auch mit einer gewissen Produktion von Zinn rechnen. Nicht nur, weil in der ägyptisch/griechischen Atlantisbeschreibung (deskriptiver Teil bei Platon), die sich wahrscheinlich auf das spätere 7. Jahrtausend v. Chr. bezieht, Zinn erwähnt wird, sondern auch deshalb, weil in den ältesten Bronze-Funden – soweit analysiert – neben (hohen) Arsenanteilen auch Zinnanteile ausgemacht wurden.

Nachdem das Spektrum der Metallfunde offenliegt für eine mehrere Jahrtausende umfassende Zeit, die vor kaum mehr als einer Generation in der allgemein-historischen Literatur noch als »Steinzeit« bezeichnet wurde, nämlich als »mittlere Steinzeit« (vorzugsweise charakterisiert durch gewisse, von einem nicht-seßhaften Jägertum hervorgebrachte »Anfänge von Viehzucht«), fahre ich im nächsten Schritt fort zu zeigen, daß nach den inzwischen vorliegenden Befunden in der gleichen Zeit *Großstädte* existiert haben, und zwar nach dem heutigen Kriterium dieses Worts. Schon zwischen den Weltkriegen begannen großangelegte Ausgrabungen im Industal (das heute zum Teil auch zu Pakistan gehört), speziell der Orte Mohenjo-daro und Harappa. Sie wurden zunächst als Kleinstädte freigelegt, die in mancher Hinsicht den gegen Mitte des 3. Jahrtausends v. Chr. aufgeblühten Kleinstädten Sumers entsprachen und anfangs auch als sumerische Kolonien interpretiert wurden, was sich jedoch als völlig unhaltbar erwies.

Durch einige stichprobenartigen Tiefgrabungen wußte man schon damals (zwischen den Weltkriegen), daß sich unter den bearbeiteten Schichten Überreste früherer Besiedelung verbargen. Diese hielt man, ganz im Sinne des vorherrschenden (westlichen) Fortschrittsdenkens mit größter Selbstverständlichkeit für primitivere Vorläufer der schon ausgegrabenen »reifen« Zivilisation.

Schon kurz nach dem Zweiten Weltkrieg, als Indien seine Unabhängigkeit von der britischen Kolonialherrschaft erreichte, sah der indische Archäologe und Historiker Ramachandra Dikshitar die Zusammenhänge mit anderen Augen. Für ihn, der mit der altindischen Überlieferung vertraut war, repräsentierten die tiefen Schichten von Mohenjo-daro und Harappa eine große Zivilisation, die vor etwa fünf Jahrtausenden abbrach und auf deren Trümmern sich später eine neue Entwicklung anschloß.[182] Seit den 1970er und verstärkt seit den 80er Jahren wird in Mohenjo- daro, Harappa und einer Reihe weiterer Gegenden des Industals intensiv in die Tiefe gegraben (bei einer Schwemmschicht, die oftmals rund 10 m beträgt) und außerdem mit verschiedenen neuen Verfahren gearbeitet wie z. B. Luftaufnahmen zur Festlegung der Gestalt der Gebiete. Vieles deutet darauf hin, daß man es in den tiefen Schichten des Industals mit riesigen Ballungsgebieten zu tun hat. Charles Berlitz schrieb Anfang der 80er Jahre, daß Mohenjo-daro und Harappa einstmals Millionenstädte gewesen seien.[183] Dies ist zwar im striktesten Sinne nicht bewiesen – und kann wegen der Überdimensionalität der dazu nötigen Ausgrabungen in diesem Sinne auch nicht bewiesen werden –, doch gehen die Indizien geradewegs in diese Richtung. Eines der Indizien ist folgendes: die eindeutig identifizierbaren (weil gebranntmarkten) Ziegel aus dem alten Harappa sind von einer derartigen Menge, daß sie, soweit intakt, in allen Perioden der weiteren, nahezu 5000jährigen Geschichte Harappas beim Häuserbau verwendet wurden; darüber hinaus fanden die einheimischen Ziegelschürfer (die von den Archäologen keineswegs geschätzten »brick diggers«) derartige Mengen von diesem Material, daß ein Eisenbahndamm es noch in mehr als 150 km Entfernung von Harappa als Schotter enthält.[184] In jedem Fall müssen diese Städte um ein Vielfaches größer gewesen sein, als sie es zu einer späteren Blütezeit (die mit der sumerischen Blütezeit zusammenfiel) mit ihren jeweils rund 35 000 Einwohnern dann waren.[185]

Die heute vorhandenen Befunde ergeben für die Binnenstruktur jener mehr als 5000 Jahre alten Großstädte etwa folgendes Bild: Ähnlich wie in unseren eigenen Großstädten hatten die Häuser typische Grundrißformen von 10 × 9 und 13 × 11 m.[186] Zumindest Dreistöckigkeit war charakteristisch.[187] Die großen Straßen zwischen den Häusern hatten eine Breite von 30 m.[188] Die Städte verfügten über ein ausgeprägtes unterirdisches Wasserleitungssystem.[189] Das größte Bad, das ausgegraben wurde (im Zitadellenbereich von Mohenjo-daro), maß 52 × 32 × 4 m.[190] Bäder waren aber auch typisch für die Wohnungen der normalen Häuser.[191] Für die heutigen indischen Großstadt-Verhältnisse kann man dies nicht sagen, wohl aber für unsere Großstädte in der westlichen Welt.

Es sind also, und dies ist zunächst einmal von Bedeutung, in den über 5000 Jahre alten indischen Großstädten Grundstrukturen erkennbar, die den Grundstrukturen der entwickeltsten Großstädte unserer Zeit ähnlich sind. Die Ausgrabungen im Industal sind nicht die einzigen ihrer Art geblieben. Anfang der 1990er Jahre wurde im benachbarten Iran aus der gleichen Zeit die Stadt Schar-e-Suchten freigelegt, die zwar wesentlich kleiner gewesen sein dürfte als die altindischen Städte, aber immer noch unserem Kriterium einer Großstadt – 100 000 Einwohner – entspricht.[192]

Alle drei genannten Großstädte verbindet eine Eigenart ihres Untergangs. Ihr Untergang beruht aller Evidenz nach nicht auf der Großen Flut, obwohl dies vom Zeitraum der Datierung (Schwellenzeit) und auch von der Schwemmschicht über diesen Städten (soweit sie nicht als Überschwemmungen des Indus erklärbar ist) naheliegend wäre, sondern vielen Indizien nach auf einem gewaltigen Krieg, welcher der Großen Flut vorausging. Dieser äußerst bedeutsame Punkt wird, zusammen mit den verfügbaren archäologischen Details, im Kontext der altüberlieferten indischen Schriften noch zu behandeln sein.

Hier ist zunächst festzuhalten, was sich bisher ergeben hat: Die Frage war ja, was eigentlich dagegen spricht, daß vor fünf Jahrtausenden bzw. vor der Großen Flut eine Zivilisationshöhe erreicht war, die unserer heutigen vergleichbar ist. Dagegen, so zeigte sich, spricht ein maßgeblich von der modernen Archäologie gezeichnetes Geschichtsbild, das etwa drei Generationen lang ausgebaut und so zu einer Grundlage unseres Denkens über die Menschheitsentwicklung wurde. Dieses Geschichtsbild ist gekennzeichnet durch einen ständigen materiellen Fortschritt über die großen Stadien der Menschheit (nach archäologischer Einteilung) hinweg.

Seit etwa einer Generation befindet sich dieses Bild jedoch im Zerfall. Die Archäologie der jüngsten Jahrzehnte hat selbst die Fakten an den Tag gelegt, welche die frühere Form ihres Bildes völlig unhaltbar machen. Als wesentliche neuere Fakten sind dargelegt worden:

a)   die weltweiten metallurgischen Funde verschiedenster Art, die in relativer Häufigkeit dem 4. Jahrtausend v. Chr. angehören und in abnehmender Häufigkeit, bei primitiveren Erscheinungsformen, bis etwa in das 7. Jahrtausend v. Chr. zurückreichen;

b)   die urbanen Zentren besonders in Indien, die jedenfalls im späteren 4. Jahrtausend v. Chr. einen großstädtischen Charakter hatten. (Die in ihren Grundfesten in vorangegangene Jahrtausende zurückverfolgbaren Städte wie Catal Hüyük und Jericho hatten offenbar nur einen mittel- oder kleinstädtischen Charakter.)

Diese archäologischen Befunde deuten stark auf einen mehrere Jahrtausende umfassenden und bis in das späte 4. Jahrtausend v. Chr. reichenden materiellen Fortschrittstrend hin, wobei man davon ausgehen kann, daß die metallurgische und die urbane Entwicklung Hand in Hand ging. Ebenso deuten diese Befunde aber, wenn man sie den Befunden aus dem 3. Jahrtausend v. Chr. gegenüberstellt, auf einen sehr einschneidenden materiellen Rückschritt zwischen dem 4. und dem 3. Jahrtausend v. Chr. hin. Denn (Neu-)Anfänge einer metallurgischen Produktion, speziell Werkzeug-Produktion, sind erst etliche Jahrhunderte nach dem Beginn des 3. Jahrtausends nachweisbar; und von großstädtischen Verhältnissen finden sich im 3. Jahrtausend keinerlei Spuren.

Angesichts solcher Befunde fragt es sich, was von dem Kategoriengebäude der modernen Archäologie, soweit es die Stadieneinteilung betrifft, übrig bleibt. Nach meiner Auffassung kann nur das Fundament übrig bleiben. Anders ausgedrückt können die Grundbegriffe der modernen Archäologie, wie sie in ihrer Pionierzeit erworben wurden, weiterhin Bestand haben; dies aber nur, wenn sie in ihrem ursprünglichen Sinn gebraucht werden. Die ursprünglichen Begriffe (durch Thomsen) waren ja – in absteigender Linie betrachtet – »Eisenzeit«, »Bronzezeit«, »Steinzeit« gewesen. Bald mußte wegen der französischen Feuersteinfunde, die weit in eine graue Vorzeit der Menschheit zurückreichten, der Begriff der Steinzeit geschieden werden in jene weit zurückreichende vorsintflutliche Steinzeit und die nachsintflutliche Steinzeit, wobei die erstere die Bezeichnung »Paläolithikum« (alte Steinzeit) und die letztere die Bezeichnung »Neolithikum« (neue Steinzeit) erhielt. Die korrekte Schreibweise für diesen Sachverhalt, bei dem die Lücke zu beachten ist, müßte (wieder in absteigender Linie betrachtet) folgende sein:

Eisenzeit / Bronzezeit / neue Steinzeit// – /alte Steinzeit.

Für eine im Aufwärtstrend des großindustriellen Zeitalters entstandene Weltanschauung, die einen unaufhörlichen materiellen Fortschritt postulierte, lag es verführerisch nahe, die Lücke zwischen den beiden Kategorien der Steinzeit durch die Kategorie einer ›mittleren Steinzeit‹ zu schließen, so daß es schien, die verschiedenen Steinzeitstadien würden einen fortlaufenden materiellen Fortschrittstrend repräsentieren. Diese Verführung führte zu einem sehr gravierenden Fehler, der viele Probleme nach sich zog – Widersprüche, unsaubere Kompromißkategorien, Lavieren mit Zeitbestimmungen – und bis heute noch längst nicht ausgebadet ist.

Die Lücke zwischen der alten und der neuen Steinzeit, die beide durch Funde hinreichend gesichert sind, kann heute aber durch eine Kategorie geschlossen werden, die durch Funde ebenfalls hinreichend gesichert ist. Es hatte sich ja gezeigt, daß aus einem Zeitraum von etwa vier Jahrtausenden vor der Großen Flut Metallfunde der verschiedensten Art vorliegen.

Deshalb kann diese Zeit einfach als eine *Metallzeit* bezeichnet werden, die nach beiden Seiten hin von steinzeitlichen Verhältnissen abgrenzbar ist. Wir haben dann folgendes Schema:

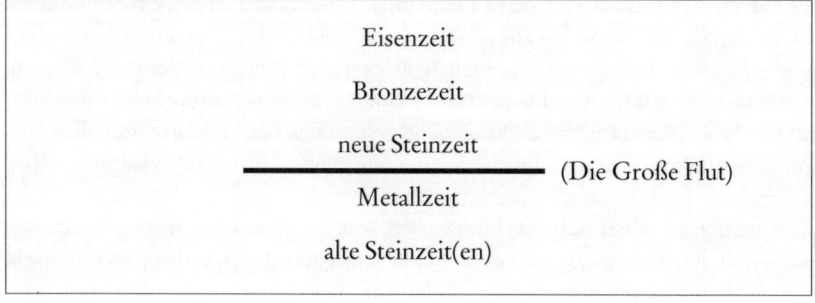

Dieses Schema kann noch weiter reduziert werden, was ich hier aus heuristischen Gründen tun möchte. Es ist eine Reduktion, wie sie in einer fernen Zukunft ein Archäologe vornehmen könnte, der die Metallurgie unseres Weltzeitalters ebenso undifferenziert kategorisieren müßte, wie wir die Metallurgie des vorangehenden Weltzeitalters undifferenziert kategorisieren müssen. Dann hat das Schema folgende Form:

Hieran knüpfe ich jetzt eine Überlegung, die Atlantis direkt betrifft. Wesentlich durch das Atlantis-Dokument Heinrich Schliemanns, ebenfalls ein Pionier der modernen Archäologie, war ich zu dem Schluß gekommen, daß die von Platon bewahrte Atlantisbeschreibung (ihr strikt deskriptiver Teil) aus dem späteren 7. Jahrtausend v. Chr., zumindest aber nicht aus späterer Zeit als dem früheren 6. Jahrtausend v. Chr. stammt und den damaligen Entwicklungsstand von Atlantis wiedergibt.[193] Diese Zeit fällt nach den oben gegebenen Bestimmungen in eine Anfangsperiode der alten Metallzeit. Der Platonische Atlantisbericht bestätigt dies selbst insoweit, als dort von Gold, Silber, Kupfer, Zinn und einem unbekannten, aus Bergerz gewonnenen Metall die Rede ist. Darüber hinaus ist der zivilisatorische Entwicklungsstand noch genauer beschrieben durch die Größe von Heer und Marine und durch die Art der Bewaffnung; von Streitwagenfahrern, Schwergerüsteten, Bogenschützen, Speer- und Steinschleuderern (d. h. nicht Werfern) wird gesprochen. Wie früher schon umrissen, gibt es für diesen Stand der Zivilisation eine gute Vergleichsmöglichkeit, nämlich den Zivilisationsstand Persiens um die Mitte des 1. Jahrtausends v. Chr. Das Heer Persiens und seine Marine hatte (wie anhand der Zahlen bei Herodot schon ausgeführt wurde) eine ähnliche Größenordnung, wie sie für Atlantis beschrieben ist; bezüglich der Bewaffnung verfügte Persien ebenfalls über Streitwagenfahrer, Schwergerüstete, Bogenschützen, Speer- und Steinschleuderer (mit Instrumenten). Und Persien befand sich ebenfalls noch in einer Anfangsperiode einer Metallzeit, nämlich der neuen Metallzeit, die wie die alte Metallzeit mit einer Dauer von etwa vier Jahrtausenden zu veranschlagen ist. Vom zivilisatorischen Niveau ausgehend, welches das Persische Reich repräsentierte, wissen wir nun aus historischer Erfahrung, daß die Menschheit zweieinhalb

Jahrtausende benötigte, um den heutigen Zivilisationstand zu entwickeln, d. h. waffentechnisch gesprochen: um aus Streitwagen und Speerschleudern Panzer und Atomraketen zu entwickeln.

Da Atlantis, von einem dem Persischen Reich vergleichbaren Zivilisationsniveau aus, zumindest noch zweieinhalb Tausend Jahre Entwicklungszeit bis zu seinem Ende zur Verfügung hatte, ist es jedenfalls kein von vornherein abwegiger Gedanke, daß Atlantis am Ende der alten Metallzeit einen ähnlichen Entwicklungsstand erreichte, wie er im Laufe der neuen Metallzeit erreicht worden ist.

*Schriftliche Überlieferungen von hoher Technik und
außergewöhnliche Fundstücke*

Unmittelbare Beweise für eine hochentwickelte Technologie in der spätatlantischen Zeit sind für Atlantis selbst unmöglich zu erbringen; für andere Teile der Erde ist dies möglich. Doch sollte man sich, um keine falschen Erwartungen zu hegen, zwei Bedingungen der Problematik vor Augen halten.

Erstens: Die Große Flut, die über die Zivilisation hinweggegangen ist, hat als Zeugen der ›Vorzeit‹ im Regelfall nur steinerne Trümmer hinterlassen. Alles andere wie z. B. Funde von Überbleibseln einer instrumentellen Technik könnten nur Zufallsfunde in extrem gut geschützter natürlicher oder künstlicher Umgebung sein. (Für hohe Gebirgslagen, die von der Großen Flut nicht erreicht werden konnten, gilt dies nicht im gleichen Sinn; dort ist die Zufälligkeit, Überbleibsel hoher Technik zu finden, allerdings bedingt durch den geringen Grad technischer Errungenschaften, den solche Höhenlagen im allgemeinen aufweisen.)

Zweitens: Wenn die Zivilisation vor der Großen Flut durch hochentwickelte Technologien gekennzeichnet war, wäre dies für die Überlebenden der Großen Flut in ihren Überlieferungen zweifellos hoher Beachtung wert gewesen. Andererseits wäre es dann für die nachfolgenden Generationen, für welche die ehemaligen Technologien mit nichts Bekanntem vergleichbar und insofern nicht nachvollziehbar hätten sein können, in hohem Maße schwierig gewesen, die technologischen Überlieferungen ihrem ursprünglichen Sinn nach zu deuten und entsprechend weiter zu tradieren. Dieser Widerspruch wäre nur auflösbar, wenn eine neue Technologie entwickelt wird, die der einstigen Technologie so ähnlich ist, daß diese durch die Brücke der mehr oder weniger notdürftigen Überlieferungen als ähnliche erkannt werden kann.

Schriftliche Hinweise auf hohe Technologie in unmittelbar vorsintflutlicher Zeit finden sich gerade bei den tiefschürfenden Forschern. Sie fanden sich, wie man sich erinnert, bei Philo von Alexandria, der Andeutungen zu genetischen Manipulationen in der betr. Zeit überlieferte, und noch deutlicher bei Flavius Josephus, der einen hohen Stand der Wissenschaften und Künste für eine längere vorsintflutliche Endphase betonte. In der Moderne interessierten diese Phänomene noch mehr und zunehmend mehr. Francis Baco griff die Thematik von altindianischen Überlieferungen her auf, indem er eine Zukunftstechnologie beschrieb, in der eine langvergangene Technologie wiedererschien, wobei Baco, von Haus aus ein strenger Wissenschaftler, als Darstellungsform – wohlweislich – die Form der Utopie wählte. Athanasius Kircher ging mit der gleichen Thematik offener um. Bei ihm, der tiefgreifende hebräische Überlieferungen lateinisch wiedergab, zeigten sich jedoch charakteristische Übersetzungsprobleme. Hätte Kircher seine Begrifflichkeit, mit der er den Stand der Technik in unmittelbar vorsintflutlicher Zeit zu kennzeichnen suchte, in deutscher Sprache ausgedrückt, so hätte er wohl von »Metallwaffen«, von einer »Fernmitteilungskunst« und von »bemannten Himmelskörpern« sprechen müssen. Doch was für einen Sinn hätten solche Begriffe im 17. Jahrhundert ergeben sollen, außer daß sie Geheimnisse bargen oder ›science fiction‹ darstellten? Wir im 20. Jahrhundert können mit solchen Begriffen – ob wir damit recht haben oder nicht – jedenfalls etwas Nachvollziehbares assoziieren. »Metallwaffen« kennen wir als Handgranaten oder Raketen; »Fernmitteilungskunst« kennen wir in den verschiedenen Formen der Telekommunikation wie Fernsehen oder Telefax; »bemannte Himmelskörper« kennen wir als Flugzeuge oder Raumschiffe. Was in diesen Fällen der von den Überlieferern ursprünglich gemeinte Sinn war, können wir nicht genau wissen; aber es könnte ›etwas von dieser Art‹ sein. Dies kommt umso mehr in Betracht, als in unserer eigenen Zeit noch mündliche (bzw. jetzt erst schriftlich fixierte) Überlieferungen vorhanden sind, bei denen es ein gleichartiges Übersetzungsproblem nicht gibt. Der ausführlich zitierte Hopi-Historiker (Anhang IV) ist ein erfahrener Mensch unserer Zeit, der manches von den uralten Technologie-Überlieferungen seines Volks unmittelbar mit heutiger Technologie in Verbindung bringt, während anderes abweicht (wobei aber nicht auszuschließen ist, daß es auf einem kommenden Stand der Technik identifizierbar ist); so kann er bezüglich der alten Hopi-Überlieferung unbefangen von Flugzeugen und von anderen nicht recht bekannten Flugkörpern sprechen. Gerade Flugkörper spielen in den alten Überlieferungen eine beachtliche Rolle. Aus Indien ist uns schon ein alter Text begegnet, in welchem Botschafter mit »vimanas« zu ihren Regierungen flogen, wobei der betr. Sanskrit-Begriff im späten 19. Jahrhundert mit »Flugfahrzeugen« übersetzt wurde. (Die hochrelevanten indischen Überlieferungen werden am Ende noch gesondert behandelt werden.) Auch bei den Persern und Kurden, speziell der zoroastrischen und der yasidischen Tradition spielen ›bemannte Flugkörper‹ eine Rolle. Die Tradition des Zarathustra kennt als besonders geheiligtes Symbol den sogenannten Flügelmenschen, ein Symbol, das für einen Betrachter des 20. Jahrhunderts wie ein Flugzeug aussieht, aus dem ein Mensch herausragt.[194] Die yasidische Richtung scheint dieses Symbol mit einer Engelverehrung zu verbinden, wobei die bei Prozessionen herumgetragenen Symbole auffälligerweise aus Metall hergestellt sind.[195] Bei solchen Traditionen sollte man damit rechnen, daß sie auf sehr alte Funde – etwa eines Flugzeugwracks – zurückgehen bzw. durch sie gestützt wurden.

> Man sollte nämlich nicht meinen, daß das archäologische Studium erst im 19. Jahrhundert entstanden sei; im19.Jahrhundert ist es als eine mit spezifischen Ausgrabungs- und Analysemethoden arbeitende Wissenschaftsdisziplin entstanden. Aber auch alte Völker haben sich für Fundstücke aus älterer Zeit interessiert und sie in materieller Form oder im Denken zu bewahren versucht.

Dieser Gesichtspunkt, der in der einschlägigen modernen Literatur häufig ausgeklammert ist, wird in dem folgenden Überblick eine nicht unwesentliche Rolle spielen. Ich möchte in diesem Überblick eine Auswahl der in den Museen der Welt verstreuten alten Fundstücke darstellen, die auf eine einstige hohe instrumentelle Technik hinweisen und die als »außergewöhnliche Fundstücke« eingestuft werden:

– Um 1900 wurde ein kleines, verkrustetes und teilweise zerschmolzenes Metallinstrument gefunden, das, wie aus einer Abbildung bei Berlitz[196] zu ersehen ist, ein den Innereien einer modernen Uhr vergleichbares hochkomplexes Räderwerk hat. Gefunden wurde das Instrument, zusammen mit Kunstschätzen, von Tauchern in einem Schiffswrack bei der Insel Antikythera, unweit von Kreta. Das Schiff war, davon kann man mit Sicherheit ausgehen, in der Zeit um das 1. Jahrhundert v. Chr. gesunken. Dieses immer wieder untersuchte Instrument wird inzwischen, und zwar wegen der in ihm eingravierten astronomischen Symbole, als ein Instrument interpretiert, das einstmals für Peilungen tauglich war. Da man aus der römischen oder griechischen Antike keinerlei auch nur annähernd vergleichbare Instrumente kennt, stellt sich die Frage, ob dieses für die griechisch-römische Antike ganz außergewöhnliche, offensichtlich einem Schatztransport zugehörige Instrument ursprünglich nicht aus einer ganz anderen Ära stammt, nämlich aus der Zeit *vor* der Großen Flut.
– Aus Mesopotamien stammt ein Fund (1936 entdeckt), der in einer zweitausend Jahre alten Vase lag. In der Vase befand sich »ein in Pech gefaßter Kupferzylinder« und in diesem »ein Eisenstab, der mit einem Asphaltstöpsel isoliert war.«[197] Nach zunächst unterschiedlichsten Deutungen kamen mehrere Forscher auf den Gedanken, daß es sich um eine Trockenzellenbatterie handeln könnte, weshalb man diesen Fund exakt rekonstruierte und mit neuen Elektrolyten versah. Die rekonstruierte Batterie funktionierte. Dieser Fund paßt nicht zu dem technischen Niveau der näher bekannten Jahrtausende mesopotamischer Ge-

schichte (nach der Großen Flut). Deshalb muß bei dieser Entdeckung die Frage gestellt werden, ob nicht ein Fundstück gefunden wurde, das vor zwei Jahrtausenden selbst schon ein Fundstück aus einer wesentlich älteren Zeit war. Die Umstände der Aufbewahrung (in einer Vase) legen diesen Gedanken nahe.

– Der gleiche Gedanke läßt sich auf ein Fundstück aus geschliffenem Glas anwenden, das im vorigen Jahrhundert aus der Schatzkammer von Ninive geborgen wurde, die spätestens im früheren 1. Jahrtausend v. Chr. errichtet wurde. Es ist schon erwähnt worden, daß Assurbanipal von Ninive sich rühmte, Inschriften aus einer Zeit vor der Großen Flut zu besitzen. Ebenso ist es möglich und sogar wahrscheinlich, daß das in jener Schatzkammer gefundene Glas-Artefakt, welches von Optik-Fachleuten als »echte optische Linse«[198] angesehen wird, ein Fundstück aus der Zeit vor der Großen Flut ist. Denn abgesehen von dem Ausnahmefund selbst spricht nichts dafür, daß die Assyrer des 1. Jahrtausends v. Chr. in der Lage gewesen wären, optische Linsen herzustellen.

– Es gibt mehrere sehr alte Artefakte, die, wie Abbildungen bei Berlitz[199] zeigen, genau wie Modellflugzeuge aussehen. Solche Modelle (aus Holz) wurden in ägyptischen Grabstätten aus der frühdynastischen Zeit gefunden, d. h. aus dem 3. Jahrtausend v. Chr. Genauere Untersuchungen und Rekonstruktionen erwiesen sogar die Funktionstüchtigkeit dieser Modelle für den Gleitflug. Ein anderes Modell wurde in Kolumbien gefunden (heute im Museum von Bogota), in einer Grabstätte, die dem 2. Jahrtausend v. Chr. angehört. Dieses mit vielen Details (Querruder, Cockpit etc.) ausgestattete Modell sieht aus wie ein Kampfflugzeug mit Deltaflügeln. Die Annahme, daß die Ägypter oder die Bewohner der Anden im 3. bzw. 2. Jahrtausend v. Chr. Flugzeuge irgendwelcher Art gehabt hätten, wäre allerdings völlig abwegig. Daher versuchte man zunächst auch, die gefundenen Modelle als Nachbildungen von Insekten oder Vögeln zu interpretieren. Die Experten – Zoologen wie Flugzeugsachverständige – sind aber zu dem Schluß gekommen, daß die Nachbildungen als Modellflugzeuge akzeptiert werden müssen. Doch wie wären diese Funde dann zu erklären? Zwei Alternativen kommen in Betracht:

(a) Es handelt sich um direkte Überbleibsel aus einer noch älteren Zeit, nämlich der Zeit vor der Großen Flut.

(b) Es handelt sich um Nachbildungen aus den betr. nachsintflutlichen Zeiten (3. bzw. 2. Jahrtausend v. Chr.), in denen entweder damals gefundene Überreste von wirklichen Flugzeugen der vorsintflutlichen Zeit nachgebildet wurden oder Nachbildungen nach überlieferten Beschreibungen solcher Flugzeuge vorgenommen wurden.

Da es sich bei den zuletzt beschriebenen Funden um organisches Material handelt (Holz), müßte die Entscheidung der Alternativen (a) oder (b) mit Hilfe der entwickeltsten Datierungsverfahren, der kalibrierten Radiokarbon-Datierung und der neuesten dendrochronologischen Technik, möglich sein.

Anzeichen für einen hochentwickelten Stand der Technik in der spätatlantischen Zeit ergeben sich auch bei der Betrachtung einer anderen Art von Funden, den Megalithen oder ›Großsteinen‹, von denen man heute noch etliche als Bestandteile berühmter Ruinen sehen kann. Im Unterschied zu den Spuren der instrumentellen Technik waren die Megalithen sehr leicht zu entdecken. Aber auch sie gehören insofern zu den außergewöhnlichen Fundstücken, als sie zu keiner der näher bekannten Zivilisationen passen. Obwohl ein großer Teil der Megalithen im 19. und 20. Jahrhundert abtransportiert wurde, sind heute immer noch etwa 50 000 Megalith-Stätten in Europa bekannt. Am meisten sind sie an der europäischen Atlantikküste verbreitet, desweiteren in Skandinavien, in Mitteleuropa und im gesamten Mittelmeerraum. Seit mindestens 1 500 Jahren ist der Zerstörungsprozeß der Megalith-Stätten im Gange, teils um sie als zählebige Kultstätten zu beseitigen und teils wegen der Nützlichkeit der Steine. Doch die Zahl und die Größe der Steine hat selbst den technischen Möglichkeiten, welche die jüngsten Jahrhunderte zur Entfernung der Steine in die Hand bekamen, Einhalt gebieten können. Von daher kann man schon einmal grob ermessen, was für ein Aufwand zur einstigen Errichtung dieser Steine und der Anlagen, die sie repräsentierten, nötig gewesen war. Das Alter der Megalithen läßt sich mit der Radiokarbon-Datierung nicht ermitteln, wenn nicht zusätzliche Funde von organischem Material Datierungshinweise ergeben. (Bei steinernem Material kann die Radiokarbon-Methode nur greifen, wenn die Bearbeitung des Materials wenigstens einige Zehntausende von Jahren zurückliegt.) Dennoch haben die heutigen Experten der Megalithforschung kaum noch Zweifel daran, daß die Megalith-Anlagen durchweg mindestens fünf Jahrtausende alt sind. Früher hatte man noch gewisse Zweifel, ob solche Anlagen nicht auch jünger sein könnten; dies kam zum einen dadurch, daß man spätere Benutzungen der Anlagen für Bestattungen leicht mit der Entstehungszeit der Anlagen verwechseln konnte, und zum zweiten dadurch, daß spätere Erneuerungen der Anlagen (so im Fall Stonehenge/Südengland) noch nicht als solche erkannt worden waren.

Die Megalith-Denkmäler werden besonders von den Spezialforschern als Zeugnisse einer »verschollenen Kultur« betrachtet, über deren Entstehung man ebenso wenig sagen könne wie über deren Zerfall. Aus meiner Sicht dokumentieren die Megalith-Zeugnisse zunächst einmal die Zerstörungsgewalt der Großen

Flut: von riesigen Bauwerken, wie z. B. Stonehenge dem Grundriß und den Sockelresten nach gewesen sein muß, blieben Steine, und zwar solche, die zu den schwersten gehören, welche die Menschheitsgeschichte kennt. Diese Steine dokumentieren aber auch eine große technische Leistung, die nicht nur für die Errichtung dieser Steine, sondern auch für ihren Transport zur Baustelle vorausgesetzt werden muß. Die Geologen sind sich nämlich darüber einig, daß die gefleckten Blausteine von Stonehenge aus den etwa 300 km entfernten Prescelley-Bergen stammen. Und so fragt sich auch von dieser Seite her, was für ein Stand der Zivilisation – hier im Einflußgebiet von Atlantis – vorgegeben sein mußte, damit eine solche Transportleistung möglich war. Eine entsprechende Frage stellt sich für die Errichtung der Bauwerke, von denen die nicht wegschwemmbaren Bauteile einige Auskunft geben. Einer der größten Megalithen, den die Kelten fanden und den sie »mener Hroec'h« oder »Feenstein« nannten, lag zersprungen am Boden, mit einer Bruchstelle von 5 × 4 m; die Länge des zersprungenen Kolosses betrug 20 m; das Gewicht wird auf 350 Tonnen geschätzt. Auch dieses Gebilde ist in der einen oder anderen Form einmal herbeigeschafft und errichtet worden. Und hierfür gibt es einen gewissen Vergleichsmaßstab: Ein Papst des 16. Jahrhunderts ließ nämlich (wahrscheinlich aus dem Umland Roms) einen wesentlich leichteren Megalithen herbeischaffen und auf dem Petersplatz errichten. Dieses Unternehmen nahm ein ganzes Jahr in Anspruch und benötigte 800 Arbeiter und 70 Pferde.[200] Ein strenger Schluß vom Wiedererrichtungsaufwand auf den ursprünglichen Errichtungsaufwand und die dafür verwendeten technischen Hilfsmittel läßt sich in solchen Fällen zwar nicht ziehen, aber man kann eine gewisse Verhältnismäßigkeit unterstellen. Den Zweck der Megalith-Stätten kennt man nur sehr unzureichend. Ihre Funktion als Begräbnisstätten für hochrangige Personen ist naheliegend; bei Anlagen wie Stonehenge wird auch an eine Funktion als Sternwarte gedacht; vielleicht dienten die größeren Anlagen multifunktionalen Zwecken (Kultus und Wissenschaften).

Die Entwicklungsgeschichte der Megalith-Stätten läßt sich wenigstens grob umreißen. Ihre große Zerstörungszeit habe ich mit der Großen Flut, d. h. mit dem ausgehenden 4. Jahrtausend v. Chr., schon bestimmt. Die Altersschätzungen, soweit sie durch Assoziation der Steinanlagen mit anderen archäologischen Befunden möglich sind, reichen allerdings noch mindestens drei Jahrtausende hinter jene Endzeit zurück. Die Entwicklung der sogenannten Megalith-Kultur fällt somit in den Zeitraum, der oben als die »alte Metallzeit« bestimmt wurde.

Von dieser Metallzeit, deren technische Möglichkeiten sowohl von den schriftlichen Überlieferungen als auch von den archäologischen Befunden her diskutiert wurden, interessiert hier vor allem ihre Endphase bzw. ihr Höhepunkt. Denn immer noch stehen die Aussagen aus der Philosophia Perennis im Raum, wonach die

Menschheit auf diesem Höhepunkt ihre nahezu vollständige Vernichtung durch ihre eigenen technischen Mittel hervorgerufen hat.

Nirgendwo auf der Welt gibt es so viele Informationen zu der besagten Endphase wie in Indien, und nirgendwo haben sich die großen geistigen Strömungen so sehr mit diesen Informationen auseinandergesetzt wie dort. Deshalb geht der Weg jetzt noch einmal dorthin, wobei ich den Versuch unternehmen werde, den historischen Kontext darzulegen, in welchem die gravierenden Aussagen, die noch im Raum stehen, verständlich werden können.

Die Wiederentdeckung der indischen Überlieferungen

Beginnen will ich diesen erneuten Gang in das traditionsreichste Land des Ostens vom amerikanischen Westen her, und zwar mit einer denkwürdigen Begebenheit, die sich im Sommer 1945 binnen Sekunden nach der Zündung der ersten Versuchs-Atombombe zugetragen hat. Robert Oppenheimer, der als der Vater dieser Bombe gilt, hatte in frühen Jahren anhand von Versen ein wenig Sanskrit gelernt, das schon fast wieder vergessen war. Als er in New Mexico den ersten Atomwaffentest beobachtete, da fielen ihm, kurz nach der Zündung, diese Zeilen aus dem Mahabarata-Epos ein:

> »Wenn das Licht von tausend Sonnen
> am Himmel plötzlich bräch' hervor,
> zu gleicher Zeit – das wäre
> gleich dem Glanze dieses Herrlichen ...«

Als sich dann die Rauchsäule zum Himmel rankte, begleitet von einem jetzt erst hörbaren Donnergrollen, kam Oppenheimer ein weiterer Vers in den Sinn:

> »Ich bin der Tod, der alles raubt,
> Erschütterer der Welten.«[201]

Oppenheimer war erschüttert. Und es folgten noch andersartige Erschütterungen, als wenig später Atombomben über den japanischen Großstädten Hiroshima und Nagasaki wirklich abgeworfen wurden. –

Die Tatsache, daß ein amerikanischer Naturwissenschaftler jene indischen Verse preisgab und ein europäischer Geisteswissenschaftler sie einige Jahre später zitierte, markiert eine Wendezeit des westlichen Denkens. Der Physiker Robert Oppenheimer, der seine Selbstzweifel bekannte und den die US-Atombehörde deshalb verächtlich machte, wurde zum Symbol für die Frage nach einer neuen Verantwortung der Wissenschaftler, und der Historiker Robert Jungk, der in seinem

Buch »Heller als tausend Sonnen« das Schicksal der Atomforscher beschrieb, wurde selbst zu einem der großen Verantwortungsbewußten. Diesen beiden Forschern sind in einer Weltsituation, als die atomare Aufrüstung auf die Tagesordnung kam, jene indischen Verse unter die Haut gegangen. Beide ahnten Tiefes. Wie weit die Ahnungen gingen, darüber möchte ich nicht spekulieren. Allem Anschein nach wurden jedoch erst eine Generation später, als die Welt bereits atomar aufgerüstet war, auch die folgenden Zeilen des Mahabarata-Epos in einem Buch des Westens zitiert:

»(Es war) ein einziges Geschoß,
das alle Macht des Universums in sich barg,
eine glühende Säule aus Rauch und Flammen,
so hell wie zehntausend Sonnen,
erhob sich in all ihrem Glanz …

es war eine unbekannte Waffe,
ein eiserner Donnerkeil,
ein gigantischer Bote des Todes,
der das gesamte Geschlecht der Wrischnis
und Anhakas zu Asche verwandelte …

Die Körper waren so verbrannt,
daß man sie nicht mehr erkennen konnte.
Ihre Haare und Nägel fielen aus,
Tongefäße zerbrachen ohne sichtlichen Grund,
und die Vögel bekamen weiße Federn …

Nach einigen Stunden
war alle Nahrung verseucht …

[Beschreibung der Waffe]
… Ein Schaft, tödlich wie das Zepter des Todes …
er maß drei Ellen und sechs Fuß (knapp 4 m),
ausgestattet mit der Donnerkraft
des tausendäugigen Indra
zerstörte er alle lebendige Kreatur.«[202]

Eine Generation, die über die Wirkung einer Atombombe Bescheid weiß, liest diesen Text mit anderen Augen als die vielen Generationen, die keine Ahnung davon hatten, daß es eine solche Waffe jemals geben könnte. Die Atomwaffen, die uns heutigen bekannt sind, erzeugen mit einem einzigen Geschoßexemplar, ausgelöst durch die Spaltung eines Mikrokosmos', eine glühende Rauch- und Flammensäule. (Gleiches sagt der alte indische Text.)

Dabei entsteht das extrem helle Atomfeuer, das einen weithin sichtbaren, glänzenden Widerschein am Himmel hinterläßt. (Der indische Text umschreibt die extreme Helligkeit durch die Helligkeit von unzähligen Sonnen.)

Eine Atombombe hat einen Körper aus Eisen, die Gestalt ist keilförmig, und bei der Detonation wird ein weithin hörbarer Donner ausgelöst. (All diese Merkmale sind im indischen Text angegeben.)

Durch einen atomaren Schlag gegen eine Großstadt werden unzählige menschliche Körper gleichzeitig verbrannt, Überlebende werden bis zur Unkenntlichkeit entstellt; Haare und Nägel fallen aus. Die in weitem Umkreis ausgebreiteten Druckwellen sprengen Zerbrechliches, weiße Asche fliegt herum. (Auch von all diesen Einzelheiten spricht der Text.)

Die Nahrung der Gegend wird – durch freiwerdende Radioaktivität – binnen kurzer Zeit verseucht. (Davon berichtet der Text ebenfalls.)

Die Prototypen von Atombomben, wie sie in Hiroshima und Nagasaki angewandt wurden, waren etwas mehr als 3 m lang. (Bei der »unbekannten Waffe« des indischen Texts, deren Gestalt, wie im größeren Kontext noch deutlicher werden wird, für die Zeit ihrer Erstanwendung beschrieben ist, ist eine um weniges größere Länge angegeben.)

Von allen Waffengattungen, die im Mahabarata-Epos erwähnt und beschrieben sind, ist die eben besprochene die wichtigste und am detailliertesten beschriebene. Heute, wo die Merkmale dieser Gattung mit den Merkmalen einer Atomwaffe verglichen werden können – rund ein Dutzend (!) Merkmale wurden hier genannt –, ist sie identifizierbar. Früher, genauer gesagt: während ungefähr 150 Menschen-Generationen, mußte jene wie auch immer überlieferte Waffengattung als eine mehr oder weniger absonderliche Gattung erscheinen, die wie aus einer anderen Welt zu kommen schien, im Zweifelsfall aus der Welt der Phantasie. Der Amerikaner Charles Berlitz, der Anfang der 1980er Jahre in seinem (nicht wörtlich gemeinten) Buch »Weltuntergang 1999« die zuletzt zitierte Stelle aus dem Mahabarata-Epos wiedergab, zog in Erwägung, daß irgendwann in alter Zeit einmal ein Atomkrieg stattgefunden haben könne; dann wandte er sich, weiter an dieser Erwägung festhaltend, zum zweiten Mal dem Atlantis-Rätsel zu (»Der 8. Kontinent«); es fehlte ihm jedoch an einem historischen Zugang nicht nur zu der Atomfrage, sondern vor allem auch zu der Frage des Untergangs von Atlantis. –

Das Mahabarata-Epos ist das bei weitem umfangreichste epische Werk oder schriftliche Werk überhaupt; es soll sogar die Encyclopedia Britannica an Seitenzahl übertreffen. Es wurde zur Zeit des Pythagoras, also vor zweieinhalb Tausend Jahren von Vyasa, den man den ›Homer Indiens‹ nennen könnte, und seinen zahlreichen Schülern fertiggestellt. Dieses Werk enthält die gesammelten Überlieferungen aus einer wiederum zweieinhalb Tausend Jahre früheren Zeit, nämlich aus einer Endphase des ausgehenden 4. Jahrtausends v. Chr. Im Zentrum steht der Große Krieg, wegen seiner Überlieferung durch das Epos auch Mahabarata-Krieg genannt (»Maha barata«: zu übersetzen als »die Großen Männer« oder »die Großen Heiligen«).

Da das Mahabarata-Epos so außerordentlich umfangreich ist, gibt es natürlich Zusammenfassungen. In einer neuen Zusammenfassung (des Indo-Amerikaners Bhaktivedanta von 1970, die noch über 700 Seiten lang ist), wird von der Zerstörung mehrerer Städte berichtet, die im Verlauf jenes Krieges ausgelöscht worden seien. Von einer besonders stark befestigten Stadt wird gesagt, sie sei vollkommen zerstört worden. »Die Vibrationen ... klangen wie der Donnerkeil (thunderbolt) zur Zeit der Auflösung der kosmischen Situation.«[203] Dieser Satz läßt sich so verstehen, daß das durch die Zerstörung jener indischen Stadt verursachte Dröhnen wie ein Anklang an den späteren Weltuntergang (das Ende von Atlantis mit Erdbeben, Großer Flut, Klimasturz und Verdunkelung) war. Bei der Behandlung des Kampfs um weitere Städte werden einige Waffentypen spezifiert: Von einer Waffe wird gesagt, daß sie »die Feinde müde machte« (»yawning weapon«), wobei ich hinzufüge, daß dieser Effekt für die Anwendung von Gas und anderen chemischen Waffen ebenfalls gilt. Weiter ist die Rede von einer »Todeswaffe« (genannt Sivajvara), die große Hitze entwickelte, und andererseits auch von einer Waffe, die durch Kälteerzeugung obstruierte. Von einer weiteren Waffe (genannt Brahmastra) sagt der indisch-amerikanische Autor, daß sie in ihrer Wirkung »der Atombombe ähnlich« sei (»similar to the atomic bomb«).[204]

Schließlich wird noch von der gefährlichsten aller Waffen gesprochen – von ihr betont das Mahabarata-Epos, daß sie längere Zeit bewußt zurückgehalten wurde – nämlich von der Sudarshan-Waffe, d. h. »blendende« Waffe. Als von ihrer erstmaligen Anwendung gesprochen wird, die eine Helligkeit wie von unzähligen Sonnen erzeugt habe, wird wiederum eine Linie zu dem späteren Weltuntergang gezogen; die Helligkeit sei von der Art gewesen »wie das Feuer am Ende der kosmischen Manifestation.«[205]

Was die Städte-Zerstörungen betrifft, so wird noch von einer weiteren, von den zuvor behandelten Städten anscheinend entfernt gelegenen Stadt namens Varasani berichtet, die zu dem Königreich Kasiraya gehörte; von dieser Stadt heißt es, daß sie »zu Asche verbrannte.[206] Als ein wichtiger Schauplatz des Mahabarata-Krieges gilt Vorderindien, wozu auch das gesamte Industal gehörte. Außerdem soll die Verteidigung der indischen Westküste gegen externe Angriffe eine besondere Rolle gespielt haben.[207] Ferner ist hier bemerkenswert, daß der Indus, dessen Tal den Ausgrabungen zufolge einstmals sehr dicht besiedelt war, an der indischen Westküste mündet und daß der Iran (Kasiraya?) in einer Entfernung von diesem Mündungsgebiet liegt, die durch die Breite eines Golfes markiert ist. Und in diesem Zusammenhang komme ich unter sehr spezifischen Gesichtspunkten noch einmal auf die archäologischen Befunde aus den beiden großen, im Industal ausgegrabenen Städten und die im Iran ausgegrabene Stadt zurück.

Die letztere Ausgrabung ist die jüngste, das bekannt Gewordene dementsprechend noch spärlich. Doch soviel wenigstens wurde gemeldet: Die persische Bezeichnung der Stadt (Schar-e-Suchten) bedeute »die verbrannte Stadt«. Die Gründe jedoch, warum das Leben dieser Stadt etwa um 3000 v. Chr. plötzlich geendet hat – die Flucht der Einwohnerschaft, wie dies bei einem »normalen« Stadtbrand zu erwarten wäre, scheint von den Skelettfunden her ausgeschlossen worden zu sein, M. F. – seien unbekannt.[208] Mir scheint die Frage untersuchenswert zu sein, ob als Grund dieser Zerstörung die Anwendung einer hitzeerzeugenden Mahabarata-Waffe ausgeschlossen werden kann.

Im Unterschied zu der iranischen Ausgrabung sind die Befunde aus den schon Jahrzehnte dauernden Grabungen in Mohenjo-daro und Harappa detailliert: Besonders auffällig ist, daß die Ziegel, die sowohl in dem am Indus gelegenen Mohenjo-daro – »Stadt des Todes« – als auch in dem in einem Seitental des Indus gelegenen Harappa unter den Flutablagerungen ausgegraben wurden, Verbrennungserscheinungen haben. Zugleich waren es, wie schon ausgeführt, gerade diese Ziegel, die, soweit intakt und von den einheimischen Ziegelschürfern entdeckt, noch Jahrtausende lang beim Häuserbau Verwendung fanden. Beide Umstände deuten darauf hin, daß diese Ziegel einstmals einer sehr großen Hitzeeinwirkung ausgesetzt waren; dadurch konnten die an sich wenig verbrennungsempfindlichen Ziegel ihre Brandmarkungen erhalten haben und zugleich derart gehärtet werden, daß sie für unabsehbare Zeit weiter benutzbar wurden.

Im Umkreis von Harappa stieß man bei einer Tiefgrabung (rund 8 m tief) auf komprimierte und dementsprechend feste Rinderknochen. Auch die Erde machte in der gleichen Tiefe einen besonders festen Eindruck. Analysen ergaben, daß Druck eine ausschlaggebende Rolle gespielt haben muß; aber die Ursache des Drucks konnte nicht bestimmt werden.[209] Auf den Gedanken zu kommen, daß eine Druckwelle – so wie sie bei einer schweren Detonation ausgelöst wird – die ausschlaggebende Rolle gespielt haben könnte, war für die archäologische Theoriebildung im ersten Drittel dieses Jahrhunderts (als die entsprechenden Untersuchungen vorgenommen wurden) kaum möglich; im späten 20. Jahrhundert, wo viele archäologische Befunde auf eine einstmals sehr hochentwickelte Industal-Zivilisation hinweisen, kann man allerdings auf einen solchen Gedanken kommen. Meines Wissens war Charles Berlitz der erste wissenschaftliche Autor des Westens, der (in den frühen 1980er Jahren) die Möglichkeit einstiger thermonuklearer Katastrophenereignisse auch von archäologischen Befunden her in Erwägung zog. Zu den Industal-Städten bemerkt Berlitz, daß die Skelettfunde den Eindruck machen, als sei die Katastrophe plötzlich über die Bewohner gekommen. Weiter führt Berlitz an, daß die Radioaktivitätsmessungen an diesen Skeletten ungewöhnlich hohe Werte ergaben.[210] Es sei hinzugefügt, daß solche Meßwerte besonders aussagekräftig sein können, wenn sie Werten gegenübergestellt werden, wie sie bei den Opfern von Hiroshima und Nagasaki nach 5000 Jahren zu erwarten wären. –

Das Mahabarata-Epos erzählt in erster Linie von Ereignissen, wie sie den Erinnerungen nach auf indischem Boden stattgefunden haben, nicht anders als das Gilgamesch-Epos in erster Linie von Ereignissen erzählt, die den Erinnerungen nach auf mesopotamischem Boden stattgefunden haben. Doch ebenso wie das sumerische Epos Bezüge enthält zu den größeren Zusammenhängen des Weltgeschehens, so auch das indische Epos. Der Mahabarata-Krieg erscheint zunächst als schicksalträchtige Auseinandersetzung zwischen zwei dynastischen Parteien, den Kauravas und den Pandavas, deren Machtkampf die indische Gesellschaft zutiefst spaltete. Die eine dieser Parteien, die Kauravas, scheinen jedoch mit einer aggressiven äußeren Macht in Verbindung zu stehen. Wo diese äußere Macht ihre unmittelbare Herrschaft ausübte, kann man sich leicht ergänzen, wenn man folgendes weiß: Die wichtigste und verehrteste Gestalt des Epos', die den Pandavas zugehörige Herrschergestalt, wird als »Meister dreier Welten« apostrophiert, worunter man aus guten Gründen (s.u.) Asien, Europa und Afrika verstehen kann; und von diesem Meister wird gesagt, daß der reichere Teil der Menschheit ihn mißachtete.[211]

Was die Spaltung des Landes betrifft, die zugleich eine Spaltung der Menschheit repräsentierte, so findet man hier eine analoge Struktur, wie sie in Amerika bei den Hopi überliefert ist: daß die aggressive Macht von Atlantis sich mit gewissen Herrschern verbündete, wodurch die Gesellschaft (in Amerika) zutiefst gespalten wurde. Das Mahabarata-Epos gibt noch eine sehr bemerkenswerte Andeutung zu den internationalen Zusammenhängen der betr. Zeit. Es heißt dort nämlich, daß die Herrscher eines Landes namens Patala in den Großen Krieg hineingezogen wurden. Und es wird von der zweitwichtigsten Gestalt des Epos', dem gleichfalls den Pandavas zugehörigen Helden, gesagt, er sei mit der Tochter eines Herrschers aus Patala verheiratet gewesen. Patala aber ist von den Indern eindeutig als Amerika identifiziert worden und das Herkunftsgebiet jener Herrschertochter als Mexiko (Sanskrit: Makshika).[212]

Der Große Krieg und zumal dessen Entscheidungsschlacht im Mahabarata-Epos und in anderen indischen Überlieferungen wird immer wieder in Beziehung gebracht mit dem »Ende der kosmischen Manifestation«, einem Ende, bei welchem (von allem anderen abgesehen) der eigentliche Aggressor restlos vernichtet wurde. Dabei wird diese Ende – danach gab es ja kein Atlantis mehr – in den alten indischen Überlieferungen immer wieder mit der gefährlichsten und durchschlagkräftigsten aller Waffen, der Sudarshan-Waffe, verknüpft. Diese Überlieferungen nehmen sich so aus, als müßte man von diesem Zusammenhang ausgehen, ohne daß er konkret faßbar wäre. Die folgende Version des genannten Zusammenhangs kann das Problem, um das es hier geht, verdeutlichen. Diese Version hat Bernier, ein bedeutender französischer Historiker des 17. Jahrhunderts (Zeitgenosse von Athanasius Kircher, mit dem er wahrscheinlich in Verbindung stand), von seiner mehrjährigen Forschungsreise durch den fernen Osten mitgebracht.

Bernier gibt eine indische Überlieferung wieder, die von einer Zeit spricht, »als die Welt durch die Macht der Giganten unterjocht war.« Weiter wird dann vom Kampf der Inder gegen die Giganten gesprochen und dann von der »Tötung eines Giganten, der in die Luft flog und dabei so gewaltig war, daß er die Sonne verfinsterte: Sein Fall bewirkte, daß die gesamte Erde zitterte, und er hatte ein solches Gewicht daß er die Erde durchdrang und in die Hölle stürzte.«[213]

> Wenn man bei dieser mythischen Überlieferung (die dem französischen Historiker durchaus fremd erschien, ihn aber gleichwohl beeindruckte) den von Otto Muck rekonstruierten Erdaufriß im mittleren Atlantik mitdenkt, der zu einem Hochschießen von Erdmassen und wegen der in der Atmosphäre verbleibenden Partikel zur Verfinsterung der Sonne geführt haben muß, andrerseits aber auch zum Sturz des Erdreichs in die ›Unterwelt‹ bzw. »Hölle«, so kann der Bezug zur Atlantis-Katastrophe unschwer hergestellt werden. Was die »Giganten« und ihre Verbündeten anlangt, so weiß das Mahabarata-Epos von diesen Feinden eine Reihe von Einzelheiten. Namentlich genannt wird der Herrscher von Magadha, Jarasandha, der mit großem militärischem Aufgebot 18 Angriffe vorgetragen habe, die auf der Seite der Verteidiger zur Errichtung eines »ungeheuren Forts mitten im Meer« geführt habe. Ferner ist Banasura bekannt, ebenfalls ein bedeutender Herrscher; sein Name, oder seine Titulierung, hat eine offensichtliche Verwandtschaft mit dem atlantischen Herrschertitel Asuramaya – wie die Inder den Atlas bezeichneten, den ursprünglichen Herrscher über die »mondfarbenen« Menschen von der »weißen Insel«, die »schwarz wurde vor Sünde«. Auch kommt in der Literatur die Sammelbezeichnung »die Asuras« vor, die, wie es scheint, jene feindliche Koalition bezeichnet. Es sei auch darauf hingewiesen, daß der überlieferte indische Mythos nicht einfach vom Tod des betr. Giganten (Atlantis), der ja auf natürliche Weise – Naturkatastrophe – eingetreten sein könnte, spricht, sondern von dessen »Tötung«, was in dem Kriegskontext Waffengewalt einschließt.

An dieser Stelle möchte ich die Frage aufwerfen: Wenn es, wie die indischen Überlieferungen immer wieder voraussetzen, einen direkten Zusammenhang zwischen der Anwendung der Sudarshan-Waffe und dem Untergang von Atlantis tatsächlich gegeben hat, was wäre von diesem Zusammenhang überhaupt wißbar?

Ein gedankliches Experiment soll die Annäherung an diese Frage erleichtern.

Wir Heutigen wissen, daß vor eineinhalb Generationen, im Jahre 1945, Atombomben explodiert sind, – ob zukünftige Generationen das glauben mögen oder nicht. Wir in Europa wissen von dieser Tatsache, weil die unmittelbar Beteiligten, die Amerikaner und die Japaner, es so berichtet haben. Heute, nach eineinhalb Generationen, ist die Explosivkraft der einschlägigen Waffen so weit gesteigert, daß man sich das Folgende vorstellen kann: Angenommen, Amerika und Japan befänden sich in einem Krieg auf Leben und Tod, dann wäre es rein technisch für die amerikanische Seite wahrscheinlich möglich, eine Waffe von höchster Explosivkraft im Japan-Graben, einer empfindlichen Stelle des Erdmantels in unmittelbarer Nähe des Japanischen Inselreichs, so einzusetzen, daß der Erdmantel aufreißt und das gesamte Inselreich zum Verschwinden bringt, was zugleich eine Weltkatastrophe bedeuten würde. Anders als im Fall der partiellen Katastrophen von Hiroshima und Nagasaki, wo die Ursache der Katastrophen auf japanischer Seite noch gewußt werden konnte, könnte im Fall der völligen Auslöschung des Inselreichs natürlich kein japanisches Wissen über die Unglücksursache mehr vorhanden sein. Wo aber könnte ein solches Wissen noch vorhanden sein? Allein im Herkunftsland der Waffe, in dem angenommenen Fall also in Amerika. Und das einzige, was über den fraglichen Zusammenhang wißbar wäre, ist, daß die Waffe (auf welchen Wegen auch immer) von dort losgeschickt wurde.

Jetzt werde ich näher zeigen, daß alles Wissen über einen Zusammenhang zwischen der durchschlagkräftigsten aller Waffen, der Sudarshan-Waffe, und der Katastrophe, welche Atlantis auslöschte, aus Indien kam. Dort gibt es allerdings keine Überlieferung, in der man die Aussage eines Befehlshabers finden könnte, die besagen würde: ›Ich habe den letzten Befehl für den Einsatz der großen Vernichtungswaffe gegeben.‹ Es kann eine solche Überlieferung auch kaum geben, weil sie voraussetzen würde, daß irgendeiner der unmittelbar beteiligten Befehlshaber die Katastrophe, mit der die Große Flut kam, überlebte. (Die Inder wissen, daß es aus der Yadu-Dynastie, die zuletzt die legitime Herrschaftsgewalt innehatte, nur einen einzigen Überlebenden gab.) Eine direkte Überlieferung in der eben genannten Form kann man also nicht erwarten. Indirekt aber wird der Zusammenhang zwischen der Vernichtungskraft der Sudarshan-Waffe und der finalen Katastrophe gerade in den bedeutendsten der indischen Überlieferungen auf jede nur erdenkliche Art ausgedrückt. Dies läßt sich am besten zeigen, wenn man die entscheidenden Gestalten, die aus dem Großen Krieg überliefert sind, ins Auge faßt. Um ihnen in größtmöglicher Nähe zu begegnen, muß man jene Perle der indischen Philosophie betrachten, die in die Hunderttausend Verse des Mahabarata-Epos eingewoben ist: die Bhagavad Gita.

Die dichterische Technik der Gita ist eine ähnliche wie die im Kernstück des Gilgamesch-Epos. In beiden Fällen ist die große Krise des Weltgeschehens eingefangen in einem Gespräch zwischen dem Helden des Epos' und einem hochweisen Mann.

In der Gita handelt es sich um ein an den Ausgangspunkt einer entscheidenden Schlacht gesetztes Gespräch zwischen dem General Arjuna und seinem Meister, dem Großkönig Krishna, auch »Meister der drei Welten« genannt. Dieses Gespräch findet in einer sehr eigenen Atmosphäre statt.

Eine Schicksalsstunde der Menschheit naht heran, und die allergefährlichsten Waffen stehen bereit, auch die Sudarshan-Waffe. Dem General Arjuna, ein bedeutender Stratege, werden die Knie weich vor der Verantwortung, die er zu tragen hat. Und Krishna, sein hochverehrter Meister, steht ihm, auf der Fahrt zum Kontrollstand der Entscheidungsschlacht, freundlicherweise als Fahrer zur Verfügung, so als wäre er Arjunas Adjutant.

Arjuna hat schwere Bedenken, sich dem Kampf zu stellen, zumal auf der Seite des Feindes sehr geschätzte Verwandte stehen:

> (II.4) *Arjuna*:
> »Wie sollte ich ... gegen Bisma und Dona
> antreten, diese Verehrungswürdigen ...?«

> (II.18) *Krishna*:
> »Diese Körper, vorgesehen für die Auflösung,
> gehören doch zu ihm, dem Ewigen, Unzerstör-
> baren, Unbeweisbaren, das im Körper ist;
> deshalb kämpfe, Sohn des Barata!«

Krishna spricht weiter über ein Hauptthema indischen Philosophierens, die Überwindung von Attraktion und Repulsion.

> (II.38) »Wenn Vergnügen und Schmerz gleich geworden
> sind, ebenso wie Gewinn und Verlust, Sieg und
> Niederlage, dann geh' in den Kampf!
> So bleibst du frei.«

> (II.57) »Wer in jeder Situation wunschlos ist, das
> Günstige wie das Ungünstige annimmt, weder
> bevorzugt noch geringschätzt, der ist im
> seelischen Gleichgewicht.«

> (III.1) *Arjuna*:
> »Wenn seelisches Gleichgewicht höherwertig ist
> als Agieren, warum willst du, daß ich mich auf
> den Akt der Grausamkeit einlasse?«

(III.3) *Krishna*:
»Zwei Pfade, sich einzulassen, habe ich ver-
kündet …: Sich einlassen auf die Weisheit
für die, die Wissen suchen, und sich einlassen
auf die Aktion für die Menschen des Handelns.«

(III.22) »… Für mich selbst gibt es nichts mehr zu
tun in diesen drei Welten – nichts ist
unerreicht, das zu erreichen möglich ist;
doch bin ich präsent im Handeln.«

(III.30) »Überlasse alles Handeln mir, und fest im
Vertrauen auf die Brücke zwischen
Menschlichem und Göttlichem: Nimm ohne
Erwartungen den Kampf auf, frei von Selbst-
mitleid und frei von Ängstlichkeit!«

(III.39) »Niemals kommt ein Arbeiter der Gerechtigkeit zu einem schlechten Ende.«

Es folgt der Teil der Gita, der – unter der Bezeichnung »universaler Geist« – das
Mannigfache darstellt, das Krishna repräsentiert.

(X.22) »… unter den Göttern bin ich Indra …,
unter den Kreaturen das Bewußtsein.«

(X.28) »Unter den Waffen bin ich der Donner …«

(X.34) »Ich bin der allesergreifende Tod, und der
Verursacher des Wohlergehens künftiger
Kreaturen …«

(XI.25) *Arjuna*:
»Beim Anblick deiner Gesichter, die nach dem
Feuer der Weltvernichtung aussehen, erkenne
ich die Himmelsrichtungen nicht mehr und
finde keine Ruhe. Sei gnädig, Erhabenster,
du Stütze der Welt!«

(XI.31) »Erkläre mir deine schreckliche Form …«

(XI.32) *Krishna*:
»Ich bin die Zeit, ihr Ablauf, der Vernichter
der Kreaturen, hier an der Arbeit für die
Vernichtung der Kreaturen. Auch ohne dich,
Arjuna, werden alle diese Soldaten nicht
am Leben bleiben.«

(XI.49) »Doch laß' dich nicht beunruhigen, und laß'
dein Herz nicht fallen; auch wenn du diese
meine Form des Terrors gesehen hast, diese
vorläufige Form, sei wieder wach, sei ohne
Furcht und im Herzen vergnügt!«

(XVIII.73) *Arjuna*:
»Meine Verblendung hat ein Ende; durch dich
konnte ich mich sammeln. Ich bin fest, frei
von Zweifeln und tue, worum du mich bittest.«[214]

Arjuna nimmt den Kampf an. Das Schicksal der Welt nimmt seinen Lauf. Keine
Waffe wird ausgespart. Das Feuer der Weltvernichtung folgt. –

Man sieht: Krishna ist an der Front bei Arjuna und bleibt doch der Mann des
Hintergrunds. Die Gita läßt allerdings nicht den geringsten Zweifel, daß der Mann
des Hintergrunds der eigentliche Lenker eines Geschehens ist, auf das der Weltuntergang gefolgt ist. Diesen Punkt hat die indische Rezeption der Bhagavad Gita, zumal im Kontext des übrigen Mahabarata-Stoffes, auch durchgängig so wahr-
genommen. Die Bewertung dieses Punkts jedoch hat die indische Theologie in eine Gegensätzlichkeit gebracht, wie sie größer kaum denkbar ist, und dies, obwohl
kein indischer Theologe aus den gegensätzlichen Richtungen bestreiten würde,
daß Krishna ein erleuchteter Meister war. Die Grundpositionen der beiden genuin
indischen Religionsgemeinschaften, der Hindu-Mehrheit und der Jaina-Minder-
heit, sind in dem genannten Punkt nämlich folgende: Die Hindus sagen, Krishnas
Handeln sei im Namen des Rechts und der Gerechtigkeit erfolgt und habe die gesamte Erde von ihrer Überbevölkerung befreit. Für alles sei Krishna als der Höchste zu preisen. Die Jainas sagen demgegenüber, das höchste Gut sei der Frieden
und die höchste Tugend die Gewaltlosigkeit. Wegen der Weltzerstörung, für die
Krishna verantwortlich sei, müsse er in die siebte Hölle verdammt werden.[215]

Krishna trägt also bei seinen Anhängern und bei seinen Gegnern den Stempel
des großen Vernichters, und, wie man später noch sehen wird, spielt die Sudarshan-Waffe in seiner Hand dabei eine herausragende Rolle. Die genannten theologischen Positionen bei den Hindus und bei den Jainas will ich nicht beurteilen;
mir würde es zuerst einmal und auch letztlich genügen, Krishna zu verstehen. Wer
war also Krishna?

An diese Frage gehe ich jetzt bewußt vom europäischen Umgang mit den ›Göttern‹, wie die älteren Völker sie hatten und haben, heran. Es gibt bei uns eine charakteristische Denkgewohnheit, mit der die Göttergestalten jener Völker so »erklärt« werden, daß man sich ihnen in einer Hinsicht nähert, während man sich in
anderer Hinsicht zugleich von ihnen entfernt. Es ist ein lange geübter Denkme-
chanismus, mit dem eine stets gleiche Distanz gewahrt bleiben kann. Zur Erläu-
terung wähle ich nicht zufällig das Beispiel »Zeus«, ein in der westlichen Welt aus-

gesprochen aktuell werdendes Thema (z.B. Lloyd-Jones, The Justice of Zeus, USA 1983). Charakteristischerweise wird in der Tradition des europäischen Denkens davon ausgegangen, daß es sich bei »Zeus« um »Gott« oder »einen Gott« handelt, dem die Alten Griechen eine Menschengestalt gegeben hätten. Dies ist das gängige Erklärungsmodell des Anthropomorphismus. Es fragt sich allerdings, was mit diesem Modell eigentlich erklärt werden kann. Es kann nur erklärt werden, was in ihm von vornherein unterstellt ist, nämlich die Menschwerdung (eines) Gottes im griechischen Kopf. Mit gleichem Recht könnte ein Theomorphismus behauptet werden, nämlich unterstellt werden, Zeus sei die Gottwerdung des Menschen (oder eines Menschen) im griechischen Kopf. Beiden Behauptungen ist gemeinsam, daß sie einer Überprüfung nicht zugänglich sind.

Mit dem Anthropomorphismus-Ansatz (so zeigt es sich bei Lloyd-Jones eindrucksvoll) kann die Zeus-Gestalt einerseits zwar in subtilen menschlichen Facetten beschrieben und insofern lebendig gemacht werden, dies andererseits aber um den Preis, daß sie in bestimmter Weise entwirklicht wird; sie muß schon vom Denkansatz her unwirklich werden, weil dieser die Zeus-Gestalt von vornherein nur als Fiktion zuläßt, nicht aber als historisches Faktum.

Meine These lautet nun: Zeus ist Krishna, und genauer gesagt ist Zeus das Abbild von Krishna, das von Indien in den Westen gekommen ist. Dieser Satz bedarf insoweit einer Einschränkung, als er für die Grundsubstanz des Zeus-Bildes gilt, nicht aber für das, was von spezifisch griechischen Verhältnissen hinzugetragen oder anderweitig dazuerzählt wurde. Die mit der Einschränkung formulierte These werde ich Punkt für Punkt untermauern, und sie wird, abgesehen von ihrer allgemeinen religionsgeschichtlichen Bedeutung, zur Erhellung des schwierigsten Stücks in Platons Atlantis-Bericht, dem abgebrochenen Schlußstück, beitragen können.

Wenn Zeus essentiell ein Abbild von Krishna ist, dann müssen die wesentlichen Überlieferungen von Zeus, die wir im Westen haben, den indischen Überlieferungen von Krishna gleichen, aber blasser ausgeprägt sein als das indische Pendant, von dem umgekehrt eine größere Konturenschärfe zu erwarten wäre. Man möge schauen, ob dies zutrifft. Hier sei auch daran erinnert, was schon früher dargelegt wurde, daß nämlich nicht nur die Griechen, sondern auch die Ägypter von Zeus wußten, und daß nicht nur (was altbekannt ist) Zeus und der italische Jupiter die gleiche Gestalt meinen, sondern auch der nordische Thor und der prußische Perkunas. Von daher läßt sich grundsätzlich alles im Westen vorhandene Überlieferungsmaterial zu Zeus und seinen drei Varianten dem indischen Überlieferungsmaterial zu Krishna gegenüberstellen. Ich tue dies unter einer Reihe von Gesichtspunkten, allerdings ohne jeden Vollständigkeitsanspruch, und mit dem Zweck, auf dem Weg über das Abbild eine Annäherung an das Original zu finden.

a) Lebenszeit

Westliches Wissen: Eine Lebenszeit für Zeus (Jupiter, Thor, Perkunas) ist in Europa allem Anschein nach nicht festgehalten worden; aber, wie schon mehrmals gesagt, hatten die Ägypter eine grob definierte Lebenszeit für Zeus, den sie als letzten großen Herrscher vor der Großen Flut kannten, festlegbar (im Sinne der ägyptischen Überlieferung) auf das ausgehende 4. Jahrtausend v. Chr. Die Tatsache, daß die Ägypter diesen Herrscher in ihrer Chronik führten, deutet übrigens darauf hin, daß sich sein Einfluß bis nach Ägypten bzw. Afrika erstreckt hatte.

Östliches Wissen: Die Inder haben für die Lebenszeit Krishnas zwar keine auf Jahre, aber auf Jahrzehnte festlegbare Angaben. In Indien ist nämlich überliefert, daß Krishna als junger Mann Rukmini heiratete und (als Mitglied der Yadu-Dynastie) König wurde, nachdem die Grenzmarke zweier astronomisch definierter Weltzeitalter – Dvarapa Yuga, dann Kali Yuga – überschritten war.[216] Diese astronomische Grenzmarke ist im christlichen Südindien, festgehalten in den Tabellen von Tiruvallur,[217] mit dem Jahr 3102 v. Chr. berechnet worden. Demnach kann man sagen, daß Krishna, der in den indischen Überlieferungen auch als alter Mann bekannt ist, im auslaufenden Dvarapa-Weltzeitalter bzw. im späten 32. Jahrhundert v. Chr. auf die Welt kam und daß seine Mannesjahre in das 31. Jahrhundert v. Chr. fielen.

Resümee: Soweit die Lebenszeit von Zeus im Westen bekannt war (Ägypten), stimmt sie also mit der Lebenszeit von Krishna überein, wobei sie im letzteren Fall wesentlich schärfer bestimmt ist.

b) Wohnsitze

Westliches Wissen: Bei den Griechen sind Wohnsitze von Zeus nur vage bestimmt. Bei Platon / Solon (Atlantisbericht) ist von einem Aufenthaltsort »inmitten der Welt« die Rede, was allerdings viele Interpretationsmöglichkeiten zuläßt. Euripides sagt, als er von der schwer kennbaren Natur des Zeus spricht, daß er der Unterstützer der Erde ist und »seinen Sitz auf ihr hat.«[218] Im übrigen ist bei den Griechen ein Palast von Zeus auf einem heiligen Berg überliefert, den sie mit dem Olymp in Verbindung brachten. Bemerkenswert ist noch, daß bei Platon/Solon ein besonderes Versammlungsgebäude (oikesis) von Zeus angedeutet ist.

Östliches Wissen: Bei den Indern sind für Krishna viele Residenzen überliefert. Eine wichtige, so heißt es, habe auf dem heiligen Berg Venkatam gelegen.[219] Ferner weiß man von einem Herrschersitz Krishnas in der Yadu-Haupstadt Dvaraka und einem dort gelegenen besonderen Versammlungsgebäude (yadu-vara-

Krishna

parisat).[220] Außerdem spricht die Überlieferung für die Zeit des Großen Kriegs von einer enormen Festung, die Krishna »mitten im Meer« errichten ließ.[221]

Resümee: Auch bei diesen Angaben sieht es so aus, daß die Inder von der gleichen Gestalt genauere Informationen haben als sie im Westen überliefert sind.

c) *Frauen*

Westliches Wissen: Bei den Griechen wurden etliche »Frauen-Geschichten« von dem mehrfach verheirateten Zeus erzählt. Eine einzigartige dieser Geschichten ist die ausnehmend mythische Geschichte von der »Entführung (dem Raub) der Europa«. In ihr wird erzählt, wie Zeus »auf einer wohlbekannten Bahn vom Himmel herab«(!) kam, sich dann, als er die schöne Europa erblickte, in einen Stier verwandelte und die Frau auf seinem Rücken heimführte.

Östliches Wissen: Bei den Indern ist bekannt, daß Krishna mehrere Frauen heiratete und außerdem unzählige Liebschaften oder anderweitige freundschaftliche Verbindungen zu Frauen hatte. Eine einzigartige Geschichte, die in Indien mit aufschlußreichen Details erzählt wird, handelt ebenfalls von der Entführung (kidnapping) einer schönen Frau, nämlich der schon erwähnten Rukmini, die Krishna als seine erste Frau heimführte. Es heißt, daß er sie mit ihrem Willen, aber gegen den Willen ihrer Familie aus einer Stadt namens Kundina mitgenommen hatte. Diese Stadt ist ihrer Lage nach relativ genau beschrieben: Vom Westzipfel Indiens (Hindukusch, heute Afghanistan) nicht weniger als – umgerechnet – 1600 km nördliche Richtung. In dieser Richtung gelangt man geradewegs bis zur (östlichen) Grenze Europas. Nun gibt es noch ein weiteres Detail in dieser Überlieferung, mit dessen Deutung sich die herkömmliche Interpretation sehr schwer tat. Es wird nämlich ausdrücklich berichtet, daß Krishna die Stadt Kundina von Indien aus binnen 12 Stunden erreichte.[222] Doch wie konnte Krishna eine Entfernung von mindestens 1600 km binnen 12 Stunden überbrücken? Die herkömmliche Deutung gab die typische legendäre Antwort, daß Krishna eben so allmächtig war, daß ihm die allerschnellsten Pferde zur Verfügung standen; solche über Berg und Tal rasenden Pferdegespanne müßten demnach eine Durchschnittsgeschwindigkeit von mindestens 130 km/h erreicht haben. (Erstaunlicherweise gibt der gleiche indo-amerikanische Autor diese ›Postkutschen-Version‹ wieder, der in seinem Buch von 1970 von einer zur Zeit Krishnas angewandten Waffe sagt – gemeint ist nicht die Sudarshan-Waffe –, daß sie »ähnlich wie eine Atombombe« gewirkt habe.)

Geht man für die Zeit Krishnas von einem zivilisatorischen Niveau aus, das dem Niveau unseres Jahrhunderts entspricht, so gibt es, was die Überbrückung von über 1600 km in weniger als 12 Stunden anlangt, keinerlei Probleme; im 20. Jahrhundert könnte man zumindest einen Teil der Strecke mit dem Flugzeug fliegen.

Resümee: Interessant ist, daß in der griechisch-römischen Überlieferung ein Hauch der eben gegebenen Reiseinformationen wiedererscheint (»auf einer wohlbekannten Bahn vom Himmel herab« – Ovid/Metamorphosen). Daß bei den Griechen und Römern von einer Verwandlung des himmlischen Fliegers Zeus in einen »Stier« erzählt wird, macht ebenfalls einen Sinn; denn von indischer Seite ist überliefert, daß der Gewinn der schönen Frau einen (kleinen) Krieg gekostet hat, den Krishna ebenfalls gewann. Demnach hat er seinen Willen wie ein »Stier« durchgesetzt. Schließlich ist noch bemerkenswert, daß die schöne Frau in der griechisch/römischen Version »Europa« genannt wurde, was für uns eher ein geographischer Name ist als ein Mädchenname; mir scheint darin der Doppelsinn zu liegen, daß Krishna bzw. Zeus mit seiner Entführung am östlichen Rand Europas nicht nur das Herz eines Mädchens gewann, sondern – als Held und König – auch die Herzen Europas.

d) Qualitäten

Westliches Wissen: Als eine herausragende Qualität maßen die Griechen dem Zeus die Gerechtigkeit zu (griech. dikē; ihr ist das phänomenologisch sehr wertvolle Buch »The Justice of Zeus« gewidmet). Eine wesentliche Bedeutung dieses Begriff ist, daß Angreifer bestraft werden müssen. Im gleichen Sinne sprach Solon davon, daß die aus eigener Verantwortung schuldig Gewordenen der Strafe des Zeus verfielen. Hesiod, der bemerkenswerte Gedanken über verschiedene Weltzeitalter hatte, sagte, daß Zeus der Menschheit das Geschenk der Gerechtigkeit hinterlassen habe.[223] Als eine weitere Qualität kannten die Griechen die königliche Machtausübung des Zeus; auch bei Platon/Solon klingt er als ein königlich Regierender (basileuōn) an. Ferner ist seine Schönheit berühmt. Sie ist besonders in bartlosen Plastiken und Bildern nachgebildet worden. Eine wichtige Qualität ist auch der Zorn des Zeus (phthonos), und zwar positiv wie negativ interpretiert. Positiv als göttlicher Zorn, der den Übermut zu Fall bringt; aber auch negativ wie bei Aischylos, der – wie Lloyd-Jones sagt – ein Bild von Zeus als einem wildgewordenen, gewissenlosen Tyrannen präsentiert.[224]

Östliches Wissen: Die Inder haben sich mit der Gerechtigkeit des Krishna gleichfalls ausgiebig befaßt, besonders die Hindus. Sie konnten sich auf das Mahabarata-Epos berufen, das Krishna – der selbst den Pandavas angehörte – als allgemein anerkannten Schlichter im innerindischen Konflikt zwischen den Kauravas und den Pandavas darstellt; zugleich wird er als eindeutig dargestellt in der Frage der Legitimität des Herrschaftsanspruchs der Pandavas. Auf die Situation der Menschheit bezogen, wird Krishna mit der Aussage zitiert, daß er in die Welt tritt, »wenn es einen Niedergang der Gerechtigkeit gibt.«[225] Die große königliche Macht Krishnas kommt in Indien dadurch zum Ausdruck, daß er »der Mächtigste« genannt wird und in den Abbildungen stets mit einem Diadem dargestellt ist. Die Schönheit Krishnas wird in Indien so beschrieben: »gut gebauter Körper«, »erscheint gesegnet«, »hübsche Stirn«, »schönes Gesicht«; um die ewige Jugend dieses Gesichts auszudrücken, erscheint es auf den indischen Plastiken und Bildern typischerweise bartlos. Dem Zorn (phthonos) entspricht »das Gesicht des Terrors«, wie aus der Gita übersetzt wurde. In den überwiegenden Darstellungen wird dieser Terror Krishnas als notwendig, insofern göttlich und gerecht, angesehen. Wie gesagt gibt es hier aber auch die negative Rezeption bei den Jainas, die den Terror Krishnas schwer verflucht.

Resümee: An den charakteristischen Qualitäten der betrachteten Gestalt läßt sich die Übereinstimmung von Zeus (Thor etc.) und Krishna besonders leicht erkennen. Aber auch hier wieder sind die Merkmale auf der indischen Seite deutlich differenzierter ausgewiesen, und, wie es scheint, auch vollständiger. – Doch läßt sich, zumal von der Kunstgeschichte her, in Europa vielleicht noch einiges dazu entdecken. – Krishna jedenfalls ist auch noch bekannt als Flötenspieler, als ausgelassener Tänzer, als einer, der Scherze liebt und lacht, und als alter Mann, der weint.

e) Krieg

Westliches Wissen: Eine alte Vorstellung bei den Griechen besagt, daß Zeus Krieg führt, um »die Erde von ihrer Bevölkerungslast zu befreien.«[226] Mit dem Krieg assoziiert war bei ihnen auch das Sinnbild des Donners, welches die Prußen (mit oder ohne diese Assoziation) für Perkunas ebenfalls hatten. Das kriegerische Wahrzeichen jedoch ist, was Zeus betrifft, der »Donnerkeil«. Diese Waffe, die bei Statuen und Bildern in verschiedenen Varianten vorkommt und typischerweise mit Blitzen versehen ist, befindet sich in der rechten Hand von Zeus, während die Linke etwas Rundes trägt, das in Europa als Scheibe bzw. Diskus angesehen wird.

Bei den Griechen hat sich eine Sage erhalten, wonach Zeus seine Waffe so heftig warf, daß eine Insel ausgerissen wurde. In ähnlichem Sinn haben die Völker des europäischen Nordens die Erzählung, daß Thor mit dem Wurf seines Hammers (Mjölnir) die Riesen erschlug, wobei der Hammer, wenn er seine Aufgabe erfüllte, die merkwürdige Eigenschaft besaß, wieder zurückzukehren. Sehr bemerkenswert ist in diesem Zusammenhang auch noch ein (von Athanasius Kircher überliefertes) Bild, welches ein in den Lüften schwebendes Drachenungeheuer zeigt, das durch eine Leine noch mit einem vergleichsweise klein erscheinenden Menschen verbunden ist; der Drache trägt die Aufschrift: ira dei – übersetzbar als »der Zorn Gottes« oder »der Zorn Jupiters« bzw. »der Zorn des Zeus«. Und wegen des ›Donnerkeils‹, des ›Hammers‹, des ›Drachenungeheuers‹ oder was es auch sei, hat Zeus, unter welchem seiner europäischen Namen auch immer, den denkwürdigen Beinamen »Erderschütterer« erhalten (oft bei Homer).

Östliches Wissen: Auf der indischen Seite, bei Krishna, findet sich zunächst einmal – nahezu mit denselben Worten wie bei den Griechen – die Aussage wieder, daß seine Kriegführung die Aufgabe hatte, »die Erde von ihrem Bevölkerungsexzeß zu befreien.«[227] Ebenso gibt es dort, wie aus der Gita schon zitiert, das Sinnbild des Donners. Das Wahrzeichen des Kriegs ist jedoch, was Krishna betrifft, die Sudarshan-Waffe, die in den Mahabarata-Übersetzungen des 19. Jahrhunderts als »thunderbolt« bzw. »Donnerkeil« wiedergegeben wurde. Bei der sehr detailliert beschriebenen Waffe ist allerdings nicht, wie man sich erinnert, von »Blitzen« als Begleiterscheinung die Rede, sondern von einem Licht: heller als tausend Sonnen. Krishna hält in den indischen Darstellungen die Sudarshan-Waffe in der einen und etwas Rundes in der anderen Hand. Dieses Runde – wofür man bei

Zeus keine rechte Deutung hat – hätte als Diskus interpretiert für Krishna keinen Sinn, weil er (umgekehrt wie etwa Odysseus) zwar als Flötenspieler bekannt ist, nicht aber als Leichtathlet. Das Runde in Krishnas Hand ist vielmehr ein Rad. »Rad« – samsara – bedeutet in der altindischen Symbolik die geschichtliche Zeit, »das Rad der Geschichte.« Daher werden Krishna in der Gita die Worte unterlegt, daß er die Zeit sei, ihr Ablauf; und es trifft zu, daß während Krishnas Lebenszeit gerade ein (astronomisch definiertes) Weltzeitalter ablief. Auch davon abgesehen: Nach alter indischer Denkweise ist mit einem Umlauf des »Rads« ein Weltzeitalter gelaufen, und es entsteht eine Phase, in der sich neue Dimensionen des Lebens auftun. –

Resümee: Die großen Symbole bzw. Attribute (in beiden Händen) sind also bei Zeus und Krishna die gleichen. Aber auch hier wiederholt sich das schon Bekannte, daß sie in der griechischen Überlieferung weniger scharf herausgearbeitet sind als in der indischen Überlieferung.

f) Statusfragen

So wenig wie Jupiter – ›Dya(us) Pater‹ – ein wirklicher Name ist, so wenig ist es Zeus. Vielmehr bezeichnet das Wort, so wie es die Silben ›Ziu‹, ›Djo‹, ›Jo(v)‹, ›Ja(w)‹ ebenfalls tun, einen »divinen Status«. Zeus war für die Ägypter ein »Halbgott«, d.h. halb menschlich, halb göttlich – wenn das von den Ägypten Gemeinte im Griechischen richtig wiedergegeben wurde. Oder war gar gemeint: ebenso menschlich wie göttlich? Der tiefgründige Heraklit wird mit dem Satz zitiert: »Zeus (ist) das eine Weise (hen to sophon), das gewillt ist und nicht gewillt, bei diesem Namen genannt zu werden.«[228] Heraklit (wenn ich ihn richtig verstehe) nennt Zeus nicht einen Gott und nicht einen Menschen, sondern spricht ihm das Flair der Weisheit zu.

Die indische Überlieferung wird in ihrer modernsten Form durch Rajneesh repräsentiert, respective Osho. Für ihn (so verstehe ich sein Buch »Krishna: The Man and His Philosophy«) war Krishna ein Erhabener, der als wirklich Erhabener aber nicht über das Leben erhaben sein konnte; er agierte im »Spiel des Lebens« (Sanskrit: leela) und nahm die Herausforderungen an, sogar den Großen Krieg. –

Ich meine gezeigt zu haben, daß hinter »Zeus« Krishna steht. Wenn dem so ist, bliebe zu erklären, wie die indischen Überlieferungen nach Griechenland und auch in andere Regionen des Westens gelangt sind. Diese Erklärung ist nicht sehr schwierig, weil die Denkbarrieren, die hierbei zur Seite zu schieben sind, vergleichsweise nicht sehr groß sind: Die Arier – man sollte diesen Begriff, trotz seiner Verdrehung zu einer sogenannten nordischen Rasse durch die Nationalsozialisten, wiederverwenden anstelle der unschärferen, nur eine sprachliche Phänomenologie bezeichnenden Begriffe der Indogermanen oder Indoeuropäer –, die Arier jedenfalls kamen ursprünglich aus Zentralasien. Sie kamen aus guten Verhältnissen in der Mongolei, die sich aber nach und nach in eine Wüste verwandelte. Deshalb wanderte dieses Volk (und nicht nur dieses) aus und eroberte das nördliche Indien. Bis zu einem gewissen Grad vermischten sich die Arier mit den Angehörigen der obersten indischen Kasten, in denen sich die Bezeichnung »Arier« wie eine Adelsbezeichnung noch fortsetzte, und nahmen genuin indisches Wissen auf. Wesentlich von dem arisch geprägten Nordindien aus begannen dann gegen Mitte des 2. Jahrtausends v. Chr. Bewegungen nach Westen. (Ein Teil drängte auch weit nach Osten und Nordosten, von wo aus im Laufe des folgenden Jahrtausends der benachbarte Kontinent »Patala« wiederentdeckt wurde; – nachgewiesen in dem Buch »Hindu-America« von Chaman Lal.)

Durch die Bewegungen nach Westen gelangte indisches Wissen, das um Krishna zentriert war, vor allem in den griechischen und italischen Raum, den syrischunterägyptischen, den prußisch-litauischen und den skandinavischen Raum. In diesen Regionen wurden die Überlieferungen (u. a.) von Krishna den jeweils eigenen Überlieferungen einverleibt. Daher finden sich dort unter den Bezeichnungen »Zeus«, »Jupiter«, »Perkunas«, »Thor« wesentliche Überlieferungsmuster, die auf Krishna zurückgehen.

»Zeus«, in dem man somit Krishna erkennen kann, den großen weisen indischen Herrscher des 31. Jahrhunderts v. Chr., dessen bedeutendsten Symbole das Rad der Geschichte und die Sudarshan-Waffe wurde, spielt nun in Platons Atlantisbericht die Hauptrolle, die dort allerdings nicht zu Ende berichtet ist. Hierzu möchte ich jetzt, mit einem durch die indischen Überlieferungen geschärften Blick, noch zwei Bemerkungen machen.

Erstens: Aus Platons Bericht geht hervor, daß Atlantis (irgendwann) vor seinem Untergang beträchtliche Teile der Erde mit Krieg überzog. Ebenso geht aus dem Bericht hervor, daß der Gerechtigkeit liebende »Zeus« zusammen mit anderen Regenten an einem bestimmten Ort (oikēsis – wofür nach jetzigem Wissen nur das Versammlungsgebäude in der Yadu-Hauptstadt Dvaraka in Frage kommt) eine Bestrafung des Angreifers Atlantis beabsichtigte. Hier liegt die Grenze des Berichteten.

Zweitens: Diese Grenze wurde nicht überschritten, obwohl aus Platons Text selbst hervorgeht, daß zu dem Schlußteil des Berichts nicht nur wenig, sondern viel Material vorhanden gewesen war. Hier sei jetzt noch einmal gefragt, warum dieser entscheidend wichtige Schlußteil nicht zur Veröffentlichung gelangte bzw. verschwand. Offenbar deshalb, weil jedes weitere Material, das die Rolle des »Zeus« beleuchtete, eine hohe Brisanz barg. Dies läßt sich besser verstehen, wenn man anschaut, was in Indien geschehen ist. Dort ist mit dem Erscheinen des Mahabarata-Epos bzw. der in ihm versteckten Bhagavad Gita die schon genannte Religionsspaltung (Abspaltung des Jainismus) erfolgt. Denn das preisgegebene Material machte durchsichtig genug, daß bei der größten Zerstörung, von der die Weltgeschichte etwas weiß, Krishna seine Hand maßgeblich im Spiel hatte. Wie mit einer solchen Ungeheuerlichkeit fertig werden? Einerseits fing man damit an, den Großen Krieg, in dem Krishna mitwirkte, zu rechtfertigen; andererseits entwickelte man eine Friedensrechtfertigung, d. h. einen Pazifismus, den die Jaina-Tradition repräsentiert. Grundsätzlich das gleiche Problem hätte in Griechenland auftauchen müssen, wenn die Rolle des »Zeus« durchsichtig genug gemacht worden wäre; und es zeigte sich ja, daß dort im Ansatz (unter den Dichtern) die gleiche Polarisierungstendenz vorhanden war. Jede Vertiefung der Frage »Zeus« mußte den Konflikt heraufbeschwören: Wie kann der am meisten Verehrte zugleich der größte Zerstörer sein? In Griechenland, konkret im Fall der Atlantisüberlieferung, wurde dieses hochbrisante Problem allem Anschein nach durch Zensur »gelöst«, wobei man nicht ausschließen kann, daß auch Selbstzensur im Spiel war. (Von Platon wird gesagt, daß er nicht preisgegebene Geheimnisse mit ins Grab genommen habe.) Heute, wo diese alten Fragen der Menschheitsgeschichte erneut auftauchen, fehlt wohl darum ein einstmals vorhandener europäischer Beitrag dazu. –

Bevor ich eine generelle Zusammenfassung gebe, halte ich Rückschau auf den Kardinalpunkt dieses Kapitels, welches – wegen der ihm eigenen Brisanz – mittlerweile das längste geworden ist. Grundlage war der neue, im Anhang V wiedergegebene Atlantis-Text aus der Philosophia Perennis, die Pythagoras gewidmet ist. Dieser Text gibt knapp und doch recht umfassend Auskunft zu den in unserer Zeit interessierenden Fragen nach Atlantis. Von allen Auskünften dieses Textes durfte nach den vorausgegangenen neun Kapiteln (in denen ich die Geschichte der Atlantisforschung bis zu unserer Zeit verfolgt habe) keine Aussage Verständnisschwierigkeiten bereiten, mit Ausnahme der einen Aussage oder des einen Worts, wonach Atlantis durch »Atomenergie« untergegangen ist. Gegenüber dieser Aussage muß eine Abwehrhaltung entstehen von einem Geschichtsbild her, das auf den ständigen materiellen Fortschritt der Menschheit pocht. Denn von diesem Geschichtsbild her darf jede unserer Zivilisation vorausgegangene Zivilisation nur einen umso tieferen Stand der Technik gehabt haben, je weiter sie zurückliegt. Von da aus gesehen erscheint eine fünf Jahrtausende zurückliegende Zivilisation, die Atomenergie angewandt haben soll, als eine Absurdität. Das Bild vom ständigen materiellen Fortschritt der Menschheit, in dieser eindimensionalen bzw. unilinearen Betrachtungsweise liegt die Schwierigkeit, ist während einer ganzen Ära (seit dem 16. Jahrh.) und

zumal in ihrer Periode der Großen Industrie als das charakteristische Geschichtsbild dieser Ära aufgebaut worden und hat so eine Gültigkeit gewonnen wie ein Kodex. Insofern sitzt dieses Geschichtsbild einigermaßen tief. Seit aber (im 20. Jahrhundert) die in dieser Ära entwickelte Zivilisation in ihre große Krise geraten ist, hat
auch ihr charakteristisches Geschichtsbild zusehends an Sattelfestigkeit verloren.
Und man sucht nach einer Sitzweise, die zuverlässiger ist als die, die zur Gewohnheit geworden war. Für die hier wichtige Frage nach dem Stand der Zivilisation vor
gut fünf Tausend Jahren hat sich bei der hierfür zuständigen Archäologie gezeigt,
daß sie zumindest während der letzten drei oder vier Jahrzehnte zu Befunden gekommen ist, die dem alten Fortschrittsschema immer drastischer widersprachen. Ich
erinnere nur stichwortartig an die vielfältigen Metallfunde bzw. Neudatierung schon
vorhandener Funde, die den Jahrtausenden vor der Schwellenzeit (vor dem Ende
des 4. Jahrtausends v. Chr.) zuzurechnen waren; dann an die außergewöhnlichen, auf
hohe instrumentelle Technik hinweisenden Funde, als deren Herkunftszeit sich das
späte 4. Jahrtausend v. Chr. aufdrängte; ferner an die Megalithforschung, die mit Fragen nach den technischen Voraussetzungen für die über 5000 Jahre alten Monumentalgebilde konfrontiert wurde; und dann auch noch an die Ausgrabungen von
Großstädten aus der gleichen Zeit, wobei bei den bedeutendsten dieser Ausgrabungen (im Industal) zur Erklärung bisher unerklärlicher Zerstörungsphänomene
von amerikanischer Seite her bereits thermonukleare Gesichtspunkte in die Diskussion gekommen sind. Gleichzeitig ist man auf die seit Jahrtausenden von verschiedenen Völkern mündlich und schriftlich tradierten Hinweise auf eine einstige
hohe Technologie aufmerksam geworden, wobei hier die Hinweise auf Flugverkehr
besonders augenfällig sind. All dies – und die Forschungen sind im Fluß – deutet
zumindest auf die Möglichkeit der Hochtechnologie für eine Zeit, die nach strengster Definition dem Neolithikum unmittelbar vorausging.

Nun sind in der Epoche der atomaren Aufrüstung westlichen Natur- und Geisteswissenschaftlern aber auch die hochgradig informierten indischen Überlieferungen bekannt geworden, die von dem Großen Krieg des späten 4. Jahrtausends
(31. Jahrhundert v. Chr.) berichten und dabei die denkbar größten Vernichtungen
hervorheben. Ganz besonderer Wert wird dabei auf die Beschreibung der Sudarshan-Waffe oder der »blendenden« Waffe gelegt, die man seit der modernen Anwendung der Atomwaffe einem Vergleich mit ihr unterziehen kann (was übrigens
auch mit der altüberlieferten indischen Atomtheorie und der modernen Atomtheorie möglich ist). Bei einer Merkmalsabfragung, wie sie bei Identifizierungsproblemen üblich ist, ergibt sich, daß nichts gegen eine Gleichsetzung des altüberlieferten und des modernen Waffentyps, aber alles für eine solche Gleichsetzung spricht, wobei die Zahl der vergleichbaren Merkmale (ein Dutzend) bemerkenswert groß ist. Von daher gibt es also keinen Grund, die Anwendung von

Atomenergie in der betr. Zeit, die zugleich die spätatlantische Zeit war, zu verneinen.

In der Frage, ob in der damaligen Zeit Atomenergie *überhaupt* angewandt wurde, gibt es also beträchtliche Evidenz, und zwar im Sinne materieller und geistiger Indizien. Wie aber steht es mit der Beweisbarkeit der Frage, ob das Ende von Atlantis durch Atomenergie besiegelt wurde? An Indizien fehlt es in dieser Frage nicht, aber es fehlt an materiellen Beweisstücken. Es ist wie in einem Kriminalfall, wo der Tote und mit ihm jeder unmittelbare Hinweis auf die Todesursache unwiederbringlich fehlt. In einem solchen Fall bleibt dem Kriminalisten kein anderer Weg, als das Wissen darüber aufzuspüren, wer mit dem Toten zuletzt in irgendeiner Beziehung stand. So gefragt gehen die Hinweise nach Indien, wo ein Wissen überliefert ist, demzufolge die Sudarshan-Waffe »in Krishnas Hand« jene Weltkatastrophe hervorrief (wobei dies selbst von gegensätzlichen Weltanschauungen her so gewußt war). Dieses Wissen kann ergänzt werden durch die im Westen differenzierter herausgearbeitete Logik des Katastrophenablaufs, wonach ein Erdaufriß Atlantis vernichtete, was die Große Flut hervorrief und eine lange, vor allem westliche Regionen betreffende Dunkelheit nach sich zog.

Wenn demnach der Erdaufriß im Atlantik ein Auslöser der Weltkatastrophe war, diese aber nach indischem Wissen von der Sudarshan-Waffe aus Krishnas Lager hervorgerufen wurde, liegt die Frage nach einem Zusammenhang zwischen jener Vernichtungswaffe und dem Atlantis vernichtenden Erdaufriß auf der Hand. Dieser Zusammenhang ist nun in bestimmter Weise in der ägyptisch-griechischen Überlieferung ausgedrückt, wonach »Zeus« – er hat sich als ein Ehrentitel für Krishna entpuppt – seine Mitregenten zusammengerufen hat, »in der Absicht«, Atlantis für einen Angriffskrieg oder (wie man wohl unterstellen kann) für ein Welteroberungsunternehmen zu bestrafen. Von einer solchen Absicht kann primär nur in Indien bzw. im indischen Herrschaftsbereich (von dortigen Überlebenden der Katastrophe) etwas gewußt worden sein; und dieses Wissen ist das Grundlagenwissen für die Ursachenforschung zur Vernichtung von Atlantis. Grundlegenderes Wissen kann es hierzu im Prinzip nicht geben, auch wenn der ganze Sachverhalt unter vielerlei Aspekten beleuchtet werden kann. (Ein sehr überraschender Aspekt ist etwa der, daß im Grönlandeis mittels Analyse der in den gewachsenen Eisschichten auftretenden Risse eine Methode entwickelt wird, mit der man historische Erderschütterungen in bestimmten Grenzen determinieren kann.)

Die eben diskutierte »Beweisfrage« ist in gewissem Sinne nur eine Neuauflage der »Beweisfrage«, wie sie sich stellte, als Europa bzw. Griechenland (vor zweieinhalb Tausend Jahren) zum ersten Mal etwas von Atlantis hörte. Während es heute, in der atomaren Epoche, um die Frage nach der Beweisbarkeit der Vernichtung von

Atlantis geht, ging es damals um die Frage nach der Beweisbarkeit der einstigen Existenz von Atlantis. Wenn man in der Beweisfrage nur materielle Beweisstücke sucht oder fordert, kann man Atlantis vergessen. Damals jedenfalls (nach Solon und zumal nach Platon), als sich ein auf materielle Gesichtspunkte konzentriertes Denken durchzusetzen begann, wurde Atlantis in Europa vergessen. Das ungewöhnliche Schicksal dieser Insel, das die Welt enorm verändert hat, kann jedoch in Erinnerung bleiben, wenn man auch nach den geistigen Spuren fragt, aus denen sich Rückschlüsse auf die Existenz und die Vernichtung von Atlantis ziehen lassen.

Zusammenfassung

Die Zusammenfassung dieser Schrift gebe ich unter dem Gesichtspunkt, welche Felder, Probleme und Fragestellungen für die künftige Atlantisforschung, im engeren und im weiteren Sinn, offenliegen. Dementsprechend werde ich die zusammenfassenden Aussagen kommentieren.

Atlantis war, im Verhältnis zur Formung der uns geläufigen Kontinentalstruktur, ein sehr alter Teil der Erde. Nach der Etablierung jener Kontinentalstruktur lag er als große Insel in dem nach ihr benannten Atlantischen Ozean. Die ausführlichsten, von Platon bewahrten Nachrichten von dieser Insel stammen aus ägyptischer Quelle. In Ägypten waren die geographischen und gesellschaftlichen Verhältnisse von Atlantis in einer umfassenden Steininschrift festgehalten worden, die vermutlich im Innersten einer Pyramide erhalten blieb und deshalb die spätere Weltkatastrophe überstehen konnte. Die Inschrift selbst stammte höchstwahrscheinlich aus einer in Jahrhunderten zu bemessenden Zeit, nachdem der königliche Kulturbringer Osiris (griech.: Dionysos) im späteren siebten Jahrtausend v. Chr. von Atlantis nach Ägypten gekommen war und Ägypten – wie aus einem von Heinrich Schliemann überlieferten Papyrus hervorgeht – Siedlungsland für Auswanderer aus Atlantis wurde.

> Die näheren Umstände der Konservierung der (später in Sais aufbewahrten) Steininschrift sind ungeklärt und können wohl nur im Zusammenhang mit der umstrittenen Frage nach dem Alter ägyptischer Pyramiden, von denen gerade die berühmtesten möglicherweise wiederaufgebaute ältere sind, geklärt werden. Vielleicht kann auf diesem Weg auch die Alterseinschätzung der ursprünglichen Steininschrift bestätigt oder gar präzisiert werden. Von dem wichtigen Papyrus, den Schliemann wiederentdeckte, ist nur ein partieller Inhalt tradiert worden; der Papyrus selbst kann vielleicht in St. Petersburg wiederaufgefunden werden.

In der Zeit, als Atlantis Einfluß in Ägypten gewann, war die atlantische Insel, offenbar auch gegenüber dem damaligen Griechenland, eine relativ entwickelte Region. Ihr damaliger Entwicklungsstand war in mehrfacher Hinsicht dem rund fünf Jahrtausende später im Persischen Reich gegebenen Entwicklungsstand (wie bei Herodot für die Zeit der Kriege mit Griechenland beschrieben) ähnlich. Indem die atlantische Insel ihren Einfluß weit nach beiden Seiten des Atlantik hin zur Geltung brachte, wie außer Platon insbesondere Athanasius Kircher und Ignatius Donnelly dargelegt haben, wurde sie zum Zentrum der Atlantischen Zivilisation. Aus mindestens zweieinhalb Jahrtausenden, die dem Kernland der Atlantischen Zivilisation noch verblieben, sind keine mit der genannten Inschrift irgendwie vergleichbaren Informationen überliefert, sondern nur mehr oder weniger vereinzelte Erinnerungen, die sich allerdings in verschiedensten Teilen der Erde erhalten haben. Erinnert wurde vor allem, daß Atlantis auf beiden Seiten des Atlantischen Ozeans Kriege gegen andere Völker führte.

Im Verlauf eines sehr großen Kriegs ist Atlantis dann selbst vernichtet worden, restlos, und hieraus resultierte die Große Flut und andere, noch sehr lange nachwirkende Folgeerscheinungen. Diese Weltkatastrophe ereignete sich im letzten Fünftel des vierten Jahrtausends v. Chr.

> Diese für das Verständnis der Menschheitsgeschichte in vielerlei Hinsicht eminent wichtige Datierung halte ich in diesen vorsichtig definierten Grenzen für zuverlässig, weil sie sich im Studium zahlreicher und auf verschiedenartigen Wegen entstandener Quellenmaterialien ägyptischer, jüdischer, indischer, chinesischer, deutscher und britischer Herkunft in dem genannten Zeitraum verdichtet hat. Weniger vorsichtig definierend neige ich zur Datierung der Katastrophe im 31. Jahrhundert v. Chr.; und ich würde mich auf diesen engeren Zeitraum festlegen, wenn ich eine Bestätigung dafür hätte, daß das erwähnte, in Südindien festgehaltene Datum »3102 v. Chr.« – es bezeichnet eine astronomische Grenzmarke und zugleich Krishnas junges Erwachsenenalter, das noch (deutlich) vor der Katastrophe liegen muß – richtig bzw. annähernd richtig berechnet ist. Solange eine solche Bestätigung fehlt, halte ich es, zumal da man mit Hilfe der Daten von Flavius Josephus zur Flut-Datierung in die zweite Hälfte des 32. Jahrhunderts v. Chr. gelangt, für richtiger, mit einer Datierung der Katastrophe um 3100 v. Chr. zu rechnen und nach beiden Seiten eine maximale Fehlerspanne von einem Jahrhundert zu veranschlagen.

Durch die Große Flut, die in einer Flutwellenhöhe von etlichen Hunderten von Metern um die Erde gelaufen sein muß, wobei Restbestände an Wasser zumindest in Mesopotamien noch viele Monate lang und in einigen beckenartigen Gebieten Innerasiens wie auch Nordafrikas offenbar noch eine wesentlich längere Zeit angesammelt blieben, durch diese Flut ist nahezu die gesamte Menschheit umgekommen. Ausnahmen konnten nur solche Menschengruppen bilden, die in relativ hohen Gebirgsgegenden (eventuell auch in Nordpol-nahen flacheren Gebieten Sibiriens) lebten oder sich dort aufhielten.

Diese Flut, die erst seit dem 20. Jahrhundert (n. Chr.), dabei noch eher sporadisch, wieder ernsthafter erforscht wird, wirft natürlich Fragen auf. Für das Gesagte sprechen die weltweiten Überlieferungen von der Großen Flut und desweiteren Indizien, die auf eine Flutwellenhöhe bis zu 2000 m im Atlantik-nahen Atlasgebirge hinweisen (Arabisch- Verstehende verweise ich auf den großen Geographen Abu Abdallah Idrisi) und auf andere um Hunderte von Metern tiefere Höchstmarken in Atlantik-ferneren östlichen Gebirgsgegenden. Aber ich weiß auch, daß eine Flutwellenhöhe bis zu 2000 m schwer vorstellbar ist und kaum glaubhaft erscheint. Deshalb sollte man auch von einem ganz anderen Gesichtspunkt her, mit dem bereits Otto Muck (von Hause aus Physiker) gearbeitet hat, an die Frage herangehen, nämlich vom Zentrum des Geschehens her. Dafür genügt es – diesseits aller weiteren Ursachenforschung – von einem chasmatischen Phänomen, d. h. von einem plötzlich aufklaffenden Erdaufriß auszugehen, der Atlantis in kurzer Zeit zum Verschwinden brachte. Die hierfür notwendige vertikale Kraft kann grundsätzlich simuliert werden (mit oder ohne Computer). Ich selbst habe einige, wenn auch sehr primitive, Simulationsexperimente mit den Elementen »Ozean«, »Insel«, »Gebirge« durchgeführt. Zumindest soviel ist mir dadurch klargeworden: daß es bei der Erzeugung einer Flutwelle von der behaupteten Höhe physikalische Probleme nicht gibt.

Nach der Großen Flut stiegen die Überlebenden der Katastrophe allmählich in die Täler hinab und begannen, auf steinzeitlichem Niveau, neue Siedlungen aufzubauen, die in der Regel sicherlich an die Trümmer der toten Siedlungen, die mehr oder weniger stark von Flutablagerungen bedeckt waren, anknüpften. Dieser Neuanfang der Menschheit fällt mit den bekannten Anfängen der bedeutenden Zivilisationen in Mesopotamien, Ägypten, Indien, China, Mittel-und Südamerika und auch im hohen Norden Europas zusammen, die bis in das frühe dritte Jahrtausend v. Chr. zurückverfolgbar sind und in deren ältesten Überlieferungen deutliche Hinweise auf Ursprünge in Gebirgsgegenden zu finden sind. Offenbar gilt das gleiche auch für einige sehr isoliert gebliebene und dementsprechend langsam entwickelte Volksgruppen, so für die Guanchen auf der Kanarischen Insel Teneriffa, die in dem hinreichend hoch gelegenen Gebiet des Bergs Teide überleben konnten, und auch für die Basken in ihrer pyrenäischen Heimat.

Während sich in den südlichen Regionen (vorzugsweise zunächst südlich des Mittelmeers, dann auch in seinem nördlichen Küstengebiet) und außerdem im hohen Norden Europas die Zivilisation ausbreitete, blieb in einem breiten, sich quer von Westeuropa bis weit nach Osten hinziehenden Streifen das Land größtenteils noch lange unbesiedelt, in dem Gebiet nämlich, von dem bei einer Reihe von griechischen und römischen Schriftstellern geschrieben steht und ähnlich auch die alte nordische Überlieferung berichtet, daß in ihm dauernde Dunkelheit und Kälte geherrscht hatte und zudem die Luft staubdurchsetzt gewesen war.

Dieses historisch sehr bedeutsame Phänomen kann als Langzeitfolge des Untergangs von Atlantis erklärt werden; dies allerdings nur, wenn das entsprechen-

de, aus einer glänzenden naturwissenschaftlichen Analyse Otto Mucks hervorge-
gangene Theorem aus seinem völlig falsch gesetzten historischen Rahmen befreit
wird. (Muck setzte das Verdunkelungsphänomen mehrere Jahrtausende zu früh
an, weil er den Erdaufriß im mittleren Atlantik mit dem relativ gut erforschten Pla-
netoideneinschlag an der Ostküste Amerikas zu verknüpfen suchte.) Aus Mucks
Analyse ergibt sich, daß der Auswurf von Erdmagma, den der Erdaufriß im Atlantik erzeugt haben muß und der in Form feinster Partikel weiterzirkulierte, aus-
reichte, um einen vom westeuropäischen Küstengebiet bis weit nach Asien reichenden Streifen – er deckt sich mit der »Lößzunge« – ungefähr zwei Jahrtausende zu verdunkeln und zu erkälten, und dort Staub abzulagern. Und eben dieses
Gebiet, von dem die archäologischen Spuren für die betr. Zeit auf sporadische
Durchwanderungen von eher kleinen Menschengruppen weisen, blieb während
des 3. Jahrtausends und noch weit in das 2. Jahrtausend v. Chr. hinein weitgehend
unbesiedelt: weil es ausgesprochen unwirtlich war.

> Der allmähliche Abstieg von Gebirgsgegenden (nach der Großen Flut) ist ein Aspekt,
> der es erlaubt, die früheste Geschichte der uns bekannten (nachsintflutlichen) Zivi-
> lisationen logischer und genauer zu schreiben, als sie geschrieben ist. Dieser Aspekt
> ist als Gedanke schon in Hegels Geschichtsphilosophie enthalten, übrigens zuvor
> schon bei Herder. Die Umsetzung dieses Gedankens in Geschichtsschreibung ver-
> langt jedoch einen klaren Begriff von der Großen Flut und hinreichend feine Datie-
> rungsmöglichkeiten, mit denen die im eigentlichen und ursprünglichen Sinne »neo-
> lithischen« Funde, d. h. die Funde aus einer neuen Steinzeit, bis in die Gebirgsge-
> genden zurückverfolgt werden können. Beides ist heute gegeben, so daß dieses Feld
> zur Bearbeitung offenliegt. Ebenso kann der relativ sehr späte Zivilisationsbeginn
> (richtiger: -wiederbeginn) in den mittleren Teilen Europas, der im Doppelsinne »im
> Dunkeln liegt«, besser gefaßt werden, wenn man die Folgen der Atlantik-Katastro-
> phe, in diesem Fall die Langzeitfolgen, bedenkt. Eine wesentliche Voraussetzung für
> diese Ausgestaltung der Geschichtswissenschaft und ihrer Nachbardisziplin ist,
> daß die Frage überhaupt ins Auge gefaßt wird, warum gerade in den zwischen den
> großen Bergketten liegenden Zentralgebieten Europas die Zivilisation so spät begann
> bzw. so lange unterbrochen war.

Die Atlantisforschung, die bereits in der frühdynastischen Zeit Ägyptens, also in
den Anfängen des dritten Jahrtausends v. Chr. betrieben wurde (Schliemann-Dokument), hatte knapp zweieinhalb Jahrtausende später einen großen Höhepunkt.

Das möglicherweise sehr reiche Wissen von Atlantis, das allem Anschein nach
in den Schriften und Schriftensammlungen des Pythagoras niedergelegt war, ist in
einer überaus grausamen Aktion von Leuten, die einen so genialen und welter-
fahrenen Geist wie Pythagoras nicht dulden konnten, vernichtet worden.

Glücklicherweise sind jedoch die aus Nachforschungen in Ägypten stammenden Aufzeichnungen Solons, wie sie dann von dem Sokrates-Schüler Platon ver-

arbeitet wurden, – wenigstens teilweise – erhalten geblieben. Platon gab die uralte, einst in Ägypten bewahrte Beschreibung von Atlantis wieder. Darüber hinaus
gab er Andeutungen zu dem »in späterer Zeit« erfolgten Untergang von Atlantis,
in denen von zivilisatorischen Zerfallserscheinungen (Hochmut, Eroberungs-
krieg), andererseits von Naturerscheinungen (Beben der Erde und eine außeror-
dentliche Flut) die Rede ist, und von einer nicht ganz durchsichtigen Rolle dessen, der »Zeus« genannt wird.

   In dem Maße, wie die Aristotelische Schule das Bild der Wissenschaften bestimmte, verflüchtigte sich das Wissen von Atlantis wieder. Da Atlantis nichts
Greifbares war, und da das von Atlantis Berichtete den griechischen bzw. europäischen Historikern, deren stringente Kenntnisse bis zum Trojanischen Krieg
reichten, nicht in ihr Geschichtsbild paßte, wurde das bei Platon Berichtete
schlichtweg zum Märchen erklärt. Mit diesem Verdikt wurde der klassischen Atlantis-Theorie das Todesurteil gesprochen, und sie fiel über lange Zeiträume vollständig dem Vergessen anheim.

   Erst seit dem 16. Jahrhundert, als von Britannien aus eine neue Atlantische Zivilisation aufkeimte und sich diesseits wie jenseits des Atlantik auszubreiten begann,
dämmerte das alte Wissen von Atlantis wieder auf. Platons Atlantisbericht, von der
humanistischen Bewegung wieder entdeckt, wurde für weitsichtige Menschen wie
Michel de Montaigne und Athanasius Kircher (in einem nur vordergründig utopi-
schen Sinn auch für Francis Baco) wieder aktuell, zumal der laut Platons Atlantisbericht jenseits des ehemaligen Atlantis' gelegene Kontinent sich mit dem von den
Westeuropäern gerade erst entdeckten Amerika deckte. Während der folgenden
Jahrhunderte einer sich allmählich ausweitenden Atlantisforschung, die sich parallel mit der Entwicklung der neuen Atlantischen Zivilisation vollzog und die mit dem
breit angelegten Werk des Amerikaners Ignatius Donnelly (Ende des 19. Jahrhunderts) Gewicht gewann, blieb das Rätsel des Untergangs von Atlantis jedoch undurchdringlich. Wie man den Text Platons auch drehte und wendete, oder wie man
ihn auch umdeutete und auf beiden Seiten des Atlantik andere »Atlantisse« ins Auge faßte, deren wirklicher oder scheinbarer Untergang auf eine Erklärung hoffen
ließ: es ließ sich keine widerspruchsfreie Theorie entwickeln. Als die neoatlantische
Zivilisation dann aber in eine fundamentale Krise lief, die das Geistesleben tief be-
eindruckte, tauchte eine neue Dimension auf; die Dimension, daß der Mensch mit
seiner Macht über die Natur seine gesamte gesellschaftliche Existenz vernichten
kann.[229] Wenn diese Möglichkeit in der Natur des Menschen liegt, so gibt es keinen
Grund anzunehmen, daß die Menschheit nicht auch schon früher in der Lage war,
ihre Existenz aufs Spiel zu setzen, vorausgesetzt sie hatte die Mittel dazu.

   Seit etwa eineinhalb Generationen, seit dem Beginn der atomaren Epoche, begann man nach und nach zu entdecken, daß die Menschheit jedenfalls einmal

schon über ungeahnte technische Potenzen verfügte. Seitdem wurde gerade zu diesen Belangen beträchtliches Material zutage gefördert, und es scheint, daß täglich neues Material hinzukommt. Es wurden in dieser Zeit die von etlichen alten Völkern überlieferten Hinweise auf einstige hohe Technologie ernster genommen, Hinweise etwa auf »Flugschiffe« und dergleichen. Wenn man früher (bei uns) dazu neigte, solche Hinweise als ›Mythen‹ abzutun oder sich an ihnen als Köstlichkeiten der menschlichen Phantasie zu ergötzen, begann man nun allmählich, sie als Aufzeichnungen mit verborgenem Sinn zu verstehen (der Stamm »my« bedeutet: verborgen); und wo es in dem einen oder anderen Fall gelang, den verborgenen Sinn zu entschlüsseln, brauchte man einen Mythos nicht mehr lächerlich oder lustig zu finden, sondern konnte ihn einfach als Überlieferung nehmen, aus der man etwas über eine vergangene Zeit lernen kann. Weiter ist man in unserer Zeit aufmerksam geworden auf nicht wenige Funde von Überbleibseln offenkundig hoher Technologie, die bislang nur als »außergewöhnliche« Fundstücke der »Antike« taxiert werden konnten. Da manche solcher Fundstücke nachweislich im 2. und 3. Jahrtausend v. Chr. existierten – so die verschiedenen, eindeutigen Flugzeugmodelle aus Holz –, wurde die Frage unabweisbar, ob es sich hier nicht um Fundstücke handelt, die (als Nachbildungen von damals entdeckten Überbleibseln) eine noch frühere Zeit repräsentieren, nämlich die vorsintflutliche Zeit. Desweiteren wurden weltweit sehr viele Funde gemacht oder schon vorhandene neu datiert, die fast das gesamte Spektrum der bekannten Metalle abdecken, und die in relativer Häufigkeit dem 4. Jahrtausend v. Chr. zuzurechnen sind, wobei sie in abnehmender Häufigkeit bis in das 7. Jahrtausend v. Chr. zurückreichen; dabei wurde auch in qualitativer Hinsicht, von der Herstellungsweise der Metallüberreste her, eine Entwicklung im Laufe jener Jahrtausende offenkundig. Dies bedeutet, daß es eine *Metallzeit* bis in das ausgehende 4. Jahrtausend v. Chr. gab, eine Metallzeit, die ungefähr so lange währte wie die Metallzeit, auf die unsere eigene Zivilisation zurückblickt, nämlich rund vier Jahrtausende lang. (Zwischen beiden Metallzeiten liegt, im streng definierten Sinn des Begriffs, das Neolithikum oder die neue Steinzeit.)

Diese aus einer zivilisatorischen Krisenzeit geborenen Erkenntnisse haben einen markanten Schnittpunkt im Hochsommer 1945, als die erste Atombombe getestet wurde. Bei Robert Oppenheimer, dem »Vater« dieser Bombe, hat die Beobachtung des gänzlich unbekannten Test-Phänomens eine augenblickliche Erinnerung an bestimmte, von ihm einmal gelernte Sanskritverse aus dem Mahabarata-Epos ausgelöst. Dadurch kam das indische Epos bei westlichen Natur- und Geisteswissenschaftlern ins Blickfeld. Dieses Epos, in welchem auch ein Diamant der Weltliteratur enthalten ist, die Bhagavad Gita, beschreibt die in zweieinhalb Jahrtausenden seit der Großen Flut gesammelten Überlieferungen zu dem Großen

Krieg des ausgehenden 4. Jahrtausends v. Chr., eben der Zeit, in welcher Atlantis verschwand. Etliche, für frühere Generationen notwendigerweise phantastisch oder kurios anmutende ›Superwaffen‹ sind in dem Epos beschrieben; doch auf keine ist derartig viel Wert gelegt worden und eine derart hohe Beschreibungskunst angewandt worden wie auf die Sudarshan-Waffe, die (in jeglichem Sinne) blendende Waffe. Und es gibt keines der sehr zahlreichen Merkmale – sie betreffen das Aussehen, die Schlagkraft, die Wirkungsweise, die Detonationssyptome und Begleiterscheinungen wie z. B. das Druckwellenphänomen oder die Verseuchung der Nahrung –, die sie nicht mit den uns bekannten Atomwaffen teilen könnte. In der Epoche der atomaren Aufrüstung, in der sich diese Erkenntnismöglichkeit eröffnete (die nichts als die in der Wissenschaft seit jeher geübte Methode des Vergleichens verlangt), sind auch aus der Archäologie höchst bedeutsame Befunde erwachsen, die man in früheren Jahrzehnten dieses Jahrhunderts trotz schon begonnener Grabungen nicht für möglich gehalten hatte. Diese Befunde betreffen wiederum das Indien der spätatlantischen Zeit und beziehen sich vor allem auf die Industalstädte Mohenjo-daro und Harappa (ferner auch auf die erst Anfang der 1990 er Jahre ausgegrabene Stadt Schar-e-Suchten). Diese Städte erwiesen sich für eine etwas mehr als 5000 Jahre zurückliegende Zeit als Großstädte, nach heutigem Kriterium, und weisen in vielerlei Hinsicht Grundstrukturen auf, wie man sie sonst nur in den entwickeltsten, d. h. westlichen Großstädten unserer Zeit kennt. Zudem weisen diese offenkundig noch vor der Großen Flut zerstörten Städte eine Reihe von Zerstörungssymptomen auf (Schar-e-Suchten hat als »Verbrannte Stadt« ihre Bezeichnung daher), die für die Industalstädte z. T. schon seit mehreren Jahrzehnten gut dokumentiert sind, aber als rätselhaft gelten. Zu diesen Symptomen gehören die charakteristischen gebranntmarkten Ziegel, die auf eine ganz außergewöhnliche Hitzeeinwirkung schließen lassen; desweiteren Kompressionen ohne sichtbaren Kompressor, die auf der Kraft einer Druckwelle beruhen dürften; ferner sterbliche Überreste einer Bevölkerung, die offenbar weder in der Flucht noch in sonstigem Schutz ihr Heil finden konnte; und schließlich eine an den Skelettresten gemessene, auffällig hohe Radioaktivität, weshalb Charles Berlitz – wie es scheint als erster westlicher Forscher – Anfang der 1980 er Jahre die Hypothese einer thermonuklearen Zerstörung formulierte. Aus dem Gebiet der naturwissenschaftlichen Philosophie sei in diesem Zusammenhang noch angemerkt, daß in Indien eine Atomtheorie tradiert wurde (festgehalten von Aulukya), die älter und wesentlich differenzierter ist als das Pendant der Alten Griechen. All dies wurde erst in jüngster Zeit im Westen bekannt.

Diskussion: Das Bewußtsein, daß wir mit unseren eigenen technischen Potenzen, wozu auch die Atomwaffe gehört, die ganze Zivilisation vernichten können, ist erst we-

nige Jahrzehnte alt. In der gleichen Zeit ist die Forschung soweit gekommen, daß eine Reihe verschiedener und gewichtiger Indizien dafür benannt werden können, daß vor rund 5000 Jahren, in der Zeit des Untergangs von Atlantis, die Zivilisation über vergleichbare technische Potenzen, zu denen auch die Sudarshan-Waffe gehört, verfügte. Nun wäre allerdings auch auf diesem Stand der Diskussion eine Auffassung, wonach Atlantis durch eine hohe technische Potenz bzw. durch die Sudarshan-Waffe sein Ende fand, nicht hinreichend bestätigt. Denn es wäre ja selbst auf diesem Stand der Diskussion die Möglichkeit denkbar, daß im späten 4. Jahrtausend v. Chr. zwar mit echten Superwaffen Krieg geführt wurde, Atlantis aber ganz unabhängig davon durch eine Naturkatastrophe untergegangen ist. Hierzu einige Bemerkungen: Zunächst einmal sehe ich nichts Falsches daran, Hypothesen aufzustellen, die von einer Naturkatastrophe als Ursache für den Atlantis-Untergang ausgehen. Eine solche Hypothese kann auf ungeahnte Weise fruchtbar sein, wie dies vor allem bei Otto Muck der Fall war, einem der bedeutendsten Atlantisforscher überhaupt. Muck hat äußerst fruchtbare Beiträge zu dem gesamten Komplex der Sprengkräfte, die beim Erdaufriß im mittleren Atlantik involviert gewesen sein müssen, geleistet. Und er hat sie geleistet, obwohl er von der unhaltbaren Hypothese ausging, daß der Verursachungsfaktor des Atlantis-Untergangs der Planetoid gewesen sei, der vor 10–11 Tausend Jahren (nach der Datierung von Tollmann/Tollmann 1993: vor ca 9600 Jahren) an der amerikanischen Ostküste Spuren hinterlassen hat. Diese Hypothese ist, von allem anderen abgesehen, allein schon deshalb nicht haltbar, weil es für die folgenden (5 oder 6) Jahrtausende verschiedene Nachrichten von Atlantis und zahlreiche direkte und indirekte Hinweise auf seine damalige Existenz gibt. Erstaunlich ist allerdings, daß Muck grundsätzlich mit einer äußeren Einwirkung beim Erdaufriß im Atlantik gerechnet hat. Dies ist keineswegs selbstverständlich; denn Muck selbst analogisierte die Explosion im Atlantik stets mit der Explosion eines Teils der Krakatau-Insel, in deren Fall er nicht den geringsten Anlaß hatte, eine äußere Einwirkung anzunehmen. So wertvoll mir die Arbeit von Muck trotz ihrer unhaltbaren Ausgangshypothese ist, so sehe ich doch auch eine Tragik in seinem Forschen. Sie liegt darin, daß er, der als Österreicher während des Zweiten Weltkriegs in Deutschland mit den Sprengkräften von Vernichtungswaffen (Raketen) befaßt war, diese Kompetenz nicht einsetzen konnte, um der Frage nach einer technisch produzierten Sprengkraft, die den Erdmantelaufriß im mittleren Atlantik in Gang setzen konnte, systematisch nachzugehen. Mir kommt es so vor, als habe Muck sein Erleben des Zweiten Weltkriegs unmittelbar nach dem Krieg am Atlantis-Thema abgearbeitet. Und weiter kommt es mir so vor, als habe er die Kardinalfrage dieses Themas, den Untergang von Atlantis aufgrund einer technisch produzierten Sprengkraft, ebenso beständig angesteuert wie er ihr ausgewichen ist. Vielleicht können biografische Nachforschungen hierzu Näheres an den Tag bringen. –
Zu Hypothesen, wonach Atlantis durch irgendeine Naturkatastrophe vernichtet wurde, kann ich in erster Instanz also keine Einwände haben. In zweiter Instanz aber möchte ich zu solchen Versuchen folgendes Kritische zu bedenken geben. Das kosmische Naturereignis, das Muck (und nicht nur er) im Sinn hatte, ist als Verursachungsfaktor für den Atlantis-Untergang sozusagen ausgereizt. Wenn man an einem Naturkatastrophen-Ansatz festhalten will, müßte man nach einem besonderen Naturereignis Ausschau halten, das vor etwa 5000 Jahren stattgefunden hat. Für ein besonderes Naturereignis zu dieser Zeit gibt es offenbar aber keinerlei alte Überlieferung, ganz im Unterschied zu jenem viel früheren, z.B. von den Alten Ägyptern überlieferten kosmi-

schen Naturereignis, so daß ein solcher Ansatz auf reiner Spekulation beruhen würde. Will man dennoch am Naturkatastrophen-Ansatz festhalten, so bliebe nur noch die eine Möglichkeit, den Untergang von Atlantis selbst zur Naturkatastrophe zu erklären. Immerhin könnte sich ein Verfechter des Naturkatastrophen-Ansatzes noch auf das Wort von Platon berufen, der bei der Einführung in das Thema (im Timaios) sagt, Atlantis sei in kürzester Zeit in einem »Erdbeben« untergegangen (was aus meiner Sicht übrigens in keiner Weise korrekturbedürftig ist; denn zweifellos hat bei jenem Geschehen die Erde gebebt). Jedoch, und darauf läuft ja der ganze Atlantisbericht Platons hinaus, steht hinter jenem Erdbeben der von den Griechen mit dem Attribut des Erderschütterers versehene »Zeus«. Und erst wenn man weiß, wer sich hinter dieser Gestalt verbirgt, kann man verstehen, warum speziell die Inder ein Wissen um die Ursache der Weltkatastrophe hatten, das andere Völker nicht in gleicher Ursprünglichkeit haben konnten.

Hinter dem bei Platon als Bestrafer der Atlanter erscheinenden »Zeus« – so meine These, die ich in einem ausgiebigen Vergleich der betr. westlichen Überlieferungen und der indischen Überlieferungen untermauert habe – verbirgt sich Krishna, der große indische Herrscher des späten vierten Jahrtausends v. Chr.

Auch dieser Vergleich, das ist nicht unwesentlich zu bemerken, ist ein Produkt der jüngsten Zeit, insofern, als in dieser Zeit in der westlichen Welt ein beträchtliches Interesse an »Zeus« entstanden ist, das Arbeiten mit einem so umfassenden Zeus-Bild hervorgebracht hat, daß ein eingehender Vergleich dieses Bildes mit dem in Indien äußerst facettenreich überlieferten Krishna überhaupt erst möglich wurde. Dieser unter verschiedensten Gesichtspunkten durchgeführte Vergleich ergab im Kleinen wie im Großen immer eines: daß das Zeus-Bild ein Abbild des in Indien wesentlich konturenhafter bekannten Krishna ist. Wie die Überlieferungen von Krishna in den Westen gelangt waren, nämlich in den von Nordindien seit dem mittleren 2. Jahrtausend v. Chr. ausgehenden Wanderungsbewegungen in westliche Regionen, wo er unter den Titeln »Zeus«, »Jup(p)iter«, »Thor« und »Perkunas« (Lith.: »Donner«; so wie auch Thor die Bezeichnung »Donar« trug) verehrt wurde, war relativ leicht zu erklären.

Wenn klar ist, daß »Zeus« auf Krishna zurückgeht, dann muß auch klar werden können, daß unter »Zeus«, der in Platons Atlantisbericht als der gerechte Bestrafer der Atlanter erscheint, nicht etwa »Gott« (in einem christlichen Sinne) zu verstehen ist, sondern eine – mit welchen Attributen der Verehrungswürdigkeit auch immer versehene – historische Gestalt. Es macht nämlich für das Verständnis des Endes von Atlantis einen entscheidenden Unterschied, ob der Bestrafer der Atlanter als ein Unsichtbarer gedacht wird – gewissermaßen als der Geist in aller Natur, der auch in den Naturkatastrophen ist – oder als eine in die Auseinandersetzungen ihrer Zeit involvierte Gestalt.

Krishna war, die indischen Überlieferungen sprechen Bände davon, ein in höchstem Maße ungewöhnlicher Mensch, der als solcher in die Belange seiner

Zeit, die als Grenzzeit zweier Weltzeitalter verstanden wurde, involviert war; er war ein zu seiner Zeit hochgeschätzter Herrscher, dessen Autorität weit über Indien hinaus bis zu den in Europa und Afrika offenbar wechselnden bzw. sich verschiebenden Einflußgebieten von Atlantis reichte, dem »reicheren Teil der Welt«, der diesen Mann (wie eine indische Überlieferung sagt) nicht schätzte.

Er muß ein äußerst vielseitiger, geradezu multidimensionaler Mensch gewesen sein; er galt als freundlich, sensibel und heiter (bzw. »jovial«, eine dem Juppiter, altlat.: Jovi zugeschriebene Wesensart) ebenso wie hart und gerecht. Um das Bild von Krishna, so wie es in geheiligten Schriften und anderen Kunstwerken Indiens festgeschrieben ist, fertigzustellen, brauchte die indische Überlieferung von der Großen Flut an gerechnet zweieinhalb Tausend Jahre. Es war, besonders in der Bhagavad Gita, ein sublimes Bild geworden, feinsinnig, sogar zart, aber auch klar. Als es enthüllt wurde, spaltete sich der indische Geist; nicht, weil er es nicht verstanden hätte, sondern weil er – eher nach Intuition als nach Rationalität strebend – es nur zu gut verstand.

Es ist das Bild, in dem Krishna das Rad der Geschichte (samsara) wendet und in der anderen Hand drohend die Sudarshan-Waffe bereithält. (Das gleiche Bild haben die Griechen von »Zeus«, nur weniger abgeklärt; dort mit dem ›Diskus‹ und dem ›Donnerkeil‹.) Der indische Geist spaltete sich, weil es unfaßbar war, Krishna zu sehen wie er anhebt zur Erderschütterung, mit der Tatwaffe in der Hand; da muß ein Gott am Werk gewesen sein oder ein Teufel! Die einen wurden zu Befürwortern von Krishnas Kriegstat, oder zu Befürwortern des Kriegs schlechthin; die andern wurden zu Gegnern von Krishnas Kriegstat, oder zu Gegnern des Kriegs schlechthin. Und der Krieg schlechthin war der Krieg gegen das welteroberde Atlantis.

Das bedeutet: In Indien ist ein Wissen bewahrt worden, dem zwar – wie überall auf der Welt – die Kenntnis des genauen Tatvorgangs fehlen mußte, das aber von der Sudarshan-Waffe als dem technischen Mittel der Kriegstat Kenntnis hatte und von dem Ausgangspunkt dieser Kriegstat: der Entschlossenheit Krishnas, dem Welteroberungsdrang der Gegenseite ein wirksames Ende zu bereiten.

Solches Wissen konnte als originäres Wissen nur in Indien überleben, weil hier (genauer gesagt: in der Hauptstadt Dvaraka) das Zentrum der Gegenmacht zur Atlantischen Zivilisation gelegen hatte. Dieses Wissen muß allerdings so eindringlich gewesen sein, daß es seine Kanäle fand bis nach Ägypten und noch bis nach Griechenland. Dort ist es in Platons Atlantisbericht, kurz vor der Abbruchstelle, gerade noch sichtbar geblieben: »in der Absicht (von Zeus), sie (die Atlanter) dafür büßen zu lassen ...«

Setzt man jetzt einmal voraus, daß die Vernichtung von Atlantis durch die in sämtlichen beschriebenen Einzelheiten einer Atomwaffe gleichende Sudarshan-

Waffe erfolgt ist, womit die vielgesuchte Potenz für den Erdmantelaufriß im Atlantik gegeben ist: Welche Konsequenzen hätte dies für die Überlieferung des Geschehens haben müssen?

Erstens hätte man, wenn überhaupt nach der Großen Flut, davon nur noch in Indien, dem Herkunftsland dieser Waffe, wissen können.

Zweitens hätte die Verfügungsgewalt über diese Waffe mit der anerkannten Autorität im Indien der Vor-Katastrophenzeit, mit Krishna, verknüpft werden müssen.

Drittens hätten die Überlebenden der Katastrophe alles daran setzen müssen, jede Nuance effektiven Wissens über den Grund der Katastrophe zu tradieren.

Viertens hätten die nachfolgenden Generationen speziell die technologischen Aspekte jenes Wissens mystifizieren müssen, weil diese Aspekte der Überlieferung mit nichts Bekanntem aus der nachsintflutlichen Welt vergleichbar und insofern nicht nachvollziehbar gewesen wären.

Fünftens wäre das verstreute Wissen sicherlich gesammelt worden und irgendwann, am wahrscheinlichsten auf einem Höhepunkt der geistigen Entwicklung (wie ihn insbesondere die »Achsenzeit« repräsentiert), kodifiziert worden.

Sechstens hätte sich das spezifisch indische Wissen in anderen Ländern nur in blasser, verkürzter und dementsprechend besonders schwer verständlicher Form fortpflanzen können, wobei allerdings in anderen und zumal in Atlantik-näheren Ländern eigene Forschungen hinzufügbar gewesen wären.

Siebtens schließlich wäre das ursprüngliche Wissen (der Überlebenden der Weltkatastrophe), und hierbei vor allem die technologischen Aspekte, erst wieder unter den Bedingungen einer Zivilisation, die sich ein (u.a.) durch die Atomwaffe gekennzeichnetes Selbstvernichtungspotential in die Hand gegeben hat, nachvollziehbar geworden.

Steht der faktische Überlieferungsprozeß mit irgend einem Punkt dieser Logik in Widerspruch?

Am Ende der hier dokumentierten Forschungsreise durch die Weltgeschichte komme ich zu folgendem Schluß:
Es ist *nicht* das erste Mal, daß ein Entwicklungsstand der Zivilisation erreicht wurde, wie wir ihn heute, im ausgehenden 20. Jahrhundert, haben. Zumindest *einmal* schon ist ein solcher Stand erreicht worden, nämlich vor wenig mehr als 5000 Jahren, unmittelbar vor der größten zu Menschheitszeiten geschehenen Katastrophe, von der wir wissen können. Damals wurde das welterobernde Atlantis durch eine atomare Sprengkraft indischer Herkunft (Sudarshan-Waffe) an empfindlicher Stelle des Erdmantels getroffen. Durch das Aufreißen der Erdnaht in nördlichen Breiten des Mittelatlantischen Rückens verschwand die Insel Atlantis im Atlantischen Ozean, und dadurch wurde die Große Flut (Sintflut) ausgelöst, die alle ent-

wickelte Zivilisation vernichtend um den ganzen Erdball lief. Von bestimmten Hochlagen aus, in Europa u.a. vom Westalpengebiet, von den Karpaten und von den Skandinavischen Alpen aus, ging das Leben unserer Vorfahren – zunächst auf steinwerkzeuglichem Niveau und ohne Schriftsprache – weiter.

Anhang

I: Aus dem Gilgamesch-Epos

Der Held dieses zum Teil nur bruchstückhaft erhaltenen Epos' ist Gilgamesch, der offenbar in den Anfängen des dritten Jahrtausends v. Chr. gelebt hat; in den sumerischen Königslisten wird Gilgamesch als fünfter Herrscher der Dynastie von Uruk geführt, neben den Dynastien von Ur und von Kisch eine der bedeutendsten sumerischen Dynastien, die den steinernen Keilschrift-Zeugnissen zufolge nach der Großen Flut begannen. In dem Epos entwickelt der auf Ruhm bedachte Gilgamesch zu Enkidu, einem aus dem Bergland stammenden ›Barbaren‹ eine tiefe Freundschaft. Beide vollbringen zusammen große Heldentaten, bis Enkidu stirbt. Gilgamesch verzweifelt am Leben, und auf der Suche nach neuem Leben gelangt er nach langen Wegen bis ans Ende der Welt schließlich zu dem »Ahnen« Utnapischtim, der ursprünglich aus Schurippag (nahe dem heutigen Fara im Irak) stammte, wo nach den sumerischen Königslisten die letzte Dynastie vor der Großen Flut herstammte. Gilgamesch fragt den entrückten Weisen nach seinem Geheimnis und hört von ihm die Geschichte der Großen Flut ... (Auszüge aus der Übertragung von Hartmut Schmökel; Stuttgart, Berlin, Köln 1985)

> Der alles schaute bis zum Erdenrande,
> Jed' Ding erkannte und von allem wußte,
> Verschleiertes enthüllte gleichermaßen,
> Der reich an aller Weisheit und Erfahrung,
> Geheimes sah, Verborgenes entdeckte,
> Verkündete, was vor der Flut geschah,
> Der ferne Wege ging, bis zur Erschöpfung,
> All seine Müh' auf einen Stein ermeißelt –
> Er baute des umwallten Uruk Mauer
> Rings um (?) Eanna, den geweihten Tempel.

So wird Gilgamesch vorgestellt. Weiter heißt es von ihm:

> Zwei Drittel göttlich und ein Drittel menschlich –
> Gewaltig ragte seines Leibs Gestalt
> (Text zerstört)
> Dem wilden Stiere gleich ...
> Ein jeder weichet seiner Waffen Schlag.

Die Leute der Stadt Uruk klagen unter Gilgameschs Herrschaft und fühlen sich bedrückt. Anders Enkidu, der von einer Tempeldirne behutsam an das städtische Leben herangeführt wird; er stößt mit Gilgamesch zusammen und hindert ihn am Weitergehen. Dem Kampf folgt Freundschaft. Gilgamesch braucht Enkidu, um den gewaltigen Chuwawa anzugreifen, den Wächter des libanesischen Zedernwalds. Enkidu hat aber Bedenken:

>»Dies habe ich, mein Freund, als mit dem Wild
>Ich noch durchstreifte das Gebirg', erfahren:
>Zehntausend Doppelstunden dehnt der Wald sich,
>Wer könnt' es wagen, in ihn einzudringen!
>Chuwawas Brüllen gleicht dem Sintflutsturm,
>Und Feuer ist sein Rachen, Tod sein Hauch!«

Dennoch ziehen die beiden los. Enkidu erschlägt schließlich den Wächter der geheiligten Zedern.

>Die Bäume aber standen starr und stumm,
>(Als) er Chuwawa, (ihren) Wächter, fällte.
>(Dann) klang zwei Meilen weit der Zeder Klage:
>»Mit ihm hat Enkidu (fürwahr)erschlagen …
>Die Wälder (selbst und auch) die Zedernbäume,
>(Ja), Enkidu erschlug (den Herrn) des Waldes,
>Vor dem erbebten Libanon und Hermon!«

Deshalb beschließen die Götter, Enkidu selbst dem Tod zu weihen. Enkidu stirbt, und Gilgamesch ist zutiefst bedrückt.

>Es klage über dich Bär wie Hyäne,
>Der Panther, Wisent und auch der Gepard,
>Der Löwe, Ur, Hirsch, Steinbock – alles Wild!
>Es weine über dich der Ulai-Fluß,
>An dessen Ufern wir einhergegangen,
>Es weine über dich der Euphrat auch,
>Aus dem wir Wasser in die Schläuche (füllten)
>So wie die Männer des umwallten Uruk!
>Die Brüder soll'n beklagen dich wie Schwestern,
>Es sei ob deiner (ausgerauft) ihr Haar!
>Ich war dir Vater und auch Mutter, Freund,
>Nun will um dich ich klagen in der Steppe!

In seiner Verzweiflung sucht Gilgamesch den Skorpion-Menschen auf, um den Weg zu finden.

»Zu Utnapischtim, meinem Ahnen, (will ich),
Der in den Kreis der Götter trat und lebt,
Nach Tod und Leben wollte ich ihn fragen!«

Auf dem Weg gelangt er auch zu einer Schenkin, die er weiterfragt und den Rat
erhält:

»O Gilgamesch, wohin (noch) willst du laufen?
Das Leben, das du suchst, wirst nicht du finden!
(Denn) als die Götter (einst) die Menschen schufen,
Da teilten sie den Tod der Menschheit zu,
Das Leben aber nahmen sie für sich!
Drum fülle dir, o Gilgamesch, den Bauch,
Ergötze dich bei Tage und bei Nacht,
Bereite täglich dir ein Freudenfest
Mit Tanz und Spiel bei Tage und bei Nacht!
Laß deine Kleider (strahlend) sauber sein,
Wasch dir das Haupt und bade dich in Wasser,
Blick' auf das Kind, das an die Hand dich faßt,
Beglückt sei deine Frau an deiner Brust –
Denn solches alles ist der Menschen Lust!«

Zur Schenkin sagte Gilgamesch das Wort:
»Wo, Schenkin, geht der Weg zu Utnapischtim?
Was ist sein Zeichen? Weise mir die Male!
Ist's möglich, will das Meer ich überqueren,
Wenn nicht, so werd' ich durch die Steppe laufen!«

Drauf gab die Schenkin Gilgamesch zur Antwort:
»Nie, Gilgamesch, gab's einen Übergang,
Und wer seit alten Tagen je gekommen
Hierher, der überschritt niemals das Meer!
Held Schamasch einzig überquert die See,
Wer außer ihm könnt' (wohl) sie überschreiten?
Der Übergang ist schwierig, schwer der Weg,
Und tief das Todeswasser, bar des Zugangs!
Wo kreuzt du (also), Gilgamesch das Meer,
Was willst du tun, kommst du ans Todeswasser?
Doch Utnapischtims Fährmann, Urschanabi,
O Gilgamesch, weilt hier, (und dessen Ruder)
Sind steinern! In des Waldes Mitten pflückt er …
Ihn mögen (nunmehr) deine Augen schauen!
Wenn's möglich ist, so fahr' mit ihm hinüber,
Geht das jedoch nicht an, dann kehre um!«

Gilgamesch findet den Fährmann, der ihn schließlich mitnimmt.

> Dann stiegen Gilgamesch und Urschanabi
> Ins Boot, sie stießen ab und fuhren los.
> Am dritten Tage war zurückgelegt
> Ein Weg von einem Mond und fünfzehn Tagen.
> So kam der Fährmann zu den Todeswassern.

Stakstangen benutzend durchqueren sie selbst dieses Wasser, und so gelangt Gilgamesch zu Utnapischtim.

> Da sagte Gilgamesch zu Utnapischtim:
> »Auf daß gelänge ich zu Utnapischtim
> Und sähe, den sie den ›Entrückten‹ nennen,
> Durchirrt' (bisher) ich wandernd alle Lande,
> Stieg über viele unwegsame Berge
> Und kreuzte (wahrlich) all die (weiten) Meere!«

Utnapischtim antwortet ihm:

> »Der bittre Tod ist (wahrlich unausweichlich).
> Baun wir ein Haus, das ewig (steht), und siegeln
> Für ewige (Dauer eine Tafel) wir?
> (Wenn) Brüder (Erbschaft) teilen, ist's für ewig?
> (Sogar) der Haß (im Lande) – währt er ewig?
> Und steigt der Strom hinflutend immerdar?
> (Nur) die Libelle schlüpft aus dem Kokon,
> (Nur) sie erschaut aufs neu' der Sonne Antlitz!
> Nicht gibt's Beständigkeit seit ewigen Tagen –
> Der Schläfer und der Tote – wie verwandt!
> Denn zeigen (beide) nicht des Todes Bild?
>
> Ob Diener einer oder Herr – was gilt,
> Wenn ihrer (beider Schicksal) sich erfüllt?
> Die Anunnaki aber, hehre Götter,
> Die halten Rat, und es bestimmt mit ihnen
> Mamitum, Schicksalschöpferin, die Lose.
> So Tod wie Leben ist in ihren Händen –
> Doch bleibt verhüllt, wann (deine) Tage enden!«
> Zu Utnapischtim, dem Entrückten, sagte
> (Drauf) Gilgamesch: »Seh ich dich, Utnapischtim,
> So bist nicht andrer Art du, gleichest mir,
> (Ja), bist nicht andrer Art und gleichst mir!
> Es wär' mein Herz bereit, für dich zu kämpfen,
> Du (aber) gibst dich müßiger Ruhe hin!

(Sag mir:) Wie fandest du Eingang in den Rat
Der Götter und gewannst (?) das (ewige) Leben?«

[Utnapischtims Sintflutbericht]

Dem Gilgamesch gab Antwort Utnapischtim:
»Verborgnes will ich, Gilgamesch, dir künden,
Werd' ein Geheimnis dir der Götter sagen!

Schurippak ist die Stadt, dir wohlbekannt,
Sie lieget an des Euphratflusses Ufer.
Alt war die Stadt, in der die Götter wohnten.
(Und damals) planten (nun) die hehren Götter,
Geschehn zu lassen eine (große) Flut.«

Utnapischtim habe zuhause jedoch göttliche Hinweise erhalten:

›Du Mann aus Schurippak, Sohn Ubartutus,
Reiß ab dies Haus und baue (draus) ein Schiff!
Laß fahren den Besitz, das Dasein rette!
Gib hin dein Gut und sichere das Leben,
Ins Schiff nimm aller Lebewesen Samen!
Betreffs des Schiffes, das du bauen sollst –
Wohl abgemessen seien seine Maße!
An Breite und an Länge soll's gerecht sein,
Sein Dach mach gleich dem des Urozeans!‹

All dem sei er gefolgt, und auch dem weiteren Hinweis, sich mit seinem Anhang
unter einem Vorwand von den übrigen Bewohnern seiner Stadt zu trennen. Doch
erst hätten noch die Vorbereitungen getroffen werden müssen.

Die Kinder trugen Erdpech (mir) herbei,
Die starken Männer jeglichen Bedarf.
Am fünften Tag entwarf ich sein Gerüst,
Ein Feldstück groß war seine Bodenfläche,
Die Wände hundertzwanzig Ellen hoch,
Und hundertzwanzig Ell'n des Deckes Seiten.
Danach entwarf (?) den Aufbau ich und schuf ihn.
Sechs Zwischenböden fügte ich ihm ein,
In sieben (Decks) es (dadurch) unterteilend.
Den Grundriß aber teilt' ich neunfach auf,
Befestigte in ihm auch Wasserstöpsel(?),
Besorgte Ruderstangen, schaffte Vorrat.
Sechs Sar an Erdpech goß ich für den ... aus,
Drei Sar des weiteren ... hinein,
Korbträger brachten drei Sar Öl herbei,

Dazu ein Sar zum Schmieren (für die Stöpsel (?))
Und weitere zwei als Vorrat für den Schiffer.

Zum Schlachten gab ich Ochsen für (die Leute),
Und Schafe ließ ich töten alle Tage.
Auch Most und Rotwein (?), Öl und (weißen) Wein
Gab ich den Werkenden zu trinken, gleich
Als ob es Wasser aus dem Flusse sei,
Daß wie am Neujahrstag ein Fest sie hielten.
Öl (nahm ich), salbte meine Hände …(?).
Das Schiff war fertig, als die Sonne sank,
(Doch) schwierig war, (ins Wasser es zu bringen(?)).
Sie mußten oben es und unten (stoßen(?)),
Bis zu zwei Drittel es (im Wasser) lag.

(All meine Habe) bracht' ich nun an Bord:
Was ich an Silber hatte, lud ich ein,
Was ich an Gold besaß, das nahm ich mit,
Ließ einziehn aller Lebewesen Samen,
Hieß alle gehn aufs Schiff, die mir verwandt,
Und nahm an Bord auch alles Vieh des Feldes,
Das Wildgetier und alle Handwerksmeister.
…
Ich sah mich um, wie's um das Wetter stand:
Entsetzlich war der Himmel anzusehn.
Da trat ins Schiff ich und verschloß mein Tor.
Dem Manne, der das Schiff (für mich) verpichte,
Dem Schiffer, (der da heißt) Puzur-Amurri,
Wies ich Palast und alle Habe zu.

Beim ersten Dämmerschein des (nächsten) Morgens schob
Eine schwarze Wolke sich empor
Am Horizont, drin Adads Donner rollt,
Schullat und Chanisch ziehen vor ihm her
Als Herolde wohl über Berg und Tal.
Der mächtige Erra reißt heraus die Pfropfen,
Ninurta kommt und läßt die Dämme wanken,
Die Anunnaki hoben ihre Fackeln,
Beleuchteten mit ihrem Glanz das Land.
Furcht überkam ob Adads Grimm den Himmel,
Da Finsternis verdrängte alles Licht,
Und wie ein Tonkrug barst das weite Land.
Der Südsturm raste einen Tag mit Macht,
Der Berge Spitzen ganz zu überfluten,
Die Menschheit wie ein Krieg zu überfallen.
Der eine konnt' den anderen nicht sehn,
Vom Himmel war kein Mensch (mehr) zu erblicken.

In Angst gerieten ob der Flut die Götter,
Sie flohn und stiegen auf zu Anus Himmel,
Wie Hunde duckten sie sich draußen(?) nieder.

In solchem Schrecken habe die große Göttin (der Fruchtbarkeit) ihre Stimme erhoben:

Es schreit wie eine Frau in Wehen Ischtar,
Der Götter Herrin klagt mit hoher Stimme:
»Was einstens war, das ist zu Lehm geworden,
Stimmt' ich im Götterrat doch Bösem zu!
Wie sprach für Unheil ich im Götterrate
Und sagte ja zur Tilgung meiner Menschen?
Nun klag' ich: Erst gebären meine Menschen,
Und dann erfülln wie Fischbrut sie das Meer!«

Es jammerten mit ihr die Anunnaki,
Gebeugt und klagend saßen da die Götter,
Die Lippen preßten sie (vor Angst) zusammen.
Der Orkan schnob sechs Tag' und (sieben) Nächte.
(Es stieg) die Flut, vom Sturm ward flach das Land
(Erst) als der siebte Tag kam, schwand die Macht
Des wilden Südsturms, der die Flut gebracht(?).

Alsbald ward still das Meer, es legte sich
Der Wettersturm, die Sintflut war zu Ende.
Ein Fenster tat ich auf, und Helle fiel
Auf mein Gesicht. Ich schaute … Stille rings,
Und alle Menschheit war zu Lehm geworden,
Das Land lag eben wie ein flaches Dach.
Ich kniete nieder, setzte mich und weinte,
Die Tränen flossen über mein Gesicht.
Dann schaut' nach Ufern ich des Meerbereiches:
Zwölf Doppelstunden (fern) erschien's (wie) Land,
Am Berge Nisir legte an das Schiff.
Der Nisir hielt das Schiff, daß still es stand.
Der erste Tag (verging und auch) der zweite:
Der Nisir hielt das Schiff, daß still es stand.
Der dritte Tag (verging und auch) der vierte:
Der Nisir hielt das Schiff, daß still es stand.
Der fünfte Tag (verging und auch) der sechste:
Der Nisir hielt das Schiff, daß still es stand.

Als dann der siebte Tag herangekommen,
Entsandt' ich eine Taube, ließ sie frei.
Die Taube flog und kehrte (bald) zurück;

Es war kein Rastplatz da, (drum) kam sie wieder.
Drauf sandt' ich eine Schwalbe, ließ sie frei;
Die Schwalbe flog und kehrte (bald) zurück;
Es war kein Rastplatz da, (drum) kam sie wieder.
Da sandt' ich einen Raben, ließ ihn frei.
Der Rabe flog davon, doch als er sah,
Daß (nun) die Wasser sich verlaufen hatten,
Da fraß er, flatterte umher und krächzte
Und kehrte (nun) nicht (mehr zu mir) zurück.
(So) ließ ich (denn) hinaus in die vier Winde,
(Was in der Arche war) und bracht' ein Opfer.

Trankspende goß ich auf des Berges Gipfel,
Je sieben Räucherschalen stellt' ich hin
Und füllte Süßrohr, Zeder, Myrte ein.
Die Götter aber rochen ihren Duft,
Sie rochen (dieses Opfers) süße Düfte.
Es scharten sich (alsbald) den Fliegen gleich
Die (hehren) Götter um den Opferspender.
(Doch) als die große Götterherrin kam,
Hob sie empor das herrliche Geschmeide,
Das Anu ihr zu ihrer Freude schuf:
»Ihr Götter hier – so wahr ich nicht vergesse
Des Lapislazulis an meinem Halse,
Will dieser Tage ich mich (stets) erinnern
Und ihrer (wahrlich) nimmermehr vergessen!
Zum Opfer mögen kommen alle Götter,
Nur Enlil soll (fürwahr) sich ihm nicht nahen,
Weil ohn' Bedenken er die Sintflut brachte
Und dem Verderben preisgab meine Menschen!«

Sobald als Enlil (dann) erschienen war,
Erblickte er das Schiff. Es zürnte Enlil,
Ergrimmte über die Igigi-Götter:
»Hat denn ein Sterblicher entrinnen können?
Entgehen sollte keiner der Vernichtung!«

In dieser Götter-Verwirrung habe Ea (der Götterherr) dann selbst eingreifen müssen und zu Enlil gesprochen:

»O Held, du Weisester der Götter (aller),
Was brachtest ohn' Bedenken du die Flut?
Leg seine Schuld dem Sünder auf, und auch
Den Frevler laß vergelten sein Vergehen!
Greif maßvoll zu, daß er nicht ganz verderbe,
Doch hart genug, daß er's (zu leicht nicht nehme!)

Statt daß die Flut du brachtest, hätt' ein Löwe
Erstehen und die Menschheit mindern können!
Statt einer Flut hätt' eine Hungersnot
Entstehen und das Land verderben können!

Statt daß die Flut du brachtest, hätte Erra
Erscheinen und die Menschen würgen können!
Ich aber war es nicht, der das Geheimnis
Der großen Götter (jemandem) enthüllte -
Doch schickt' ich dem ›Hochweisen‹ einen Traum,
So ward ihm kund das göttliche Geheimnis.
Nun für ihn Rat zu schaffen, ist an dir!«

Da (wandte) Enlil (sich und) ging zum Schiff,
Nahm meine Hand und hieß mich einzusteigen,
Holt' auch mein Weib, ließ neben mir sie knien,
Berührte, vor uns stehend, unsre Stirn
Und gab uns seinen Segen (mit den Worten):
»Bisher war Utnapischtim (nur) ein Mensch,
Von nun an (aber) sollen Utnapischtim
Und (auch) sein Weib (fürwahr) uns Göttern gleichen
Und wohnen an der Ströme ferner Mündung!«
Und also nahmen sie mich dann und ließen
Mich an der Ströme ferner Mündung wohnen.

So beantwortet Utnapischtim Gilgameschs Frage. Das Epos endet damit, daß Gilgamesch eine Übung zum ›Wachsein‹ erhält, die ihm äußerst schwerfällt. Utnapischtim verhilft ihm vor dem Abschied dann noch zu einem Kraut, das er sich aus dem Meer holt. Das Kraut hat den Namen »Jung wird der Mensch als Greis«. Mit diesem ›Wunderkraut‹ im Gepäck kehrt Gilgamesch voller Zuversicht nach Hause zurück.

II: Aus der Odyssee

Man kann die Odyssee wie einen Roman lesen, in dem sich Reelles und Fiktives mischt. Der Held, Odysseus (Sohn des Laertes), ist sicherlich eine historische Gestalt. Seine Irrfahrt durch die – von den Griechen aus gesehen – nähere und weitere Welt hat fiktiven Charakter. Die Stationen der Irrfahrt jedoch, oder die durch sie beschriebene Geographie, spiegelt Realitäten wieder, und dies in doppeltem Sinne: Zum einen, indem gewisse Stationen (wie etwa die Insel des Aiolos) nicht mehr vorhandene – untergegangene bzw. überflutete – Erdstriche im mittelländischen Raum repräsentieren, über die es z. T. auch anderweitige Nachrichten gibt. Zum andern, indem bestimmte Stationen Nachrichten aus der zeitgenössischen (homerischen) Welt repräsentieren, die den Griechen der vorklassischen Zeit zugänglich waren. In unserem Zusammenhang besonders zu beachten ist der Grenzbereich zwischen der näheren und der ferneren Welt, wie er sich den damaligen Griechen darstellte. Diese Grenze liegt nach Westen hin im Bereich der Atlantikküste, also in der Gegend unmittelbar hinter dem westlichen Ausgang des Mittelmeers. Das Mittelmeer wurde in der homerischen Zeit in allen Richtungen durchfahren; der Atlantik aber war hinter seinem Küstenstreifen weitgehend tabu. Der folgende, in Auszügen wiedergegebene Text der Odyssee entstammt der Prosa-Übersetzung von Wolfgang Schadewaldt; Hamburg 1987, S.7–166.)

> Den Mann nenne mir, Muse, den vielgewandten, der gar viel umhergetrieben wurde, nachdem er Trojas heilige Stadt zerstörte. Von vielen Menschen sah er die Städte und lernte kennen ihre Sinnesart; viel auch erlitt er Schmerzen auf dem Meer in seinem Gemüte, während er sein Leben zu gewinnen suchte ...
> Diesen allein, den nach der Heimkehr und nach seinem Weib verlangte, hielt die Herrin, die Nymphe zurück, Kalypso, die hehre unter den Göttinnen, in den gewölbten Höhlen, begehrend, daß er ihr Gatte wäre. Doch als nun das Jahr kam unter den umlaufenden Zeiten, in dem ihm die Götter zugesponnen, daß er nach Haus, nach Ithaka, heimkehre, war er auch dort den Kämpfen nicht entflohen, auch nicht unter den Eigenen, den Seinen. Die Götter erbarmte es allesamt, außer Poseidon: dieser zürnte voll Eifer auf den gottgleichen Odysseus, bevor er in sein Land gelangte.

Im Gegensatz zu Poseidon ist Athene dem Odysseus besonders wohlgesonnen. Sie sagt im Götterrat:

»Mir aber ist um den Odysseus, den Kluggesonnenen, das Herz zerrissen, den Unglückseligen, der schon lange, entfernt von den Seinen, Leiden leidet auf einer umströmten Insel, wo der Nabel des Meeres ist. Die Insel ist baumreich, und eine Göttin bewohnt auf ihr die Häuser: des bösegesonnenen Atlas' Tochter, welcher des
ganzen Meeres Tiefen kennt und hält die Pfeiler, er selbst, die großen, die Erde und
Himmel auseinanderhalten. Dessen Tochter hält den Unglückseligen, den Jam-
mernden zurück …
Laßt uns denn Hermes, den Geleiter, den Argostöter, zur Insel Ogygia schicken, daß
er aufs schnellste der flechtenschönen Nymphe sage den unfehlbaren Ratschluß: die
Heimkehr des duldemütigen Odysseus, daß er nach Hause kehre.« …

Zeus befiehlt:

»Hermes – denn du bist auch in anderem der Bote – : sage der flechtenschönen Nymphe den unfehlbaren Ratschluß: die Heimkehr des duldemütigen Odysseus, daß er
nach Hause kehre; weder unter Geleit von Göttern noch von sterblichen Menschen,
sondern auf einem vielverklammerten Floße soll er, Leiden leidend, am 20. Tag zur
starkschollingen Scheria kommen, ins Land der Phaiaken, die götternah geboren.« …

So sprach er, und es war nicht ungehorsam der Geleiter, der Argostöter. Gleich darauf band er sich unter die Füße die schönen Sohlen, die ambrosischen, goldenen, die
ihn über das Feuchte wie über die grenzenlose Erde zusammen mit dem Wehen des
Windes trugen, und faßte den Stab, mit dem er die Augen der Männer bezaubert, von
welchen er es will, und auch die Schlafenden wieder aufweckt. Diesen in Händen haltend flog der starke Argostöter, stieß, als er Pierien erreichte, aus dem Äther auf das
Meer und schoß dann über das Gewoge, einem Möwenvogel gleichend, der über den
furchtbaren Mulden des unfruchtbaren Meeres nach Fischen jagend die schwirren-
den Flügel in der Salzflut netzt. Diesem gleichend fuhr über die vielen Wogen Hermes.

Hermes übermittelt der Kalypso den Beschluß der Götter, und sie ist bereit, den
Odysseus zu entlassen. Dieser baut sich ein Floß und, nachdem Kalypso ihm Aus-
rüstung und Fahrtanweisung gegeben hat, fährt er los.

Und frohgemut spannte die Segel in den Wind der göttliche Odysseus. Doch mit dem
Ruder steuerte er kunstgerecht und saß, und es fiel ihm kein Schlaf auf die Augenli-
der, während er auf die Pleiaden blickte und den spät versinkenden Bootes und die
Bärin, die sie auch ›Wagen‹ mit Beinamen nennen, die sich auf derselben Stelle dreht
und nach dem Orion späht und hat allein nicht teil an den Bädern im Okeanos. Denn
diese hatte Kalypso, die hehre unter den Göttinnen, ihm befohlen, zu seiner linken
Hand zu haben, während er das Meer durchquerte. Und siebzehn Tage fuhr er, das
Meer durchquerend, am achtzehnten aber zeigten sich die schattigen Berge des Landes der Phaiaken, wo es ihm am nächsten lag, und es erschien wie ein Schild in dem
dunstigen Meere.

Poseidon läßt Odysseus wieder in höchste Not geraten. Aber Athene hilft auch hier und sorgt für seine Ankunft bei den Phäaken,

> ... die früher einst in der weiträumigen Hypereia wohnten, nahe den Kyklopen, den übermächtigen Männern, die ihnen beständig Schaden taten und an Kräften stärker waren. Von dort hatte sie aufstehen lassen und weggeführt Nausithoos, der gottgleiche, und angesiedelt auf Scheria, fern von erwerbsamen Menschen, und er zog eine Mauer um die Stadt und baute Häuser und schuf Tempel der Götter und verteilte die Äcker. Aber der war nun schon, von der Todesgöttin bezwungen, in den Hades gegangen, und Alkinoos herrschte damals, der Gedanken wußte, die von den Göttern waren. ...

Die königlichen Gastgeber wollen nun von Odysseus wissen, wie er zu ihnen gelangt ist. Odysseus erzählt zunächst von den Kyklopen (lange bevor er auf Ogygia war):

> » ... und kamen zum Land der Kyklopen, der übergewaltigen, gesetzlosen, die, sich auf die Götter verlassen, die unsterblichen, weder Gewächse pflanzen mit den Händen, noch pflügen, sondern das wächst alles ungesät und ungepflügt: Weizen und Gerste und Reben, die einen Wein von großen Trauben tragen, und der Regen des Zeus mehrt es ihnen. Und sie haben weder ratspflegende Versammlungen noch auch Gesetze, sondern bewohnen die Häupter der hohen Berge in gewölbten Höhlen ...«

Von Kirke und wie sie ihm den Weg in die Unterwelt weist:

> » ... ›hast du den Mastbaum aufgestellt und die weißen Segel ausgebreitet, so sitze hin, und das Schiff wird dir der Atem des Nordwinds tragen. Doch wenn du nun mit deinem Schiff den Okeanos durchmessen hast, dorthin, wo das flache Gestade und die Haine der Persephoneia und die großen Pappeln und die Weiden sind, denen die Frucht verdirbt, so laß dein Schiff daselbst auffahren an dem Okeanos mit den tiefen Wirbeln und gehe selbst in das Haus des Hades, das modrige. Dort fließen in den Acheron Pyriphlegeton und Kokytos, der von dem Wasser der Styx ein Ausfluß ist, und ist ein Fels und der Zusammenfluß der beiden Ströme, der stark dröhnenden. ... Wenn du die berühmten Völker der Toten angefleht hast mit Gelübden, so opfere daselbst ein Schaf, ein männliches, und ein weibliches schwarzes, zum Erebos sie wendend, du selber aber kehre dich ab nach den Strömungen des Flusses hin. Da werden viele Seelen der dahingestorbenen Toten kommen.‹
> ...
> und es schickte uns hinter dem schwarzbugigen Schiffe her einen günstigen Fahrtwind, der das Segel füllte, als guten Gefährten Kirke, die flechtenschöne, die furchtbare Göttin, begabt mit Sprache. Und nachdem wir uns mit jeglichem Gerät zu schaffen gemacht hatten auf dem Schiffe, saßen wir, und dieses lenkte der Wind und der Steuermann. Und den ganzen Tag waren seine Segel gespannt, während es das Meer durchquerte. Und die Sonne ging unter, und überschattet wurden alle Straßen. Und das Schiff kam zu den Grenzen des tiefströmenden Okeanos, wo Gau und Stadt der

Kimmerischen Männer ist. In Dunst und Wolken sind sie eingehüllt, und niemals blickt der leuchtende Helios auf sie herab mit seinen Strahlen, weder wenn er zum gestirnten Himmel aufsteigt, noch wenn er sich vom Himmel her wieder zurück zur Erde wendet, sondern böse Nacht ist über die Sterblichen gebreitet.

Dort angekommen, ließen wir das Schiff auflaufen, schafften die Schafe heraus und gingen selbst hinwieder die Strömung des Okeanos entlang, bis wir zu dem Platz hingelangten, den Kirke gewiesen hatte. ... Doch als ich die Völker der Toten mit Gelübden und Gebeten angefleht, ergriff ich die Schafe und durchschnitt ihnen den Hals über der Grube, und es strömte das schwarzwolkige Blut. Da versammelten sich von unten aus dem Erebos die Seelen der dahingestorbenen Toten ...«

Kirke weist den Weg zur Insel der Sirenen, dann weiter entweder an den Felsen des Scheiterns vorbei oder durch die umstrudelten Klippen der Skylla und Skarybdis hindurch, zur Insel Trinakia.

Zweite Fahrtanweisung der Kirke, nachdem Odysseus und seine Gefährten von der Grenze zu dem kaum befahrbaren Meer erst einmal wieder zurückgekehrt sind zu der im vielbefahrenen Meer gelegenen, eine gute Tagesreise entfernten Insel der Kirke:

»Der Kirke aber blieb es nicht verborgen, daß wir aus dem Hades gekommen waren, sondern sie kam gar schnell, nachdem sie sich bereit gemacht, und ihr zur Seite trugen Dienerinnen Brot und viel Fleisch und funkelnden roten Wein. Sie aber trat in unsere Mitte und sagte, die hehre unter den Göttinnen:

›Verwegene! die ihr lebend in das Haus des Hades hinabgekommen! Zweimal Sterbende! während die andern Menschen nur einmal sterben. Doch auf! eßt die Speise und trinkt den Wein am Ort hier den ganzen Tag und geht zugleich mit dem sich zeigenden Frühlicht in See. Ich aber will euch den Weg weisen und will euch alles Einzelne bezeichnen ...

...

Du aber höre, wie ich zu dir rede, und auch ein Gott selbst wird dich daran erinnern. Zuerst wirst du zu den Sirenen gelangen, die alle Menschen bezaubern, wer auch zu ihnen hingelangt. ...Doch wenn die Gefährten nun an diesen vorbeigerudert sind, dann werde ich dir nicht mehr der Reihe nach ansagen, welcher von beiden Wegen der deine sein wird, sondern auch selber mußt du ihn in dem Gemüt bedenken. Doch will ich ihn dir in beiderlei Richtung sagen.

In der einen sind Felsen, überhängende, und gegen sie brandet groß die Woge der dunkeläugigen Amphitrite. Plankten nennen diese die seligen Götter (das ist: Felsen des Scheiterns). ...

Da ist noch kein Schiff der Männer entronnen, welches auch herankam, sondern durcheinander tragen Planken von Schiffen und Leiber von Männern die Wogen der Salzflut und des verderblichen Feuers Wirbel. Einzig ein meerbefahrenes Schiff fuhr dort vorbei: Argo, die alle in den Erzählungen beschäftigt ...

Dann wirst du zur Insel Thrinakia gelangen. Da weiden viele Kühe des Helios und feiste Schafe... Doch wenn du sie verletzen solltest, dann sage ich dir für dein Schiff und für die Gefährten den Untergang voraus ...‹

Und schickte uns hinter dem schwarzbugigen Schiffe her einen günstigen Fahrwind, der die Segel füllte, als guten Gefährten Kirke, die flechtenschöne, die furchtbare Göttin, begabt mit Sprache. …

Indessen aber gelangte das gutgebaute Schiff schnell zur Insel der beiden Sirenen, denn ein leidloser Fahrwind trieb es.

Doch als wir nun die Insel verlassen hatten, sah ich alsbald darauf einen Rauch und eine große Brandungswelle und hörte ein Gedröhn.

… So fuhren wir in die Enge, weheklagend: hier Skylla, drüben aber schlürfte die göttliche Charybdis furchtbar das salzige Wasser des Meeres ein. Wahrhaftig, und wenn sie es ausspie, so brodelte sie ganz auf wie ein Kessel auf vielem Feuer, herumstrudelnd, und hoch auf flog der Schaum bis auf die Spitzen der beiden Klippen. Doch wenn sie das salzige Wasser des Meeres wieder verschluckte, so wurde sie, herumstrudelnd, bis ganz nach innen hinein sichtbar, und ringsher brüllte fürchterlich der Fels, und unten wurde die Erde sichtbar, schwarz von Sand. Die aber ergriff die blasse Furcht. Wir blickten auf sie hin, in Furcht vor dem Verderben: unterdessen holte sich mir Skylla aus dem hohlen Schiffe sechs Gefährten, die an Armen und an Kraft die besten waren. …

So schwebten sie zappelnd den Felsen hinauf. Und dort fraß diese sie an dem Eingang, die Schreienden, indessen sie die Arme nach mir streckten in dem schrecklichen Verderben. Das war das Jammervollste, das ich mit den Augen gesehen habe unter allem, soviel ich ausgestanden, während ich nach Durchfahrten auf der Salzflut forschte.« …

Inzwischen war Odysseus mit seinen letzten Gefährten auf der Insel des Helios gelandet; und die Gefährten hatten – entgegen Kirkes Warnung – Rinder des Sonnengotts geschlachtet.

»Doch als wir die Insel verlassen hatten, und da war kein anderes sichtbar von den Erdenländern, sondern nur Himmel und Meer, da stellte eine dunkelblaue Wolke Kronion über das gewölbte Schiff, und es verfinsterte sich unter ihr das Meer. Doch das lief nicht für gar lange Zeit dahin, denn es kam mit eins sausend der West, mit einem großen Sturmwind wütend, und der Wirbel des Windes zerriß die Vordertaue am Mastbaum beide. … Da fielen die Gefährten aus dem Schiffe und, Wasserkrähen gleichend, wurden sie rings um das schwarze Schiff getragen von den Wogen, und es raubte ihnen ein Gott die Heimkehr. Aber ich lief durch das Schiff hin und her, bis der Wogenschlag die Wandungen von dem Kiele löste – den trug die Woge nackt dahin – und aus ihm schleuderte er den Mastbaum zu dem Kiele hin. Doch war das hintere Tau auf ihn gefallen, das von Rinderhaut gefertigte. Mit diesem schnürte ich sie beide aneinander zusammen, Kiel wie Mastbaum, und setzte mich darauf und wurde getragen von den schlimmen Winden.

Ja, und da legte sich nun zwar der West, der im Sturm wütende, doch kam schnell der Süd herauf und brachte meinem Mute Schmerzen, auf daß ich noch einmal die böse Charybdis durchmessen sollte. Die ganze Nacht hindurch trug es mich, jedoch zugleich mit aufgehender Sonne kam ich zur Klippe der Skylla und der furchtbaren Charybdis. …

Von dorther trug es mich neun Tage, in der zehnten Nacht aber brachten mich die Götter zur Insel Ogygia, wo Kalypso wohnt …«

Damit kehrt Homer zum Ausgangspunkt des Epos' zurück, zur Insel Ogygia, wo Kalypso – die Verborgene – wohnt, im »Nabel des Meeres«, Aufenthaltsort des Odysseus für sieben Jahre. Daß er von dort aus zu den Phäaken gelangt war, hatte Odysseus ihnen schon erzählt. Die Seefahrtserlebnisse des Odysseus (Gesang 1–12) sind damit abgeschlossen. Im zweiten Teil des Epos' (Gesang 13–24) wird die Heimkehr des Odysseus geschildert. Im Schiff tief schlafend wird er von einer erlesenen Schiffsmannschaft der Phäaken in die Heimat geleitet, wo ihn noch vieles erwartet.

III: Platons Atlantisbericht

Auszüge aus den Dialogen »Timaios« und »Kritias« in Platon: Sämtliche Werke Bd. 5, Übersetzung von Friedrich Schleiermacher und Hieronymus Müller, Hamburg 1989, S. 144 ff. und S. 219 ff. Die Übersetzung der Dialoge »Timaios« und »Kritias« stammt von H. Müller, 19. Jahrhundert. – Das im 6. Kapitel diskutierte Übersetzungsproblem betrifft den ersten zitierten Satz im Dialog »Kritias«.

Timaios

...

Sokrates: Ist es euch also erinnerlich, über wie Wichtiges und über welche Gegenstände ich von euch Auskunft begehrte?

Timaios: Einiges ist uns noch erinnerlich; was uns aber entfiel, wirst du selbst uns in das Gedächtnis zurückrufen. Oder wiederhole es uns lieber, wenn es dir nicht beschwerlich fällt, von Anfang an, in aller Kürze, damit es uns noch fester begründet werde.

Sokrates: Das soll geschehen. Der Hauptinhalt der gestern von mir besprochenen Reden betraf wohl den Staat: wie mich bedünke, daß wohl der beste beschaffen sein und aus welchen Männern er bestehen müsse.

Timaios: Und diese Darstellung war gar sehr nach unser aller Sinne, lieber Sokrates!

Sokrates: Schieden wir zuerst nicht die Klasse der Ackerbauenden oder irgend sonst eine Kunst in demselben Übenden von dem Geschlecht der den Krieg für die andern Führenden?

Timaios: Ja.

Sokrates: Und indem wir jedem nur eine seinen Naturanlagen angemessene Beschäftigung, nur eine Kunst zuteilten, erklärten wir, diejenigen, welche die Verpflichtung hätten, für alle in den Krieg zu ziehen, müßten demnach nichts weiter sein als Wächter des Staates. Wenn nun ein Auswärtiger oder auch jemand von den Einheimischen sich anschicke, diesem Schaden zuzufügen, dann müßten sie ein mildes Gericht halten über die ihnen Unterworfenen, als von Natur ihnen Befreundete, in den Kämpfen gegen die Feinde aber, auf die sie träfen, streng verfahren.

Timaios: Durchaus.

Sokrates: Denn die Wächter, behaupteten wir, wie ich glaube, müssen eine Seele besitzen, die von Natur sowohl vorzüglich muterfüllt als auch weisheitliebend ist, um gegen die einen in geziemender Weise streng, gegen die andern mild verfahren zu können.

Timaios: Ja.

Sokrates: Was aber ihre Erziehung anbetrifft? Nicht etwa, daß sie in Gymnastik, Musik und allem ihnen angemessenen Wissen unterwiesen sein sollen?

Timaios: Ja, allerdings.

Sokrates: Nachdem sie solche Erziehung erhielten, wurde ja wohl behauptet, daß sie weder Gold noch Silber noch irgendein anderes Besitztum als ihr Eigentum ansehen dürfen, sondern als Helfer für ihr Wachehalten von den von ihnen Bewahrten einen für Besonnene ausreichenden Lohn empfangen, den sie gemeinschaftlich und zusammen lebend, stets um die Tugend bemüht und durch andere Beschäftigungen nicht behindert, verzehren sollten.

Timaios: Auch das wurde in dieser Weise behauptet.

Sokrates: Wir erwähnten doch auch hinsichtlich der Frauen, daß ihre Naturen in ähnlicher Weise wie die der Männer in Einklang zu bringen und alle Beschäftigungen für den Krieg und das übrige Leben beiden Geschlechtern gemeinsam zuzuteilen seien.

Timaios: So wurde auch das bestimmt.

…

Sokrates: So hört denn nun, wie es mir mit dem Staate, den wir dargestellt haben, ergeht. Ich habe nämlich ein ähnliches Gefühl wie etwa jemand, der irgendwo schöne Tiere, ob nun von den Malern dargestellte oder auch wirklich lebende, aber im Zustand der Ruhe, sah, den Wunsch hegen dürfte, sie in Bewegung und einen ihrem Äußern angemessen scheinenden Kampf bestehen zu sehen. Ebenso geht es mir mit dem von uns entworfenen Staate; denn gern wohl möchte ich etwa von jemandem mir erzählen lassen, wie unser Staat in geziemender Weise die Wettkämpfe mit anderen Staaten besteht und wie er, wenn er in Krieg gerät, auch im Kriege, sowohl im Kampfe durch die Tat als bei Verhandlungen durch das Wort, auf eine der ihm zuteil gewordenen Unterweisung und Erziehung würdige Weise gegen jeden anderen Staat sich benimmt. An der eigenen Kraft nun, Kritias und Hermokrates, diese Männer und unsern Staat auf eine genügende Weise zu preisen, muß ich fürwahr wohl verzweifeln. Und bei mir ist das nicht zu verwundern; aber ich habe dieselbe Meinung auch von den Dichtern sowohl alter Zeit als den jetzt lebenden gefaßt, ohne irgend die Dichtergilde herabsetzen zu wollen, sondern weil jeder begreift, daß der Nachbildenden Menge das, worin sie erzogen ward, sehr leicht und gut nachbilden wird, daß es aber schwierig ist, das außerhalb der gewohnten Lebensweise eines jeden Liegende durch die Tat, und noch schwieriger, es in Worten treffend nachzubilden. Die Innung der Sophisten dagegen halte ich zwar für sehr kundig überfließender Rede und anderes Schönen, besorge aber, daß sie, als in verschiedenen Städten umherschweifend und des eigenen Wohnsitzes entbehrend, in Männer, die zugleich weisheitsliebend und staatskundig sind, sich nicht zu finden wisssen, wie Schönes und Großes diese wohl im Krieg und in der Schlacht mit dem Schwerte und im Verkehr mit jedem durch die Rede auszuführen und auszusprechen vermöchten. So bleiben nur Männer eures Schlages übrig, denen vermöge ihrer Erziehung und Naturanlagen beides zuteil ward. Denn unser Timaios da, aus Lokris, dem unter allen Staaten Italiens der besten Gesetzgebung sich erfreuenden, stammend, gelangte, an Reichtum und Herkunft keinem seiner Mitbürger nachstehend, zu den größten Würden und Ehrenbezeugungen im Staate; in der gesamten Philosophie aber hat er, meiner Meinung nach, das Höchste erreicht. Vom Kritias aber wissen wir hierzulande alle, daß ihm von dem, wovon wir sprechen, nichts fremd ist; und daß ferner Hermokrates durch Naturanlagen und Erziehung zu dem allen vollkommen befähigt sei, zu diesem Glauben berechtigt uns das Zeugnis vieler. Diese Ansicht bewog mich auch gestern, euren Bitten, meine Gedanken über den Staat euch mitzuteilen, bereitwillig zu willfahren, da ich weiß, daß, wenn ihr wollt, niemand geschickter ist, über das Weitere Auskunft zu erteilen; denn wenn ihr unseren Staat in einen seiner würdigen Krieg versetztet, möchtet wohl ihr allein unter den jetzt Lebenden in allem die geziemende Rolle dabei ihm zuerteilen. Nachdem ich nun euern Wunsch erfüllte, habe ich dagegen an euch den eben erwähnten ausgesprochen. Ihr sagtet mir demnach zu, nach gemeinsamer Beratung unter euch selbst, jetzt meiner Rede Gastgeschenk zu erwidern. So habe ich mich also dazu auf das schönste geschmückt und, bereitwilliger als irgend einer das eurige in Empfang zu nehmen, eingefunden.

…

Kritias: So vernimm denn, Sokrates, eine gar seltsame, aber durchaus in der Wahrheit begründete Sage, wie einst der Weiseste unter den Sieben, Solon, erklärte. Dieser war nämlich, wie er selbst häufig in seinen Gedichten sagt, unserem Urgroßvater Dropides sehr vertraut und befreundet; der aber erzählte wieder unserm Großvater Kritias, wie der alte Mann wiederum uns zu berichten pflegte, daß gar große und bewunderungswürdige Heldentaten unserer Vaterstadt aus früher Vergangenheit durch die Zeit und das Dahinsterben Menschen in Vergessenheit geraten seien, vor allem aber eine, die größte, durch deren Erzählung wir dir wohl uns auf eine angemessene Weise dankbar zu bezeigen und zugleich die Göttin bei ihrem Feste nach Gebühr und Wahrheit wie durch einen Festgesang zu verherrlichen vermöchten.

Sokrates: Wohl gesprochen! Welches ist denn aber die Heldentat, von welcher Kritias als von einer nicht bloß in einer Sage erhaltenen, sondern einst von unserer Vaterstadt wirklich, wie Solon vernommen hatte, vollbrachten erzählte?
Kritias: Ich will eine alte Sage berichten, die ich aus dem Munde eines eben nicht jungen Mannes vernahm; denn Kritias war damals, wie er sagte, fast an die Neunzig heran, und ich stand etwa im zehnten Jahre; es war aber gerade der Einzeichnungstag des Täuschungsfestes. Die für uns Knaben herkömmliche Festfeier fand auch diesmal statt; unsere Väter setzten uns nämlich Preise beim Vortragen von Gesängen aus. Da wurden nun viele Gedichte vieler Dichter hergesagt, und als etwas zu jener Zeit Neues sangen viele von uns Knaben auch die Gedichte Solons ab. Da sagte denn einer der Gemeindenachbarn, ob nun damals das seine Ansicht war oder ob er dem Kritias etwa Angenehmes sagen wollte: seinem Bedünken nach sei Solon nicht bloß im übrigen der größte Weise, sondern auch unter allen Dichtern der großsinnigste gewesen. Den alten Mann, recht gut erinnere ich mich dessen, freute das höchlich, und lächelnd erwiderte er: Wenn er nur, Freund Amynandros, das Dichten nicht als Nebensache, sondern wie andere mit vollem Ernst betrieben und die Sage, die er aus Ägypten mit hierherbrachte, ausgeführt hätte, nicht aber durch Aufstände und anderes ungehörige, was bei seiner Rückkehr hier vorfand, das liegenzulassen genötigt worden wäre; dann hätte wohl, meiner Meinung nach, weder Hesiodos, Homeros noch sonst ein Dichter einen höheren Dichterruhm erlangt als er. Was war denn das für eine Sage, Kritias? fragte er. Gewiß die größte und mit dem vollsten Rechte wohl vor allem gepriesenste Heldentat betreffend, die zwar unsere Stadt vollbrachte, von der jedoch die Kunde, wegen der Länge der Zeit und des Untergangs derer, die sie vollführten, nicht bis zu uns gelangte. Erzähle, bat ihn der andere, von Anbeginn an, was und wie und von wem hatte das als eine wahre Begebenheit Solon vernommen, was er erzählte. Es ist in Ägypten, entgegnete er, im Delta, an dessen Spitze der Nil sich spaltet, ein Gau, der der Saitische heißt und dessen größte Stadt Sais ist, aus welcher auch der König Amasis stammte. Diese Stadt hat eine Schutzgöttin, in ägyptischer Sprache Neith, in hellenischer, wie jene sagen, Athene geheißen. Die Bewohner aber sagen, sie seien große Athenerfreunde und mit den hiesigen Bürgern gewissermaßen verwandt. Dorthin, erzählte Solon, sei er gereist, habe da eine sehr ehrenvolle Aufnahme gefunden und, als er die der Sache am meisten kundigen Priester über die alten Zeiten befragt, erkannt, daß so ziemlich weder er noch sonst einer der Hellenen von dergleichen Dingen das geringste wisse. Einmal habe er aber, um sie zu Erzählungen von den alten Zeiten zu veranlassen, von den ältesten Geschichten des hiesigen Landes zu berichten begonnen, von Phoroneus, den man den Ersten nennt, und von der Niobe, ferner nach der Wasserflut die Sage von Deukalion und Pyrrha, wie sie glücklich durchkamen. Er habe ihre Nachkom-

menschaft aufgezählt und, indem er der bei dem Erzählten verstrichenen Jahre ge-
dachte, die Zeitangaben festzustellen versucht. Da habe ein hochbejahrter Priester
gesagt: ach, Solon, Solon! Ihr Hellenen bleibt doch immer Kinder, zum Greise aber
bringt es kein Hellene. – Wieso? Wie meinst Du das? habe er, als er das hörte, gefragt. – Jung in den Seelen, habe jener erwidert, seid ihr alle: denn ihr hegt in ihnen keine alte, auf altertümliche Erzählungen gegründete Meinung noch ein durch
die Zeit ergrautes Wissen. Davon liegt aber hierin der Grund. Viele und mannigfache Vernichtungen der Menschheit haben stattgefunden und werden stattfinden,
die bedeutendsten durch Feuer und Wasser, andere, geringere, durch tausend andere Zufälle. Das wenigstens, was auch bei euch erzählt wird, daß einst Phaethon,
der Sohn des Helios, der seines Vaters Wagen bestieg, die Oberfläche der Erde,
weil er die Bahn des Vaters einzuhalten unvermögend war, durch Feuer zerstörte, selbst aber, vom Blitze getroffen, seinen Tod fand, das wird wie ein Märchen
berichtet; das Wahre daran beruht aber auf der Abweichung der am Himmel um
die Erde kreisenden Sterne und der nach langen Zeiträumen stattfindenden Vernichtung des auf der Erde Befindlichen durch mächtiges Feuer. Dann pflegen demnach diejenigen, welche Berge und hoch und trocken gelegene Gegenden bewoh-
nen, eher als die an Flüssen und dem Meere Wohnenden unterzugehen, uns aber
rettet der auch sonst heilbringende Nil durch sein Übertreten aus solcher Not.
Wenn dagegen die Götter die Erde, um sie zu läutern, mit Wasser überschwem-
men, dann kommen die Rinder- und Schafhirten auf den Bergen davon, die bei
euch in den Städten Wohnenden dagegen werden von den Strömen in das Meer
fortgerissen. Hierzulande aber ergießt sich weder dann noch bei andern Gelegen-
heiten Wasser von oben her über die Fluren, sondern alles pflegt von Natur von
unten herauf sich zu erheben. Daher und aus diesen Gründen habe sich, sagt man,
das hier Aufbewahrte als das Älteste erhalten: das Wahre aber ist, allerorten, wo
es nicht eine übermäßige Kälte oder Hitze verbietet, lebt eine bald größere, bald
kleinere Zahl von Menschen; was sich aber, sei es bei euch oder hier oder in andern Gegenden, von denen uns Kunde ward, Schönes und Großes oder in einer
andern Beziehung Merkwürdiges begab, das alles ist von alten Zeiten her hier in
den Tempeln aufgezeichnet und aufbewahrt. Bei euch und andern Völkern dagegen war man jedesmal eben erst mit der Schrift und allem andern, dessen die Staaten bedürfen, versehen, und dann brach, nach Ablauf der gewöhnlichen Frist, wie
eine Krankheit eine Flut vom Himmel über sie herein und ließ von euch nur die
der Schrift Unkundigen und Ungebildeten zurück, so daß ihr vom Anbeginn wiederum gewissermaßen zum Jugendalter zurückgekehrt, ohne von dem etwas zu
wissen, was so hier wie bei euch zu alten Zeiten sich begab. Was du daher eben
von den alten Geschlechtern unter euch erzähltest, o Solon, unterscheidet sich nur
wenig von Kindergeschichten, da ihr zuerst nur einer Überschwemmung, deren

vorher doch viele stattfanden, euch erinnert. So wißt ihr ferner auch nicht, daß das unter Menschen schönste und trefflichste Geschlecht in euerm Lande entsproß, dem du entstammst und euer gesamter jetzt bestehender Staat, indem einst ein winziger Same davon übrigblieb. Das blieb vielmehr euch verborgen, weil die am Leben Erhaltenen viele Menschengeschlechter hindurch der Sprache der Schrift ermangelten. Denn einst, o Solon, vor der größten Verheerung durch Überschwemmung, war der Staat, der jetzt der athenische heißt, der tapferste im Kriege und vor allen durch eine gute gesetzliche Verfassung ausgezeichnet; er soll unter allen unter der Sonne, von denen die Kunde zu uns gelangte, die schönsten Taten vollbracht, die schönsten Staatseinrichtungen getroffen haben. Mit Verwunderung habe Solon, erzählte er selbst, das vernommen und inständigst die Priester gebeten, ihm der Reihe nach genau alles seine Mitbürger aus alter Zeit Betreffende zu berichten. Diesen Bericht, habe der Priester gesagt, will ich dir nicht mißgönnen, Solon, sondern um deiner selbst und deiner Vaterstadt willen dir ihn mitteilen, vorzüglich aber der Göttin zuliebe, welcher euer Land und dieses hier zum Lose fiel und die beide gedeihen ließ und heranbildete, das eure um tausend Jahre früher, indem sie den Samen eures Volkes vom Hephaistos und der Erde überkam, das hiesige später. Die Jahre aber seit der hier bestehenden Einrichtung unseres Staates ist in der geweihten Schrift auf achttausend Jahre angeben. Von deinen vor neuntausend Jahren lebenden Mitbürgern nun will ich dir ganz kurz die Gesetze und die schönste Heldentat, die von ihnen vollbracht wurde, berichten; das Genauere über alles aber wollen wir später der Reihe nach, indem wir die Schriften selber zur Hand nehmen, erörtern. Auf ihre Gesetze mache einen Schluß von den hier geltenden; denn viele den damals bei euch bestehenden ähnliche wirst du jetzt hier vorfinden, zuerst den von dem übrigen getrennten Stand der Priester, dann den der Werkmeister, deren jeder, von dem andern getrennt, sein eigenes Geschäft betreibt, sowie den der Hirten und Jäger und Landwirte; auch den Stand der Krieger, dem vom Gesetze der Auftrag ward, um weiter nichts als um den Krieg sich zu kümmern, siehst du doch wohl hier von jedem anderen geschieden. Ferner ist auch die Art der Rüstung mit Schild und Speer dieselbe, deren wir unter den Bewohnern Asiens zuerst uns bedienten, indem die Göttin sie uns, wie euch in dortiger Gegend zuerst, lehrte. Was aber die Verstandesbildung anbetrifft, siehst du wohl, welche Sorgfalt die hiesiges Gesetzgebung sogleich von Anbeginn ihr widmete in bezug sowohl auf die Weltordnung, in dem sie alles insgesamt, bis auf die Seher- und Heilkunst zur Gesundheit, aus diesen göttlichen Dingen für die menschlichen Angelegenheiten herleitete und auch in den Besitz aller anderen damit verbundenen Kenntnisse sich setzte. Insofern also die Göttin euch zuerst diese gesamte Anordnung und Ausbildung verlieh, wies sie euch auch euern Wohnsitz an und wählte die Stätte, der ihr entsprossen seid, dazu aus, weil sie in der Jahreszeiten günstigem Wechsel erkannte, daß sie die verständigsten Bewohner erzeugen werde. Als dem Kriege und der Weisheit hold, wählte die Göttin diejenige Stätte aus, die bestimmt war, die ihr zunächst kommenden Menschen zu erzeugen, und gründete da zuerst einen Staat. In diesem lebtet ihr also unter solchen Gesetzen und einer noch vollkommeneren Verfassung, in jeder Tugend vor allen Menschen ausgezeichnet, wie es sich von euch, als Abkömmlingen und Zöglingen der Götter, erwarten ließ. Demnach erregen viele und große von euch hier aufgezeichnete Heldentaten eurer Vaterstadt Bewunderung, vor allem aber zeichnet sich eine durch ihre Bedeutsamkeit und den dabei bewiesenen Heldenmut aus; denn das Aufgezeichnete berichtet, eine wie große Heeresmacht dereinst euer Staat überwältigte, welche von dem Atlantischen Meere übermütig gegen ganz Europa und Asien heranzog. Damals war nämlich dieses Meer schiffbar; denn vor dem Eingange, der, wie ihr sagt, die Säulen des Herakles heißt, befand sich eine Insel, größer als Asien und Libyen zusammengenommen, von welcher den damals Reisenden der Zugang zu den übrigen Inseln, von diesen aber zu dem ganzen gegenüberliegenden, an jenem wahren Meere gelegenen Festland offenstand. Denn das innerhalb jenes Einganges, von dem wir sprechen, Befindliche erscheint als ein Hafen mit einer engen Einfahrt; jenes aber wäre wohl wirklich ein Meer, das es umgebende Land aber mit dem vollsten Rechte ein Festland zu nennen. Auf dieser Insel Atlantis vereinte sich auch eine große, wundervolle Macht von Königen, welcher die ganze Insel gehorchte sowie viele andere Inseln und Teile des Festlandes; außerdem herrschten sie auch innerhalb, hier in Libyen bis Ägypten, in Europa aber bis Tyrrhenien. Diese in eins verbundene Gesamtmacht unternahm es nun einmal, euer und unser Land und das gesamte diesseits des Eingangs gelegene durch einen Heereszug zu unterjochen. Da nun, o Solon, wurde das Kriegsheer eurer Vaterstadt durch Tapferkeit und Mannhaftigkeit vor allen Menschen offenbar. Denn indem sie durch Mut und die im Kriege anwendbaren Kunstgriffe alle übertraf, geriet sie, teils an der Spitze der Hellenen, teils, nach dem Abfalle der übrigen, notgedrungen auf sich allein angewiesen, in die äußersten Gefahren, siegte aber und errichtete Siegeszeichen über die Heranziehenden, hinderte sie, die noch nicht Unterjochten zu unterjochen, uns übrigen insgesamt aber, die wir innerhalb der Heraklessäulen wohnen, gewährte sie großherzig die Befreiung. Indem aber in späterer Zeit gewaltige Erdbeben und Überschwemmungen eintraten, versank, indem nur ein schlimmer Tag und eine schlimme Nacht hereinbrach, eure Heeresmacht insgesamt und mit einem Male unter die Erde, und in gleicher Weise wurde auch die Insel Atlantis durch Versinken in das Meer den Augen entzogen. Dadurch ist auch das dortige Meer unbefahrbar und undurchforschbar geworden, weil der in geringer Tiefe befindliche Schlamm, den die untergehende Insel zurückließ, hinderlich wurde.

...

Jetzt also, Sokrates, siehst du mich bereit, und deshalb führte ich alles eben Gesagte an, es nicht bloß im allgemeinen, sondern jedes einzeln, wie ich es vernahm, zu berichten. Wir wollen aber die Bürger und den Staat, den du gestern als ein Erdichtetes uns darstelltest, jetzt auf das wirklich Geschehene hier übertragen und annehmen, jener sei derselbe mit diesem, und behaupten, die Bürger, wie du sie dir dachtest, seien unsere wahrhaften Voreltern, von denen der Priester erzählte. Sie werden durchaus mit diesen im Einklang stehen und wir keinen Mißgriff tun, wenn wir sagen, daß sie die zu jener Zeit Lebenden sind. Indem wir aber alle gemeinschaftlich die Sache vornehmen, wollen wir nach Kräften versuchen, die uns von dir gestellte Aufgabe auf eine angemessene Weise zu lösen. Darum hast du, Sokrates, jetzt zu erwägen, ob diese Erzählung nach deinem Sinn ist oder ob wir an ihrer Stelle noch eine andere suchen müssen.

Sokrates: Welche könnten wir wohl lieber vernehmen als diese, Kritias, da sie ja wohl dem gegenwärtigen Opferfeste der Göttin ihrer Zugehörigkeit wegen am angemessensten ist; auch, daß es nicht eine erdichtete Sage, sondern eine wahrhafte Erzählung ist, ist etwas sehr Großes. Denn wie und woher sollten wir, wollten wir diese nicht berücksichtigen, andere auffinden? Das ist nicht möglich; sondern euch kommt es zu, getrost das Wort zu nehmen, mir aber, zum Entgelt meines gestrigen Berichts, jetzt ruhig zuzuhören. ...

Kritias

(...)

Kritias: Vor allem zuerst wollen wir uns erinnern, daß zusammengenommen 9000 Jahre verstrichen sind, seit dem, wie erzählt wurde, der Krieg zwischen den außerhalb der Säulen des Herakles und allen innerhalb derselben Wohnenden stattfand, von dem wir jetzt vollständig zu berichten haben. Über die einen soll unser Staat geherrscht und den ganzen Krieg durchgefochten haben, über die andern aber die Könige der Insel Atlantis, von welcher wir behaupteten, daß sie einst größer als Asien und Libyen war, jetzt aber, nachdem sie durch Erdbeben unterging, die von hier aus die Anker nach dem jenseitigen Meere Lichtenden durch eine undurchdringliche, schlammige Untiefe fernerhin diese Fahrt zu unternehmen hindere. Von den vielen Barbarenvölkern sowie von den hellenischen Völkerstämmen, welche es damals gab, wird der Lauf unserer Erzählung, indem sie die einzelnen Ereignisse entwickelt, das jeweils in den Weg Kommende berichten. Doch zuerst müssen wir notwendig die Heeresmacht und die Verfassungen sowohl der damaligen Athener als auch der Feinde, gegen die sie den Krieg führten, darlegen. Es gebührt sich aber, unter diesen von den Einheimischen mit Vorzug anzuheben. Die Götter verteilten nämlich einst unter sich die ganze Erde nach Örtlichkeiten, und zwar durch das Los, nicht in Hader. Denn unvernünftig wäre es wohl zu sagen, die Götter wüßten nicht das jedem von ihnen Zukommende, noch, es suchten, wenn sie es wüßten, die einen das andern mehr Zukommende in Hader sich selbst zuzueignen. Sie bevölkerten vielmehr, nachdem ihnen durch rechtliche Verlosung der ihnen werte Anteil zugefallen war, die Landstriche und ernährten, nachdem sie das getan, uns als ihre Zucht und ihr Eigentum, wie die Hirten ihre Herden, nur daß sie nicht die Körper durch Körperkraft bändigten, wie die Hirten ihr Vieh durch Schläge antreiben, sondern auf welche Weise ein Geschöpf am lenksamsten ist, indem sie nämlich vom Hinterschiff aus die Richtung bestimmten und durch Überredung wie durch ein Steuerruder nach ihrem Sinn auf die Seele einwirkten, so führten und leiteten sie das gesamte Geschlecht der Menschen. Indem nun dem einen der Götter dieses, dem andern ein anderes Land durch das Los anheimfiel, ordneten sie es; dem Hephaistos und der Athene aber, deren Wesen ein gemeinsames war, da es teils als von dem selben Vater stammend verschwistert blieb, teils sie die Liebe zur Weisheit und zur Kunst teilten, wurde deshalb dieses Land, als von Natur für Weisheit und Tapferkeit gedeihlich und dazu geeignet, als gemeinschaftliches Los zugeteilt, welches sie mit wackeren, ureingeborenen Männern bevölkerten, deren Sinn sie auf die Anordnung ihres Staates hinlenkten. Von diesen haben die Namen sich erhalten, ihre Taten aber gerieten, durch den Untergang derjenigen, welchen sie überliefert wurden, und die Länge der Zeit in Vergessenheit. Denn die jedesmal am Leben bleibende Klasse von Bewohnern war, wie auch früher erzählt wurde, eine auf Bergen hausende, der Buchstabenschrift unkundige, welche höchstens die Namen der im Lande Herrschenden und daneben nur weniges von ihren Taten gehört hatte. Diese begnügten sich daher, jene Namen ihren Nachkommen beizulegen. Da sie aber, bis auf einige dunkle Gerüchte, die Heldentaten und Gesetze der früher Lebenden nicht kannten und selbst mit ihren Kindern, viele Menschenalter hindurch, an dem Notdürftigen Mangel litten, so richteten sie auf das ihnen Mangelnde ihren Sinn und machten dies auch zum Gegenstande ihrer Reden, ohne um das, was vor ihnen und in alter Zeit einmal sich begab, sich zu kümmern. Denn die Sagenkunde und die dem Altertümlichen zugewandte Forschbegierde finden sich in den Staaten zugleich mit der Muse ein, sobald sie erkennen, daß bei manchen für die Lebensbedürfnisse bereits gesorgt sei, früher aber nicht. So geschah es, daß sich die Namen, nicht aber die Taten der alten Bewohner des Landes erhielten. Für das, was ich hier sage, führe ich aber als Beweis an, daß Solon berichtete, jene Priester haben die Namen eines Kekrops, Erechtheus, Erichthonios, Erysichthon und die meisten andern, was da an Namen vor Theseus erwähnt wird, häufig, indem sie den damals geführten Krieg erzählten, erwähnt, sowie desgleichen die der Frauen. Insbesondere sei auch die Gestaltung und das Standbild der Göttin, daß dieselbe, weil damals Männer und Frauen alle auf den Krieg bezüglichen Beschäftigungen gemeinsam betrieben, dieser Einrichtung zufolge von den damals Lebenden in solcher Rüstung als Weihgeschenk aufgestellt wurde, ein Beleg, daß von allen Geschöpfen, bei denen das männliche und weibliche Geschlecht in Gemeinschaft lebt, jedes der beiden von Natur befähigt sei, das, wozu jede Gattung bestimmt ist, gemeinsam zu üben.

[Das alte Athenische Land]

Es bewohnten aber damals dieses Land teils die anderen mit Gewerben und Ackerbau beschäftigten Klassen der Bürger, die streitbare aber, anfangs von gottähnlichen Männern von den übrigen geschieden, wohnte getrennt, der es an nichts zum Unterhalt und Bildung Erforderlichem fehlte, von der aber keiner etwas als Eigentum besaß, indem sie alles als ein ihnen allen Gemeinsames ansahen und, ausreichenden Unterhalt ausgenommen, von ihren übrigen Mitbürgern nichts verlangten, sondern alle Beschäftigungen trieben, welche gestern den der Annahme nach das Geschäft der Wächter Versehenden zugeteilt wurden. Insbesondere wurde auch von unserem Lande Glaubwürdiges und der Wahrheit Entsprechendes erzählt. Zuerst, daß dessen Grenzen zu damaliger Zeit bis an den Isthmos sich erstreckten und nach dem andern Festlande hin bis zu den Höhen des Parnes und Kithairon. Diese Grenzhöhen aber senkten sich, indem Oropia ihnen zur Rechten lag und sie zur Linken vom Meer her den Asopos abschnitten. An Trefflichkeit habe aber unser Land jedes andere übertroffen und sei deshalb damals auch imstande gewesen, ein großes Heer von den Geschäften des Ackerbaues Befreiter zu unterhalten. Ein großer Beweis seiner Fruchtbarkeit aber ist: das jetzt von ihm zurückgebliebene Stück macht noch jedem andern Lande dadurch, daß es alle Früchte reichlich trägt, und durch die Weide, die es allen Herden bietet, den Vorzug streitig; damals aber trug es, abgesehen von der Güte, das alles auch in großer Fülle. Inwiefern verdient dieses nun Glauben, und in welcher Hinsicht darf ein solcher Landstrich mit Recht ein Überbleibsel des damaligen Bodens heißen? Das gesamte Land liegt, indem es vom übrigen Festlande aus weithin in das Meer sich erstreckt, wie ein Vorgebirge dar, und das ganze es umschließende Meer ist an seinen Küsten sehr tief. Da nun in den neuntausend Jahren, denn so lange Zeit ist von damals bis jetzt verstrichen, viele und mächtige Überschwemmungen stattfanden, so dämmte sich in so langer Zeit und bei solchen Naturereignissen von den Höhen herab geschwämmte Erde nicht, wie anderwärts, hoch auf, sondern verschwand, immer ringsherum fortgeschwämmt, in die Tiefe. Es sind nun aber, wie bei kleinen Inseln, gleichsam, mit dem damaligen

Zustande verglichen, die Knochen des erkrankten Körpers noch vorhanden, indem nach dem Herabschwämmen des fetten und lockeren Bodens nur der hagere Leib des Landes zurückblieb. In dem damaligen noch unversehrten Lande aber erschienen die Berge wie Erdhügel, die Talgründe des jetzt sogenannten Phelleus waren mit fetter Erde bedeckt, und die Berge begrenzten dichte Waldungen, von denen noch jetzt augenfällige Spuren sich zeigen. Denn jetzt bieten einige der Berge nur den Bienen Nahrung; vor nicht gar langer Zeit aber standen noch die Bedachungen von zum Sparrwerk tauglichen, dort für die größten Bauten gefällten Bäumen unversehrt. Auch trug der Boden viele andere, hohe Fruchtbäume und bot den Herden höchst ergiebige Weide; vorzüglich aber gab ihm das im Laufe des Jahres vom Zeus entsandte Wasser Gedeihen, welches ihm nicht, wie jetzt bei dem kahlen Boden in das Meer sich ergoß, verlorenging; sondern indem er viel Erde besaß, in sie es aufnahm und es in einer schützenden Tonschicht verteilte, entließ er das von den Höhen eingesogene Wasser in die Talgründe und gewährte allerwärtshin reichliche Bewässerung durch Flüsse und Quellen, von welchen auch noch jetzt an den ehemaligen Quellen geweihte Merkzeichen zurückgeblieben sind, daß das wahr sei, was man jetzt davon erzählt.

So war die natürliche Beschaffenheit des übrigen Landes, verschönert, wie es sich erwarten läßt, von echten Landwirten, die das ausschließend betrieben, von dem Schönen nachstrebenden, wohlbegabten Männern, welche sich des trefflichsten Bodens, der reichlichsten Bewässerung und unter ihrem Himmel des angemessensten Wechsels der Jahreszeiten erfreuten. Die Stadt aber war zur damaligen Zeit in folgender Weise auferbaut. Erstens war die Burg nicht so beschaffen wie jetzt. Jetzt nämlich hat eine vorzüglich regenreiche Nacht diese durch Abschwämmung der Erde entblößt, indem zugleich Erdbeben und eine gewaltige Überschwemmung, die dritte vor der Deukalionischen Verheerung, eintraten. Was aber den Umfang anbetrifft, den sie damals zu der anderen Zeit einnahm, so senkte sie sich nach dem Eridanos und Ilissos zu, umschloß die Pnyx und wurde von dem der Pnyx gegenüberliegenden Lykabetos begrenzt; ihr Boden aber war durchgängig krumig und bildete, mit wenigen Ausnahmen, eine Hochebene. Ihre äußeren Abhänge waren von Handwerkern bewohnt und von den Landwirten, welche in ihrer Nähe ihr Land bestellten. Auf den oberen Teilen hatte bloß der Stand der Krieger für sich allein, um den Tempel der Athene und des Hephaistos herum, seine Wohnungen, die sie, wie den Garten eines und desselben Hauses, noch mit einer Ringmauer umgeben hatten. Denn die Nordseite bewohnten sie, wo sie gemeinsame Gebäude und Speisesäle für den Winter und alles dem gemeinschaftlichen Staatsleben an Wohnungen für sich und die Priester Zukommende aufgeführt hatten, doch ohne Anwendung von Gold und Silber, dessen sie durchaus in keinem Falle sich bedienten, sondern, die Mittelstraße zwischen stolzem Prunk und kleinlicher Dürftigkeit haltend, erbauten sie schmucke Wohnhäuser, die sie, indem sie selbst und ihre Nachkommen und die Nachkommen dieser in ihnen dem Greisenalter entgegenreiften, stets in demselben Zustande ihnen Gleichgesinnten hinterließen. Auch der Südseite bedienten sie sich, indem sie jedoch, als während des Sommers, Gärten, Übungshäuser und gemeinsame Speisesäle aufgaben, zu denselben Zwecken. An der Stelle, wo jetzt die Burg steht, befand sich eine Quelle, von der, als sie durch Erdbeben versiegte, ringsherum die jetzigen Bächlein geblieben sind; für die gesamten damaligen Bewohner aber strömte sie, bei einem für den Winter und Sommer angemessenen Wärmegrade, in reichem Maße. So eingerichtet, wohnten sie als Wächter der eigenen Mitbürger, als Anführer der übrigen Hellenen mit deren Willen, und sie gaben darauf acht, daß die Zahl ihrer Männer und Frauen möglichst immer dieselbe bliebe, nämlich die noch zum Kriege fähig war und die schon; sie belief sich ungefähr auf 20 000. Da sie selbst so wacker waren und in solcher, so ziemlich sich gleichbleibenden Weise gerecht ihr eigenes Vaterland und Hellas verwalteten, erwarben sie sich durch körperliche Schönheit und die allseitigen Vorzüge ihres Geistes durch ganz Europa und Asien einen Ruf und waren unter allen damals Lebenden die gepriesensten. Wie dagegen der Zustand der zum Kampfe gegen sie auftretenden beschaffen war und wie er von Anbeginn an sich gestaltete, das wollen wir euch jetzt, verlor sich uns nicht das, war wir als Knaben hörten, in Vergessenheit, als ein den Freunden zuständiges Gemeingut mitteilen. Doch eine Kleinigkeit müssen wir noch unserer Erzählung vorausschicken, damit es euch nicht etwa wundernehme, wenn Barbaren hellenische Namen führen; sollt ihr doch den Grund davon vernehmen. Da nämlich Solon die Absicht hatte, diese Erzählung bei seinen Dichtungen zu benutzen, forschte er genau der Bedeutung der Eigennamen nach und fand, daß jene Ägypter, welche zuerst sie aufzeichneten, dieselben in ihre Sprache übertragen hatten; da nahm er selbst den Sinn jedes Eigennamens wieder vor und schrieb sie, indem er auf unsere Sprache sie zurückführte, nieder. Diese Aufzeichnungen aber befanden sich in den Händen meines Großvaters und befinden sich noch in den meinigen und wurden schon in meinem Knabenalter von mir durchforscht. Demnach nehme es euch nicht wunder, wenn ihr auch dort Eigennamen wie hierzulande hört, wißt ihr doch nun den Grund davon. Folgendes war der Eingang zu einer langen Erzählung.

[Atlantis]

Wie im Vorigen von der von den Göttern angestellten Verlosung erzählt wurde, daß sie unter sich die ganze Erde in bald größere, bald kleinere Lose verteilten und sich Tempel erbauen und Opfer darbringen ließen: so bevölkerte auch Poseidon, dem jene Insel Atlantis zum Lose fiel, dieselbe mit seinen eigenen Nachkommen, die er mit einem sterblichen Weibe an einer folgendergestalt beschaffenen Stelle der Insel erzeugte. An der Seeküste, gegen die Mitte der ganzen Insel, lag eine Ebene, die schöner und fruchtbarer als irgendeine gewesen sein soll. In der Nähe dieser Ebene aber, wiederum nach Mitte zu, befand sich vom Meer in einer Entfernung von etwa 50 Stadien, ein allerwärts niedriger Berg; auf diesem wohnte ein Mann, namens Euenor, aus der Zahl der anfänglich der Erde Entwachsenen, welcher die Leukippe zur Frau hatte. Beide erzeugten eine einzige Tochter, Kleito. Als das Mädchen bereits die Jahre der Mannbarkeit erreicht hatte, starben ihr die Mutter und auch der Vater; Poseidon aber, von Liebe zu ihr ergriffen, verband sich mit ihr und machte den Hügel, den sie bewohnte, zu einem wohlbefestigten, indem er ihn ringsum durch größere und kleinere Gürtel abwechselnd von Wasser und Erde abgrenzte, nämlich zwei von Erde und drei von Wasser, die er mitten aus der Insel gleichsam herausdrechselte, überallhin gleich weit voneinander entfernt, so daß der Hügel für Menschen unzugänglich war, da es damals noch ebensowenig Schiffe wie Schiffahrt gab. Er selbst verlieh, als ein Gott, ohne Schwierigkeit der in der Mitte liegenden Insel fröhliches Gedeihen, indem er zwei Flüsse aus der Erde heraufführte, deren einer seiner Quelle warm, der andere kalt entquoll, und der Erde Nahrungsmittel aller Art zur Genüge entsprießen ließ. Ferner zeugte er fünf männliche Zwillingspaare, ließ sie auferziehen und verlieh, indem er die ganze Insel Atlantis in zehn Teile teilte, dem zuerst Geborenen des ältesten Paares den Wohnsitz seiner Mutter und den diesen rings umgebenden Anteil, als den größten und vorzüglichsten, und machte ihn zum König der übrigen, die übrigen aber zu Statthaltern; jedem derselben bestimmte er eine Statthalterschaft mit zahlreichen Bewohnern und einem weiten Gebiete. Allen gab er Namen, dem Ältesten und Könige aber denjenigen, nach welchem auch die ganze Insel und das Meer genannt wurde, welches deshalb das Atlantische hieß, weil damals der erste König den Namen Atlas führte. Dessen nachgeborenen Zwillingsbruder, dem das äußerste, nach den Säulen des Herakles, dem Landstriche, der jetzt der Gadcirische heißt, gelegene Stück der Insel zugefallen war, nannte er in griechischer Sprache Eumelos, in der des Landes aber Gadeiros, was dann jenem Gebiet die Benennung geben konnte. Den einen der zweiten Zwillingsgeburt nannte er Ampheres, den zweiten Euaimon; den erstgeborenen der dritten Mneseus, den nach diesem geborenen Autochthon; den Älteren der vierten Elasippos, den jüngeren Mestor; dem Erstling der fünften wurde der Name Azaes, dessen jüngerem Bruder der Name Diaprepes beigelegt. Diese insgesamt nun sowie ihre Nachkommen beherrschten viele Menschenalter hindurch noch viele andere im Atlantischen Meere gelegene Inseln und dehnten auch, wie schon früher berichtet wurde, ihre

Herrschaft über die innerhalb der Säulen des Herakles nach uns zu Wohnenden bis nach Ägypten und Thyrrhenien hin aus. Die Nachkommenschaft des Atlas aber wuchs nicht bloß im übrigen an Zahl und Ansehen, sondern behauptete auch die Königswürde viele Menschenalter hindurch, indem der Älteste sie stets auf den Ältesten übertrug, da sie eine solche Fülle des Reichtums erworben hatten, wie weder vorher bei irgendeinem Herrschergeschlecht in den Besitz von Königen gelangt war noch in Zukunft so leicht gelangen dürfte, und da bei ihnen für alles gesorgt war, wofür in bezug auf Stadt und Land zu sorgen nottut. Denn vermöge ihrer Herrschaft floß von außen her ihnen vieles zu, das meiste für den Lebensbedarf aber lieferte ihnen die Insel selbst. Zuerst, was da an Starrem und Schmelzbarem durch den Bergbau gewonnen wird, und auch die jetzt nur dem Namen nach bekannte Art – damals dagegen war mehr als ein Name die an vielen Stellen der Insel aus der Erde gegrabene Gattung des Bergerzes, welche unter den damals Lebenden, mit Ausnahme des Goldes, am höchsten geschätzt wurde. Ferner brachte die Insel auch alles in reicher Fülle hervor, was der Wald für die Werke der Bauverständigen liefert, und an Tieren eine ausreichende Menge wilder und zahmer. Und so war denn auch das Geschlecht der Elefanten hier sehr zahlreich; bot sie doch ebenso den übrigen Tieren insgesamt, was da in Seen, Sümpfen und Flüssen lebt und was auf Bergen und der Ebene haust, reichliche Nahrung wie auch in gleicher Weise diesem von Natur größten und gefräßigsten. Was ferner jetzt irgendwo die Erde an Wohlgerüchen erzeugt, an Wurzeln, Gräsern, Holzarten und Blumen oder Früchten entquellenden Säften, das erzeugte auch sie und ließ es wohl gedeihen, sowie desgleichen die durch Pflege gewonnenen Früchte; die Feldfrüchte, die uns zur Nahrung dienen, und das, was wir außerdem – wir bezeichnen die Gattungen desselben mit dem Namen der Hülsenfrüchte – zu unserem Unterhalt benutzen; was Sträucher und Bäume an Speisen, Getränken und Salben uns bieten, die uns zum Ergötzen und Wohlgeschmack bestimmten, schwer aufzubewahrenden Baumfrüchte und, was wir als Nachtisch dem Übersättigten, eine willkommene Auffrischung des überfüllten Magens, vorsetzen; dieses alles brachte die heilige, damals noch von der Sonne beschienene Insel schön und wunderbar und in unbegrenztem Maße hervor. Da ihnen nun ihr Land dieses alles bot, waren sie auf die Aufführung von Tempeln und königlichen Palästen, von Häfen und Schiffswerften sowie anderen Gebäuden im ganzen Landes bedacht und schmückten es in solcher Aufeinanderfolge aus.

Zuerst überbrückten sie die um den alten Hauptsitz laufenden Gürtel des Meeres, um nach außen und nach der Königsburg einen Weg zu schaffen. Diese Königsburg erbauten sie aber zugleich vom Anbeginn in diesem Wohnsitze des Gottes und ihrer Ahnen; indem aber der eine von den andern dieselbe überkam, suchte er durch jedesmalige Weiterausschmückung des Wohlausgeschmückten seinen

Vorgänger nach Kräften zu übertreffen, bis sie ihre Wohnung zu einem durch Umfang und Schönheit Staunen erregenden Bau erhoben. Denn vom Meere aus führten sie einen 300 Fuß breiten, 100 Fuß tiefen und 50 Stadien langen Durchstich nach dem äußersten Gürtel, durch welchen sie der Einfahrt vom Meere nach ihm wie nach einem Hafen den Weg bahnten, indem sie einen für das Einlaufen der größten Schiffe ausreichenden Raum eröffneten. Auch durch die Erdgürtel, welche zwischen denen des Meeres hinliefen, führten sie, an den Brücken hin, Durchstiche, breit genug, um einem Dreiruderer die Durchfahrt von dem einen zu den anderen zu gestatten, und überdachten dieselben, damit man unter der Überdachung hindurchschiffen könne; denn die Erdgürtelränder erhoben sich hoch genug über das Meer. Des größten Gürtels, mit welchem das Meer durch den Graben verbunden war, Breite betrug 3 Stadien; ebenso breit wie dieser war der folgende Erdgürtel. Von den beiden nächsten hatte der flüssige eine Breite von 2 Stadien, und der feste war wieder ebenso breit wie der ihm vorausgehende flüssige. Ein Stadion breit war endlich der um die in der Mitte liegende Insel selbst herumlaufende. Die Insel aber, auf welcher die Königsburg sich erhob, hatte 5 Stadien im Durchmesser. Diese Insel sowie die Erdgürtel und die 100 Fuß breite Brücke umgaben sie von beiden Seiten mit einer steinernen Mauer und errichteten auf den Brücken bei den Durchgängen der See nach jeder Seite Türme und Tore. Die Steine dazu aber – teils weiße, teils schwarze, teils auch rote – wurden unter der in der Mitte liegenden Insel und unter der Innen- und Außenseite der Gürtel gehauen und so beim Aushauen zugleich doppelte Behälter für die Schiffe ausgehöhlt, die vom Felsen selbst überdacht wurden. Zu den Bauten benutzten sie teils Steine derselben Farbe, teils fügten sie zum Ergötzen, um ein von Natur damit verbundenes Wohlgefallen zu erzeugen, ein Mauerwerk aus verschiedenartigen zusammen. Den ganzen Umfang der den äußersten Gürtel umgebenden Mauer versahen sie mit einem Überzuge von Kupfer, übergossen den des inneren mit Zinn, den um die Burg selbst aufgeführten aber mit wie Feuer glänzendem Bergerz.

Der Königssitz innerhalb der Burg war folgendergestalt auferbaut. Inmitten desselben befand sich ein unzugängliches, der Kleito und dem Poseidon geweihtes Heiligtum, mit einer goldenen Mauer umgeben, ebenda, wo einst das Geschlecht der zehn Herrscher erzeugt und geboren wurde. Dahin brachten sie jährlich aus den zehn Landschaften jedem derselben die Früchte der Jahreszeit als Opfer. Der Tempel des Poseidon selbst war ein Stadion lang, 500 Fuß breit und von einer entsprechenden Höhe, seine Bauart fremdländisch. Von außen hatten sie den ganzen Tempel mit Silber überzogen, mit Ausnahme der mit Gold überzogenen Zinnen. Im Innern war die Wölbung von Elfenbein, mit Verzierung von Gold und Silber und Bergerz; alles übrige, Wände, Säulen und Fußboden, bedeckten sie mit Bergerz. Hier stellten sie goldene Standbilder auf; den Gott stehend, als eines mit sechs Flügelrossen bespannten

Wagens Lenker, der vermöge seiner Größe mit dem Haupt die Decke erreichte; um ihn herum auf Delphinen hundert Nereiden, denn soviel, glaubte man damals, gäbe es von ihnen. Auch viele andere, von Männern aus dem Volke geweihte Standbilder befanden sich darinnen; außerhalb aber umstanden den Tempel die goldenen Bildsäulen aller von den zehn Königen Abstammenden und ihrer Frauen sowie viele andere große Weihgeschenke der Könige und ihrer Bürger aus der Stadt selbst und dem außerdem ihrer Herrschaft unterworfenen Lande. Auch der Altar entsprach, seinem Umfange und seiner Ausführung nach, dieser Pracht, und ebenso war der königliche Palast angemessen der Größe des Reiches und angemessen der Ausschmückung der Tempel. So benutzten sie auch die Quellen, die kalt und warm strömenden, die einen reichen Zufluß an Wasser hatten und wovon jede durch Annehmlichkeit und Güte des Wassers wundersam zum Gebrauch geeignet war, indem sie dieselben mit Gebäuden und am Wasser gedeihenden Baumpflanzungen umgaben sowie mit teils unbedeckten, teils für die warmen Bäder im Winter überdeckten Baderäumen, den königlichen abgesondert von denen des Volks sowie denen der Frauen, geschieden von den Schwemmen der Pferde und des anderen Zugviehs, diese alle mit einer der Bestimmung eines jeden angemessenen Einrichtung. Von dem abfließenden Wasser aber leiteten sie einen Teil nach dem Haine Poseidons, zu Bäumen aller Art, vermöge der Trefflichkeit des Bodens von überirdischer Schönheit und Höhe; den anderen aber, vermittels neben den Brücken hinlaufender Kanäle, nach den Gürteln außerhalb, wo vielen Göttern viele Tempel auferbaut waren, außerdem viele Gärten und Übungsplätze für Menschen und davon geschieden für Pferde, auf jeder der beiden Inseln; unter anderem war mitten auf der größten Insel eine Rennbahn abgegrenzt, deren Breite ein Stadion betrug und welche ihrer Länge nach, zum Wettrennen der Pferde bestimmt, die ganze Insel umkreiste. Zu beiden Seiten dieser Rennbahn befanden sich für die Masse der Leibwächter bestimmte Wohnungen; die zuverlässigeren aber waren auf dem kleineren, der Königsburg näheren Gürtel als Wachtposten verteilt, und denjenigen, die durch ihre Treue vor allen andern sich auszeichneten, Wohnungen in der Burg um die der Könige selbst herum angewiesen. Die Schiffswerften waren mit Kriegsschiffen und allem Zubehör eines solchen Schiffes angefüllt, alles aber war vollkommen ausgerüstet. Solche Einrichtungen waren im Umkreise des Königssitzes getroffen. Hatte man aber nach außen die Häfen, deren drei waren, überschritten, dann lief vom Meere aus eine Mauer rings herum, welche allerwärts vom größten Hafen und Gürtel 50 Stadien entfernt war und welche mit dem Eingang zum Durchstich ihren am Meere gelegenen Teil in eins verband. Diesen ganzen Raum nahmen zahlreiche und dicht gereihte Wohnhäuser ein; die Einfahrt und der größte Hafen aber waren mit allerwärtsher kommenden Fahrzeugen und Handelsleuten überfüllt, welche bei solcher Menge am Tag und in der Nacht Geschrei, Lärm und Getümmel aller Art erhoben.

So ward also jetzt so ziemlich das erzählt, was einstmals über die Stadt und die Umgebung des ursprünglichen Wohnsitzes berichtet wurde. Aber wir müssen auch zu berichten versuchen, wie die Natur und die Art der Einrichtung des übrigen Landes beschaffen war. Erstens also war, der Erzählung nach, die ganze Gegend vom Meere aus sehr hoch und steil, das die Stadt Umschließende dagegen durchgängig eine ihrerseits von bis an das Meer herablaufenden Bergen rings umschlossene Fläche und gleichmäßige Ebene, durchaus mehr lang als breit, nach der einen Seite 3000 Stadien lang, vom Meere landeinwärts aber in der Mitte deren 2000 breit. Dieser Strich der ganzen Insel lief, nordwärts gegen den Nordwind geschützt, nach Süden. Von den ihn umgebenden Bergen wurde gerühmt, daß sie an Menge, Größe und Anmut alle jetzt noch vorhandenen übertrafen. Sie umfaßten viele reiche Ortschaften der Umwohnenden sowie Flüsse, Seen, Wiesen zu ausreichendem Futter für alles wilde und zahme Vieh, desgleichen Waldungen, die durch ihren Umfang und der Gattungen Verschiedenheit für alle Vorhaben insgesamt und für jedes einzelne vollkommen ausreichend waren. Diese Ebene hatte sich nun von Natur und durch die Bemühungen einer langen Reihe von Königen in langer Zeit dermaßen gestaltet. Sie bildete ein größtenteils rechtwinkliges und längliches Viereck; was aber daran fehlte, war durch einen rings herum aufgeworfenen Graben ausgeglichen. Obgleich aber das, was von seiner Tiefe, Länge und Breite erzählt wird, für ein Menschenwerk, mit anderen mühsamen Schöpfungen verglichen, unglaublich klingt, muß dennoch berichtet werden, was wir gehört haben. Der Graben war nämlich bis zu einer Tiefe von 100 Fuß aufgeworfen, seine Breite betrug allerwärts ein Stadion und, da er um die ganze Ebene herumgeführt war, seine Länge 10 000 Stadien. Indem derselbe aber, die Ebene umschließend, die von den Bergen herabströmenden Flüsse in sich aufnahm und von beiden Seiten der Stadt sich näherte, so ward ihm da der Ausfluß in das Meer geöffnet. Von seinem weiter landeinwärts gelegenen Teil wurden wieder gerade, gegen 100 Fuß breite Durchstiche durch die Ebene nach dem Meere zu liegenden Graben geführt, deren einer von dem andern 100 Stadien entfernt war. Auf diesem Wege brachten sie zu Schiffe das Bauholz aus den Bergen nach der Stadt und andere Erzeugnisse der Jahreszeiten, indem sie Durchfahrten von einem Durchstiche zum anderen in schiefer Richtung sowie nach der Stadt zu eröffneten. Zwei Ernten brachten ihnen jährlich der Boden, den im Winter der Regen des Zeus befruchtete, während man im Sommer den Erzeugnissen desselben von den Durchstichen aus Bewässerung zuführte.

Was die Streiterzahl betraf, so war angeordnet, daß von den zum Kriege tauglichen Bewohnern der Ebene jeder Bezirk, dessen Flächenraum sich auf 10 mal 10 Stadien belief und deren überhaupt 60 000 waren, einen Feldhauptmann stelle; die Anzahl der von den Bergen und anderweitigen Landstrichen her kommenden wurde als unermeßlich angegeben, und alle insgesamt waren, ihren Wohnorten und deren Lage nach, diesen Bezirken und Feldhauptleuten zugeteilt. Jeder Feldhauptmann mußte nach Vorschrift in das Feld stellen: zu 10 000 Streitwagen den sechsten Teil eines Streitwagens, zwei berittene Streiter, ferner ein Zweigespann ohne Wagenstuhl, welches einen leicht beschildeten Streiter und nächst ihm den Lenker der beiden Pferde trug; zwei Schwergerüstete, an Bogenschützen und Schleuderern zwei jeder Gattung, so auch an Leichtgerüsteten, nämlich Steinwerfern und Speerschleuderern, von jeder drei; endlich vier Seesoldaten zur Bemannung von 1200 Schiffen. So war die Kriegsrüstung für den Herrschersitz des Königs angeordnet, für die neun übrigen anderes anders, was anzugeben zu viel Zeit erheischen würde.

In Beziehung auf Herrsch- und Strafgewalt waren von Anbeginn an folgende Einrichtungen getroffen. Jeder einzelne der zehn Könige übte in seiner Stadt Gewalt über die Bewohner seines Gebietes und über die meisten Gesetze; er bestrafte und ließ hinrichten, wen er wollte. Aber die untereinander geübte Herrschaft und ihren Wechselverkehr bestimmte Poseidons Gebot, wie das Gesetz es ihnen überlieferte und eine Schrift, von den ersten Königen aufgezeichnet auf einer Säule von Bergerz, welche in der Mitte der Insel im Tempel Poseidons sich befand, wo sie sich das eine Mal im fünften, das andere im sechsten Jahre, um der geraden und ungeraden Zahl gleiche Ehre zu erweisen, versammelten. Bei diesen Zusammenkünften berieten sie sich über gemeinsame Angelegenheiten, untersuchten, ob jemand einem Gesetz zuwiderhandle, und fällten sein Urteil. Waren sie im Begriff, Urteile zu fällen, dann verpflichteten sie sich zuvor gegeneinander in folgender Weise. Nachdem die zehn Könige alle Begleitung entlassen hatten, jagten sie den im Weihbezirk Poseidons freigelassenen Stieren mit Knüppeln und Schlingen, ohne eine Eisenwaffe, nach, den Gott anflehend, sie das ihm wohlgefällige Opfer einfangen zu lassen; den eingefangenen Stier aber führten sie zur Säule und opferten ihn über jener Schrift auf dem Knaufe derselben. Auf der Säule aber befand sich außer den Gesetzen eine Eidesformel, die schwere Verwünschungen über die ihnen den Gehorsam Verweigernden herabrief. Wenn sie nun, nachdem sie ihren Vorschriften gemäß das Opfertier geschlachtet, die Weihung aller Glieder des Stiers vornahmen, dann füllten sie einen Mischkrug und schleuderten für jeden ein Klümpchen Blutes hinein, das übrige aber trugen sie, nachdem sie ringsum die Säule reinigten, in das Feuer. Darauf schöpften sie mit goldenen Trinkschalen aus dem Mischkruge, gossen ihr Trankopfer in das Feuer und schworen dabei, ihre Urteile den auf der Säule aufgezeichneten Gesetzen gemäß zu fällen und, wenn jemand in etwas dieselben übertreten habe, ihn zu bestrafen, in Zukunft aber in keinem Punkte das Aufgezeichnete zu übertreten sowie weder einen den Geboten des Vaters zuwiderlaufenden Befehl zu geben noch einem solchen zu gehorchen.

Nachdem jeder von ihnen feierlich dieses Gelübde für sich selbst und seine Nachkommen getan, getrunken und die Schale in dem Tempel des Gottes geweiht hatte, sorgte er für seine Abendmahlzeit und anderer Bedürfnisse Befriedigung. Wurde es nun finster und war das Opferfeuer niedergebrannt, dann legten alle ein sehr schönes dunkelblaues Gewand an, ließen sich an der Brandstätte des beim Eidschwur dargebrachten Opfers nieder und empfingen während der Nacht, nachdem sie alle Feuer um den Tempel herum ausgelöscht, wenn etwa einer den andern einer Gesetzesübertretung beschuldigte, Urteilssprüche und fällten sie. Diese von ihnen gefällten Urteilssprüche verzeichneten sie, sobald der Tag anbrach, auf einer goldenen Tafel und weihten diese mitsamt ihren Gewändern zur Erinnerung. Über die Ehrenrechte der einzelnen Könige gab es manche besonderen Gesetze, das wichtigste aber war, keiner solle gegen den andern die Waffen erheben und alle Beistand leisten, wollte etwa jemand unter ihnen versuchen, in irgendeinem Staate dem Königshause den Untergang zu bereiten, gemeinsam aber, wie ihre Vorgänger, sollten sie sich beraten über Krieg oder andere Unternehmungen und dabei dem atlantischen Geschlechte den Vorrang einräumen. Jedoch einen seiner Anverwandten zum Tode zu verurteilen, das sollte, ohne Zustimmung des größeren Teils der Zehn, in keines Königs Gewalt stehen.

Die damals in jenen Gegenden in solchem Umfange und so geübte Herrschgewalt stellte nun der Gott gegen unsere Lande, durch Folgendes, wie erzählt wird, dazu veranlaßt. Viele Menschenalter hindurch, solange noch die göttliche Abkunft bei ihnen vorhielt, waren sie den Gesetzen gehorsam und freundlich gegen das verwandte Göttliche gesinnt; denn ihre Gedanken waren wahr und durchaus großherzig, indem sie bei allen sie betreffenden Begegnissen sowie gegeneinander Weisheit mit Milde gepaart bewiesen. So setzten sie auf jeden Besitz, den der Tugend ausgenommen, geringen Wert und ertrugen leicht, jedoch als eine Bürde die Fülle des Goldes und des anderen Besitztums. Üppigkeit berauschte sie nicht, noch entzog ihnen ihr Reichtum die Herrschaft über sich selbst oder verleitete sie zu Fehltritten; vielmehr erkannten sie nüchtern und scharfen Blicks, daß selbst diese Güter insgesamt nur durch gegenseitige mit Tugend verbundene Liebe gedeihen, daß aber durch das eifrige Streben nach ihnen und ihre Wertschätzung diese selbst sowie jene mit ihnen zugrunde gehe. Bei solchen Grundsätzen also und solange noch die göttliche Natur vorhielt, befand sich bei ihnen alles früher Geschilderte im Wachstum; als aber der von dem Gotte herrührende Bestandteil ihres Wesens, häufig mit häufigen sterblichen Gebrechen versetzt, verkümmerte und das menschliche Gepräge die Oberhand gewann: da vermochten sie bereits nicht mehr ihr Glück zu ertragen, sondern entarteten und erschienen, indem sie des schönsten unter allem Wertvollen sich entäußerten, dem, der dies zu durchschauen vermochte, in schmachvoller Gestalt; dagegen hielten sie die des Lebens wahres Glück zu erkennen Unvermögenden gerade damals für hochherrlich und vielbeglückt, wo sie des Vollgenusses der Vorteile der Ungerechtigkeit und Machtvollkommenheit sich erfreuten. Aber Zeus, der nach Gesetzen waltende Gott der Götter, erkannte, solches zu durchschauen vermögend, daß ein wackeres Geschlecht beklagenswerten Sinnes sei, und versammelte, in der Absicht, sie dafür büßen zu lassen, damit sie, zur Besonnenheit gebracht, verständiger würden, die Götter insgesamt an dem unter ihnen vor allem in Ehren gehaltenen Wohnsitze, welcher im Mittelpunkt des gesamten Weltganzen sich erhebt und alles des Entstehens Teilhaftige zu überschauen vermag, und sprach zu ihnen: ... (Abbruch)

IV: Aus der Hopi-Überlieferung

Wohl kein lebendes Volk hat eine so weit zurückreichende Erinnerung wie die Hopi-Indianer. Ihre Vergangenheit bewahrten sie in Zeremonien und in den Kenntnissen eines Mannes namens Weißer Bär, dem seit seiner Kindheit alles wissenswerte aus der Hopi-Vergangenheit gezielt zugetragen wurde. Zu diesem Mann gelangte Josef Blumrich, der sich für die Hopi-Geschichte interessierte. Ihm war das Wichtigste, dem, was Weißer Bär zu sagen hat, zuzuhören und es aufzuzeichnen. Außerdem hat Blumrich durch eigene Forschungen zu vielen Ergänzungen beigetragen. Hier interessiert die Hopi-Überlieferung, soweit sie direkt oder indirekt Atlantis betrifft. (Zit. aus J. F. Blumrich: Kasskara und die sieben Welten, München 1985, S. 18–100 in Auszügen.)

Bevor er von den alten Zeiten bzw. den alten Welten spricht, sagt Weißer Bär:

> »Wenn ich dir unsere Geschichte erzähle, mußt du daran denken, daß die Zeit nicht soviel zu bedeuten hatte. Heutzutage erscheint die Zeit wichtig, Zeit macht alles kompliziert, Zeit wird zum Hindernis. Aber in der Geschichte meines Volkes war die Zeit eigentlich nicht wichtig, ebensowenig wie für den Schöpfer selbst.
>
> Nach unserer Überlieferung haben wir in zwei anderen Welten gelebt, bevor wir in die Dritte Welt kamen – und dann in die Vierte Welt, in der wir jetzt sind.
> …
> Die Erste Welt wurde durch Feuer zerstört, weil die Menschen böse geworden waren. …
> Die Zweite Welt wurde durch Eis zerstört. Wieder überlebte unser Volk und kam in die Dritte Welt, den dritten Erdteil. …
> Der Name der Dritten Welt war Kasskara. …
> Es bedeutet »Mutterland«. Wir nennen es auch »Land der Sonne«, weil wir uns gern auf die Sonne und die Erde berufen, die uns am Leben erhalten.
> Kasskara war ein Erdteil. Vielleicht war es der gleiche, der jetzt Mu oder Lemura genannt wird. Der größte Teil des Erdteils lag südlich des Äquators, nur ein kleiner Teil lag nördlich.
> Es war ein sehr schönes Land. Verglichen mit heute war es fast ein Paradies. Wir mußten arbeiten, aber wir brauchten nicht schwer zu arbeiten.
> …
> Am Anfang war lange Zeit alles gut in Kasskara. Viel später begannen die Menschen allmählich, die Achtung voreinander zu verlieren. … Ich kann das mit den Dingen vergleichen, die heute in den Organisationen geschehen: Die Leute wollen Rang, Macht, sie wollen ihren Anteil. Das gleiche geschah in Kasskara. …

Bevor wir nun mit der Geschichte von Kasskara fortfahren, muß ich dir sagen, daß wir natürlich nicht allein auf der Erde waren. In anderen Ländern lebten auch Menschen.«

[Atlantis]

»Es gab einen Kontinent östlich von uns, den wir deshalb das »Land im Osten« nannten – Talawaitichqua. In der Hopi-Sprache heißt tichqua ›Land‹, die Oberfläche eines Kontinents, und der erste Teil des Wortes bedeutet ›Morgen‹ oder ›Sonnenaufgang‹.

Zwischen diesem Erdteil und uns lag eine große Wasserfläche. Heute wird der Erdteil Atlantis genannt, und ich will bei diesem Namen bleiben, weil er dir geläufiger ist.

Am Anfang der Dritten Welt waren die Menschen von Atlantis so friedlich wie wir. Wir kamen ja alle aus dem gleichen göttlichen Ursprung. Sie hatten sogar die gleichen Symbole wie wir. Aber im Laufe der Zeit veränderten sie sich mehr als wir. Sie begannen, die Geheimnisse des Schöpfers zu erforschen, die der Mensch nicht kennen darf.

Weißt du, es gibt Geheimnisse, die nur für die Gottheit bestimmt sind, und als die Menschheit sie zu ergründen begann, verletzte sie dieses Gesetz. Der Mensch hat im wesentlichen die gleiche Macht wie der Schöpfer, aber der Schöpfer behält Geheimnisse für sich, die der Mensch nicht er gründen darf.

Diese Sache mit den Geheimnissen ist sehr, sehr ernst. Laß uns von unserer eigenen Zeit sprechen, damit du verstehst, was ich sagen möchte. So wirst du einen Begriff davon bekommen, was die Hopi glauben. Ihr habt viele Dinge entwickelt, zum Beispiel Flugzeuge. Als mein Onkel mich nach Oraibi zu der Steinzeichnung eines Düsenflugzeugs führte, das natürlich viel älter ist als eure heutigen Düsenflugzeuge, sagte er zu mir: ›Es wird sehr schön sein, wieder durch die Luft zu fliegen, wie es unser Volk schon früher getan hat. Wenn es irgendwo weit entfernt eine Katastrophe gibt, kann man den Menschen dort Nahrung und Medizin und Werkzeuge bringen. Aber man wird die Flugzeuge auch benutzen, um Menschen Hunderte von Meilen entfernt zu töten. Damit verletzt man das göttliche Gesetz.‹ – Wie könnt ihr diese beiden Dinge trennen, wenn ihr Geheimnisse erforscht, von denen die Menschen noch nicht den richtigen Gebrauch machen können? Denke an dich selber: Angenommen, du hättest auf dem Gebiet der Raketen eine wissenschaftliche Entdeckung gemacht und teiltest sie anderen mit und jemand mißbrauchte deine Entdeckung? Du selber würdest das nicht tun, aber es ist deine Entdeckung. Weißt du wirklich, wo deine Verantwortung beginnt und endet?

Und jetzt versuchen sie, künstlich Leben zu erzeugen – und eines Tages auch Menschen. Das gehört zu dem, was wir Erforschung des Blutes nennen. Und es ist nicht gut, das zu tun!

Natürlich könnt ihr das Arbeiten eures Körpers untersuchen, um zu wissen, was euch gesund macht und euch ein langes Leben gibt. Der Schöpfer will sogar, daß wir das tun. Er will, daß wir das Leben hier genießen und so wenig Mühsal haben wie möglich, daß uns alles Gute, alle Freude, alles Glück dieser Welt zuteil wird. Aber diese anderen Dinge dürft ihr nicht tun, nein!

Wir können das alles in zwei Sätzen zusammenfassen: Der göttliche Schöpfer hat zu uns gesagt: ›Wenn ihr meine Kinder sein wollt, dürft ihr euer Wissen nicht benutzen, um zu unterwerfen, zu zerstören, zu töten oder bösen Gebrauch von irgend etwas machen, was ich euch gegeben habe. Wenn ihr dieses Gesetz nicht befolgt, seid ihr nicht meine Kinder.‹

Gegen Ende der Dritten Welt hatten sie eine Frau als oberste Führerin in Atlantis. In unserer Sprache könnten wir sie eine Kickmongwuity nennen, eine Hohepriesterin, nach euren Begriffen war sie einfach eine Königin. Sie war eine sehr mächtige und sehr schöne Frau. Sie hatte ihre Macht und die Schönheit ihres Körpers benutzt, um sich die Anführer des Volkes untertan zu machen. Sie bekam so viel Schmuck von ihnen, daß wir sie die Türkisfrau nennen. – Unter diesen Persönlichkeiten waren sogar sehr gelehrte Männer, aber wir würden sie als fragwürdige Anführer bezeichnen; ein hochgelehrter Mann ist nämlich nicht automatisch auch ein guter Mensch. Sie hatte also sehr viel Erfolg bei diesen Männern, und so wurde sie Herrscherin über den ganzen Kontinent. Atlantis weitete seinen Einfluß aus und unterwarf Völker in den Ländern, die weiter östlich lagen, die wir jetzt Europa und Afrika nennen. Obwohl es kein großes Land war, hatte es also sehr viel Einfluß. Du kannst es mit England vergleichen. Das ist auch ein kleines Land, aber welchen Einfluß hat es gehabt!

Die Atlanter hatten auch die Geheimnisse des Schöpfers erforscht, die sie nicht kennen durften, wie ich dir gerade sagte. Sie erfuhren zu früh davon, denn sie waren geistig noch nicht weit genug; sie gebrauchten ihr Wissen, um andere Völker zu unterwerfen. Damit verletzten sie die göttliche Ordnung. Manche verloren dabei sogar ihr Leben. Außerdem erforschten sie auch die Planeten. Sie flogen zu ihnen hinauf, konnten aber dort nicht wohnen, weil es alles tote Planeten waren. So mußten sie auf der alten Erde bleiben.

Dann wendeten sie sich gegen Kasskara. Sie wußten, daß wir geistig und moralisch viel stärker waren, und das machte sie neidisch. Deshalb wollte ihre Königin auch unser Land erobern und sich unser Volk untertan machen. Sie drohte unserem Herrscher, sie würde alle ihre Raumschiffe über unserem Erdteil versammeln und uns von dort oben vernichten. Aber er weigerte sich, ihr nachzugeben. Es kam eine lange Zeit der Gespräche, die man auch Konferenzen nennen könnte. Alle großen Männer jener Zeit hielten Versammlungen ab.

Wie ich schon sagte, waren einige unserer Leute gierig nach Rang und Macht geworden. Ihr religiöser Glaube wurde schwächer, und die Menschen hatten nur noch wenig Achtung voreinander. Wir waren in einer Lage, die man gut mit der gegenwärtigen Lage vergleichen kann.

Im Laufe der Zeit führte der Einfluß dieser Frau zu einer Spaltung in unserem Volk. Sie begann, einige auf ihre Seite zu ziehen. Das waren die machthungrigen Menschen, von denen ich schon sprach. Sie gingen heimlich von unseren Gesetzen ab und sagten zu sich selbst: ›Wenn wir es mit den Atlantern halten und ihre Forderungen unterstützen, bekommen wir vielleicht später einen guten Anteil.‹ – Die Bösen gewannen die Oberhand. Sie hatten viele Geheimnisse des Schöpfers erforscht, die die Menschheit nicht wissen darf, aber wir nahmen nicht daran teil. Wir wollten das friedliche Volk sein und bleiben, als das wir zu jener Zeit bekannt waren. Ich glaube, in Wirklichkeit war es der Schöpfer, der seine Macht gebrauchte, um uns von diesen Dingen abzuhalten, und der sie von uns fernhielt.

Wieder und wieder kamen die Anführer zusammen. Doch die Gruppe der wissenschaftlich Gesinnten war weit stärker, und sie kamen, um mein Volk mit den Produkten ihrer Macht, mit ihren Erfindungen anzugreifen.

Alles, was ich dir erzähle, und auch die späteren Geschehnisse habe ich von meiner Großmutter erfahren. Aber ich habe auch mit einem Mann gesprochen, der als letzter noch über den Bogen-Clan Bescheid weiß. Ich habe das getan, weil es in der Geschichte heißt, der Bogen-Clan habe die schlimmsten Dinge getan. Er bestätigte, was geschehen war, und sagte: ›Ja, wir haben es getan.‹

Von hoch oben in der Luft richteten sie ihre magnetische Kraft auf unsere Städte. Aber diejenigen aus unserem Volk, die den wahren Weg des Schöpfers nicht verlassen hatten, wurden in einer bestimmten Gegend zusammengerufen, um gerettet zu werden.«

…

»Unsere Menschen hatten Kenntnisse, die man mit denen der Leute von Atlantis vergleichen kann, aber sie gebrauchten sie nur für gute Zwecke. Wie ich dir sagte, hatten wir die Geheimnisse der Natur erforscht, die Macht des Schöpfers in den lebenden Dingen.

Sie verteidigten sich nicht, als sie angegriffen wurden. Und sie hatten recht!

Wenn dir das seltsam erscheint, dann sieh, was die Hopi jetzt tun, heute. Die Regierung der Vereinigten Staaten hat uns ein Reservat gegeben. Stell dir vor, wie konnten sie uns etwas geben, das uns schon gehörte? Dann sind sie gekommen und haben Stücke davon abgeschnitten. Sie haben es kleiner und kleiner gemacht. Unser Land! Aber wir verteidigen uns nicht mit Gewalt. Jedesmal, wenn die Regierung so etwas tut, sagen wir: ›Das ist nicht recht‹, wie es uns unser Schöpfer vorgeschrieben hat. Wir wissen, wir werden nicht vernichtet werden, es wird ihnen zuerst geschehen.

Aber wenn wir uns auch nicht aktiv verteidigten, so hatten wir doch den Schutzschild. Ich kann dir nicht wissenschaftlich erklären, was der Schild war und wie er wirkte. Aber meine Großmutter hat es mir so erklärt: Wenn ein Blitzstrahl kommt, geht er nur bis dahin, wo der Schild ist, und explodiert dort. Er dringt nicht durch.«

…

»So sind also alle Bomben, oder was es war, weit oben explodiert, und der Schild schützte alle Menschen, die gerettet werden sollten und in einem bestimmten Gebiet zusammengerufen worden waren. Doch nur wir wurden gerettet. Die Städte wurden angegriffen, und dort wurden Menschen getötet. Und dann hat – wie meine Großmutter sagte – jemand auf den falschen Knopf gedrückt, und beide Kontinente versanken. Es war keine große Flut, nicht die ganze Erde wurde zerstört und nicht alle Menschen getötet. Atlantis versank sehr schnell im Ozean, unsere Dritte Welt ging sehr langsam unter.«

Weißer Bär erzählt dann ausführlich von den Kachinas, Wissenden, die in bedrohlichen Zeiten aufgetaucht seien und den Vorfahren der Hopi geholfen hätten, neue Lebensmöglichkeiten zu finden.

»Lange bevor unser Kontinent und Atlantis untergingen, hatten die Kachinas festgestellt, daß östlich von uns ein neuer Weltteil aus dem Wasser aufstieg. Übrigens hat sich nach unserer Überlieferung die Welt einige Male verändert. Was da auftauchte, war also eigentlich das gleiche Land, in dem wir in Topka, der Zweiten Welt, gelebt hatten. Aber wir nennen es jetzt die Vierte Welt, weil sie ein neues Äußeres hat.«

Mit dem auftauchenden Kontinent ist Südamerika gemeint. Dorthin (zunächst) seien die Ahnen der Hopi in einem langen Wanderungsprozeß von Insel zu Insel (wovon nur die Osterinsel übriggeblieben ist) gelangt. Von diesem Wanderungsprozeß wird erwähnt, er habe vor 80 Soomody begonnen und 4 Soomody gedauert, wobei diese Zeiteinheit (1 Soomody) eine Größenordnung von einem Jahrtausend bezeichne.

>Nicht alle Bewohner von Atlantis gingen zugrunde, als ihr Kontinent versank. Diejenigen, die nicht mitmachen wollten, als ihre Königin Kasskara angriff, wurden gerettet. Als ihr Land unterging, wollten sie natürlich auch auf diesen neuen Kontinent kommen. Doch der Schöpfer hatte uns versprochen, daß wir das neue Land lange Zeit ganz für uns allein haben sollten. Obwohl noch keine Hopi auf diesem neuen Kontinent waren, als Atlantis unterging, konnten also die Atlanter nicht nach Südamerika kommen. Der Schöpfer wollte sie nicht hierhaben.
Er schickte seine Kachinas, die diese Menschen nicht nach dem Westen ziehen ließen, denn wenn auch die Überlebenden ihren geistigen Anführern nicht gefolgt waren, blieben sie doch Atlanter.
In früheren Zeiten, als die Dritte Welt gegründet wurde, hatten die Atlanter Kachinas wie wir. Aber die Kachinas gingen fort, als die Atlanter sündig wurden. Nun konnten sie also nur nach dem Osten gehen, in die Gebiete, die wir heute Europa und Afrika nennen. Aber ihre Macht war ihnen genommen worden, sie waren erdgebunden, sie konnten nicht mehr fliegen. Sie konnten nur überleben, indem sie in einzelnen, kleineren Gruppen fortgingen – die einen hierhin, die anderen dorthin. Und jede dieser Gruppen nahm nur einen Teil des gesamten Wissens mit, das sie einmal hatten. Das ist der Grund, weshalb die Menschen dort drüben keine Erinnerung an ihre Geschichte haben, die mit der unseren vergleichbar wäre. Als sie die Dritte Welt zerstörten, stellte der Schöpfer sie kulturell auf eine sehr niedrige Stufe, soweit sie überlebten. Aber nachdem sie viele Jahrhunderte hindurch bestraft worden waren, begannen sie sich wieder zu entwickeln. Denke an die Kultur der Ägypter. Für uns Hopi liegt sie erst kurze Zeit zurück. Alles dies gehört auch zur Überlieferung unseres Volkes.«

Am Ende seines ganzen Berichts sagt Weißer Bär zu dem Berichteten:

>Ich habe dir viel über unsere Geschichte gesagt, die Geschichte des auserwählten Volkes. Ich weiß, es unterscheidet sich von dem, was ihr bisher gewußt habt. Natürlich werden uns die Wissenschaftler korrigieren, wie sie es immer tun. Sie verstehen uns nicht und können darum auch nicht unsere Geschichte und unsere Einsichten verstehen. Aber wir Hopi erkennen in den Ereignissen der heutigen Zeit das gleiche wieder, was gegen Ende der Dritten Welt geschah. Wir sehen, was jetzt in dieser Welt vor sich geht, die Korruption, die Morde, und wir wissen, daß wir auf dem besten

Wege zu unserer Vernichtung sind. Wir könnten das schreckliche Ende verhindern, wenn wir auf den rechten Weg des Schöpfers zurückkehren, aber ich glaube nicht daran. Die nächste große Katastrophe ist nicht weit entfernt, nur ein paar Jahre. Das mag alles seltsam anzuhören sein für euch in eurer Welt, aber wir wissen es. Wir Hopi wissen es.«

[Ergänzung: Technologisches aus ältester Zeit]

»Diese Flugkörper haben verschiedene Größen und Namen. Einer davon ist Paatoowa – ›das Objekt, das über das Wasser fliegen kann‹. Pahu heißt in unserer Sprache Wasser, und Toowata ist ein Gegenstand mit gekrümmter Oberfläche. Wegen dieser Form nennen wir sie auch ›Fliegende Schilde‹.
Ich will dir erklären, wie sie aussehen. Wenn man einen Flaschenkürbis durchschneidet, erhält man eine Form, die wie eine Schale oder Untertasse aussieht. Und wenn man zwei solche Teile zusammensetzt, erhält man die Form des Flugkörpers, mit dem man damals zu den Planeten fuhr. Wenn man in einem Gebilde wie diesem sitzt, kann es sich nach allen Richtungen bewegen, und man fällt nicht heraus, ganz gleich, wie schnell es fliegt. Deshalb hat es diese Form, und wir nennen es auch Inioma.
Weil der Flugkörper fast wie ein Kürbis aussieht, heißt er auch Tawuya.
Bei den Hopi weiß man, daß auch einige von uns mit solchen Raumschiffen fuhren und daß sie auch in anderen Ländern benutzt wurden, weil die Atlanter mit ihnen zu uns herüberkamen.
Bei Oraibi gibt es eine Felszeichnung von einer Frau in einem Fliegenden Schild. Der Pfeil ist ein Zeichen für große Geschwindigkeit. Die Frau trägt die Haartracht der Verheirateten.
Die beiden Hälften werden durch einen Zügel zusammengehalten. Derjenige, der das Raumschiff lenkt, braucht nur diesen Zügel zu betätigen. Dreht er ihn nach rechts, steigt das Raumschiff, und dreht er ihn nach links, geht es abwärts. Das Fahrzeug hat keinen Motor wie unsere Flugzeuge und braucht keinen Kraftstoff. Es fliegt im magnetischen Feld. Man muß nur die richtige Höhe kennen. Will man nach Osten fliegen, wählt man eine gewisse Höhe, will man nach Norden, eine andere Höhe, und so weiter. Man muß nur in die der Richtung entsprechende Höhe aufsteigen, dann fliegt das Schiff in der gewünschten Strömung. Auf diese Weise kann man jeden Ort innerhalb unserer Atmosphäre erreichen und auch die Erde verlassen. So einfach ist das.«
»In Kasskara kam alle Kraft und Energie, die wir brauchten, von der Sonne. Man konnte sie überall gewinnen, und Leitungen waren nicht nötig. Aber ich weiß nicht, wie es gemacht wurde.
Wir hatten ein Gerät, tatsächlich viele davon, mit einem Kristall darin, der nur etwa ein Zoll groß war. Damals brauchten die Menschen nicht tagelang an einem Stein zu meißeln. Sie mußten nur dieses Gerät in einer Weise halten, daß sich die Sonne in dem Kristall spiegelte, und so konnten sie jeden Stein mit Sonnenenergie spalten.
Auch alle Laute wurden in Kristallen gespeichert. All diese Aufnahmen aus der Dritten Welt liegen in einer Höhle in Südamerika. Meine Großmutter hat mir das einmal

gesagt, aber niemand weiß mehr, wo diese Höhle ist. Wenn sie jemals gefunden wird, kann ich alles darin wiedererkennen.

Als wir auf diesen Kontinent einwanderten, brachten wir diese Geräte und unser Wissen natürlich mit. Dort unten in Südamerika konnten die Menschen auch noch gewaltige Felsblöcke heben, indem sie einfach die Hände ausstreckten; sie brauchten sie nicht anzurühren. Heute sind wir erstaunt und verstehen nicht, wie sie solche Städte bauen konnten, aber damals war es einfach.

Die höchste Wirkung menschlicher Fähigkeiten liegt in den Fingern. Sie strahlen soviel Kraft aus und können auch soviel aufnehmen! Denke nur daran, wenn ein Medizinmann seine Finger auf deinen Körper legt und alle seine Schwingungen fühlt. Er fühlt auch die Schwingungen, die nicht dasein sollten, und erkennt, wo die Krankheit liegt.

Es gab auch eine Zeit, als mit Quecksilber gearbeitet wurde, aber ich bin nicht sicher, wofür man es verwendete. Nach der Aussage der Hopi gab es zwei Sorten, eine feste und eine flüssige. Irgendwie scheint es mit Hitze und Gleichgewicht zu tun zu haben; ich weiß nicht, ob dir das wissenschaftlich etwas sagt. Die Zwei-Horn-Leute haben es benutzt; das habe ich von einem Mann vom Bogen-Clan gehört.

Die Menschen waren damals technisch auf einem sehr hohen Stand, aber sie haben diese Macht nicht benutzt, um Menschenleben zu zerstören. Das Wissen ging allmählich verloren, und so mußten die Menschen viel schwerer arbeiten.

Heute sind uns alle diese guten Dinge verborgen, und wir sehen mit Staunen, was damals geleistet wurde. Im Vergleich damit könnte man sagen, daß wir heute im dunklen Zeitalter leben.«

V: Aus der Philosophia Perennis

In seinen Vorträgen über »die Goldenen Verse des Pythagoras« spricht Rajneesh einleitend vom Leben des Pythagoras, den er als großen Atlantisforscher vorstellt. Es werden dabei auch die Umstände erwähnt, durch welche in der Übermittlung des Wissens von Atlantis größte Lücken entstanden sind. (Von mir übersetzt aus der englischen Originalschrift: Philosophia Perennis, Vol. 1, Antelope/USA 1981, Seiten 4–9 in Auszügen. Dieses Werk ist, wie bei den anderen Schriften des indischen Autors, eine gedruckte Tonbandabschrift der originalen freien Rede.)

»Pythagoras repräsentiert die immerwährende Pilgerschaft zur Philosophia Perennis – zur ewigen Philosophie des Lebens. Er ist ein Wahrheitssuchender ohnegleichen.
Er steckte alles, was er hatte, ins Forschen. Er reiste weit umher, fast in der ganzen damals bekannten Welt, auf der Suche nach den Meistern, nach den Mysterien-Schulen, nach irgendwelchen versteckten Geheimnissen.
Von Griechenland ging er nach Ägypten – auf der Suche nach dem verlorenen Atlantis und seiner Geheimnisse. In Ägypten war die große Bibliothek von Alexandria immer noch unversehrt. Sie hatte all die Geheimnisse der Vergangenheit aufbewahrt. Es war die größte Bibliothek, die je bestanden hat; später wurde sie durch einen mohammedanischen Fanatiker zerstört. Die Bibliothek war so riesig, daß bei ihrem Brand das Feuer noch sechs Monate weiterschwelte.
25 Jahrhunderte vor Pythagoras war ein großartiger Kontinent, Atlantis, im Ozean verschwunden. Der Ozean namens ›Atlantik‹ hat seinen Namen von jenem Kontinent, von Atlantis. Atlantis war der traditionsreichste Kontinent der Erde, und die Zivilisation hatte die höchstmöglichen Gipfel erreicht. Aber wann immer eine Zivilisation einen großen Gipfel erreicht, ist Gefahr da: die Gefahr des Zerfalls, die Gefahr, Selbstmord zu begehen.
Die Menschheit blickt der gleichen Gefahr wieder ins Auge. Wenn der Mensch mächtig wird, weiß er nicht, was mit der Macht tun. Wenn die Macht übermäßig ist und das Verständnis zu gering, hat sich Macht immer als gefährlich erwiesen.
Atlantis versank im Ozean nicht durch irgendeine Naturkatastrophe. Es handelte sich tatsächlich um das gleiche, was heute vor sich geht: es war des Menschen eigene Macht über die Natur. Es geschah durch Atomenergie, daß Atlantis unterging – es war ein Selbstmord der Menschheit.

Doch all die Schriften und all die Geheimnisse von Atlantis waren immer noch in Alexandria aufbewahrt. Auf der ganzen Welt gibt es Gleichnisse, Geschichten über die Große Flut. Diese Geschichten gehen auf den Untergang von Atlantis zurück. All diese Geschichten – christliche, jüdische, hinduistische –, sie alle sprechen über eine große Flut, die einst in der Vergangenheit gekommen war und beinahe die gesamte Zivilisation zerstört hatte. Ein paar Eingeweihte, Adepten, hatten überlebt. Noah ist ein Adept, ein großer Meister, und Noahs Arche ist nur ein Symbol.

Wenige Menschen entkamen der Katastrophe. Mit ihnen lebten die Geheimnisse, welche die Zivilisation erlangt hatte, fort. Sie waren in Alexandria aufbewahrt. Pythagoras lebte in Alexandria über Jahre. Er studierte und er wurde in die Mysterien-Schulen Ägyptens eingeweiht, vor allem in die Hermetischen Mysterien.

Dann kam er nach Indien, wurde in all das eingeweiht, was die Brahmanen dieses alten Landes entdeckt hatten, alles was Indien von der inneren Welt des Menschen gewußt hatte. Über Jahre war er in Indien, dann reiste er nach Tibet und dann nach China. Das war die ganze bekannte Welt.

Sein ganzes Leben war er ein Suchender, ein Pilger auf der Suche nach einer Philosophie – Philosophie im wahren Sinne des Wortes: Liebe für Weisheit. Er war ein Liebender, ein Philosoph – nicht im modernen Sinne des Wortes, sondern im alten, uralten Sinne. Denn ein Liebender kann nicht nur spekulieren, ein Liebender kann nicht nur über Wahrheit denken: ein Liebender muß suchen, riskieren, erleben.

...

In der Zeit, als Pythagoras zurückkehrte, war er schon ein alter Mann. Aber Suchende sammelten sich um ihn; eine große Schule wurde geboren. Und, wie es immer geschieht, die Gesellschaft begann ihn, seine Schule und seine Schüler zu verfolgen.

Sein ganzes Leben suchte er nach der ewigen Philosophie, und er hatte sie gefunden! Er hatte all die Bruchstücke in eine gewaltige Harmonie gebracht, in eine große Einheit. Doch man erlaubte ihm nicht, sie im Detail auszuarbeiten; Leute zu unterrichten, wurde ihm nicht gestattet.

Er wurde von einem Ort zum andern verfolgt. Viele Anschläge wurden auf sein Leben verübt. Es war beinahe unmöglich für ihn, all das, was er zusammengebracht hatte, zu lehren. Und sein Schatz war unermeßlich – in der Tat, niemand sonst hat je einen solchen Schatz gehabt, wie er ihn hatte. Doch so ist es mit der Dummheit der Menschen, und ist es immer gewesen.

Dieser Mann hatte etwas Unmögliches getan: Er hatte Ost und West überbrückt. Er war die erste Brücke. Er hatte den östlichen Geist ebenso tief erkannt wie den westlichen. Er war Grieche. Mit griechischer Logik war er aufgewachsen, mit griechischer Wissenschaftsmethodik, und dann bewegte er sich nach Osten; dann lernte er die Wege der Intuition.

Er lernte, ein Mystiker zu sein. Er selbst war ein bedeutender Mathematiker aus eigenem Recht. Und ein Mathematiker, der ein Mystiker wird, ist eine Revolution. Denn dieses sind entgegengesetzte Pole.

...

Am Tag als Pythagoras starb, wurden Tausende seiner Schüler massakriert und verbrannt. Nur ein einziger Schüler entkam der Schule; sein Name war Lysis. Und er entkam, nicht sein Leben zu retten – er entkam, um eben etwas von seines Meisters Lehren zu retten. Diese Goldenen Verse des Pythagoras wurden von Lysis geschrieben, dem einzigen überlebenden Schüler.

Die ganze Schule wurde angezündet, und Tausende der Schüler wurden einfach ermordet und abgemetzelt. Und alles, was Pythagoras auf seinen Reisen angesammelt hatte, – große Schätze, große Schriften aus China, Indien, Tibet und Ägypten, Jahre und Jahre der Arbeit – alles verbrannte.«

Anmerkungen

[1] H. Uhlig: Die Sumerer, S. 108.

[2] L. Woolley: Ur of the Chaldees, S. 28 f.

[3] Uhlig, S. 109.

[4] ebenda.

[5] Berosus (chaldäische Tradition), Hieronymus (ägyptische Tradition) und Nikolaus von Damaskus sprechen von den Armenischen Bergen; Berosus speziell vom Kordyäer-Gebirge (Kurden-Geb.), Nikolaus von dem gewaltigen Berg Baris, auf den zur Zeit der Großen Flut viele geflohen sein sollen (Flavius Josephus: Jüdische Altertümer, S. 28). In der sumerischen Überlieferung wird der Berg Nisir genannt, möglicherweise im Bereich des Kleinen Zab, einem östlichen Nebenfluß des Tigris (H. Schmökel: Das Gilgamesch-Epos, S. 102).

[6] Die Zeitangaben des Josephus scheinen in sich konsistent zu sein. Sie weichen in einer bestimmten Weise von den Angaben unserer Bibel ab, die in sich nicht völlig konsistent erscheinen. Würde man die Zeitangaben unserer Bibel (in 1. Mose, 11, 10-25) zugrunde legen, so käme man für die Zeit von Arpachschad bis Peleg auf ungefähr einhundert Jahre gegenüber ungefähr vierhundert Jahren nach den Angaben des Josephus. Die Abweichung beruht offenbar auf folgendem: In der heutigen Bibel erscheinen an der bezeichneten Stelle die Generationenabstände alle als »natürliche« (z. B. 35 Jahre); damit fallen sie aber aus dem Rahmen der Generationenabstände, wie sie im 1. Buch Mosis vorher und auch noch nachher angegeben sind und mitunter (sehr) »unnatürliche« Generationenabstände enthalten, heraus. Demgegenüber rechnet Josephus – er hat die Quellen verschiedenster hebräischer Traditionen studiert – an der entsprechenden Stelle z. T. auch mit Generationenabständen, die als unnatürlich erscheinen, so mit 135 Jahren statt den biblischen 35 Jahren oder mit 130 Jahren statt den biblischen 30 Jahren (außerdem rechnet er bei der Geburt des Arpachschad mit 12 Jahren nach der Sintflut statt der biblischen 2 Jahre nach der Sintflut). Dort, wo die Zeitangaben unserer Bibel nicht ganz konsistent erscheinen, rechnet Josephus also geradewegs mit einer Zehnerstelle mehr. Und diese Angaben erscheinen mir zuverlässiger als die biblischen Angaben, die den Eindruck machen, als seien sie einmal zugunsten »natürlich« aussehender Generationenabstände gestutzt worden. Das ganze Problem der nicht natürlich erscheinenden Zeitangaben, wie es sich bei frühen Angaben aus der jüdischen, aber z. B. auch aus der sumerischen und der ägyptischen Tradition stellt, kann in einer bestimmten Weise gelöst werden, ohne die betr. empirischen Fragen (Lebensalter, Generationsabstand), die möglicherweise überhaupt nicht mehr geklärt werden können, auch nur zu berühren: In der Erinnerung wird im allgemeinen Bedeutendes festgehalten und Unbedeutendes nach und nach fallengelassen; außerdem versucht man, den zeitlichen Abstand zwischen einem Bedeutenden A und einem Bedeutenden Z zu wahren. Nehmen wir gemäß dieser Arbeitsweise des Erinnerungsvermögens folgendes an: Die historische Erinnerung habe einen bedeutenden Patriarchen A und einen bedeutenden Patriarchen Z behalten, und außerdem den Zeitabstand zwischen beiden. Dazwischen seien aber Lücken entstanden (B – Y). Unter dieser Voraussetzung ist es im Sinne einer optimalen Überlieferung der Zeitrelationen

das Vernünftigste, die Zeit des A bis hin zum Z walten zu lassen, auch wenn dies für die Biographie des A nicht zutreffen kann. Wenn ein solcher Fall eintritt – und man muß besonders bei ›vorsintflutlichen‹ Angaben mit ihm rechnen – so ist eine adequate Interpretation gefragt. Die Aussage ›A waltete 1000 Jahre‹ ist dann so zu interpretieren, daß die Ära oder der Geist oder die Wirkungsdauer das A (einschließlich seiner unbedeutenden Nachfolger B–Y) diese Dauer hatte. In diesem Sinne können selbst völlig unglaubliche Zeitangaben, wenn sie nur in sich konsistent sind, ihren großen Wert haben.

[7] Josephus: Jüdische Altertümer, S. 28.

[8] L. Spence: History of Atlantis, S. 27.

[9] Ignatius Donnelly: Atlantis: The Antediluvian World, S. 76.

[10] Donnelly, S. 71 f. (aus den Rig-Veden).

[11] Donnelly, S. 80, der sich seinerseits auf Lenormant beruft. Manetho, von dem noch Näheres zu hören sein wird, hat im 3. Jahrh. v. Chr. über die vorsintflutlichen und nachsintflutlichen Dynastien Ägyptens geschrieben.

[12] Donnelly, S. 273 f.

[13] Josephus: Jüdische Altertümer, S. 24 f. Spärliche Spuren dieser speziellen Erzähl-Tradition finden sich auch bei den Chaldäern (Babyloniern), bei den Aramäern und sogar bei den Indern. In den entsprechenden Erzählungen dieser Völker sind verschiedene Elemente stark vermischt, vermutlich weil manches übernommen wurde.

[14] Wegen eines möglichen Mißverständnisses – die Bronze-Zeit wird mit gutem Grund seit dem zweiten Jahrtausend v. Chr. datiert – erwähne ich hier schon, daß etliche Bronze-Artikel gefunden wurden, die aus einer ganz anderen Zeit stammen. Dies gilt z. B. für einen bei Memphis in Unterägypten tief in der Erde gefundenen Bronze-Artikel, dessen Alter auf etwa 6000 Jahre (4000 Jahre v. Chr.) geschätzt wurde (Donnelly, S. 296 nach Lenormant).

[15] Spence, S. 122 f.

[16] Donnelly, S. 79, der die Älteren Edden (Sibylles Vision) zitiert.

[17] Charroux, S. 41. Kaiser Yao war ein Herrscher des mittleren 3. Jahrtausends v. Chr. und gilt als Abkömmling des etwa ein halbes Jahrtausend früher datierten Fu-hi, der für die Chinesen der Ausgangspunkt ihrer Kultur nach der Großen Flut ist. Demnach gibt es ein Problem mit dem Katastrophenereignis, von dem im Zusammenhang mit Kaiser Yao die Rede ist. Ich sehe folgende Möglichkeiten der Lösung:
Entweder bezieht sich das von Kaiser Yao »Gesehene« oder »Gewußte« auf die Jahrhunderte frühere Große Flut. Oder aber handelt es sich um eine besondere, nur mittelbar mit der Großen Flut zusammen hängende Katastrophe, nämlich den Abfluß des sog. Mongolischen Meeres (dazu später noch Näheres). Drittens ist auch möglich, daß beide Ereignisse miteinander vermengt wurden.

[18] William Jones, zit. bei Donnelly, S. 208 f.

[19] Erzählt nach Donnelly, S. 84–91.

[20] Berlitz, Weltuntergang, S. 204 f.

[21] Donnelly, S. 84 f.

[22] Spence, S. 150.

[23] Donnelly, S. 86. – »Vor der vierten Kreation« bedeutet in der typisch indianischen Periodisierung: am Ende des dritten Weltzeitalters. Dieses entspricht dem ehernen Zeitalter der Griechen (z. B. bei Hesiod, der von diesem sehr negativ geschilderten Zeitalter sagt, die Menschen hätten sogar ihre Wohnungen aus Erz gemacht – Blavatsky, Bd. I, S. 283).
Die ältesten griechischen Mythen bezeichnen das Geschlecht des dritten Zeitalters als das »Geschlecht aus Eschen«, das indianische Popol Vuh spricht bei seinem dritten Zeitalter von

»Holzmenschen«. Eine ungesicherte Interpretation, auf die ich durch biblische Andeutungen zu den Völkern der »Riesen« (betrifft gleiches Zeitalter) im apokryphen Salomo-Buch gekommen bin, hieße: In jenem Zeitalter wurden die »Göttersöhne« durch Holzstatuen dargestellt und verehrt.

Das dritte Weltzeitalter wird im Popol Vuh auch als »Sonne des Himmelsfeuers« bezeichnet, das vierte als »Sonne der Großen Flut«. Die Zäsur zwischen diesen beiden Äonen ist der Kataklysmus, den Donnelly (diesen Terminus der Übersetzung benutzend) zitiert.

Die mexikanischen Überlieferungen sagen zu diesem Kataklysmus noch etwas Merkwürdiges: »Und viele Menschen kamen um im Wasser. Andere wurden in die Wälder geschleudert und verwandelten sich in Affen.« (Popol Vuh, S. 172).

24 Für diese de-facto-Angabe gibt es immerhin folgende Vergleichszahl: Herodot (5. Jahrh. v. Chr.) hat die Durchfahrt der Länge des Kaspischen Meeres mit 15 Tagereisen angegeben (Herodot, 2. Buch, Abschn. 103, S. 93).

Da die Ost-West-Fahrt durch das Mittelmeer knapp die dreifache Länge beträgt, käme man nach Herodots Angabe für die (Ost-West-) Durchfahrt durch das Mittelmeer auf knapp 45 Tage.

Die Angabe von 45 Tagen für die gleiche Route steht in der assyrischen Version des Gilgamesch-Epos und dürfte einen Stand der Mittelmeer-Schiffahrt repräsentieren, wie er wenige Jahrhunderte vor Herodot bestand.

25 Vor allem Berosus (3. Jahrh. v. Chr.) hat dies überliefert, sicherheitshalber als Gerücht. Es befinden sich im Ararat-Gebirge, oberhalb von 1800 m, allerdings eine Reihe von Spuren, die auf eine rund fünf Jahrtausende alte Ansiedlung hindeuten; besonders interessant ist eine Anlage, die als Tiergehege gedient haben könnte. (Nähere Informationen bei Charles Berlitz: Die Suche nach der Arche Noah; Wien, Hamburg 1987).

26 A. Braghine: Atlantis, S. 125.

27 Herodot (2. Buch), S. 103 f.

28 E. Baltzer, Pythagoras, S. 115 (Die Plutarch-Stelle wird in einem späteren Zusammenhang noch zitiert werden).

29 Franz v. Schwarz: Sintfluth und Völkerwanderungen, Stuttgart 1894, S. 431 ff. Von Schwarz, der in Ostturkestan als Diplomat tätig war, begann seine Arbeit über die Sintflut, nachdem ihm sein kosakischer Führer auf einer Bergwanderung eine Stelle zeigte, die er mit den Worten kommentierte: »Da kann man sehen, wie weit die Sintfluth hinaufgereicht hat.« (S. 435)

In seinem Buch identifiziert v. Schwarz die Sintflut allerdings mit dem Abfluß des »Mongolischen Meeres« und sieht sie dementsprechend als ein bloß regionales Phänomen an, während nach meinen Ausführungen dieses regionale Phänomen von der deutlich früheren, globalen Sintflut unterschieden werden muß.

30 Die Rohdaten für diese Rechnung durchziehen die 20 Bücher der »Jüdischen Altertümer« von Flavius Josephus und beruhen auf seinem Quellenstudium verschiedener Hebräischer Traditionen. Ein wichtiger Bezugspunkt der Rechnung mit den Daten von Josephus, der Geburtsangaben im allgemeinen für die zuverlässigsten hielt, ist die Geburtszeit von Abraham; in christliche Zeitrechnung umgerechnet liegt sie im 22. Jahrhundert v. Chr. – Zu methodischen Grundsatzfragen siehe Anm. 6.

31 Aldo Massa: Die Welt der Phönizier, S. 6; die Ortsnamen auf der Insel waren anscheinend noch in der Römerzeit gebräuchlich und daher dem römischen Geographen Strabo bekannt.

32 Herodot, S. 1 und S. 467, spricht zwar vom Roten Meer und nicht ausdrücklich vom

Persischen Golf, aber er differenziert diese gesamte Meeresgegend nicht. Bemerkenswert ist eine Zeitangabe, die Herodot (S. 119) über das Gründungsheiligtum von Tyr erfahren hat, wobei allerdings offen bleibt, ob es sich um das libanesische Tyr oder das Tyr am Persischen Golf handelt. Es sei 2300 Jahre alt, was bedeutet: es wurde im 28. Jahrhundert v. Chr. errichtet.

[33] Ein Teil der Angreifer konnte fliehen, unter ihnen die Philister, die sich in Palästina (›Land der Philister‹) niederließen. Toynbee (Studie, S. 41) sagt, daß sie ihrerseits schon »Flüchtlinge aus der minoischen Welt« waren; d. h. sie wären wahrscheinlich die Reste der Minoischen Bevölkerung im mykenischen Kreta.

Das Alte Testament (1. Mose, 10, 14) kennt zudem noch eine (ursprüngliche) Verbindung dieser Leute mit Ägypten.

[34] Massa, S. 43.

[35] Ein sehr tiefer Hintergrund der Phönizier bzw. ihres Tyrenischen Zweigs ist bei Homer (Odyssee, 11. Gesang, S. 144 f.) angedeutet. Danach stammte die edle Tyro ursprünglich (vor der Großen Flut) aus dem Mittelmeerraum; vom Gebirge zum Persischen Golf gelangte Phönizier wären somit wieder in die Gegend ihrer ›Ur-Mutter‹ zurückgekehrt.

[36] Näheres über Island weiß man eigentlich erst seit der Christianisierung der Isländer, die im ausgehenden 9. Jahrhundert eingeleitet wurde. In der Folgezeit wurden dann die isländischen Sagas erkundet und aufgeschrieben. Toynbee (Menschheit, S. 352) betonte den eigenständigen Charakter der isländischen Epic, doch hat sie auch Wurzeln in den Völkern des nordischen Festlands. Überhaupt liegt die Siedlungsgeschichte des vorchristlichen Island im Dunkeln.

Diodorus Siculus (1. Jahrh. v. Chr.) assoziierte eine hyperboräische Wohngegend mit einer Insel im Ozean, die mindestens so groß wie Sizilien sei; auch dies könnte sich auf Island beziehen. Ihre Bewohner brächten zwei Ernten im Jahr ein und die Leute seien griechenfreundlich. Sie würden Apollo – identisch mit Baldr, M. F. – verehren. Seit alters gäbe es sporadische Besuche von beiden Seiten; berühmt sei der Besuch des Abaris in Delos, dem Zentrum des Apollo-Kults (Diodorus, Buch II, S. 37 ff. ähnlich auch Herodot, 2. Buch, S. 264 f.).

[37] Dieser »Eingang« – an der spanisch/portugiesischen Küste laufen tiefe unterirdische Flußbetten in den Atlantik (Braghine, S. 68 f.) – müßte nach der Homerischen Geographie etwa bei Gades (Cadiz) liegen. Plinius hat von diesem Ort den Begriff »Hades« abgeleitet (Braghine nach Plinius, Hist. Nat. IV, 31/32). Diese Deutung des Begriffs erscheint mir sehr plausibel.

[38] Die Bedeutung des ehemaligen Tritonssees ist umstritten. Der moderne chilenische Altertumsforscher Luis Thayer Ojeda, der sich für die geoarchäologischen Veränderungen im Mittelmeerraum interessierte und die ältesten Mythen dortiger Völker als dichterische Erinnerungen an verschwundene Städte, Landverbindungen und Inseln interpretierte, war der Ansicht, daß auch der Tritonsee durch zerstörerische Wirkungen einer großen Überschwemmung verschwunden sei (Braghine, S. 129 ff.).

Mir erscheint es viel wahrscheinlicher, daß der Tritonsee durch die Überschwemmung der Großen Flut erst geschaffen wurde. So wie die Ägypter wußten, daß zur Regierungszeit des ersten Pharaos der ersten Dynastie, d. h. eine gewisse Zeit nach der Großen Flut, Unterägypten noch unter Wasser stand, so können auch andere Niederungen Nordafrikas von Wasser bedeckt gewesen sein, das nur allmählich abfloß. In den Senkungen müßte es sich dann aber am längsten gehalten haben. Und eben dies scheint für den Zentralbereich des Tritonsees, der in einer großen Senke lag, der Fall gewesen zu sein.

[39] Hans Steuerwald: Der Untergang von Atlantis, S. 241 f.

[40] Diodorus (Buch IV), S. 495, 533.

[41] Jürgen Spanuth: Die Atlanter, S. 380 mit Berufung auf U. v. Wilamowitz-Möllendorf und R. Hennig.

[42] Spence: History of Atlantis, S. 31. Die Angaben aus dem verschollenen Werk von Theopompus stammen von Aelian (3. Jahrh. v. Chr.).

[43] Spence, S. 31, mit Verweis auf Aelian bzw. Theopompus. Die griechischen Informanten sagen, daß die Reise zu der Inselgruppe geführt hat, zu der Ogygia gehört. Dem Mythos nach sei dort der Gott Saturn (griech. Kronos) eingeschlossen. Dies wisse man, so wird ausdrücklich gesagt, von Nicht-Griechen.

[44] Nach Herodot (S. 267) war es Neccho; den Angaben des Ägypters Manetho zufolge müßte es sich um Neccho II. gehandelt haben.

[45] P. Oliva, Solon, S. 83 (nach Plutarch).

[46] Platon, Timaios, S. 148.

[47] Oliva, S. 37.

[48] Braghine, S. 11.

[49] Berlitz, Weltuntergang, S. 160 f. Assurbanipal verfügte über eine bedeutende Schriftensammlung in Ninive, der Stadt, in deren Trümmern die Flut-Überlieferung des Gilgamesch-Epos gefunden wurde.

[50] Donnelly, S. 274; Berlitz, Weltuntergang, S. 30.

[51] Donnelly, S. 273.

[52] Diodorus Siculus (1. Jahrh. v. Chr.), gab eine ägyptische Ansicht wieder, wonach Bestandteile der Großen Pyramide aus großer Distanz gekommen sind.
Die äußeren Steine der Großen Pyramide stammen zweifellos aus dem näheren Umland, zumindest einige der inneren jedoch nicht. So gilt (wie ich mich an Ort und Stelle vergewissern konnte) als sicher, daß die Granitplatten der »Königskammer« ihre Herkunft in der Gegend von Assuan haben.

[53] Solche Umrechnungen fingen schon in der Römerzeit an.
Speziell die Operation mit dem sogenannten Mondjahr findet man auch heute bei Atlantisforschern, die wichtige aus Ägypten stammende Daten glauben umdeuten zu müssen (Näheres dazu später).
Der Manetho-Herausgeber W. G. Waddell, der als Ägyptologe in Ägypten arbeitete, sagt (Manetho, S. 4), es gäbe keinerlei Anzeichen dafür, daß die Ägypter jemals ein Jahr einem Monat gleichgesetzt hätten.
Nach Braghine (S. 98) ist durch Manetho selbst eine aus dem fünften Jahrtausend v. Chr. stammende Kalenderreform überliefert worden, in welcher die Größe der Monate und ihre Anzahl (von 13 auf 12) geändert wurde, nicht aber das Jahr selbst.

[54] Manetho, hrg. von W. G. Waddell, S. 209 ff.

[55] O. Muck: Alles über Atlantis, S. 55. Paul Schliemann wird in der einschlägigen Literatur (Muck und Berlitz) nicht gerade gut behandelt. Trotzdem denke ich, daß es richtig und lohnend wäre, seinem Schicksal und evt. Überresten seiner Arbeit nachzuspüren. Möglicherweise gehen Spuren nach St. Petersburg.

[56] Berlitz: Das Atlantis-Rätsel, S. 40 und 135 ff; Berlitz: Der 8. Kontinent, S. 59. Bemerkenswert ist, daß Berlitz die dort verstreuten Angaben weitergegeben hat, obwohl diese seiner eigenen Vorstellung über die Zeit des Untergangs von Atlantis widersprechen.

[57] Berlitz, 8. Kontinent, S. 59.

[58] H. P. Blavatsky: Die Geheimlehre, Bd. I, S. 382 f. (nach Basagne).

[59] Jamblichus: Über die Geheimlehren (Hrg. Th. Hopfner), S. 192 f.

[60] (Mit Berufung auf Herodot) ebenda, S. 246 f.

[61] Ch. Piazzi Smyth: Life and Work at the Great Pyramid, Vol. II, S. 421.

[62] Eduard Baltzer: Pythagoras – der Weise von Samos, S. 37 f.

[63] ebenda, S. 127 ff.

[64] nach Baltzer ebenda; Baltzer deutet seine Ansicht an, daß Elemente dieses Kults auch in das christliche Weihnachtsfest eingegangen sind.

[65] H. P. Blavatsky, Bd. III, S. 254.

[66] zit. nach Baltzer, S. 115 (Übersetzung aus dem 19. Jahrhundert).

[67] Baltzer, S. 105 (nach Porphyrios).

[68] Diodorus, Vol. I, S. 55 ff.

[69] ebenda, S. 88 f. Diodorus sagt (1. Jahrh. v. Chr.), der größere Teil der Säule sei nicht lesbar, und die Priester des Heiligtums würden die Wahrheit zurückhalten. Diodorus drückt auf diese Weise aus, daß er (wie dies immer wieder aus seinem Werk spricht) an die kenntnisreichen Priester nicht herangekommen ist oder sie ihn ignoriert haben.

[70] Spence (nach Aelian), S. 31.

[71] Berlitz, Atlantis-Rätsel, S. 136. Es handelte sich um eine Bronze-Vase aus dem Troja-Bestand Heinrich Schliemanns mit der phönizischen Gravur: »Von König Kronos von Atlantis«. Paul Schliemann hatte sie geerbt und von ihr berichtet.
Die Echtheit dieses und anderer der Schliemannschen Stücke ist angezweifelt worden. Die Frage ist allerdings, was für eine Echtheit man verlangt. Angenommen, es handelte sich um eine echte phönizische Vase, so besagt die Inschrift jedenfalls, daß in der phönizischen Überlieferung Kronos als König von Atlantis bekannt war. Mehr sollte man nicht verlangen.

[72] Platon schreibt hier ausdrücklich ›logos‹ und nicht etwa wie bei Erzählungen, die die Form von Märchen oder Sagen haben, ›mythos‹. Im Text des Anhangs ist ›logos‹ etwas prätentiös mit ›Sage‹ übersetzt.

[73] Im griechischen Text werden sie als ›Gehende‹ (ionteis) bezeichnet, wofür verschiedene Arten von Himmelskörpern in Betracht kommen, Fixsterne ausgenommen.

[74] Manetho (Hrg. W. G. Waddell), S. 15 ff. Ich beziehe mich vorzugsweise auf die ausführlichste Zusammenstellung (Synchellus) der Manetho-Fragmente. Helios ist dort der zweite der allerältesten Herrschernamen. Sein Vorfahr Hephaistos (in der griechischen Mythologie: der Himmelsschmid) ist der alleräteste, Repräsentant eines Äons von neun Tausend Jahren.

[75] Im Übersetzungstext des Anhangs ist von den damals »lebenden« Griechen die Rede, so daß man geneigt sein könnte, die Gesetze und Heldentat allein auf den Ausgangspunkt zu beziehen. Dies ist auch gelegentlich geschehen und hat mit zur Verwirrung in den betreffenden Datierungsfragen beigetragen. Wörtlich übersetzt spricht Platon nur von den damals ›entstandenen‹ (gegōnotōn) Bürgern Griechenlands. Wie sich die Gesetzgebung entwickelt hat und wann jene Heldentat stattgefunden hat, bleibt auch an dieser Textstelle offen.

[76] Im Griechischen ›pote‹, d. h. – im unbestimmten Sinne – »irgendwann einmal«.

[77] Die Griechen zu Platons Zeiten verstanden unter Asien Kleinasien.

[78] … wo einmal Säulen eines Herakles-Tempels gestanden hatten.

[79] Kritias, 108 e (Oxford-Bezifferung).

[80] Edwin Ramage: Atlantis – Fact or Fiction, S. 18.

[81] Herodot (Buch VII, Ziffer 184), S. 505 f.

[82] H. P. Blavatsky, Bd. I, S. 445–447. Blavatsky bezeichnet die von ihr (wegen Geheimhaltung) ohne Quellennachweis wiedergegebenen Textfragmente als »Kommentar« der »früheren Geschichte«.

83 Der Große Duden, Bd. I, 16. Auflage, 1967.

84 Poseidonius (2. Jahrh. v. Chr.) berichtet von diesem Argument kritisch. Das Gerede über Platons Bericht von Atlantis, wonach sein Erfinder es verschwinden gemacht habe, solle man sein lassen (Spence, S. 30).

85 Spence, S. 46.

86 Laut Scylax von Caryanda, ungefährer Zeitgenosse von Platon (Spence, S. 45); ähnliche Informationen im 5. Jahrh. v. Chr. bei Herodot (Ramage, S. 22).

87 Ramage, S. 22.

88 Spence, S. 45.

89 Spence, S. 46.

90 ebenda.

91 Donnelly, S. 23.

92 Diodorus Siculus (Ausgabe Oldfather), Vol. I, Book I, S. 85.

93 ebenda, S. 97.

94 ebenda, S. 55–70.

95 Platon, von dem Diodorus ebenfalls weiß, daß auch er Ägypten besucht hat, erwähnt Diodorus in diesem Zusammenhang nicht. Dort, wo er ihn als Ägypten-Besucher erwähnt (ebenda, S. 327), bezeichnet Diodorus ihn ganz betont als »Philosophen«; wie mir scheint deshalb, damit er ihn aus der Reihe »anerkannter Historiker« ausschließen kann.

96 Diodorus, III. Buch, Kap. 56–61, Vol. II, S. 263 ff.

97 Die Skythen der eurasischen Steppe, auch Magoger genannt, stammten von Magog, dem 2. Sohn des Japhet ab.
Die erwähnte Überlieferung dürfte sich auf das (frühe) fünfte Jahrtausend v. Chr. beziehen, auf die Zeit des Herakles, in der Mittelmeer-Völker Vorstöße bis zur Atlantikküste unternahmen.

98 Philo von Alexandria (Hrg. L. Cohn u. a.), Bd. I, S. 106.

99 ebenda, Bd. II, S. 27 f.

100 ebenda, Bd. II, S. 305.

101 ebenda, Bd. I, S. 359; außerdem erwähnt Philo (wie Berlitz, Atlantis-Rätsel, S. 43 f. weiß), den Untergang von Atlantis – im Sinne Platons – auch explizit und bringt ihn mit der Überflutung des Mittelmeerraums in Zusammenhang. Er nennt die griechischen Städte Aigara, Boura und Helike, die auf dem Meeresgrund vermutet werden, und die abgerissene Verbindung zwischen Sizilien und dem italischen Festland.

102 Flavius Josephus: Jüdische Altertümer (Hrg. Clementz), S. 26.
Josephus betont dort, daß man in der jüdischen Überlieferung weit größere Exaktheit von Geburtsdaten als von Todesdaten erwarten kann. Mit letzteren solle man insofern nicht rechnen, als sich das angegebene Alter der Patriarchen oftmals auf weitere Generationen erstrecke. (vgl. Anm. 6).

103 Josephus, S. 23; außerdem Ranke-Graves: Hebräische Mythologie, S. 112 ff.

104 Athanasius Kircher: Arca Noe, S. 6; dort ist der sehr alte Gebetstext (auf lateinisch) abgedruckt.

105 Nach Flavius Josephus: Jüdische Altertümer (Übersetzung von H. Clementz), S. 515 f. und Flavii Josephi Antiquitatum Judaicarum Libri XX, Basileae in officina Frobeniana 1650, S. 478. In der letztgenannten Ausgabe stellte der (kirchlich gebundene) Herausgeber den Josephus geradezu beschwörend als einen Christen hin und suchte Rückendeckung bei Hieronymus (geb. Mitte des 4. Jahrhunderts), der sich mit Josephus beschäftigt hatte. Für Hieronymus allerdings war Josephus ein nicht-christlicher Historiker, mit dem er in den dogmatischen

Auseinandersetzungen seiner Zeit sehr vorsichtig umging. Die Aussagen des Josephus über Jesus zu zitieren, unterließ er offenbar.

[106] Ramage, S. 25.

[107] Spence, S. 31. Aelian stützte sich zumindest teilweise auf ein verlorenes Werk des Theopompus (4. Jahrh. v. Chr.), der erwähnt hatte, daß die betr. Meeresgegend fremden Völkern (wahrscheinlich Hyperboräern, M. F.) bekannt sei. Ähnlich sprach auch Plutarch im 1./2. Jahrhundert n. Chr. von Ogygia (Berlitz, Atlantis-Rätsel, S. 38).

[108] Berlitz, Atlantis-Rätsel, S. 38; Ramage, S. 25.

[109] In seinem Werk »Die Platonische Theologie« knüpft Proclus an Platons Darstellungen der griechischen und der ägyptischen Göttergestalten an. Proclus (Buch II) stellt sich das Problem, ob dem erhabenen Zeus der Griechen oder den ältesten Göttern der Ägypter (Hephaistos, Helios, Osiris und andere) der Vorrang gebührt.

Proclus löst sein Problem dialektisch, indem er jenseits der beiden Pole die Synthese eines all-einigen Gottes setzt. Dieses Dreieinigkeitsmodell ist dem parallel entstandenen christlichen Dreieinigkeitsmodell formell gleich, aber nicht inhaltlich.

Die christliche und die neuplatonische Theologie haben sich gegenseitig stark durchdrungen. Und es ist sicher nicht leicht, diesen Prozeß genau zu verfolgen. Meine Hypothese für eine solche Untersuchung wäre: die differentia specifica zwischen der neuplatonischen und der christlichen Trinitäts-Lehre liegt in der Position, die dort mit Zeus und hier mit Christus besetzt ist.

[110] Ramage, S. 26.

[111] Berlitz, Atlantis-Rätsel, S. 39. Weitere Informationen zu jenen Ureinwohnern (Teneriffas) im weiteren Verlauf dieses Kapitels.

[112] Cosma(s) Indicopleustes (Hrg. J. W. Mc Crindle): The Christian Topography, S. I (Introduction).

[113] Arnold Toynbee: Studie zur Weltgeschichte, S. 421.

[114] Dazu die Studie: Martin Friedrich-Freksa: Preußen und der Demiurg des Weltmarkts (Freiburg 1982).

[115] Selbst Sebastian Haffner hat in einem früheren Aufsatz die Geschichte des preußischen Staats im Jahr 1701 anfangen lassen. In seinem späteren Buch »Preußen« (1980) hat er sich allerdings an – wie er es sieht – verschiedene Anfänge des preußischen Staats herangetastet.

[116] Kircher: Arca Noe, S. 222 f.

[117] Nach H. Gerlach: Nur der Name blieb, S. 47 – ein empfehlenswertes Buch.

[118] Quirinus gilt in der altrömischen Religion als Sohn des Mars und ist vermutlich der gleiche – auch sprachlich eine Ähnlichkeit –, den das Alte Testament unter dem Namen Kain führt, Gründer (im 6. Jahrtausend v. Chr.) der Stadt Henochia zur Zeit der Geburt seines Sohns Henoch.

Ein viel späterer, der Rom-Gründer Romulus (8. Jahrh. v. Chr.) kam zu dem Beinamen Quirinus, nachdem römische Männer sabinische Frauen mit Gewalt genommen hatten und der deshalb drohende Krieg dann in eine Vereinigung der römischen Bürgerschaft mit den benachbarten sabinischen Gemeinden umgemünzt wurde. In dieser Vereinigung, die Zusammengeschlossenen nannten sich fortan »Quiriten«, spielte die Anerkennung und Übernahme religiöser Traditionen (speziell aus der sabinischen Stadt Cures) durch die Römer eine wichtige Rolle. Es scheint demnach so, daß bei den Sabinern uralte Tradition aus Henochia, kainitische Tradition, weitergetragen wurde und auf besagtem Weg in die römische Staatsreligion einging.

[119] Quelle: Manetho (Hrg. W. G. Waddell), London 1959, S. 15 ff. Zur schwierigen Frage der regionalen Zuordnung hier folgendes:

Vielfältige Hinweise, daß er aus Atlantis stammte, gibt es für Osiris. Den Geschichten zufolge ist er dann in Ägypten (durch Krieg) von seinem zunächst in den Wüstenregionen regierenden Bruder Seth (Typhon) getötet worden. Seth muß als Bruder von Osiris, dessen Vater den Überlieferungen nach Kronos war, König von Atlantis, gleichfalls atlantischer Herkunft gewesen sein. (Dies gilt übrigens auch für den hochgelehrten Mitstreiter des Osiris, Thot, den die Griechen unter dem Namen »Hermes« verehrten und der in ihren Mythen ein »Atlantide« genannt wird.)

Ares, der wohl in der westlichen Welt zu Hause war, und noch mehr Ammon, Thithoe und Sosus sind, obgleich sie alle als Fremdherrscher im Mittelmeerraum in Betracht kommen, geographisch besonders schwer zu fassen.

Dagegen gehört der Eroberer Herakles als Grieche zweifellos der Mittelmeerregion an.

Für Zeus kommt, zunächst einmal, der Mittelmeerraum wie Asien in Frage. (Wesentlich Genaueres zu Zeus im späteren Kontext dieser Schrift.)

Hier an dieser Stelle jedoch noch eine Bemerkung zur Datierung der Zeit des Seth, der als Bruder und revoltierender Nachfolger des Osiris praktisch zeitgleich mit diesem ist:

Bei Herodot (2. Buch, Ziffern 141–144, S. 160–162) findet sich eine höchst bemerkenswerte Zahl, die immer wieder – etwa bei Hegel, Geschichtsphilosophie S. 269 – großes Interesse geweckt hat, die aber als gänzlich singuläre Zahl für Europäer nie einzuordnen war. Es heißt dort bei Herodot, daß vom ersten ägyptischen König an bis zu einem König, der noch vor Horus gelebt haben muß (nach Herodots eigener Aussage haben ägyptische Priester nämlich bis zu der Zeit des Horus vier Generationen mehr angegeben) 341 Generationen verflossen sind, ein Zeitraum, den Herodot penibel mit 11 340 Jahren festhält.

Den letzteren (noch vor Horus zu datierenden) König bezeichnet Herodot, der Seth nur unter dem griechischen Namen Typhon kannte, als »Sethos« und identifiziert ihn, dabei ungereimt argumentierend, mit einem relativ unbekannten Ptah-Priester und Statthalter gleichen oder ähnlichen Namens aus dem 8./7. Jahrhundert v. Chr.

Für den allerersten, den ursprünglichen König hat Herodot und wer sich auf ihn gründet – abgesehen von der widersinnigen Möglichkeit, aus dem 8./7. Jahrhundert v. Chr. zurückzurechnen – keinerlei Zeitbestimmung.

Hier aber, in der vorliegenden Liste, haben wir diese Zeit mit der Ära Hephaistos (Ptah), deren Beginn, nach Übertragung von Manethos Angaben in unsere Zeitrechnung, um 17 700 v. Chr. liegt. Von dieser Zeit an 341 Generationen oder knapp elfeinhalb Tausend Jahre weiterrechnend gelangt man in die zweite Hälfte des 7. Jahrtausends v. Chr.

Dies ist nun geradewegs die Zeit, welche die vorliegende, auf Manethos Angaben beruhende Liste als Zeit des Seth bzw. seines Bruders und Vorgängers Osiris zeigt. Von daher haben wir mit jener von Herodot festgehaltenen singulären Zahl eine bemerkenswerte Bestätigung der in der Liste gegebenen Übersicht.

Zugleich aber, und dies ist wohl noch bemerkenswerter, bestätigt die in dieser Weise gefestigte Datierung für Seth bzw. für Osiris die Zeitangabe des eminent wichtigen Schliemann-Dokuments. Mit Hilfe der dortigen Angabe – Ankunftszeit der aus Atlantis gekommenen Kulturbringer in Ägypten: 3 350 Jahre vor der II. Dynastie (d. h. vor dem frühen 3. Jahrtausend v. Chr.) – gelangt man ja auf dem gerade entgegengesetzten Weg wiederum in die zweite Hälfte des 7. Jahrtausends v. Chr., eben die Zeit von Isis und Osiris und gleichfalls von Seth, die allen Indizien zufolge atlantischer Herkunft waren.

[120] Berlitz, 8. Kontinent, S. 233.

[121] ebenda, S. 62.

[122] H. Steuerwald, S. 182; Spence, S. 226.

[123] Berlitz, Atlantis-Rätsel, S. 173; Donnelly, S. 284 ff.

[124] Donnelly, S. 309 (nach Herodot); Pythagoras schenkte seinen Kompaß dem Hyperboräer Abaras (Abaris) – im Volksmund unvergessen durch die ›Zauberformel‹ »Abra-Cadabra«.

Die hyperboräischen bzw. normannischen Seefahrer benutzten Kompasse nachweislich seit dem 7. Jahrhundert n. Chr.

Im italienischen Amalfi wurde der Kompaß Anfang des 14. Jahrhunderts n. Chr. gebräuchlich (Donnelly, ebenda).

[125] Michel de Montaigne, Essays Bd. II (30. Essay), S. 56 f.; geschrieben wahrscheinlich in den 1570er Jahren.

[126] ebenda, S. 58.

[127] ebenda, S. 57.

[128] Athanasii Kircheri (e soc. Jesu): Mundus Subterraneus, S. 506; die vorher wiedergegebenen Passagen beziehen sich auf S. 78–81.

[129] Athanasius Kircher: Arca Noe, S. 130. Wieder erscheint hier das Phänomen staubiger Luft, das uns schon bei Plutarch und Homer begegnet ist und noch zu behandeln sein wird. Das »rasende Meer« bezieht sich zweifellos auf die Große Flut. Schwieriger ist die Interpretation des Austrocknens (von Meer und Flüssen); dies könnte sich u. a. auf das als Tritonsee bekannte einstige Binnenmeer in der nördlichen Sahara beziehen. – Die vorangegangene Darlegung betrifft S. 3–12 des Kircherschen Texts.

[130] Kircher, Mundus, S. 81.

[131] Diese Behauptung findet sich u. a. bei Ramage, S. 30.

[132] Francis Baco(n): Neu-Atlantis (Hrg. Jürgen Klein); die Übersetzung des Buchtitels halte ich für mißraten.

[133] Aus der Sicht der Hopi-Indianer ist eine erste Begegnung mit Europäern (Spaniern) folgendermaßen überliefert: Die Hopi hatten die weißen »Brüder« – wie sie hofften – zu einer bestimmten Zeit am Rio Grande erwartet und sich dabei um 20 Jahre verschätzt. Als die Fremden am Rio Grande, nördlich von Albuquerque, endlich ankamen, wurde ein Empfang aufgeboten, zu dem auch die Ältesten und die religiösen Oberhäupter der Hopi erschienen.

»Die Fremdlinge trugen Rüstungen und all ihre Waffen, doch wir fürchteten uns nicht, da wir sie immer noch für Brüder hielten, für kultivierte Menschen.« Der Häuptling streckte seine Hand zu einem »Zeichen echter Verbrüderung« dem Hauptmann entgegen. Doch »glaubte dieser, er (der Häuptling) wolle ein Geschenk, und gab ihm etwas wertlosen Tand. Das war ein schwerer Schlag für die Hopi … Da die Fremden unserem Häuptling kein Zeichen der Bruderschaft gaben, wußten wir, daß es keine Brüder waren und daß von nun an viel Leid unter den Hopi sein würde. So war es. Wir haben es erlebt.« (J. F. Blumrich: Kasskara und die sieben Welten – die Geschichte der Menschheit in der Überlieferung der Hopi-Indianer –, S. 73 ff.).

[134] Ramage, S. 29.

[135] Ramage, S. 30; Berlitz, 8. Kontinent, S. 94.

[136] Ramage, S. 32.

[137] Ignatius Donnelly: Atlantis: The Antediluvian World, S. 319 ff.

[138] Donnelly, S. 131 (f.).

[139] Karl Kerenyi: Die Mythologie der Griechen, Bd. I, S. 197 ff.

[140] Berlitz, 8. Kontinent, S. 78 ff. Der Name »Atlanta« (Hauptstadt von Georgia) setzt sich

offensichtlich aus atl (Wasser) und anta (Sonne) zusammen.

Demgegenüber scheint mir »Atlantis« zunächst einmal eine alte, von »Atlas« abgeleitete Genitivform zu sein, wie sie zumindest im Alt-Lateinischen (vom Etruskischen beeinflußt) vorkommt.

Als Genitiv heißt der Begriff »– des Atlas«, wobei ›Land‹ zu ergänzen ist, nämlich »Land des Atlas«.

In dem Wort »Atlas«, das als Name und gleichermaßen (wie bei Platon angedeutet) als Titel aufgefaßt werden kann – Atlas war ursprünglicher Haupt-König in Atlantis – steckt nun ebenfalls das Element atl, und außerdem das Element as.

Letzteres bedeutet in einer der ältesten noch erhaltenen Schriften, den Runen, ›Ordnung‹, die in einem Reich ja durch ein Oberhaupt repräsentiert wird (das As im Kartenspiel ist in gleicher Weise ein Oberhaupt).

Da atl für Wasser ebenso steht wie für Ozean, kommt man auf diesem Deutungsweg zu folgender Deutung des Namens bzw. Titels »Atlas«: ›Oberhaupt des Ozeanreichs‹.

»Atlantis« bedeutet demzufolge ›Land des Oberhaupts des Ozeanreichs‹ oder, kurz, ›Atlasland‹. (In der alten skandinavischen Bezeichnung für Atlantis ist diese Kurzform noch kürzer, nämlich in der Form »Atland«, ausgedrückt.)

[141] H. Tributsch: Die gläsernen Türme von Atlantis – Erinnerungen an Megalith-Europa –.

[142] J. Spanuth: Die Atlanter – Volk aus dem Bernsteinland –, S. 25 ff.

[143] J. V. Luce: Atlantis – Legende oder Wirklichkeit –, S. 289 (Originalausgabe: The End of Atlantis, 1969).

[144] ebenda, S. 54 f.

[145] E. Zangger: Atlantis – eine Legende wird entziffert – (Ursprünglicher Titel: The Flood from Heaven).

[146] Der Spiegel, Nr. 20, 46. Jahrg., 11. Mai 1992, S. 244 ff. (Titel des Artikels: »Wegweiser nach Utopia«).

[147] Zangger, S. 242.

[148] Zangger, S. 243.

[149] ebenda.

[150] Schätzung nach einer Aufstellung bei Berlitz, Atlantis-Rätsel, S. 164 f., und nach eigener Kenntnis.

[151] Die 1949 von dem amerikanischen Geologen Ewing durchgeführten Untersuchungen des Meeresbodens im Bereich des Mittelatlantischen Rückens ergaben, daß sich der dortige Meeresboden von anderen Meeresböden wesentlich unterscheidet. Zum einen wurde sehr viel an feinsten Partikeln gefunden (Sand, Staub); zum andern fehlen aber die für alte Meeresböden typischen massiven Ablagerungen. Ewing schloß daraus, daß der Meeresboden im Bereich des Mittelatlantischen Rückens erst vor – geologisch gesehen – sehr kurzer Zeit seine jetzige Form erhielt. Außerdem waren alle untersuchten Gipfel des Mittelatlantischen Rückens vulkanischer Natur (nach Immanuel Velikovsky: Erde im Aufruhr, S. 123 f.).

Als »Tatsache« gilt unter heutigen Geologen, daß (irgendwann) »Magma in dem in 2500 m Tiefe gelegenen Kamm des Mittelatlantischen Rückens an die Oberfläche gelangt« ist (Spektrum der Wissenschaft: Ozeane und Kontinente, S. 127).

Als weitgehend gesichert gilt unter Geologen, daß aus den Meerestiefen stammendes Gestein bis in die Atmosphäre gelangt ist; denn es wurde nach einem Kabelriß mitten im Atlantik, wodurch das Hochziehen eines in etwa 3000 m Tiefe gelegenen Kabels nötig wurde, glasiger Basalt mithochgezogen. Nach Expertenmeinung muß die glasige Gestalt durch Abkühlung in der Atmosphäre hervorgerufen worden sein; eine Abkühlung in der Tiefe des

Wassers hätte nämlich eine kristallinische Gestalt ergeben müssen (Braghine, S. 67, nach dem franz. Geologen Termier). –
Was übrigens die Lage der Atlantikinsel Atlantis und die berühmte Wegenersche Theorie vom Kontinentaldrift anlangt, so verträgt sich beides gut. Man muß nur den Verlauf des Drifts (nach Wegener und Nachfolgern) umkehren und erhält eine ›Lücke‹, in die Atlantis ›paßt‹.

[152] Otto Muck: Alles über Atlantis (Hrg. Th. Müller-Alfeld, F. Wackers), S. 219 und 235–239. Ich reduziere hier Mucks Argumentation, die im einzelnen etwas komplizierter ist, auf die wesentlichen Punkte.

[153] ebenda, S. 219.

[154] Die Edda, Völuspa, S. 14.

[155] Muck, S. 263–267.

[156] ebenda, S. 262.

[157] ebenda, S. 182 ff.

[158] In dem 1993 erschienenen Buch »Und die Sintflut gab es doch« von Alexander und Edith Tollmann wird ein solcher Zusammenhang herzustellen versucht. Das Buch des Naturwissenschaftler-Ehepaars ist wohl die umfassendste Arbeit über den Niedergang jenes Himmelskörpers und die Auswirkungen dieses Unglücks, das einen beträchtlichen Teil der Erde, zu dem zweifellos auch Atlantis gehörte, betroffen haben muß.
Die Autoren nehmen jedoch an, und in diesem Punkt wiederholen sie im Prinzip den Ansatz von Muck, daß der Niedergang jenes Himmelskörpers für die »Sintflut« verantwortlich sei. So materialreich das Buch in naturwissenschaftlicher Hinsicht ist, so wenig sind Überlieferungen, und dies gilt selbst für das Alte Testament, ernsthaft berücksichtigt.
Allein aus dessen Daten geht schon hervor, daß die Sinflut zumindest vier Jahrtausende später geschehen ist, als die Autoren annehmen.

[159] Die Phaeton-Erzählung deutet mit dem Absturz im Eridanus (Sternbild) sogar eine nördliche Herkunftsrichtung an.

[160] Dem indischen Historiker und Archäologen V. R. Ramachandra Dikshitar zufolge kann man im Einklang mit Wegeners Kontinentaldrifttheorie davon ausgehen, daß der nördliche und der südliche Teil des amerikanischen Kontinents einmal eine andere Gestalt hatte und zwischen beiden ein breiter Meeresstreifen, Thetys genannt, gelegen hatte (Dikshitar: Prehistoric South India, S. I, S. 7).

[161] (Mit Berufung auf W. N. Irving, 1985) H. J. Prem: Geschichte Alt-Amerikas, S. 103.

[162] J. F. Blumrich: Kasskara und die sieben Welten, S. 35.

[163] ebenda.

[164] ebenda, S. 26.

[165] Näheres zu diesem hochinteressanten Treffen in: Bhagwan Shree Rajneesh (Mitschrift und Hrg. Swami Devaraj u. a.): Goldene Augenblicke – Porträt einer Jugend in Indien –, München 1986.

[166] Bhagwan Shree Rajneesh (speaking on the Golden Verses of Pythagoras): Philosophia Perennis, Vol. I, S. 4 f.; die Rede (lecture) wurde Ende 1978 gehalten.

[167] Es wird dort gesagt, daß Indien damals im letzten Stadium des Matriarchats stand, in dem Polyandrie (eine Frau lebt mit mehreren Männern) akzeptiert war; weiter heißt es dort, daß später – nach der Großen Flut (M. F.) – Polyandrie nur noch in einigen wenigen primitiven Gesellschaften fortexistierte. Bhagwan Shree Rajneesh: Krishna: The Man and His Philosophy (Hrg. Maitreya und Sarito), USA 1985, S. 390 ff.

[168] ebenda, S. 19.

169 Karl J. Narr: Zeitmaße der Urgeschichte, Opladen 1978, S. 6.

170 L. Pfeiffer: Die Werkzeuge des Steinzeit-Menschen, Jena 1920, S. V.

171 Der Physiker W. F. Libby entdeckte 1947, daß das in allen lebenden Organismen vorhandene Kohlenstoffisotop C14 nach dem Tod eines Organismus' in einem bestimmten Tempo verstrahlt, das durch die Halbwertzeit (halbe Verstrahlungszeit) bestimmt wird. 1955 veröffentlichte Libby Tabellen, nach denen verschiedene alte Funde datierbar waren. Es erwies sich jedoch, daß z. B. die mit einem Alter von 5000 Jahren veranschlagten Funde rund 600 Jahre älter sein mußten. Von daher wurde es nötig, Libbys Tabellen durch neue Eichmethoden zu kalibrieren.
Die kalibrierte Radiokarbon-Methode gilt heute als die beste archäologische Datierungsmöglichkeit.

172 K.N. Dikshit: Archeological Perspective of India since Independence, New Delhi 1985, S. 139 ff.

173 Frank Hole: Prehistoric Archeology, New York 1977, S. 190.

174 Bernd Scheel: Egyptian metalworking and tools, Aylesbury 1989, S. 7 f. und ebenso K. N. Dikshit (Hrg.): Archeological Perspective of India, S. 139 ff.

175 Graham Clark: World Prehistory – in new Perspective –, Cambridge 1977, S. 151 f.

176 ebenda, S. 345.

177 V. G. Childe: Progress and Archaeology, Westport/Conn. 1971 (Erstauflage London 1944), S. 33 f.; M. S. Vats: Excavations at Harappa, Vol. I, S.432.

178 Vats, ebenda.

179 Childe, S. 38.

180 Berlitz, Weltuntergang, S. 161.

181 Childe, S. 33 f.

182 V. R. Dikshitar (1951), S. 129.

183 Berlitz, Weltuntergang, S. 154 f.

184 Vats, Vol. I, S.136.

185 Jerome Jacobson: Studies in the Archaeology of India and Pakistan, New Delhi 1986, S. 146.

186 Childe, S. 51.

187 Rajneesh, Goldene Augenblicke, S. 474.

188 ebenda.

189 Childe, S. 53.

190 G. Urban, M. Jansen (Hrg.): The Architecture of Mohenjodaro, Aachen 1984, S. 46. Das Länge/Breite-Verhältnis scheint eine Annäherung an das Verhältnis des Goldenen Schnitts zu sein.

191 Rajneesh, Goldene Augenblicke, S. 474.

192 Nach den Informationen aus einem Artikel in der Mitteldeutschen Zeitung vom 26. 10. 1992, den ich der Aufmerksamkeit von Bernd-Jürgen Warneken verdanke.

193 Wie dargelegt waren bei dieser Schlußfolgerung auch Angaben von Manetho, von Josephus und einige Details aus den nichtdeskriptiven Teilen des Platonischen Atlantisberichts von Belang.

194 H. v. Glasenapp (Hrg.): Die nichtchristlichen Religionen, S. 288 (mit Abbildung).

195 ebenda, S. 287.

196 Berlitz, 8. Kontinent, S. 179.

197 ebenda, S.180.

[198] ebenda, S.175.

[199] ebenda, S.185 f.

[200] Sybille von Reden: Die Megalith-Kulturen – Zeugnisse einer verschollenen Urkultur –, Köln 1978, S. 230.

[201] Zit. nach Robert Jungk: Heller als tausend Sonnen – das Schicksal der Atomforscher –, Hamburg 1964 (Erstveröffentlichung 1956), S. 186.

[202] Zit. nach Berlitz, Weltuntergang, S. 150 ff.

[203] A. C. Bhaktivedanta Swami: Krsna, Vol. II, S. 26.

[204] ebenda, Vol. II, S. 59 f.

[205] ebenda, Vol. II, S. 85.

[206] ebenda, Vol. II, S. 86.

[207] Nach der Aussage eines in Mahabarata-Fragen spezialialisierten Rajneesh-Zuhörers, in: Bhagwan Shree Rajneesh: Krishna: The Man and His Philosophy, USA 1985 (Diskurse von Manali/Indien 1970), S. 408 f.

[208] Laut Mitteldeutsche Zeitung vom 26. 10. 1992.

[209] Vats, Excavations at Harappa, Vol. I, S. 96.

[210] Berlitz, Weltuntergang, S. 154 f.; Berlitz, 8. Kontinent, S. 278. Für die Möglichkeit der Kernspaltung in einer sehr alten Zeit gibt Berlitz zu bedenken, daß in der indischen Philosophie eine Atomtheorie tradiert wurde (festgehalten von Aulukya um 900 v. Chr.), in der die Binnenstruktur des Atoms auseinandergesetzt wurde.

Wenn sich in dieser Atomtheorie irgendein altes Wissen bewahrt hat, so die Argumentation von Berlitz, dann ist die Möglichkeit der Kernspaltung in irgend einer alten Zeit denkbar (8. Kontinent, S. 192).

[211] Bhaktivedanta, Vol. II, S. 41. Bhaktivedanta versteht den Epos-Begriff »Meister dreier Welten« als Symbol für rein Seelisches. Ich bestreite solche Bezüge nicht; doch sehe ich in dem Eposbegriff Bezüge zur geografischen Welt.

[212] Chaman Lal: Hindu-America, Hoshiarpur/Indien 1956 (Erstausgabe 1940), S. 21; Ergänzungen bei Rajneesh, Goldene Augenblicke, S. 68.

Chaman Lal beschreibt in seinem streng wissenschaftlichen Buch die Spuren, welche die Inder bei ihrer Wiederentdeckung Amerikas (die lange vor den beiden europäischen Entdeckungen Amerikas lag) speziell in Mittelamerika hinterlassen haben.

[213] Francois Bernier: Travels in the Mogul Empire A. D. 1656-1668, New Delhi 1968 (Erstausgabe 1891), S. 329–331.

[214] Eigene Übertragung aus dem Englischen nach der Ausgabe: The Bhagavad Gita, Hrg. M. M. Chatterji, Boston/Mass. 1887, unter Zuhilfenahme der Bhagavadgita-Übersetzung von Richard Garbe, Darmstadt 1978 (Nachdruck der 2. Auflage von 1921).

[215] Bhaktivedanta: Krsna, Vol. I, S. 328 (zur Hindu-Tradition); Bollee: Studien zum Suyagada, Teil I, S. 111 (zur Jaina-Tradition); Rajneesh, Wachheit, S. 9 (zu beiden Traditionen).

[216] Bhaktivedanta, Vol. I, S. 351 und Vol. II, S. 336.

[217] Robert Charroux: Verratene Geheimnisse (französische Erstveröffentlichung 1965), S. 150.

[218] Lloyd-Jones: The Justice of Zeus, S. 150.

[219] Friedhelm Hardy: Viraha-Bhakti (England/USA 1983), S. 283 f.

[220] Bhaktivedanta, Vol. II, S. 352.

[221] Bhaktivedanta, Vol. I, S. 331 f.

[222] ebenda, Vol. I, S. 355.

[223] Lloyd-Jones, S. 8, S. 35, S. 57.

[224] ebenda, S. 95.

[225] The Bhagavad Gita (Hrg. Chatterji), IV. 7, S. 81.

[226] Lloyd-Jones, S. 11.

[227] Bhaktivedanta, Vol. I, S. 328.

[228] Lloyd-Jones, S. 130; griech. zit. (nach Apollodor) in: J. Mansfeld (Hrg.): Die Vorso-kratiker, Bd. I, S. 256/257.

[229] Vgl. Anhang V, erster Abschnitt des zitierten Textes.

Literatur

ALPER, FRANK, Erkenntnisse aus Atlantis (Exploring Atlantis, USA 1981–1986). Weilersbach 1991

AUGUSTINUS, Logik des Schreckens – die Gnadenlehre von 397 – (Hrg. H. Flasch). Mainz 1990

BACO(N), FRANCIS, Neu-Atlantis (Originaltitel: Nova Atlas, 1620er Jahre; Hrg. J. Klein). Stuttgart 1982

BALTZER, EDUARD, Pythagoras – der Weise von Samos –. Nordhausen 1868 (Nachdruck 1973)

BAUVAL, ROBERT und GILBERT, ADRIAN, Das Geheimnis des Orion (englische Erstausgabe 1994). München 1996

BAUVAL, ROBERT und HANCOCK, GRAHAM, Der Schlüssel zur Sphinx (Keeper of Genesis, 1996). München, Leipzig 1996

BERLITZ, CHARLES, Das Atlantis-Rätsel. Wien, Hamburg 1976

–, Weltuntergang 1999. Wien, Hamburg 1981

–, Der 8. Kontinent – Wiege aller Kulturen –. Wien, Hamburg 1984

–, Die Suche nach der Arche Noah. Wien, Hamburg 1987

BERNIER, FRANCOIS, Travels in the Mogul Empire, A.D. 1656–1668 (Erstausgabe 1891). New Delhi 1968

BHAGAVADGITA (Übersetzung aus dem Sanskrit von Richard Garbe; Zweite Auflage, 1921). Darmstadt 1978

The BHAGAVAD GITA (übersetzt und herausgegeben von Mohini M. Chatterji). Boston/Mass. 1887

BHAKTIVEDANTA, A. C., Krsna (Vol. I und II). Boston/Mass. 1970

Die BIBEL mit Apogryphen (nach der Übersetzung Martin Luthers).Stuttgart 1985

BLAVATSKY (Blavatskaja), HELENA PETROWA, Die Geheimlehre (Band I, Band III). Leipzig 1929, o.J. (um 1959)

BLUMRICH, JOSEF F., Kasskara und die sieben Welten – Die Geschichte der Menschheit in der Überlieferung der Hopi-Indianer –. München 1985

BOLLEE, WILLEM B., Studien zum Suyagada (Teil I). Wiesbaden 1977

BRAGHINE, A., Atlantis. Stuttgart 1946

BRENTJES, B., Atlantis. Köln 1993

CAMPENHAUSEN, HANS FREIHERR VON, Lateinische Kirchenväter. Stuttgart 1960
CERAM, C. W., Götter, Gräber und Gelehrte. Hamburg 1967
CHARROUX, ROBERT, Verratene Geheimnisse (franz. 1965). München, Berlin 1970
CHILDE, V. G., Progress and Archaeology (Erstauflage 1944). Westport/Conn. 1971
CLARK, GRAHAM, World Prehistory – in new Perspective –. Cambridge 1977
COSMA(S) Indicopleustes, The Christian Topography. Edinburgh 1897 (Reprint
    New York o.J.)

DIKSHIT, K. N. (Hrg.), Archaeological Perspective of India since Independence.
    New Delhi 1985
DIKSHITAR, V. R. RAMACHANDRA, Pre-Historic South India (Erstausgabe 1951).
    New Delhi 1981
DIODORUS Siculus, (Schriften Vol. I und II; Hrg. Oldfather u.a.). London 1960
DONNELLY, IGNATIUS J., Atlantis: The Antediluvian World (Erstausgabe 1882).
    New York 1949
Der Große DUDEN (Band I). Mannheim 1967
Der Große DUDEN (Band I). Mannheim 1986
DURANT, WILL, Kulturgeschichte der Menschheit (Band III: Das Vermächtnis des
    Ostens). Lausanne o.J.

Die EDDA (Hrg. H. Günther nach der Übertragung von K. Simrock). Berlin 1987
ELIAS, NORBERT, Die Gesellschaft der Individuen. Frankfurt/M. 1987
ERASMUS von Rotterdam, Briefe. Wiesbaden 1947

FLEM-ATH, RAND und ROSE, Atlantis – der versunkene Kontinent unter dem
    ewigen Eis – (Kanada 1995). Hamburg 1995
FLETSCHER, JOHN (Hrg.), Athanasius Kircher und seine Beziehungen zum ge-
    lehrten Europa seiner Zeit. Wiesbaden 1988
FREMAN, KATHLEEN, The Work and Life of Solon. New York 1976
FREYER, HANS, Weltgeschichte Europas (Band I und II). Wiesbaden 1948
–, Theorie des gegenwärtigen Zeitalters. Stuttgart 1955
FRIEDRICH-FREKSA, MARTIN, Preußen und der Demiurg des Weltmarkts
    – Studie zur Industriellen Revolution in Westeuropa und zu ihrer Wirkung auf
    die Agrarverhältnisse im östlichen Deutschland –. Freiburg 1982
FROBENIUS, LEO, Atlantische Götterlehre. Jena 1926

GERLACH, HEINRICH, Nur der Name blieb – Glanz und Untergang der Alten
    Preußen –. Düsseldorf, Wien 1978
Das GILGAMESCH-EPOS (Übertragung H. Schmökel). Stuttgart, Berlin, Köln 1989

GLASENAPP, HELMUTH VON (Hrg.), Die nichtchristlichen Religionen. Frankfurt 1958
GRIMM, ALBERT, Gibt es Arier? (in: Europäischer Merkur). Paris 1934
GRÖNBECH, WILHELM, Kultur und Religion der Germanen (Band I und II).
    Stuttgart 1954

HARDY, FRIEDHELM, Viraha-Bhakti – The early history of Krsna devotion in
    South India –. Oxford, New York 1983
HARTMANN, JOHANNES, Das Geschichtsbuch. Frankfurt/M. 1960
HEGEL, G. W. F., Grundlinien der Philosophie des Rechts. Frankfurt/M., Berlin,
    Wien 1972
–, Vorlesungen über die Philosophie der Geschichte. Leipzig o.J.
HERODOT, Historien (Hrg. H. W. Haussig). Stuttgart 1955
HOLE, FRANK, Prehistoric Archeology. New York 1977
HOMER, Die Odyssee (übersetzt von Wolfgang Schadewaldt). Hamburg 1987
HOPE, MURRY, Atlantis – Mythos oder Wirklichkeit – (USA 1991). Frankfurt/M. 1994

JACOBSON, JEROME, Studies in the Archaeology of India and Pakistan. New
    Delhi 1986
JAMBLICHUS, Über die Geheimlehren (Hrg. TH. Hopfner). Leipzig 1922
JASPERS, KARL, Die großen Philosophen (Band I). München 1959
JENS, WALTER, Ilias und Odyssee nacherzählt. Ravensburg 1983
FLAVII JOSEPHI Antiquitatum Judaicarum Libri XX. Basileae in officina Frobeni-
    ana 1650
JOSEPHUS, FLAVIUS, Jüdische Altertümer (Übersetzung H. Clementz). Wiesbaden
    o.J.
JUNGK, ROBERT, Heller als tausend Sonnen – das Schicksal der Atomforscher –
    (Erstausgabe 1956). Hamburg 1964

KARST, JOSEPH, Origines Mediterraneae – Die vorgeschichtlichen Mittelmeervöl-
    ker –. Heidelberg 1931
KEHNSCHERPER, GÜNTHER, Auf der Suche nach Atlantis. Leipzig, Jena, Berlin 1985
KERENYI, KARL, Die Mythologie der Griechen (Band I und II). München 1977
ATHANASII KIRCHERI (Athanasius Kircher), Arca Noe. Amsterdam 1675
– (e soc. Jesu), Mundus Subterraneus. Amsterdam 1678
KÜHN, HERBERT, Das Erwachen der Menschheit. Frankfurt/M., Hamburg 1954

LAL, CHAMAN, Hindu America (Erstausgabe 1940). Hoshiarpur/Indien 1956
LESKY, ALBIN, Thalatta – Der Weg der Griechen zum Meer –. Wien 1947 (Nach-
    druck 1963)

LINDNER, THEODOR, Weltgeschichte seit der Völkerwanderung (Band I–IX). Stuttgart, Berlin 1901–1916

LIVIUS, TITUS, Römische Frühgeschichte (Hrg. J. Feix). München 1960

LLOYD-JONES, HUGH, The Justice of Zeus. Berkeley 1983

LUCE, J. V., Atlantis – Legende oder Wirklichkeit – (engl. 1969). Bergisch-Gladbach 1988

MANETHO (Hrg. W. G. Waddell). London 1959

MANSFELD, JAAP (Hrg.), Die Vorsokratiker, Band I. Stuttgart 1983

MARX, KARL, Das Kapital (Band I–III). Berlin 1962–1970

MASSA, ALDO, Die Welt der Phönizier. München, Berlin 1977

al-MASUDI, Bis zu den Grenzen der Erde. Tübingen, Basel 1978

MONTAIGNE, MICHEL DE, Essays (I. Buch, Band II; Hrg. O. Flake und W. Weigand nach Bode). München, Leipzig 1908

MUCK, OTTO, Alles über Atlantis (Hrg. Th. Müller-Alfeld und F. Wackers). Düsseldorf 1976

MÜLLER, DAVID HEINRICH VON, Die Gesetze Hammurabis – und ihr Verhältnis zur Mosaischen Gesetzgebung sowie zu den XII Tafeln – (Wien 1903). Amsterdam 1975

NARR, KARL J., Zeitmaße in der Urgeschichte. Opladen 1978

NIEMEYER, HANS GEORG (Hrg.), Phönizier im Westen. Mainz 1982

OLIVA, PAVEL, Solon – Legende und Wirklichkeit –. Konstanz 1988

OTTO, WALTER F., Die Götter Griechenlands. Frankfurt/M. 1947

OVID, METAMORPHOSEN – das Buch der Mythen und Verwandlungen – (in Prosa neu übersetzt von Gerhard Fink). Frankfurt/M. 1992

PFEIFFER, L., Die Werkzeuge des Steinzeit-Menschen. Jena 1920

PHILO von Alexandria, Die Werke in deutscher Übersetzung (Hrg. L. Cohn von Alexandriau.a., Breslau 1908). Berlin 1962

PIAZZI SMYTH, CHARLES, Life and Work at the Great Pyramid (Vol. I–III, reprint). Edinburgh 1967

PLATON, mit griechischem Text des »Timaios« und »Kritias« (von der Societe d' Edition Les Belles Lettres, Hrg. O. Eigler). Darmstadt 1972

–, Sämtliche Werke (Band V, Übersetzung F. Schleiermacher und H. Müller). Hamburg 1989

PLINIUS Secundus, Naturkunde (Hrg. G. Winkler und R. König). München, Zürich 1988

PLUDEK, ALEXEJ, Der Untergang der Atlantis (Roman). Leipzig, Weimar 1989
POPOL VUH (Hrg. W. Cordan). München 1991
PREM, HANNS J., Geschichte Alt-Amerikas. München 1989
PROCLUS, The Platonic Theology (Übersetzung Th. Taylor). New York 1985

RAJNEESH, BHAGWAN SHREE (speaking on the Golden Verses of Pythagoras), Philosophia Perennis (Vol. I und II). Antelope/USA 1981
–, Krishna: The Man and His Philosophy. Rajneeshpuram/Oregon 1985
–, Wachheit ist der Weg zum Leben (Hrg. Swami Ananda Siddhartha). Margarethenried 1981
–, Goldene Augenblicke – Porträt einer Jugend in Indien – (Hrg. Swami Devaraj u.a.). München 1986
RAMAGE, EDWIN S. (Hrg.), Atlantis– Fact or Fiction –. Indiana University Press 1978
RANKE-GRAVES, ROBERT VON, Griechische Mythologie. Hamburg 1989
– und PATAI, RAPHAEL, Hebräische Mythologie. Hamburg 1990
REDEN, SYBILLE VON, Die Megalith-Kulturen – Zeugnisse einer verschollenen Urkultur –. Köln 1978
RODA BECHER, MARTIN, Geschichten von Atlantis. Darmstadt, Neuwied 1986
ROSINSKI, HERBERT, Power and Human Destiny. New York 1965
OLAVI RUDBECKII Atlantica sive Manheim (Olf Rudbeks Atland eller Manheim, Band I und II). Uppsala 1679 und 1689

SCHEEL, BERND, Egyptian Metalworking and Tools. Aylesbury 1989
SCHMÖKEL, HARTMUT, Das Land Sumer – Die Wiederentdeckung der ersten Hochkultur der Menschheit –. Stuttgart 1955
–, Hammurabi von Babylon. Darmstadt 1971
SCHWARZ, FRANZ VON, Sintfluth und Völkerwanderungen. Stuttgart 1894
SCLATER, JOHN G. und TAPSCOTT, CHRISTOPHER, The History of the Atlantic, in: Scientific American Vol. 240, 6/1979
SPANUTH, JÜRGEN, Die Atlanter – Volk aus dem Bernsteinland –. Tübingen 1989
SPEKTRUM DER WISSENSCHAFT, Ozeane und Kontinente. Heidelberg 1985
SPENCE, LEWIS, The History of Atlantis. London 1928
Der *SPIEGEL* 46. Jahrgang Nr. 20, Wegweiser nach Utopia. Hamburg 1992
STEARN, JESS, Der schlafende Prophet. München 1967
STEINER, RUDOLF, Unsere atlantischen Vorfahren. Berlin 1918
STEUERWALD, H., Der Untergang von Atlantis. Berlin 1983

TOLLMANN, ALEXANDER und EDITH, Und die Sintflut gab es doch. München 1993

TOYNBEE, ARNOLD, Studie zur Weltgeschichte – Wachstum und Zerfall der Zivilisationen –. Zürich 1949

–, Menschheit und Mutter Erde – Die Geschichte der großen Zivilisationen –. Düsseldorf 1979

TRIBUTSCH, H., Die gläsernen Türme von Atlantis – Erinnerungen an Megalith-Europa –. Frankfurt/M., Berlin 1986

UHLIG, HELMUT, Die Sumerer – Volk am Anfang der Geschichte –. München o.J. (nach 1975)

URBAN, G. und JANSEN, M. (Hrg.), The Architecture of Mohenjodaro. Aachen 1984

VATS, MADHO SARUP, Excavations at Harappa (Vol. I und II). Delhi 1974

VELIKOVSKY, IMMANUEL, Erde im Aufruhr (Erstausgabe 1956). Frankfurt/M. 1980

VIDAL-NAQUET, PIERRE, Atlantis und die Nationen – zur Karriere einer Fiktion als Ideal und Ideologie – in: Lettre International, Heft 3, 4/1988

WOOLLEY, LEONARD, Ur of the Chaldees. New York 1965

WEBER, MAX, Die protestantische Ethik, (Band I und II, Hrg. J. Winckelmann). München, Hamburg 1965 und Gütersloh 1987

ZANGGER, EBERHARD, Atlantis – eine Legende wird entziffert –. München 1992

–, Ein neuer Kampf um Troia – Archäologie in der Krise –. München 1994

Register

Hinweise zum Nachschlagen:

– S. 59. Inhalt des Schliemann-Dokuments zu Atlantis
– S. 104. Datierte Liste: Divine Gestalten aus atlantischer Zeit
– S. 160 f. Neues Grundschema der großen technologischen Perioden

Im übrigen kann nachstehendes Personenverzeichnis das Nachschlagen erleichtern.